本书为"桂林电子科技大学广西红色文化资源数字化传播与应用研究智库"和桂林电子科技大学2017年教育教学改革项目"广西近现代历史文化资源融入高校思想政治理论课教学研究"（项目编号：JGB201727）的阶段性研究成果，由桂林电子科技大学马克思主义学院资助出版。

『学者文库』

地方优秀历史文化资源融入
高校"纲要"课社会实践教学

以近代广西历史文化为视角

陈 峥 张 季 苏国辉◎主编

九州出版社
JIUZHOUPRESS

图书在版编目（CIP）数据

地方优秀历史文化资源融入高校"纲要"课社会实践
教学：以近代广西历史文化为视角／陈峥，张季，苏国
辉主编 . -- 北京：九州出版社，2019. 12
ISBN 978 - 7 - 5108 - 8880 - 9

Ⅰ. ①地… Ⅱ. ①陈…②张…③苏… Ⅲ. ①高等学
校—思想政治教育—教学研究—中国 Ⅳ. ①G641

中国版本图书馆 CIP 数据核字（2020）第 013531 号

地方优秀历史文化资源融入高校"纲要"课社会实践教学：
以近代广西历史文化为视角

作　　者	陈　峥　张　季　苏国辉　主编
出版发行	九州出版社
地　　址	北京市西城区阜外大街甲 35 号（100037）
发行电话	（010）68992190/3/5/6
网　　址	www. jiuzhoupress. com
电子信箱	jiuzhou@ jiuzhoupress. com
印　　刷	三河市华东印刷有限公司
开　　本	710 毫米×1000 毫米　16 开
印　　张	23. 5
字　　数	422 千字
版　　次	2020 年 4 月第 1 版
印　　次	2020 年 4 月第 1 次印刷
书　　号	ISBN 978 - 7 - 5108 - 8880 - 9
定　　价	99. 00 元

前　言

理论教育与实践教育相结合是大学生思想政治教育中的重要环节。2019 年 3 月 18 日，习近平同志在学校思想政治理论课教师座谈会上指出："中华民族几千年来形成了博大精深的优秀传统文化，我们党带领人民在革命、建设、改革过程中锻造的革命文化和社会主义先进文化，为思政课建设提供了深厚力量。"他又强调，推动思想政治理论课改革创新，"要不断增强思政课的思想性、理论性和亲和力、针对性"。"要坚持理论性和实践性相统一，用科学理论培养人，重视思政课的实践性，把思政小课堂同社会大课堂结合起来。"①

地方优秀历史文化所蕴含的文化内涵和重要精神，为高校思政课教学提供了珍贵的素材，是对大学生进行思想政治教育的鲜活教材和最佳教科书，对拓展课堂教学的空间和内涵，提高学生的学习兴趣和增强教学的实效性，意义十分重大。引导大学生参观和凭吊地方历史文化，让他们重温中国人民的奋斗史，唤起他们的文化记忆，使他们在身临其境中产生心灵上的共鸣，在潜移默化的过程中实现思想境界的升华，对弘扬民族精神、加强爱国主义教育等具有十分重要的作用。新时代，思政课肩负着培养担当民族复兴大任的时代新人的重任，必须理直气壮地传播地方优秀历史文化，为培养德智体美劳全面发展的社会主义建设者和接班人作出贡献。将地方历史文化融入属地高校思政课社会实践教学，不但能引导大学生传承地方历史文化，营造树立共同理想和培育核心价值观的地方历史文化氛

---

① 《习近平主持召开学校思想政治理论课教师座谈会强调用新时代中国特色社会主义思想铸魂育人贯彻党的教育方针落实立德树人根本任务》，《人民日报》2019 年 3 月 19 日第 1 版。

围，而且能增强教学的亲和力，使教育更加接地气和人气。因此，高校思政课教学部门应充分发掘和利用这座宝库，为思政课建设提供深厚力量。

桂林电子科技大学马克思主义学院在承担全校思想政治理论课教学的过程中，十分重视实践教学的探索，并形成了一套独特的教学思路和方法。为了对实践教学经验进行总结，马克思主义学院组织了对"实践读本"的编写，本书就是在这一背景下产生的。

"中国近现代史纲要"课程（以下简称"纲要"课）是"05"方案增加的课程，旨在通过对近代以来一百多年历史的梳理，让大学生了解党史、国史、国情，认识近现代中国社会发展和革命、建设、改革开放时期的历史进程及其内在规律，深刻领会历史和人民是怎样选择了马克思主义，选择了中国共产党，选择了社会主义道路和改革开放。

"纲要"课实践教学是学生在课堂学习基础上的综合实践过程，其目的在于通过对生动形象的历史素材的感知和了解，创设特定的历史或现实情境，加深学生对教学内容的认识和对有关理论的了解，培养学生的历史责任感和时代感。因此，在读本的体例安排上，应体现从理论到实践的自然过渡，先梳理知识要点和历史脉络，随后对有关原著内容、地方历史文化资源、史事钩沉等进行拓展阅读，逐步引导学生深入思考，进行社会实践。

在引导大学生进行社会实践时，由于"纲要"课兼有历史教育和思想政治教育的双重功能，因此在实践教学中有很多丰富的文化资源可以利用，特别是利用学生容易接受和感兴趣的地方历史文化资源配合实践教学，对历史人物和事件进行客观、科学、正确、全面的评价。此举有利于激发学生的学习兴趣，引起学生的质疑和对既有观点的合理批判，能够进一步丰富学生的生活阅历，提高学生在社会中独立思考和独自判断的能力。组织和引导大学生参观考察地方历史文化资源，学习属地杰出历史人物的优秀品质，引导学生从他们身上汲取智慧与经验，不但有助于学生深化对近现代史一些基本问题的认识，还可以使学生磨炼坚强的意志，树立勇于创新、乐观向上的人生态度，培养高尚的道德情操和法律品质，达到实践教学的育人性。有鉴于此，本书设计了几种实践形式——"读书报告""实地调查""观看视频"等，对学生的实践操作进行具体指导，并提供一些思路供学生参考。除此之外，学生还可以根据具体情况，自主选择适合自己的实践形式。

本书是桂林电子科技大学马克思主义学院"纲要"课教师多年实践教学经验的总结。进入新时代后，高校思想政治理论课社会实践教学的空间和领域仍有待开拓，我们的探索也在继续。由于时间仓促，水平有限，本书的不当和错漏之处在所难免，敬请各位批评指正。

本书编写组

2020 年 1 月

目　录
CONTENTS

第一章

反对外国侵略的斗争

一、知识要点

（一）资本—帝国主义对中国的侵略

1. 军事侵略

（1）发动侵略战争，屠杀中国人民

（2）侵占中国领土，划分势力范围

（3）勒索赔款，抢掠财富

2. 政治控制

（1）控制中国的内政、外交

（2）镇压中国人民的反抗

（3）扶植、收买代理人

3. 经济掠夺

（1）控制中国的通商口岸

（2）剥夺中国的关税自主权

（3）实行商品倾销和资本输出

（4）操纵中国的经济命脉

4. 文化渗透

（1）披着宗教外衣，进行侵略活动

（2）为侵略中国制造舆论

（二）抵御外国武装侵略，争取民族独立的斗争

1. 反抗外来侵略的斗争历程

（1）人民群众的反侵略斗争

（2）爱国官兵的反侵略斗争

2. 粉碎瓜分中国的图谋

（1）边疆危机和瓜分危机

（2）义和团运动与列强瓜分中国图谋的破产

（三）反侵略战争的失败与民族意识的觉醒

1. 反侵略战争的失败及其原因

（1）社会制度的腐败

（2）经济技术的落后

2. 民族意识的觉醒

（1）"师夷长技以制夷"的主张和早期的维新思想

（2）救亡图存和振兴中华

二、历史脉络

第一次鸦片战争以后，资本—帝国主义列强不再满足于在中国已取得的利益，发动了一次又一次的大规模侵华战争，给中国人民带来了深重的灾难，使中国的经济和社会发展受到了严重的阻碍。腐败的清政府签订了一个又一个丧权辱国的不平等条约，逐渐沦为帝国主义统治中国的工具，亡国灭种的危机一直威胁着千年古国，中国逐步陷入了半殖民地半封建社会的深渊。

鸦片战争以清政府失败告终，1842 年，清政府与英国签订近代史上第一个不平等条约——《南京条约》。接着，1843 年 10 月签订中英《虎门条约》。美国、法国等西方列强趁火打劫，先后与清政府于 1844 年 7 月签订中美《望厦条约》、10 月签订中法《黄埔条约》。1856 年，英国提出修改中英《南京条约》，但遭清政府拒绝。英国借此挑起第二次鸦片战争，这次英法联军出兵侵略中国美俄是帮凶，其实质与鸦片战争一样，是列强为进一步打开中国市场，获得经济利益。第二次鸦片战争中国战败后，清廷被迫于 1858 年先后与俄（6 月 13 日）、美（6 月 18 日）、英（6 月 26 日）、法（6 月 27 日）签订《天津条约》，与沙俄签订《瑷珲条约》。1860 年，英法联军再度攻占天津，一路烧杀抢劫，咸丰帝逃往承德避暑山庄，让他的弟弟恭亲王奕䜣担任议和大臣，留守北京。接着英法联军洗劫并焚毁举世闻名的皇家园林圆明园，占领北京，强迫清政府签订《北京条约》。1883 年，中法战争爆发，战争持续至 1885 年，中法签订《中法新约》，标志着中国西南的门户被打开。1894 年，中日甲午战争爆发，中国战败，1895 年中日签订的《马关条约》，大大加深了中国社会的半殖民地化程度。甲午战争中北洋海军的惨败也宣告洋务运动破产。1900 年，帝国主义国家为了镇压义和团运动，维护在中国的利益，发动八国联军侵华战争。1901 年《辛丑条约》的签订，标志着中国半殖民地半封建社会的形成。

在中华民族危难之际，民族精英觉醒。1851—1864 年轰轰烈烈的太平天国运动，有力打击了外国侵略势力。19 世纪 60—90 年代的洋务运动，在中央以奕䜣为首，地方上以曾国藩、李鸿章、左宗棠、张之洞等为代表，发展中国军事工业、民用工业、教育事业等。中国资产阶级产生并且有所发展，创办一批近代企业，创建北洋、南洋、福建三支海军。1898 年，以康有为、梁启超为主的维新派人士在光绪帝支持下学习西方，发起了提倡科学文化，改革政治、教育制度，发展农、工、商业等的政治改良运动。1911 年孙中山领导的资产阶级民主革命——辛亥革命，是中国历史上第一次反帝反封建的资产阶级民主革命，推翻了清王朝的统治，结束了在中国延续两千多年的封建君主专制制度，建立了资产阶级共和国。它使民主共和的观念深入人心，沉重地打击了帝国主义的殖民统治。

中国人民为反抗列强侵略，争取民族独立，进行着英勇的斗争，开始了救亡图存的探索。中国在饱受列强欺凌、被迫开放的环境中不断进行着经济、政治和思想文化的变革，中国的近代化艰难起步，社会结构开始逐步从传统社会向近代社会转型。

三、原著选读

中国革命和中国共产党（节选）[①]

（一九三九年十二月）

毛泽东

中国虽然是一个伟大的民族国家，虽然是一个地广人众、历史悠久而又富于革命传统和优秀遗产的国家；可是，中国自从脱离奴隶制度进到封建制度以后，其经济、政治、文化的发展，就长期地陷在发展迟缓的状态中。这个封建制度，自周秦以来一直延续了三千年左右。

---

① 中共中央文献编辑委员会：《毛泽东选集》第二卷，人民出版社 1991 年版，第 623 ～ 632 页。

中国封建时代的经济制度和政治制度，是由以下的各个主要特点构成的：

一、自给自足的自然经济占主要地位。农民不但生产自己需要的农产品，而且生产自己需要的大部分手工业品。地主和贵族对于从农民剥削来的地租，也主要地是自己享用，而不是用于交换。那时虽有交换的发展，但是在整个经济中不起决定的作用。

二、封建的统治阶级——地主、贵族和皇帝，拥有最大部分的土地，而农民则很少土地，或者完全没有土地。农民用自己的工具去耕种地主、贵族和皇室的土地，并将收获的四成、五成、六成、七成甚至八成以上，奉献给地主、贵族和皇室享用。这种农民，实际上还是农奴。

三、不但地主、贵族和皇室依靠剥削农民的地租过活，而且地主阶级的国家又强迫农民缴纳贡税，并强迫农民从事无偿的劳役，去养活一大群的国家官吏和主要地是为了镇压农民之用的军队。

四、保护这种封建剥削制度的权力机关，是地主阶级的封建国家。如果说，秦以前的一个时代是诸侯割据称雄的封建国家，那末，自秦始皇统一中国以后，就建立了专制主义的中央集权的封建国家；同时，在某种程度上仍旧保留着封建割据的状态。在封建国家中，皇帝有至高无上的权力，在各地方分设官职以掌兵、刑、钱、谷等事，并依靠地主绅士作为全部封建统治的基础。

中国历代的农民，就在这种封建的经济剥削和封建的政治压迫之下，过着贫穷困苦的奴隶式的生活。农民被束缚于封建制度之下，没有人身的自由。地主对农民有随意打骂甚至处死之权，农民是没有任何政治权利的。地主阶级这样残酷的剥削和压迫所造成的农民的极端的穷苦和落后，就是中国社会几千年在经济上和社会生活上停滞不前的基本原因。

封建社会的主要矛盾，是农民阶级和地主阶级的矛盾。

而在这样的社会中，只有农民和手工业工人是创造财富和创造文化的基本的阶级。

地主阶级对于农民的残酷的经济剥削和政治压迫，迫使农民多次地举行起义，以反抗地主阶级的统治。从秦朝的陈胜、吴广、项羽、刘邦起，中经汉朝的新市、平林、赤眉、铜马和黄巾，隋朝的李密、窦建德，唐朝的王仙芝、黄巢，宋朝的宋江、方腊，元朝的朱元璋，明朝的李自成，直至清朝的太平天国，总计大小数百次的起义，都是农民的反抗运动，都是农民的革命战争。中国历史上的农民起义和农民战争的规模之大，是世界历史上所仅见的。在中国封建社会里，只有这种农民的阶级斗争、农民的起义和农民的战争，才是历史发展的真正动力。因为每一次较大的农民起义和农民战争的结果，都打击了当时的封建统治，因而也就多少推动了社会生产力的发展。只是由于当时还没有新的生产力和新的生产关系，没有新的阶级力量，没有先进的政党，因而这种农民起义和农民战争得不到如同现在所有的无产阶级和共产党的正确领导，这样，就使当时的农民革命总是陷于失败，总是在革命中和革命后被地主和贵族利用了去，当作他们改朝换代的工具。这样，就在每一次大规模的农民革命斗争停息以后，虽然社会多少有些进步，但是封建的经济关系和封建的政治制度，基本上依然继续下来。

这种情况，直至近百年来，才发生新的变化。

……

帝国主义列强侵入中国的目的，决不是要把封建的中国变成资本主义的中国。帝国主义列强的目的和这相反，它们是要把中国变成它们的半殖民地和殖民地。

帝国主义列强为了这个目的，曾经对中国采用了并且还正在继续地采用着如同下面所说的一切军事的、政治的、经济的和文化的压迫手段，使中国一步一步地变成了半殖民地和殖民地：

一、向中国举行多次的侵略战争，例如一八四〇年的英国鸦片战争，一八五七年的英法联军战争，一八八四年的中法战争，一八九四年的中日战争，一九〇〇年的八国联军战争。用战争打败了中国之后，帝国主义列强不但占领了中国周围的许多原由中国保护的国家，而且抢去了或"租借"去了中国的一部分领土。例如日本占领了台湾和澎湖列岛，"租借"了旅顺，英国占领了香港，法国"租借"了广州湾。割地之外，又索去了巨大的赔款。这样，就大大地打击了中国这个庞大的封建帝国。

二、帝国主义列强强迫中国订立了许多不平等条约，根据这些不平等条约，取得了在中国驻扎海军和陆军的权利，取得了领事裁判权，并把全中国划分为几个帝国主义国家的势力范围。

三、帝国主义列强根据不平等条约，控制了中国一切重要的通商口岸，并把许多通商口岸划出 部分土地作为它们直接管理的租界。它们控制了中国的海关和对外贸易，控制了中国的交通事业（海上的、陆上的、内河的和空中的）。因此它们便能够大量地推销它们的商品，把中国变成它们的工业品的市场，同时又使中国的农业生产服从于帝国主义的需要。

四、帝国主义列强还在中国经营了许多轻工业和重工业的企业，以便直接利用中国的原料和廉价的劳动力，并以此对中国的民族工业进行直接的经济压迫，直接地阻碍中国生产力的发展。

五、帝国主义列强经过借款给中国政府，并在中国开设银行，垄断了中国的金融和财政。因此，它们就不但在商品竞争上压倒了中国的民族资本主义，而且在金融上、财政上扼住了中国的咽喉。

六、帝国主义列强从中国的通商都市直至穷乡僻壤，造成了一个买办的和商业高利贷的剥削网，造成了为帝国主义服务的买办阶级和商业高利贷阶级，以便利其剥削广大的中国农民和其他人民大众。

七、于买办阶级之外，帝国主义列强又使中国的封建地主阶级变为它们统治中国的支柱。它们"首先和以前的社会制度的统治阶级——封建地主、商业和高利贷资产阶级联合起来，以反对占大多数的人民。帝国主义到处致力于保持资本主义前期的一切剥削形式（特别是在乡村），并使之永久化，而这些形式则是它的反动的同盟者生存的基础"。"帝国主义及其在中国的全部财政军事的势力，乃是一种支持、鼓舞、栽培、保存封建残余及其全部官僚军阀上层建筑的力量。"

八、为了造成中国军阀混战和镇压中国人民，帝国主义列强供给中国反动政府以大量的军火和大批的军事顾问。

九、帝国主义列强在所有上述这些办法之外，对于麻醉中国人民的精神的一个方面，也不放松，这就是它们的文化侵略政策。传教，办医院，办学校，办报纸和吸引留学生等，就是这个侵略政策的实施。其目的，在于造就服从它们的知识干部和愚弄广大的中国人民。

十、从一九三一年"九一八"以后，日本帝国主义的大举进攻，更使已经变成半殖民地的中国的一大块土地沦为日本的殖民地。

上述这些情形，就是帝国主义侵入中国以后的新的变化的又一个方面，就是把一个封建的中国变为一个半封建、半殖民地和殖民地的中国的血迹斑斑的图画。

由此可以明白，帝国主义列强侵略中国，在一方面促使中国封建社会解体，促使中国发生了资本主义因素，把一个封建社会变成了一个半封建的社会；但是在另一方面，它又残酷地统治了中国，把一个独立的中国变成了一个半殖民地和殖民地的中国。

……

帝国主义和中国封建主义相结合，把中国变为半殖民地和殖民地的过程，也就是中国人民反抗帝国主义及其走狗的过程。从鸦片战争、太平天国运动、中法战争、中日战争、戊戌变法、义和团运动、辛亥革命、五四运动、五卅运动、北伐战争、土地革命战争，直至现在的抗日战争，都表现了中国人民不甘屈服于帝国主义及其走狗的顽强的反抗精神。

中国人民，百年以来，不屈不挠、再接再厉的英勇斗争，使得帝国主义至今不能灭亡中国，也永远不能灭亡中国。

……

中国人民的民族革命斗争，从一八四〇年的鸦片战争算起，已经有了整整一百年的历史了；从一九一一年的辛亥革命算起，也有了三十年的历史了。这个革命的过程，现在还未完结，革命的任务还没有显著的成就，还要求全国人民，首先是中国共产党，担负起坚决奋斗的责任。

把我国建设成为社会主义的现代化的强国①

（一九六三年九月）

毛泽东

我国从十九世纪四十年代起，到二十世纪四十年代中期，共计一百零五年时间，全世界几乎一切大中小帝国主义国家都侵略过我国，都打过我们，除了最后一次，即抗日战争，由于国内外各种原因以日本帝国主义投降告终以外，没有一次战争不是以我国失败、签订丧权辱国条约而告终。其原因：一是社会制度腐败，二是经济技术落后。现在，我国社会制度变了，第一个原因基本解决了；但还没有彻底解决，社会还存在着阶级斗争。第二个原因也已开始有了一些改变，但要彻底改变，至少还需要几十年时间。如果不在今后几十年内，争取彻底改变我国经济和技术远远落后于帝国主义国家的状态，挨打是不可避免的。当然，帝国主义现在是处在衰落时代，我国，社会主义阵营，全世界被压迫人民和被压迫民族的革命斗争，都是处于上升的时代，世界性的战争有可能避免。这里存在着战争可以避免和战争不可避免这样两种可能性。但是我们应当以可能挨打为出发点来部署我们的工作，力求在一个不太长久的时间内改变我国社会经济、技术方面的落后状态，否则我们就要犯错误。

---

① 中共中央文献研究室：《建国以来重要文献选编》第十七册，中国文献出版社 2011 年版，第 114 ~ 115 页。

纸桥之战①

时同治十年，法兰西驸马名安邺，督率法兵数千，攻击河内，南官领命大臣阮枝芳死之。战时，枝芳子布政使某，上城压队督战，被法军开花炮轰毙。城破，入捉，获阮枝芳，扣留，优礼待之，惟阮自禁水米饿毙。嗣德王闻悉河内败耗，连落谕旨，催公出兵克复河内。

……

公由兴化省调集各人马，即在该省针好旗色，祭旗完毕，落山西进兵入丹凤县，住两昼夜。由丹凤入怀德府，（河内属，离河内十余里。）吴凤典、凌德选、班晚等各带数百人来投公，三个头目，共得千余人。公与黄督统佐炎，均奉旨各带人马，向河内进发，公带千余人。公率千余先锋队，离河内西城门外十里下寨。黄督统大臣及参赞某、提督阮文雄、领兵等，所部南兵万余人，在后二三里下寨。所有建筑营垒，守营看更，解粮各项，均为南兵责任。黄督统即出赏格：斩法兵首级一颗，赏银一百五十两，一画加十两，二画加二十两，再多照加，各等因。

公等军士，驻扎数日间，法大将驸马安邺，先带法兵向西门外出仗来攻。首先驸马五画全金，其余一、二、三、四画。概以数十计，先出到桥搦战。公即率队过桥，与渠交攻，互相击射。公喝令加奖花红，各军队伍，奋勇向前，悉力攻敌，势极猛烈。少时，法兵大败，遂退向西城门而奔，安邺及各将官在后，压队退走。公下令赶追，随击随赶，赶到西门城外半里许，法各败将走得力尽筋疲，将到城时，聚作一团，概被公等部众上前尽行斩首，并斩散兵数十人，大获胜仗，斩驸马者，系先锋吴凤典之功。是役也，枪毙法兵无算，计共斩得首级数百颗，夺获枪械数百枝，驸马所佩带公主所送的金时表一个，值银数千两——此表甚是异样，练是白金，值银千两，内有钻石三十六颗，又宝珠三颗。——此仗大胜后，黄督统遂遣南兵数百，抬银来公之寨，按功照赏，另特赏公中平银五十锭，每锭十两。所有各画数首级，均点交黄督统转解，游匀

---

① 罗香林辑校：《刘永福历史草》，正中书局，1936年，第82～84页。题目为编者所加。纸桥之战：清同治十二年（1873）11月，法军侵占越南北圻河内等地，越南阮氏王朝向驻扎在中越边境保胜（今越南老街）一带的中国黑旗军首领刘永福求援。为援越抗法，刘永福率兵千余名，于12月21日抵达河内西郊的纸桥，设伏诱敌。法军头目安邺率队出城，遭到黑旗军伏击，死伤数十人，安邺亦当场毙命。法军遭此沉重打击，被迫退出河内。战后，越南阮氏王朝授予刘永福三宣副提督之职，命黑旗军驻守宣光、兴化、山西三省，防止法军溯红河北犯。

七省地方示众。

四、广西历史文化资源

（一）遗址遗迹和纪念场馆

1. 西林教案遗址

位于今田林县定安镇。1852 年起，法国侵略者派天主教神甫马赖潜到田林县定安镇一带，以传教为名进行非法活动。马赖等人目无官府，肆意横行。1856 年 2 月，西林县知事张鸣凤顺应民心，依法将马赖及其忠实信徒白小满、曹贵（女）等三人在定安教场斩首示众，这就是当时震惊中外的"西林教案"（又称"马神甫事件"）。法国拿破仑三世以此为借口，联合英国侵略者向中国发动第二次鸦片战争，并强迫清政府在西林县城定安镇建起规模较大的天主教堂，定安镇从此成为法国传教士宣传天主教的一个据点。鉴于"西林教案"曾经是近代中国人民反洋教斗争高潮的前奏，具有特殊的历史意义，1994 年，广西壮族自治区人民政府将此遗址列为文物保护单位。

2. 关前隘古战场遗址

位于凭祥市友谊镇隘口村与卡凤村关隘屯之间一带，是清末中国军队抗击法国侵略军取得重大胜利的一个重要战场。1885 年 3 月，冯子材指挥中国军民在这里取得了镇南关大捷，扭转了整个中法战争战局，沉重地打击了法国侵略者的气焰，迫使法国政府茹费里内阁倒台。镇南关大捷是中国近代史上反侵略战争的一次重大胜利，给中国近代史谱写了光辉的一页。1985 年该遗址被凭祥市人民政府公布为市级文物保护单位，2006 年被列入"连城要塞及友谊关"全国重点文物保护单位之一。

3. 龙州小连城要塞遗址

小连城，又名将山炮台，位于龙州县彬桥乡，距县城龙州镇 3 千米。其山脉绵长，最高海拔 310 米，占地 14 平方千米。1886 年，抗法名将、广西提督兼对汛督办苏元春为抵御法国军队入侵修建，时为桂越千里边防线上的指挥中枢兼提督行辕。小连城依山势共筑有炮台十五座，装备德国克虏伯大炮，扼守龙州的水陆门户，是一处重要的国防要塞，有"南疆长城"之称。

4. 凭祥大连城要塞遗址

位于凭祥市区 1.5 千米处，是苏元春督办广西边防军务时的指挥中心。大连城在山谷中，有当年修筑规模宏大的建筑群：提督衙门、演武厅、庆祝宫、练兵场、军械局、选锋蓬、牛蓬、公馆、戏台、武圣庙、财神庙、灶王庙。还挖了"福""禄""寿""喜"不同用途的四口井，均用料石砌就。周围山头筑有中型炮台八座，犹如联合起来的环形长城，有"连城天险"之称，故名为"大连城"。1981 年 8 月，大连城遗址被列为自治区重点文物保护单位，如今已成为颇具特色的旅游区。

（二）名人故居

1. 刘永福故居

又名三宣堂，在钦州市区板桂街口。1889 年，刘永福自越南回国，定居钦州。1891 年营建公馆，取名三宣堂，以纪念援越抗法凯旋。故居建筑面积 5600 多平方米，规模宏大，设计别致。主堂为砖木结构旧式房屋，两侧厢房围绕，共有厅房 119 间，各房相通，如同迷宫。墙上有 100 多幅金饰彩绘图，与雕梁画栋相互辉映。四周环以 4 米高墙，四角有炮楼，各炮楼间有地道相通，炮楼上枪眼密布。刘永福故居是钦州市现存的最大古建筑群，也是自治区重点文物保护单位。

刘永福故居大门（陈峥摄）

刘永福故居内景（陈峥摄）

2. 冯子材故居

又名宫保第，在钦州市钦州镇白水塘村，是冯子材退居时住所。总占地面积15万多平方米，建筑面积2020平方米。包括三个状如伏虎的小山丘，当地群众称为"卧虎地"。四周环以高墙，围墙内有主建筑三进，每进分为三大间，每大间又分为三小间，共九大间，二十七小间，构成了富有特色的"三排九"建筑模式。建造时用料讲究，室内梁、柱、门窗、匾联多为珍贵的格木制成。浮雕工精，壁画色艳，造型端庄，朴实严谨。建筑注重牢固实用，没有豪华的装饰，但质高艺精。还有宗庙、塔、宇、马厩、鱼塘、水井、花园、果园等附属建筑，外筑围墙，规模宏大，院内东头新建有碑林，字迹精湛清秀，笔势遒劲，自成一景。故居范围包括三山一水一田，有六角亭、珍赏楼、书房、虎鞭塔、菜园等，系典型的清代南方府第建筑群，具有简朴典雅的艺术特色。

唐景崧故居正门（韦石龙摄）

冯子材故居（蔡乾涛摄）

3. 唐景崧故居

位于灌阳县新街乡江口村，建于清康熙年间，占地约 410 平方米，为砖木穿斗式结构，梁、枋、门楣等均雕刻人物故事或龙凤花草虫鱼等纹案，具有一定的历史、艺术、科学价值。目前为灌阳县重点文物保护单位，但由于资金匮乏等方面原因，故居仍处于粗放型管理状态。

唐景崧故居内景（陈峥摄）

（三）历史人物

1. 刘永福

刘永福（1837—1917），清末将领。本名义，字渊亭，广西钦州人。曾参加广西天地会起义。太平天国运动失败后，在桂、滇边境组织黑旗军。后赴越南，驻保胜（今越南老街）。1873 年和 1883 年两度应越南政府约请率部抗法，先后击毙法将安邺和李维业。中法战争中，多次大败法军。后受清政府收编。1886 年任广东南澳镇总兵。1894 年帮办台湾防务，移驻台南。次年被推为军民抗日首领，率黑旗军联合台湾义军，抗击侵台日军，因孤军无援退回厦门。1902 年署碣石镇总兵。1911 年 11 月

刘永福塑像（位于刘永福故居内，陈峥摄）

广东独立，被推为广东民团总长，旋辞职回籍。

2. 冯子材

冯子材（1818—1903），字南干，号萃亭，广西钦州人。早年参加天地会起义。1851 年投降清军，积极参加镇压太平天国和贵州苗民起义，以"功"升提督。中法战争爆发后，1885 年 2 月被命为帮办广西军务。同年 3 月镇南关一战中，团结各路将领，身先士卒，勇敢杀敌，大败法军，取得镇南关—谅山大捷。中法《停战协定》签订后，清政府命令各将领停战撤兵，他极力反对，要求诛"议和之人"。战后相继调任云南、贵州提督。

3. 苏元春

苏元春（1844—1907），清末湘军将领。字子熙，广西永安（今广西蒙山）人。团练出身。初投湘军席宝田部，参与镇压太平军和贵州苗民起义，升总兵。1884 年中法战争时，署广西提督，率兵赴越抗法，初战皆捷。次年初，从潘鼎新在谅山等地作战失利，后随冯子材在广西镇南关（今友谊关）大败法军，授广西提督。1903 年以治军不严被劾，充军新疆，获释后病死。

4. 唐景崧

唐景崧（1841—1903），广西灌阳人，字维卿，号南注生，1866 年中进士。

1882 年以吏部主事上书清廷,自请赴越联络刘永福抗法。1884 年受张之洞命募勇四营,号景字军。次年初,率部会同黑旗军与法军作战,1891 年任台湾布政使,1894 年署台湾巡抚。次年《马关条约》签订,激起台湾人民反抗。台湾士绅成立"台湾民主国",唐景崧被推为总统。6 月初,日军占基隆后,唐景崧回到大陆,后闲居桂林。晚年在桂林五美堂组织"桂林春社",创编了桂剧,被称为桂剧鼻祖。著有《请缨日记》。

五、广西人民反侵略斗争史事钩沉

西林教案:桂西北深山中发生的影响中国历史进程的事件①

咸丰三年(1853)夏,法籍神甫马赖,从澳门经广州、梧州、南宁来到贵州的马安山。数月后,马赖窜到广西西林县进行非法的传教活动。他从贵州选了两个中国籍教徒回来,一叫白小满,贵州水城人,一叫曹贵(女,又叫曹二嫂),贵州兴义人。他们来到西林后,很快与当地官府搭上关系,马赖有时还穿上中国官服,声称他是中国皇帝允许到这里来"劝民为善"的,是上帝派来的。然而当地群众认为入教便是忘掉了自己的祖宗,入教的人寥寥无几。马赖看到这种情况,认为土人太"野蛮",不好"感化",便凶相毕露,收买一些歹徒加入天主教,并怂恿他们拦路抢劫,杀人越货。马赖指使其匪徒马子农、林八、邓亚修等人窜村妖言惑众,纠伙拜会,奸辱妇女,抢劫村寨,无法无天。马赖还对诱骗入教的妇女,以"洗礼""念经"、接触"圣体"和做"弥撒"的卑鄙伎俩进行污辱,并规定教友女儿出嫁前,要到教堂做"洗礼"。马赖还四处出动,勘查地理山川,资源民俗,刺探情报等,他们的罪恶活动激起广大人民的无比愤慨。

1855 年夏,在县城附近的者邦屯路上发生了一起大抢劫案,杀了人,抢去商旅钱财。后来查实是马赖庇护和指使其不法教徒作的案,当地老百姓掌握了确凿的证据,多次派人到县要求知县严惩马赖及其不法教徒,但知县多方包庇。1855 年冬,新上任的知县张鸣凤根据群众的强烈要求,把罪大恶极的马赖的忠实教徒马子农正法,并向马赖发出警告:中国有中国的法律、宗教,不允许

---

① 根据黄哲克、丛叶《西林教案始末》(政协西林县委员会文史资料委员会:《西林文史资料》第 1 辑,1992 年,第 12~14 页)修改整理。题目为编者所改。

外国人在此胡说八道。但是，马赖有恃无恐继续进行罪恶活动，当时人们对马赖一伙更加愤怒，在老百姓的强烈要求下，张鸣凤于咸丰六年正月二十（1856年2月24日）逮捕马赖及其中国籍天主教骨干分子25人。审讯时，马赖否认以传教为名搜集情报和残害中国人民的罪行，马赖蔑视中国，傲慢地为他的不法活动进行诡辩，因此，更激起人民的义愤，要求严惩罪犯。29日，张鸣凤把首犯马赖、白小满、曹贵等三人律刑处斩，这就是震动中外的"西林教案"。

事后法帝国主义者借口马赖事件，伙同英国对中国发动侵略战争。1857年12月，英法联军攻打广州，接着又进攻天津，史称"第二次鸦片战争"。西林县各族人民维护国家民族主权的反帝斗争是正义的，但当时清政府奉行投降媚外政策，于1858年6月，分别与英法签订了丧权辱国的《天津条约》，西林知县张鸣凤被革职充军。

刘永福：抗法保台二十年①

在我国西南边境城市河口，有一个到越南老街的"出国半日游"项目异常火爆。半日游的最后一站是刘永福大庙。这里有一位被越南人民供奉的"圣人"，他就是在我国近代反抗帝国主义侵略斗争中极富传奇色彩的民族英雄刘永福。

从水手到农民军将领

刘永福原籍广西博白县，因家中贫穷不堪，他的父亲把家迁到广东钦州（今属广西）防城司属古森洞小峰乡。1837年，刘永福就出生在这里。后来，他们又举家迁移到广西上思州。

刘永福天资聪颖，善于动脑筋，很小就学会了一些谋生的本领。5岁时，他就能自制钓鱼竿，在离家不远的小河里钓鱼，为自家的饭桌增添"鲜味"。13岁那年，他开始在船上当水手。做工之余，他仔细观察，非常熟悉何处水深，何处水浅，哪里行船安全，哪里行船危险。15岁时，他成了熟练的"滩师"。同时，他还拜一些武术高手为师，学得了一身好武艺。

尽管刘永福一家勤劳节俭，生活状况却没有什么好转。他17岁那年，父母亲和叔父由于贫病交加，在几个月内相继病故。埋葬完几位老人，刘永福已经

---

① 刘悦斌：《先是援越抗法　继而入台抗日　刘永福的二十年战争》，《环球人物》2006年第6期。题目为编者所改，文中个别字句略有改动。

一无所有，连住的地方都没了，只好借了一间茅屋暂时落脚。他白天出去做工，换口饭吃，夜里回到茅屋栖身，日子过得极为穷困。

那时，正值中国社会发生剧烈的变化，在广西爆发了规模空前的太平天国起义。

据说，刘永福有一天上山砍柴，累了躺在石板上午睡。睡梦中，忽然走来一位长髯老人对他说："这不是黑虎将军吗？怎么还在山林里隐伏，为什么还不出山？"梦醒后，刘永福下定决心，参加了反清起义军。这一年，他20岁。

刘永福先投奔天地会首领吴凌云的部属郑三手下任先锋，后又先后投奔王士林、黄思宏等领导的起义队伍。由于他"胆艺过人，重信爱士"，大约二百名义军士兵成了他的铁杆追随者。1866年，刘永福又转投吴亚忠领导的起义军。因为曾梦到长髯老人称他"黑虎将军"，于是刘永福制七星黑旗为军旗，率领部下举行祭旗仪式，创建了"黑旗军"。

在吴亚忠领导的起义军中，刘永福开始展现出杰出的军事才能。他率领的黑旗军"英勇绝伦，每阵争先"，屡战屡胜，使敌人闻风丧胆。刘永福深得吴亚忠的赏识和器重，被任命为"左翼先锋前敌"。吴亚忠的实力也因此迅速扩大，成为当时广西地区势力最大的一支起义军。但是，随着太平天国被镇压，清政府得以腾出手来剿杀其他反清起义队伍，全国范围的起义浪潮走向低谷。在广西，清政府四面调集大军，围击吴亚忠起义军。起义军虽然竭力死战，多次打退清军的进攻，但清军人多势众，又有武器装备上的优势，起义军最后不敌，陷入困境。在此情况下，刘永福为了保存力量，率领黑旗军退入越南境内。

刘永福入越时，正值越南北部地区（北圻）盗匪猖獗，残害人民。

刘永福率领黑旗军与他们展开角逐，逐渐控制了安礼、高平、左大、六安、保胜（老街）等地。黑旗军"开辟山林，聚众耕牧"，自耕自养，保护百姓，使这一地区出现了"烽烟不警，鸡犬无惊"的安定局面，受到越南人民和政府的欢迎。越南国王也屡次颁发上谕嘉奖，说是"万民感激，朝廷倚若长城"。

援越抗法的先锋

就在英法对中国发动第二次鸦片战争的同时，法国发动了侵越战争，迫使越南政府首次签订了《西贡条约》，割让边和、嘉定、定祥三省给法国。法国先是派驻总督，确立了在越南南部（南圻）湄公河三角洲的统治。此后，法国军队继续向北推进，企图占领越南全境，并以越南为跳板，开辟侵略中国的新途径。

法国的进一步侵略，改变了刘永福的人生轨迹，使他从一个客居越南的反清农民起义军领袖，转变为反抗外国侵略的民族英雄。

　　1873 年 11 月，法国总督安邺带兵攻占河内，越南政府恳请刘永福帮助抗法。刘永福率黑旗军从驻地保胜日夜兼程，翻越宣光大岭，疾驰千里，突然出现在河内城外，安邺急忙出城迎战。黑旗军将士"奋勇向前，悉力攻敌，势极猛烈"，法军抵挡不住，丢下安邺不管，一窝蜂向城内逃去。黑旗军先锋吴凤典飞快赶上，斩杀安邺，夺回河内。这一仗，法军死伤数百名，余部龟缩在城边几个据点内，任凭黑旗军在外叫阵，再也不敢出战。于是刘永福下令扎长梯 70 架，准备强攻。但是，越南政府却急令刘永福撤军，接着与法国第二次订立《西贡条约》。这时，法国正值在普法战争中惨遭败绩，暂时无力进行大规模的扩张行动，于是宣布放弃北圻，越南则同意向法国开放红河航道。

　　黑旗军大获全胜，越南政府为表彰刘永福的战功，任命他为"三宣副提督"，并破例铸了一颗"山西、兴化、宣光副提督英勇将军印"送给他，以示尊崇。

　　进入 19 世纪 80 年代后，法国国内情况好转，再次加紧了对越南的侵略，目标是占领北圻，打开通向中国的陆路通道。1882 年初，法国派遣海军上校李威利率军北上，于 4 月间再次占领河内，越南形势再度严峻起来。

　　越南当时是中国的藩属国，清政府有责任帮助越南维护国内稳定和抵抗外来侵略。但是，清政府内部意见不一。有的人主张与法一战，有的人主张放弃越南，有的人主张驻军越南北部边境，相机行事。其中，很多人提出招用刘永福的黑旗军。一方面，黑旗军英勇善战，能有效地遏制和打击法军；另一方面，清政府可进可退，黑旗军打败法军固然好，法军打败黑旗军则正好为朝廷除患。于是清政府决定资助刘永福抗法，使黑旗军在中法战争正式爆发前成为抗法的主力。

　　面对法国殖民侵略的野蛮行径，刘永福发誓要"为中国捍蔽边疆"，"为越南剿平敌寇"。1883 年 5 月，应越南北圻总督的请求，刘永福率黑旗军进抵距河内不远的怀德府，向法军下战书。李威利不敢出战，等待援军。援军到后，李威利率法军进攻纸桥（位于河内西一十米处）以西黑旗军阵地。刘永福采用设伏歼灭的打法，部署先锋管带杨著恩、左营管带吴凤典、前营管带黄守忠等部严阵以待。法军在大炮掩护下分两路冲过纸桥，杨著恩奋勇迎敌，接着假装支撑不住，退到上安决村。待法军进村时，黄守忠、吴凤典率部突起夹击，经过三个小时的鏖战，黑旗军击毙李威利，法军死伤累累，余部退回河内。为表彰刘永福，越南政府授予他"一等义勇男爵"和"三宣正提督"之职。

　　几次较量之后，黑旗军成了法军的眼中钉。8 月中旬，法国调集大军，分三路进攻黑旗军。激战数日，尽管法军武器装备精良，黑旗军还是大败法军主力中路和左路。但就在此时，突然下起倾盆大雨，法军乘机炸崩河堤，黑旗军营地被淹，损失惨重，只得退出怀德，转移至地势较高的丹凤。当月底，法增派援军三四千人、军舰11艘相继赶到，分水陆两路进攻丹凤，黑旗军腹背受敌，虽然毙伤法军多人，但自己也严重受挫。经过几次战斗，黑旗军实力大减。12月中旬，中法战争正式爆发。黑旗军一直活跃在抗法前线，参加了越南境内的大部分战斗，一直是援越抗法的重要力量。1884年8月，清政府授刘永福为记名提督，并赏戴花翎，刘永福及其黑旗军正式得到清政府认可。

中法战争结束后，刘永福被调回国，清政府任命他为南澳镇总兵，但对他并不放心，将他的黑旗军逐步裁减，最后只剩下三四百人。

抗日保台的中流砥柱

1894年，中日甲午战争爆发。台湾战略地位重要，刘永福被清政府派遣赴台湾帮助办理防务。到台湾后，刘永福率黑旗军驻守台南，先后在潮汕、台湾等地招募新兵，将兵力扩充至八营。

由于清政府的腐败无能，甲午战争以中国的失败而结束，清政府与日本签订了丧权辱国的《马关条约》，把台湾、澎湖列岛割给日本。消息传出，立即遭到全国各界人民的强烈反对，台湾人民更是义愤填膺，他们举行集会，"鸣锣罢市"，坚决反对割让台湾。但是，无能的清政府不顾全国人民的坚决抗议和反对，一方面下令台湾所有官员撤离台湾回大陆，一方面派李鸿章的儿子李经方为"割台大臣"，前往台湾办理交割手续。

在台湾爱国绅士丘逢甲倡议下，台湾组织了以台湾巡抚唐景崧和丘逢甲为首的抗日政府，刘永福为大将军，共同领导台湾人民抗日保台。1895年5月底，日军分两路进犯，相继攻陷基隆、台北，曾信誓旦旦要誓死保卫台湾的唐景崧携带大量公款仓皇逃回厦门，使日军得以迅速占领台北。6月17日，日本在台北宣布成立台湾总督府，用以镇压台湾人民的反抗斗争。

日军占领台北后，丘逢甲率部南退，在新竹一带阻击日军，经20余日血战，最后弹尽援绝，丘逢甲欲自杀殉职，被部下拦住，不得已撤抵福建泉州。这样，台湾抗日的重任就落在了刘永福的肩上。在台湾民众的拥戴下，刘永福带领他们用极为简陋的武器，继续抗击日本侵略者。

在刘永福黑旗军的声威震慑下，日本侵略者不敢强战。为瓦解台湾抗日力量，日本以重金为诱饵，想诱使刘永福弃台内渡。但刘永福毫不动摇，表示"我奉命驻守台湾，义当与台湾共存亡"。

8月中旬，日军向大甲溪进逼，刘永福派黑旗军前往支援，他们商定沿大甲溪设伏，黑旗军埋伏在南岸丛林中，徐骧率领的义军埋伏在北岸丛林中。22日，日军进犯大甲溪，遭到黑旗军和义军伏击，腹背受敌，纷纷落水，死伤惨重。第二天，日军在汉奸的帮助下，从侧路抄袭，攻占了大甲溪，接着又攻占了台中。

日军攻占台中后，黑旗军和义军退到彰化。彰化城外的八卦山地势险要，是彰化城的天然屏障，黑旗军将领王德标率部和义军扼险据守，阻击日军。28日，日军主力向八卦山猛攻，守军居高临下，多次击退日军的进攻。日军又靠着汉奸从后路偷袭，守军受到两面夹攻，但是顽强死战。这是日军入台后双方之间规模最大的一次战斗，打得异常激烈，日军死1000多人。日军少将山根信成被打死。黑旗军和义军也死伤惨重，吴汤兴等将领壮烈牺牲。日军付出了重大代价才攻占了八卦山，接着攻占了彰化县城。

10月8日，日军又出动几万军队，兵临嘉义城下。嘉义是台南门户，周围多为平原，连丘陵地也少，地形不利于防守。深谙兵法的刘永福指示，守嘉义用智不用力，要多用伏击，埋设地雷，不要与敌人正面交战，于是王德标与徐骧在嘉义城外布卜地雷阵。日军进攻时，他们只略作抵抗就退入城中。日军见此情景，以为黑旗军和义军失去斗志，因此下令在城外宿营，准备第二天攻城，哪知道半夜时分，地雷阵响成一片，700多日军在睡梦中便一命归天，埋伏的黑旗军和义军又冲杀出来，日本亲王北白川能久也身负重伤，不治死去。第二天，疯狂的日军全力攻城，日军的炮弹像雨点般地落到城内。黑旗军和义军奋勇抵抗，但终因敌人炮火猛烈，嘉义城被攻破，黑旗军和义军大部遇难，王德标和徐骧退守曾文溪。10月20日，日军进攻曾文溪，凭借优势装备和兵力，枪炮齐发。黑旗军和义军凭一腔热血与日军激战，大部壮烈牺牲。

此时，黑旗军和义军不但兵力处在绝对劣势，枪械弹药也消耗殆尽，粮饷也极为匮乏。清政府自从将台湾割让给日本后，下令封锁沿海，禁止官员援助台湾的抗日斗争。刘永福一次次派人去大陆，好不容易募集到一些捐款，还被清政府扣留。

1895年10月15日，日军进攻台南，刘永福驻安平炮台，策应城中守军。17日，日军大举进攻安平炮台，已届花甲之年的刘永福大吼一声，亲自开炮，击毙日军几十人。18日，台南城中弹尽粮绝，守军溃散。刘永福见大势已去，仰天捶胸，呼号恸哭："我何以报朝廷，何以对台民！"后来，在部将的劝说下，刘永福带着儿子和亲兵，搭乘一艘英国商船回到大陆，台湾的抗日斗争宣告失败。

晚年的刘永福，仍念念不忘台湾。1915年，袁世凯与日本签订了丧权辱国的"二十一条"。刘永福拍电谴责袁世凯卖国求荣，并表示，他愿以老朽之躯充当先锋，与宿敌决一死战。1917年1月9日，这位威名远振的反帝爱国将领溘然长逝。

冯子材：金戈铁马镇南关①

在晚清抗击殖民侵略的战役中，打胜仗的并不算多，抗击法国侵略的镇南关大捷是代表性一役。在镇南关大战中，清军将士英勇不屈、浴血奋战，表现出高昂的爱国主义精神和民族气节。这场胜仗中，一位老将打出了守护祖国山河、寸土不让的英雄本色。他，就是冯子材。

"子材躯干不逾中人，而朱颜鹤发，健捷虽少壮弗如。生平不解作欺人语，发饷躬自监视，偶稍短，即罪司军糈者。治军四十余年，寒素如故。言及国梁，辄潸潸泪下，人皆称为良将云。"这是《清史稿》中对冯子材的一段评价，寥寥数语，让人感受到他的刚正不阿和家国情怀。

1883年，法军向清军发起进攻，挑起中法战争。1885年，面对严峻形势，曾任广西提督的近70岁老将冯子材奉命以帮办广西军务的名义，率两个儿子及部众奔赴镇南关，担当起保卫祖国西南边疆的重任。

冯子材首先相度地势，"以关前隃跨东西两岭，备险奥，乃令筑长墙，率所部扼守"，在镇南关前东西两道山岭间修筑长墙，集中部队，进行防守。1885年3月23日，当法军拖着大炮，气势汹汹来攻关时，冯子材对将士们振臂高呼："法军再入关，何颜见粤民？必死拒之！"在主帅的带领下，将士的爱国热情被充分激发，奋不顾身，英勇抗敌，借着新修的关隘，阻击了法军第一轮炮火袭击。次日清晨，法军再次来袭，冯子材身着短衣，脚穿草鞋，持矛冲出，扑向法军，身后紧跟着他的两个儿子，也仗矛冲锋。在冯子材的感召下，"诸军以子材年七十，奋身陷阵，皆感奋，殊死斗。关外游勇客民亦助战，斩法将数十人，追至关外二十里而还"。在这次作战中，不只是清军奋勇杀敌，镇南关百姓也拿起武器，保家卫国。镇南关之战取得胜利，法军仓皇逃走。

随后，冯子材乘胜追击，法军占领的谅山等地被陆续夺回，法军被歼灭的有千余人。失败的消息传回法国，引起资产阶级统治集团内部的纷争，挑起对中国侵略战争的茹费里内阁因此倒台。

战场之上，冯子材沉着应战，指挥有方，在充分发挥军事才能的同时，还身先士卒，带头冲锋陷阵，奋勇杀敌，展现出舍己为国的高尚情操。战场之外，

---

① 赵兵：《冯子材：金戈铁马镇南关》，《人民日报》2018年10月19日第6版。

冯子材清正廉洁，赏罚分明，从严治军，所带将士众志成城，令行禁止，如此才能取得镇南关大捷。在民族危亡之际，冯子材以近70岁高龄挺身而出，置个人安危于不顾，驰赴沙场，精忠报国，其展现出的民族气节与爱国主义精神令人称颂。

苏元春：二十年铸就晚清最后的国防线①

苏元春（1844—1908），字子熙，广西永安州（今蒙山县）人，是清末广西重要历史人物之一。同治二年（1863），投湘军席宝田部，走上军旅生涯，随席宝田征战各地。同治六年（1867），随席宝田赴黔东"剿苗"，因镇压苗民起义有功，被授予广西提督，领头品顶戴，光绪十年（1884），中法战争爆发，苏元春在抗法战争中作战勇猛，战功赫赫，被清廷任命为广西关外军事帮办，时年40岁。光绪十一年（1885）1月，苏元春在谅山战役中和冯子材一起，取得了震惊中外的"镇南关大捷"。中法战争结束后，苏元春以提督军职督办广西边防军务10多年，为保卫和建设祖国西南边疆作出了重大贡献。

长期以来，由于中越的特殊关系，中越边境基本是有边无防。中法战争后，法国完全占领越南，我国西南边疆直接暴露在强敌面前，西南边境的边防建设提上日程。中越两国国境腹背环绕，犬牙交错。其中，仅桂越边境就绵延一千余里，"往来则四达不悖，控驭则三面孤虚"。在当时，广西边防十分虚弱，只设立"隘口一百零九，守卡六十六"，而且防御设施极其简陋，基本上是有边无防。而法国殖民者侵占越南后，却在中越边境沿线驻屯重兵，修建各种明碉暗堡和军事工程，对中国虎视眈眈，威胁着我国的西南边疆，清政府被迫在广西、云南设防以应付这种严重的局势。

鉴于历史的沉痛教训，作为晚清抗法名将和战后广西边防建设的最高负责人，针对广西的具体情况，苏元春在广西的边防建设中采取的不仅仅只是一些具体军事措施，而是一个全方位、整体的、大规模的举措。在战后的广西边防建设中，他以国家利益为第一位，对于如何加强中国西南边境的国防建设、提高国家防卫能力，进行了认真的思考和全面科学的规划，提出了一系列重要的国防思想，进行了一整套的国防建设，为西南边境的安定奠定了坚实的国防基础，并大大提高了国家防卫能力。

---

① 刘启强、陈峥：《苏元春与清末广西边防建设》，《传承》2009年第20期。（题目为编者所改）。

苏元春的国防思想，大都付诸实践，经过实践的考验。时至今日，他的一些国防思想，仍旧闪烁着光芒，对我们仍有借鉴意义。他在国防建设上所取得的成就，我们今天仍然可以从各方面看出。他在广西的国防建设不仅仅局限于养兵办防，而是从思想、军事、政治、经济、文化、外交等方面着手，提高广西乃至西南边境的整体和综合的国防力量，他在广西的一切国防措施无不围绕加强整体性国防力量这一主题，他的一切实践，无不体现了他的整体性国防思想和国防实践。

一、统一思想认识，为边防建设打下坚实的思想基础

中法战争前，越南为中国的藩属，中国历代统治者都没有把越南列为边防对象，因而在千里边界线上没有具体边防设施，中越边防可以说是有边无防。中法战争后，清政府从越南撤兵，边防建设提上日程。中国面临的边防对象是当时世界上拥有铁舰大炮、侵略成性、时刻觊觎中国领土的列强法兰西殖民者，而当时中国已经沦为半殖民地半封建社会 40 多年了，清王朝正处于衰落崩溃的边缘，面临列强的威胁。在这样的形势下，苏元春等人已经从思想上高度认识到加强中越边防的重要性，他在中法战争后指出："此后边防倍关紧要"，"强邻迫境，则我不能不筹固圉之方"。他与张之洞、李秉衡等认为："滇、桂、粤三省皆与越接壤，滇以互市为重，广以海防为重，桂以守边为重……现遵约桂军还扎边界，如将谅山高平悉听法屯兵，则桂防处处可虞，敌或渝盟，瞬息压境，我将何以支，似不能不预筹限防。"苏元春时刻将法国描述为"强邻""强敌"，这些词语充分反映了他的爱国热情和他将法国视为边防对象的高度边防意识。苏元春对当时形势的认识是很清醒的，说明他在思想上完全认识到了在强敌压境的情况下，我方除了加强边防，别无选择。

苏元春将广西边防建设作为他的夙愿，他说："况日与强敌为邻，简练军实，何敢稍涉大意。"苏元春后来取得广西边防建设的辉煌成就，这与他思想上的高度认识是分不开的。

在苏元春的一生中，他在思想上始终对法国殖民主义者保持高度的警惕，视法国为边防对象，可以说，他的"仇法"思想到他逝世时还没有改变。光绪二十九年（1903），苏元春被诬告"克扣兵饷"下狱时，法国试图出资营救，苏元春却不为所动，他说："法，吾仇也。死则死耳，藉仇以乞生，是重辱也。"在此生死关头，苏元春并不苟且偷生，以国家民族利益为重，其正义凛然，高风亮节，置生死于不顾，令人钦佩。

二、部署军队，修建防御工事，发展水陆交通

清军从越南撤军以后，针对当时的实际情况，苏元春制订了周密的国防建

设计划，在军事部署上采取了正确的方针，扼要驻守重要关隘，构筑营垒炮台，并大力发展水陆交通。

（一）部署驻军

在广西千里边防线上，扼要驻守重要关隘。中法战争后，清军从越南撤军，根据苏元春的计划，南路边防，由陈嘉率领的毅新、镇南全军驻守镇南关；中路边防，由方友升、蒋宗汉率亲军二营及广武全军驻守关前隘；西路边防，以马盛治军驻归顺（今靖西）平孟、龙邦各隘，蔡简率军驻镇安厅之百南、那坡等地；东路边防，由王德榜率军驻油隘；王孝祺、唐景崧的景字十营，驻彬桥、水口关等地，以护卫龙州。另外，冯子材率军驻扎钦廉，负责这一带防务。这样做，就可以防备法国殖民者"背盟寻衅，别有要求，亦惟厉兵秣马，以期无患"。从苏元春的军事部署可以看出，苏元春在军队的驻扎上有一个整体性的考虑，其计划之详密，其部署之得当，使得各路军队可以互为犄角，互相呼应，令法国殖民者不敢轻举妄动。

（二）修建关隘城垣

中法战争期间，镇南关被法军炮火所击毁。战争结束后，苏元春立即着手镇南关的修复工作。他身体力行，和其他将领一起，共同"勘估工程"，查看南关旧基，在石山土壁之上"筑炮台，并在两山之间添建用土筑城身，外包砖石，高近二丈的东西关城三里许"。经过半年多时间的努力，苏元春于光绪十二年（1886）初，重新建成了祖国西南锁钥的镇南关。

龙州地处右江北岸，松吉河和高平河下游，和越南水陆相通，是维系镇南、平而、水口三关的重镇，地形十分重要。苏元春与各方商议，决定在龙州建城。在苏元春等的努力下，历时4年，龙州城终于在光绪十六年（1890）建成。素为祖国南疆军事、政治与经济重镇的龙州防务，从此得到加强。

在建设镇南关和龙州城的同时，苏元春又建造了大小连城。大连城，又名大垒城，位于凭祥附近，是镇南关经过凭祥通往龙州的中心点，是广西东西边防上联络的必经之地，战略地位十分重要。这里四周石山林立，东南仅有山口，直达凭祥、镇南关，苏元春在四周的群山上，构筑大小不等的炮台，山腰间用石头砌成城墙，将两山连接。大连城内有兵营、练兵场、演武台、弹药库、枪械修理厂及碾米厂、圩市等，是镇南关边防第一线的指挥所、供应中心。大连城建成后，苏元春常年在这里办公，以便于控制边关及指挥国防建设。小连城在龙州城西北的将山，左当镇南关，右邻水口关，外达平而关，苏元春在此屯兵积粮，建行台于其上，并将其作为龙州边防指挥所。大小连城中的炮台可以互相支援，炮台上的大炮可控制交通要道，构成一个完整的防御体系。

（三）修建国防工事

桂越边境犬牙交错，连绵 1700 余里，山形水势极为复杂，在这种复杂的情况下，如果处处设防，势必防不胜防。苏元春根据"粤西沿边千数百里，隘卡纷歧"的地理情况，提出在沿边各重要关隘构筑营垒炮台，他认为，"惟有严锁钥以扼要冲，庶可安常而应变"。"三关百隘，防不胜防，全赖扼险凭高，多置炮台，必一台足顾数隘，层层联络，节节应援，防务庶有把握。"根据这一指导思想，苏元春进行了大规模的国防建设，可以说，建筑炮台，安置巨炮，是苏元春的边防建设的重点所在。

苏元春在建筑炮台时，遵循"路宽者筑台安炮，路窄者设卡开蒙，甚僻者掘断禁阻，戍守预选营地"原则，在中越边境线修筑了大量工事，安置巨炮。为了修好工事，苏元春身先士卒，经常深入工地，保证工程的质量，为边防建设倾注了大量心血。据统计，在边境一共修建了大炮台 34 座，中炮台 48 座，碉台 83 座，安放各种炮 119 门。这些炮台周密而扼要地布置在一千多里的边防线上，捍卫着祖国的安全，使得侵略者不敢前来侵犯。时至 20 世纪 80 年代，在边界纠纷中，苏元春的国防工事依旧发挥着各种作用，如当时某国武装人员企图强占我国领土时，他们对我国边民说："你说这地方是你们的，有什么证据？"我国边民据理力争："沿着这条线的几十座炮台，是我们苏元春修的！那边的界碑，是我们苏元春立的！"过了将近一百年，人民群众仍然亲切地称他为"我们苏元春"，由此可见他在人民中威望之高，也说明了他修建的国防设施所产生的作用之大。对于苏元春所修建的国防工事，后人如此评价："（苏元春）经过十几年的努力，将国防建设搞得很好，整个边界的重要关口都建有炮台，驻有巡防队，兵力雄厚，布置也得当。"

苏元春所建的炮台等国防工事，虽然没有经过实战的考验和战火的洗礼，但正是因为有了这些设施，法国才不敢进犯，边境才得以安宁，经济的发展才得以保障，这正体现了国防工事的真正意义。

（四）发展交通

在近代战争中，后勤的重要意义不言而喻，可以说，谁有发达的交通网络，谁的后勤供应有可靠的保障，谁就能赢得战争的胜利。苏元春尽管没有上过军事学院，没有受过近代军事教育，但他深深懂得交通在近代战争中的地位。他在领导全省军民修建边防工事的同时，还大力修筑军路，形成了以龙州、凭祥为中心的军事公路运输网。据统计，苏元春在任期间，共"修筑军路千里"，这些道路修成之后，把边防线上各营垒炮台连接起来，便于部队调动和运输物资，而且为经济建设提供了便利条件，战时利于军运，平时利于商贸，具有军民两用的双重功能。

广西全省河网密布,十分利于发展航运。苏元春对航运十分重视,成立航运公司,整治河道,大力发展水上运输。光绪十九年(1893),苏元春邀请龙州绅商,创办邕龙车渡公司(后改称邕龙利济局),购进脚踏车船,加强右江运输能力,促进龙州航运业的发展。光绪二十四年(1898),苏元春疏浚名江的岜耀滩,使昔日的"逶迤纡曲,巨石嶙峋","口出入仅容小舟"的险滩变成了"大川利涉"的水上通途。

苏元春大力发展水陆交通,不但加强了广西的边防建设,增强了国防能力,而且有利于广西的经济发展,促进了西南边区商品经济的繁荣和各民族的融合。

三、开发边疆,为边防建设提供经济后盾①

国防建设需要坚实的经济提供后盾,而保卫边防更需要强大的财政支撑和经济支持。而当时的广西,是中国经济较为贫困的地区,经济极不发达,财政收入十分有限。在这种情况下建设和保卫边防,加强经济建设,确保稳定的财源,关系到国防建设的成败,关系着国防的巩固。为此,苏元春采用种种措施。

(一)移民实边

苏元春所辖的数十营边防军驻地,村落稀少,人烟荒芜,交通闭塞,文化落后,边防军将士的军需给养供应极为困难。为了确保边疆的稳定,必须解决驻军的军需生活,稳定边防军的情绪,提高边防军的素质,充实边防力量。因此,增加边境地区人口,发展生产,繁荣经济,调剂、提高边防军生活,就成为当时急需解决的要务。这要务的解决关系到边防建设的成败,关系着边防的巩固。

苏元春鼓励官兵的亲属迁来边境,并动员人口密集的钦州、廉州、玉林等地的群众迁到边境地区落户。为了解决移民的生产生活困难,苏元春还拨款建房,供移民居住。一些将士在战后也定居边境,成为当地的常住居民。如在水口关附近有一条村和凭祥的一些隘口有很多居民的祖籍是蒙山。据后人的调查,当地人说:"大新县有个地方叫宝圩,有个村全部是永安人,都是跟苏宫保去抗法,打完仗后在那里定居的,我以前去过那甲,他们的后代有的还会讲蒙山话。"

苏元春为了发展军垦、军运,大量开垦种植,饲养了很多役用牛马,边疆人烟逐渐旺盛,生产渐次发展,经济逐渐繁荣。凭祥市隘口的《伏波庙碑文》

---

① 参见程远娟:《苏元春与广西西南边疆经济的发展》(第16卷),《广西社会主义学院学报》2005年第1期,第40~44页。

对此有生动的描绘:"整军调度,营垒初就,地皆旷废无居人。于是招待垦辟,流亡者稍稍集焉。久之,烟户相望,今则商贾辐辏,居然成市矣。"

移民实边的措施,不但巩固了边防,为国防建设提供了有效的后勤保障,而且使边境荒芜的土地得到了有效的开发与利用,对繁荣边境的经济起了直接的作用,也促进了各民族间的经济文化融合。

(二)开设圩市,发展经济

中法战争前,中越边境由于交通条件不便等局限,商业不发达,圩市较少,边民的交易也多在路旁、屋檐之下进行,很少成市。战后,为了巩固国防,苏元春大力开辟圩场,活跃边境经济,在边防军驻扎地附近和交通要道出钱建立市场和铺店,不收房租,或贷款给边民做生意,以此招揽一批商人来贸易。"靖西县的葛麻圩、镇边县(那坡县)的平盂圩都是那时开辟的。当时为了动员群众来赶圩,苏元春不惜叫士兵或请人建好房屋分给群众住,还借钱给群众做小本生意。"又如,大连城以前是荒山野岭,苏元春建城后,"开辟了三条街,有六间苏杭铺、一间卖鱿鱼虾米的海味店,以及其他铺头"。隘口原本"荒凉,只有一间卖粥的草棚,道路也狭小崎岖",苏元春鼓励群众赶圩,"最初几次圩期,凡来赶圩的人都发给一两文钱吃晏(吃午餐)"。经过苏元春的努力,隘口便"慢慢成为圩场了,有几百户人家,很热闹"。

苏元春为了巩固边防,共开辟了20多个圩场。其中著名的有靖西的葛麻,那坡的平盂,雷平的硕龙,凭祥的大连城、关前隘等,这些都成为中越边境上热闹的贸易市场,中越边民、各地商贩定期集中在这些地方交易。圩市的开设,打破了边疆地区闭塞的现状,增加了商贩的往来,使物资得到了交流,成为联系城乡商品经济的纽带,促进了边境生产的发展和边境经济的繁荣,为广西边防建设提供了经济支撑。

(三)发展产业

国防建设需要可靠的经济基础,需要各种物资。为了解决这个问题,苏元春采取了种种办法。一方面,发展工业。苏元春在龙州招募一批工匠,开办龙州军械制造局、火药局、军装局等,以士兵为劳动力,生产各种边防建设急需的物资,为边防建设提供廉价的各种材料。其中军械制造局在制造军械的同时,也生产大批的民用工具,投放市场,深受边境百姓及越南人的欢迎。苏元春还通过招标方法在思乐县(今属宁明县)开设煤矿,除供给军用外,也投入市场,经济效益十分显著。另一方面,创办其他经济实业,在此值得一提的是八角保卫局的设立。龙州、宁明等地盛产八角,以前没有专门的管理机构,每当八角成熟时,常有"匪类聚众前往拾果为名,竟上树强夺,乡人与之争论,往往酿成巨案",更有不法商人以杂油掺入,以次充好,坑害民众。种种弊端,严重阻碍了当地八角种植业的正常发展。光绪二十三年(1897),苏元春与太平思顺兵备道蔡希同创办八角保卫局,对八角业进行管理,并制定了八角保卫局章程12条,不许军民随意践踏八角林,派兵护林,防止偷盗抢劫,惩治投机掺假者(将茴香油掺假)。"八角熟时,就派兵上山守护,不准人乱摘。"保卫局从八角交易中抽取一定比例的费用。苏元春的这项措施,不但有效整顿了边界的八角交易市场,促进了当地八角业的发展,也部分解决了边防军的军费不足的困难。

苏元春发展军事、民用实业的规模虽然无法与洋务派所创办的洋务事业相比较,但效果却相当显著,在一定程度上为国防建设和边境安定作出了贡献。

(四)广辟财源,节省开支,多途径解决国防建设费用

苏元春在千里边防线上进行国防建设,不但规模巨大,工程浩大,而且延续时间长久,需要巨额的建设经费,前后花费白银40多万两。其时广西一年财政不过30万两,以如此贫穷的财政是无法支付如此巨额的建设费用的,但苏元春却做到了,这不能不说是一个奇迹。为了筹措国防建设费用,他殚精竭虑,东挪西借,节省不必要的开支,终于完成了国防建设。

为了解决资金问题,苏元春想尽一切办法,多渠道筹措费用,在边防建设缺乏资金时,除从财政等方面筹措资金外,他还向各方借款。他请求广西巡抚拨借白银共4万两,龙州收放局4万两,从边防军积存底饷中挪借4万两,向龙州粤商借4万两,共计16万两。不足部分,苏元春从提督廉及办公费项下动支,甚至将自己在贵州的田产变卖,才凑得13万两。这就保证了边防建设施工的顺利进行。

大规模的国防建设需要大量人力,在这方面,如果雇佣民工,开支势必浩大,苏元春利用边防军作为士兵的廉价或无代价的劳动力修筑炮台、营垒、军路等,从事国防建设,既节省了开支,又锻炼了部队,收效颇为显著。

苏元春在经济上的实践和一切行动,无不是围绕加强国防建设这一主题展开的。这一切,体现了他的整体性国防思想和国防实践。

四、开办教育,培养人才

苏元春本人文化不高,在从军前没有读过书,从军后他利用一切机会发奋学习,他的文化水平和书法造诣都很高。大连城修成后,他曾经赋诗歌颂:"天生重镇筑连城,腹内深藏十万兵。远眺敌楼烽火靖,新开帅府将星明。穷边自此为根本,化外何能再抗衡。玉洞绿泉军敛足,流转四海永扬名。"这首律诗无论在思想还是艺术上都达到相当高的水平,它不但表现了将军藐视敌人的英勇气概,而且展示了广西边防建设的巨大成就。到过大小连城边防指挥中心工程

的人可以看到，苏元春书写的"连城天险""玉洞""情游于物外"及"一大垒城"等匾额，其含义及书法艺术相当高深，从这方面来说，这不仅仅是一种书法艺术，而且也激励了官兵的斗志。

苏元春不但自己刻苦学习，还规定各级官员和士兵都要读书学文化。他的部将马盛治原本目不识丁，苏元春强迫他读书作文，并定期检查，经过努力，马盛治达到能识军书的程度。其他将士也纷纷学习，边防军的学习风气因此较为浓厚。当时苏元春从德国购入的大量火炮等近代化武器，没有掌握一定知识的人是不能操作的，但由于苏元春重视文化，士兵掌握这些武器也就很快。

在苏元春的倡议下，很快建起了同风书院，没有经费，他带头捐出两千两俸银，购置书籍用具，供军队和地方子弟读书。自此，边关有了第一所学校，开了文化教育的先风。苏元春还指拨八角树山一座给凭祥书院，以其收入做书院的膏火费。苏元春重视文化的措施，为发展南疆文化，造就人才作出了贡献。

五、开展外交，捍卫国家主权

俗话说："弱国无外交。"古往今来，外交凭的就是实力。但苏元春在涉外问题的交涉上，却没有因为中国的弱小而退让，而是坚持原则性和灵活性相结合，捍卫了国家的主权，保卫了国防。

中法战争后，苏元春将20余营的边防军，沿边界分段驻守，并大力修建军事工程，防御外来的侵略。法国也沿边布防，针锋相对，双方对立达10年之久。法国除了要对付苏元春的边防军外，黑旗军余部和"游勇"的活动也令其大伤脑筋。为了消除对峙的局面，中法两国于光绪二十一年（1895）签订了《中法商务专条附则》，次年签订了《中越边界会巡章程》，双方设立对讯所，派官兵驻守，维护边境治安。在边境治安问题上，苏元春坚持国家主权的同时，与法方既合作又斗争，维护了国家和人民的利益，也避免了重大冲突的发生。如光绪二十一年（1895）3月30日，法国的芒街税务司李约德与妻女被匪徒绑架，逃到广西境内，苏元春设法将其全家营救出来，在一定程度上改善了中法关系。

在战后划界问题上，苏元春以军事实力为后盾，利用中国在国防上的局部优势和有利环境，据理力争，坚持原则，灵活机动，保卫了边疆的安定，捍卫了国家主权。如在金龙峒（今龙州县金龙镇）的归属问题上，因其地势险要，法方坚持属越，苏元春在谈判桌上寸步不让，法国无奈，金龙峒乃归中国。

作为中法战争后广西边防建设的最高负责人，苏元春系广西安危于一身，在条件十分简陋，资金极为匮乏的情况下，他不仅要建设边防，抵御外来侵略，还要处理好军民关系，办理涉外事务，其难度可想而知。但苏元春却做得很好，

"十载以来，于界内筹防，界外交涉等件，幸免愆尤"，这在当时不失为一奇迹。这与苏元春坚忍不拔的毅力、杰出的军事能力和高超的外交手段是分不开的，这一切，也正体现了他的整体性国防思想和国防实践。

苏元春驻边 19 年，法国殖民主义者在近 20 年里不敢背盟挑衅，中越边境没有发生大的战事，人民安居乐业，边疆经济得到了发展，这与中越边境有一条强大而坚固的边防线是分不开的。

六、实践建议

（一）读书报告

1. 廖宗麟：《抗法名将刘永福》，广西人民出版社 1991 年版。

2. 廖宗麟：《中法战争史》，广西人民出版社 1992 年版。

3. 廖宗麟：《民族英雄刘永福》，广西人民出版社 1997 年版。

4. 廖宗麟：《卫国英雄刘永福：青少版》，辽宁人民出版社 2017 年版。

5. 廖宗麟：《国门砥柱冯子材》，接力出版社 1994 年版。

6. 廖宗麟：《中国近代民族英雄的杰出代表——冯子材史事撷奇》，光明日报出版社 2010 年版。

7. 廖宗麟：《卫国英雄冯子材：青少版》，辽宁人民出版社 2017 年版。

8. 黄振南：《中法战争诸役考》，广西师范大学出版社 1998 年版。

9. 马玉成：《名士风范唐景崧》，接力出版社 1994 年版。

10. 江建文：《南国屏藩苏元春》，接力出版社 1994 年版。

11. 刁光全：《抗法英雄苏元春》，广西民族出版社 2011 年版。

12. 庾裕良：《广西人民反洋教斗争》，广西人民出版社 1986 年版。

（二）实地调查

通过查阅有关资料和参观考察有关遗址遗迹、名人故居和纪念场馆，撰写调查报告或观后感。以下选题可供选择参考：

1. 近代广西民族英雄故居对大学生爱国主义教育功能作用的研究——以钦州冯子材、刘永福故居为例。

2. 广西大学生对刘永福、冯子材、苏元春、唐景崧等近代广西历史人物的认识。

3. 如何发挥高校属地历史纪念馆对大学生的教育功能？

（三）观看与本章内容有关的反映广西人民反侵略斗争的影视剧

1. 电影《龙之战》

《龙之战》是由央视电影频道节目中心出品，高峰执导，刘佩琦、曹云金、修庆、罗昱焜领衔主演，罗云琦、吕新舜等参与主演，李子雄、范志博特别出演的战争史诗电影。该片改编自中国近代史上的镇南关大捷战役，讲述了1885年法军进攻越南凉山，萃军统帅冯子材率领广西狼兵顽强抗击法军，最终取得胜利的英雄故事。该片于2017年6月18日在第20届上海国际电影节首映，2017年8月4日在中国上映。

2. 电视剧《台湾1895》（37集）

《台湾1895》是一部反映刘永福黑旗军保卫台湾的电视剧，由韩刚执导，李雪健、潘虹、刘德凯、常戎等主演，于2008年11月6日央视一套、台湾纬来卫视同步播出。该剧讲述了1894年日本发动甲午战争，清廷在1895年签订了中国历史上空前屈辱的《马关条约》前后宫廷和社会演变的历史故事。

3. 电视剧《乱世英豪》（33集）

该剧讲述晚清年间，洋人横行，官府腐败无能，民不聊生。官逼民反，刘永福参加了广西天地会起义，后被迫移师越南，继续严惩恶霸，拥有了自己的部队——黑旗军。刘永福还率军英勇抗击法国侵略军对越南和中国边境的入侵，并且捷报频传，声威大震。越南皇帝赐刘永福为千户大将、三宣提督。经过浴血奋战，黑旗军终于击败法军，安邺毙命，黑旗军大旗高高飘扬在祖国边陲。

4. 动画片电视剧《英雄冯子材》（10集）

《英雄冯子材》是由上海广播电视台出品、杭州玄机科技信息技术有限公司制作的3D电视动画。清朝末年，法国军队入侵中国西南边境，年近七旬的老将冯子材临危受命。背靠的是风雨飘摇的大清，面对的是装备洋枪洋炮的法军，冯子材顶着巨大的压力，怀着壮士断腕的决心走上前线。编练军队、厉兵秣马、查勘地形、刺探军情，同时也收服了桀骜不驯的众将领，赢得了当地百姓的支持。经过周密布防后，为了打乱法军的部署，老将军便决定出其不意，攻其不备，先发制人。突袭成功后，不仅提高了我方士气，还顺势将敌人引入布置好的口袋阵。镇南关前，冯子材将军身先士卒奋勇杀敌，一举扭转了中法战争整个战局。

（四）其他实践方式

可以举行演讲比赛，参考题目如下：

1. 大学生如何做一个忠诚的爱国者——由冯子材抗法说起。

2. 大学生如何做一个忠诚的爱国者——由黑旗军抗法说起。

3. 大学生如何做一个忠诚的爱国者——由黑旗军抗日保台说起。

第二章

对国家出路的早期探索

一、知识要点

（一）农民群众斗争风暴的起落

1. 太平天国农民战争

（1）金田起义和太平天国的建立

（2）《天朝田亩制度》和《资政新篇》

（3）从天京事变到太平天国败亡

2. 农民斗争的意义和局限

（1）太平天国农民起义的历史意义

（2）太平天国农民起义失败的原因和教训

（二）洋务运动的兴衰

1. 洋务事业的兴办

（1）兴办近代企业

（2）建立新式海陆军

（3）创办新式学堂，派遣留学生

2. 洋务运动的历史作用及失败

（1）洋务运动的历史作用

（2）洋务运动失败的原因

（三）维新运动的兴起和夭折

1. 戊戌维新运动的开展

（1）维新派倡导救亡和变法的活动

（2）维新派与守旧派的论战

（3）昙花一现的百日维新

2. 戊戌维新运动的意义和教训

（1）戊戌维新运动的意义

（2）戊戌维新运动失败的原因和教训

二、历史脉络

太平天国运动是对历史的推动还是历史的倒退？这应该根据它的方针和所推行的政策及实践进行科学的评述。关于太平天国的建国理想和纲领《天朝田亩制度》的性质，历来争论很多，意见分歧很多。曾国藩《讨粤匪檄》把"凡天下田皆天父之田"与"有田同耕，有饭同食"作为主要的攻击对象。

太平天国运动是中国旧式农民起义的最高峰。它所颁布的政策、纲领和实践具有一定的革命和反封建色彩，但同时又有空想、落后和错误的方面。而洪秀全在攻占江南大片地区、定都天京后的选秀和大兴土木兴建王府等说明，洪秀全的言论与行为是不完全一致的。他不可能完全跳出当时历史的局限，建立政权后不可避免地走向封建化，但他主张发展实业，要求各国"平等通商"，赞同《资政新篇》，其政策初步具有资本主义色彩。纵观太平天国和中国历史上的农民起义和农民战争，我们可以发现，结局一般是失败和胜利两种。那些失败了的农民起义虽然对当时的封建王朝造成了一定程度的打击，但封建统治者在镇压农民起义后采取进一步加强封建专制主义中央集权的措施，使得封建统治能够继续延续下去并更加巩固。而那些成功摧毁封建王朝的农民起义，起义者在推翻旧的封建王朝后，领袖们往往摇身一变成为新的封建王朝的各级统治者，原来所建立的农民政权也逐渐蜕化变质成为一个新的封建政权。农民起义最终成为少数农民领袖改朝换代的工具，中国封建社会也得以周而复始延续了两千余年。

洋务运动是近代中国第一次真正的比较大规模地向西方学习先进技术的运动。在鸦片战争时期，林则徐、魏源等人已经成为第一批睁开眼睛看世界的中国人，但当时中国没有多少人真正意识到中国已经落后于西方国家，而经历了两次鸦片战争的打击，清政府中的一些有见识的官员终于开始认识到了西方坚船利炮的厉害，以奕䜣、曾国藩、李鸿章、左宗棠、崇厚等为代表的一批官员掀起了向西方学习先进制造技术的运动。洋务运动是近代中国追赶西方脚步、走向近代化的开始，也是中国近代化的开端，对近代中国的经济、思想、文化产生了持续的深远影响。洋务运动也在一定程度上刺激了中国资本主义经济和中国民族资产阶级的出现。我们不能因为洋务运动主观上是为了挽救清王朝的封建统治而对它的客观进步性进行否定。当然，洋务运动也有其局限性，带有浓厚的封建性、买办性，它只是提倡学习西方的先进技术，而对西方的优秀制度和文化是抵制的。

随着鸦片战争的爆发，西方国家用坚船利炮打开了中国的大门。从此以后，西方殖民者又一步步加深对中国的侵略，但真正让中国感到切肤之痛的是中国在甲午战争中的失败和《马关条约》的签订。民族危亡的危机感和强烈的耻辱感促使一部分官僚士大夫走上革新图强的道路。戊戌变法是一场挽救国家和民族危亡的资产阶级改良运动，它与此前不久俄国1861年农奴制改革和1868年日本明治维新一样，都曾是给国家和民族带来新的发展希望的运动。只是俄国和日本的改革取得成功，国家走向强大，而戊戌变法却很快失败。但戊戌变法毕竟是古老中国探索一种与两千余年来一直延续不变的现存制度不一样的政治模式，它是当时中国有可能追赶世界潮流的一种途径，尽管失败了，但我们应对这种探索和尝试给予相当程度的肯定。

三、原著选读

中国革命和欧洲革命（节选）①

（一八五三年五月二十日）

马克思

中国的连绵不断的起义已经延续了约10年之久，现在汇合成了一场惊心动魄的革命；不管引起这些起义的社会原因是什么，也不管这些原因是通过宗教的、王朝的还是民族的形式表现出来，推动了这次大爆发的毫无疑问是英国的大炮，英国用大炮强迫中国输入名叫鸦片的麻醉剂。满族王朝的声威一遇到英国的枪炮就扫地以尽，天朝帝国万世长存的迷信破了产，野蛮的、闭关自守的、与文明世界隔绝的状态被打破，开始同外界发生联系，这种联系从那时起就在加利福尼亚和澳大利亚黄金的吸引之下迅速地发展起来。同时，这个帝国的银币——它的血液——也开始流向英属东印度。

---

① 中共中央马克思恩格斯列宁斯大林著作编译局：《马克思恩格斯选集》（第一卷），人民出版社1995年版，第690~696页。

在 1830 年以前，中国人在对外贸易上经常是出超，白银不断地从印度、英国和美国向中国输出。可是从 1833 年，特别是 1840 年以来，由中国向印度输出的白银，几乎使天朝帝国的银源有枯竭的危险。因此皇帝下诏严禁鸦片贸易，结果引起了比他的诏书更有力的反抗。除了这些直接的经济后果之外，和私贩鸦片有关的行贿受贿完全腐蚀了中国南方各省的国家官吏。正如皇帝通常被尊为全中国的君父一样，皇帝的官吏也都被认为对他们各自的管区维持着这种父权关系。可是，那些靠纵容私贩鸦片发了大财的官吏的贪污行为，却逐渐破坏着这一家长制权威——这个广大的国家机器的各部分间的唯一的精神联系。存在这种情况的地方，主要正是首先起义的南方各省。所以几乎不言而喻，随着鸦片日益成为中国人的统治者，皇帝及其周围墨守成规的大官们也就日益丧失自己的统治权。历史好像是首先要麻醉这个国家的人民，然后才能把他们从世代相传的愚昧状态中唤醒似的。

中国过去几乎不输入英国棉织品，英国毛织品的输入也微不足道，但从 1833 年对华贸易垄断权由东印度公司手中转到私人商业手中之后，这两种商品的输入便迅速地增加了。从 1840 年其他国家特别是我国也开始参加和中国的通商之后，这两项输入增加得更多了。这种外国工业品的输入，对本国工业也发生了类似过去对小亚细亚、波斯和印度所发生的那种影响。中国的纺织业者在外国的这种竞争之下受到很大的损害，结果社会生活也受到了相应程度的破坏。

中国在 1840 年战争失败以后被迫付给英国的赔款、大量的非生产性的鸦片消费、鸦片贸易所引起的金银外流、外国竞争对本国工业的破坏性影响、国家行政机关的腐化，这一切造成了两个后果：旧税更重更难负担，旧税之外又加新税。因此，1853 年 1 月 5 日皇帝在北京下的一道上谕中，就责成武昌、汉阳南方各省督抚减缓捐税，特别是在任何情况下均不准额外加征；否则，这道上谕中说，"小民其何以堪？"又说：

　　……庶几吾民于颠沛困苦之时，不致再受追呼迫切之累。

这种措辞，这种让步，记得在 1848 年我们从奥地利这个日耳曼人的中国也同样听到过。

所有这些同时影响着中国的财政、社会风尚、工业和政治结构的破坏性因素，到 1840 年在英国大炮的轰击之下得到了充分的发展；英国的大炮破坏了皇帝的权威，迫使天朝帝国与地上的世界接触。与外界完全隔绝曾是保存旧中国的首要条件，而当这种隔绝状态通过英国而为暴力所打破的时候，接踵而来的必然是解体的过程，正如小心保存在密闭棺材里的木乃伊一接触新鲜空气便必然要解体一样。可是现在，当英国引起了中国革命的时候，便发生一个问题，即这场革命将来会对英国并且通过英国对欧洲产生什么影响？这个问题是不难解答的。

　　我们时常提请读者注意英国的工业自 1850 年以来空前发展的情况。在最惊人的繁荣当中，就已不难看出日益迫近的工业危机的明显征兆。尽管有加利福尼亚和澳大利亚的发现，尽管人口大量地、史无前例地外流，但是，如果不发生什么意外事情的话，到一定的时候，市场的扩大仍然会赶不上英国工业的增长，而这种不相适应的情况也将像过去一样，必不可免地要引起新的危机。这时，如果有一个大市场突然缩小，那么危机的来临必然加速，而目前中国的起义对英国正是会起这种影响。英国需要开辟新市场或扩大旧市场，这是英国降低茶叶税的主要原因之一，因为英国预期，随着茶叶进口量的增加，向中国输出的工业品也一定增加。在 1833 年取消东印度公司的贸易垄断权以前，联合王国对中国的年输出总值只有 60 万英镑，而 1836 年达到了 1 326 388 英镑，1845 年增加到 2 394 827 英镑，到 1852 年便达到了 300 万英镑左右。从中国输入的茶叶数量在 1793 年还不超过 16 067 331 磅，然而在 1845 年便达到了 50 714 657 磅，1846 年是 57 584 561 磅，现在已超过 6000 万磅。

　　上一季茶叶的采购量从上海的出口统计表上可以看出，至少比前一年增加 200 万磅。新增加的这一部分应归因于两种情况：一方面，1851 年底市场极不景气，剩下的大量存货被投入 1852 年的出口；另一方面，在中国，人们一听到英国修改茶叶进口的法律的消息，便把所有可供应的茶叶按提高很多的价格全部投入这个现成的市场。可是讲到下一季的茶叶采购，情况就完全不同了。这一点可以从伦敦一家大茶叶公司的下面一段通信中看出：

　　上海的恐慌据报道达到了极点。黄金因人们抢购贮藏而价格上涨 25% 以上。白银现已不见，以致英国轮船向中国交纳关税所需用的白银都根本弄不到。因此，阿礼国先生同意向中国当局担保，一俟接到东印度公司的期票或其他有信誉的有价证券，便交纳这些关税。从商业的最近未来这一角度看，金银的缺乏是一个最不利的条件，因为它恰恰是发生在最需要金银的时候。茶和丝的收购商有了金银才能够到内地去采购，因为采购要预付大量金银，以使生产者能够进行生产……每年在这个时候都已开始签订新茶收购合同，可是现在人们不讲别的问题，只讲如何保护生命财产，一切交易都陷于停顿……如不备好资金在四五月间把茶叶购妥，那么，包括红茶绿茶的精品在内的早茶，必然要像到圣诞节还未收割的小麦一样损失掉。

　　停泊在中国领海上的英、美、法各国的舰队，肯定不能提供收购茶叶所需的资金，而它们的干涉却能够很容易地造成混乱，使产茶的内地和出口茶叶的海港之间的一切交易中断。由此看来，收购目前这一季茶叶势必要提高价格——在伦敦投机活动已经开始了，——而要收购下一季茶叶，肯定会缺少大量资金。问题还不止于此。中国人虽然也同革命震荡时期的一切人一样，愿意将他们手上全部的大批存货卖给外国人，可是，正像东方人在担心发生大变动时所做的那样，他们也会把他们的茶和丝贮存起来，非付给现金现银是不大肯卖的。因此，英国就不免要面临这样的问题：它的主要消费品之一涨价，金银外流，它的棉毛织品的一个重要市场大大缩小。甚至《经济学家》杂志，这个善于把一切使商业界人心不安的事物化忧为喜的乐观的魔术师，也不得不说出这样的话：

　　我们千万不可沾沾自喜，以为给我们向中国出口的货物找到了同以前一样大的市场……更可能的是：我们对中国的出口贸易要倒霉，对曼彻斯特和格拉斯哥的产品的需求量要减少。

　　不要忘记，茶叶这样一种必需品涨价和中国这样一个重要市场缩小的时候，将正好是西欧发生歉收因而肉类、谷物及其他一切农产品涨价的时候。这样，工厂主们的市场就要缩小，因为生活必需品每涨一次价，国内和国外对工业品的需求量都要相应地减少。现在大不列颠到处都在抱怨大部分庄稼情况不好。关于这个问题《经济学家》说：

　　在英国南部，不但会有许多田地错过各种作物的农时而未播种，而且已经播种的田地有许多看来也会是满地杂草，或者是不利于谷物生长。在准备种植小麦的阴湿贫瘠的土地上，显然预示着灾荒。现在，种饲用甜菜的时节可以说已经过去了，而种上的很少；为种植芜菁备田的季节也快要过去，然而种植这一重要作物的必要的准备工作却一点也没有完成……雪和雨严重地阻碍了燕麦的播种。早播种下去的燕麦很少，而晚播种的燕麦是很难有好收成的……许多地区种畜损失相当大。

　　谷物以外的农产品的价格比去年上涨 20%、30%、甚至 50%。欧洲大陆的谷物价格比英国涨得更高。在比利时和荷兰，黑麦价格足足涨了 100%，小麦和其他谷物也跟着涨价。

　　在这样的情况下，既然英国的贸易已经经历了通常商业周期的大部分，所以可以有把握地说，中国革命将把火星抛到现今工业体系这个火药装得足而又足的地雷上，把酝酿已久的普遍危机引爆，这个普遍危机一扩展到国外，紧接而来的将是欧洲大陆的政治革命。这将是一个奇观：当西方列强用英法美等国的军舰把"秩序"送到上海、南京和运河口的时候，中国却把动乱送往西方世界。这些贩卖"秩序"，企图扶持摇摇欲坠的满族王朝的列强恐怕是忘记了：仇视外国人，把他们排除在帝国之外，这在过去仅仅是出于中国地理上、人种上的原因，只是在满族鞑靼人征服了全国以后才形成为一种政治原则。毫无疑问，17 世纪末竞相与中国通商的欧洲各国彼此间的剧烈纷争，有力地助长了满族人实行排外的政策。可是，更主要的原因是，这个新的王朝害怕外国人会支持一大部分中国人在中国被鞑靼人征服以后大约最初半个世纪里所怀抱的不满情绪。出于此种考虑，它那时禁止外国人同中国人有任何来往，要来往只有通过离北京和产茶区很远的一个城市广州。外国人要做生意，只限同领有政府特许执照从事外贸的行商进行交易。这是为了阻止它的其余臣民同它所仇视的外国人发生任何联系。无论如何，在现在这个时候，西方各国政府进行干涉只能使革命更加暴烈，并拖长商业的停滞。

同时，从印度这方面来看还必须指出，印度的英国当局的收入，足足有 1/7 要靠向中国人出售鸦片，而印度对英国工业品的需求在很大程度上又是取决于印度的鸦片生产。不错，中国人不大可能戒吸鸦片，就像德国人不可能戒吸烟草一样。可是大家都知道，新皇帝颇有意在中国本国种植罂粟和炼制鸦片，显然，这将使印度的鸦片生产、印度的收入以及印度斯坦的商业资源同时受到致命的打击。虽然利益攸关的各方或许不会马上感觉到这种打击，但它到一定的时候会实实在在地起作用，并且使我们前面预言过的普遍的金融危机尖锐化和长期化。

高举邓小平理论伟大旗帜，把建设有中国特色社会主义事业全面推向二十一世纪（节选）①

（一九九七年九月十二日）

江泽民

在二十世纪即将过去的时候，举行党的全国代表大会，大家有一种共同的认识：我们党对中华民族的命运担负着崇高的历史责任。

---

① 中共中央文献研究室：《改革开放三十年重要文献选编》（下册），中国文献出版社 2008 年版，第 889～890 页。

从一九〇〇年八国联军占领北京，中华民族蒙受巨大屈辱，国家濒临灭亡边缘，到二〇〇〇年中国在社会主义基础上进入小康，大踏步走向繁荣富强，是中国发生翻天覆地变化的一百年。

鸦片战争后，中国成为半殖民地半封建国家。中华民族面对着两大历史任务：一个是求得民族独立和人民解放；一个是实现国家繁荣富强和人民共同富裕。前一任务是为后一任务扫清障碍，创造必要的前提。

一个世纪以来，中国人民在前进道路上经历了三次历史性的巨大变化，产生了三位站在时代前列的伟大人物：孙中山、毛泽东、邓小平。

第一次是辛亥革命，推翻统治中国几千年的君主专制制度。这是孙中山领导的。他首先喊出"振兴中华"的口号，开创了完全意义上的近代民族民主革命。辛亥革命未能改变旧中国的社会性质和人民的悲惨境遇，但为中国的进步打开了闸门，使反动统治秩序再也无法稳定下来。

第二次是中华人民共和国的成立和社会主义制度的建立。这是中国共产党成立后，在以毛泽东为核心的第一代领导集体的领导下完成的。经过北伐、土地革命、抗日战争和解放战争，推翻了帝国主义、封建主义、官僚资本主义三座大山，中国人民从此站起来了，并且从新民主主义走上社会主义道路，取得建设社会主义的巨大成就。这是中国从古未有的人民革命的大胜利，也是社会主义和民族解放的具有世界意义的大胜利。

第三次是改革开放，为实现社会主义现代化而奋斗。这是在以邓小平为核心的第二代领导集体的领导下开始的新的革命。在建国以来革命和建设成就的基础上，我们党总结历史经验和教训，成功地走出了一条建设有中国特色社会主义的新道路。社会主义在中国显示的蓬勃生机和活力，为全世界所瞩目。

百年巨变得出的结论是：只有中国共产党才能领导中国人民取得民族独立、人民解放和社会主义的胜利，才能开创建设有中国特色社会主义的道路，实现民族振兴、国家富强和人民幸福。

白龙洞题壁诗（并序）①
石达开

太平天国庚申十年②师驻庆远，时于季春，予以政暇，偕诸大员巡视芳郊，

---

① 张正吾、陈铭主：《近代诗文鉴赏辞典》，光明日报出版社 1991 年版，第 200 页。
② 太平天国庚申十年，即 1860 年。

山川竞秀，草木争妍。登兹古洞，诗列琳琅，韵著风雅。旋见粉墙刘云青句，寓意高超，出词英俊，颇有斥佛息邪之概，予甚嘉之。爰命将其诗句勒石，以为世迷仙佛者警，予与诸员亦就原韵立赋数章，俱刻诸石，以志游览云。

> 挺身登峻岭，举目照遥空。
> 毁佛崇天帝，移民复古风。
> 临军称将勇，玩洞美诗雄。
> 剑气冲星斗，文光射日虹。

四、广西历史文化资源

（一）遗址遗迹与纪念场馆

1. 桂平金田团营遗址

亦称金田起义地址，俗称金田营盘，位于桂平市北部金田镇金田村西侧的犀牛岭上，距市区 28 千米，有二级公路直达，下辖韦昌辉故居、新圩三界庙、傅家寨、古林社、风门坳共五处文物点，是第一批全国重点文物保护单位。犀牛岭后枕荆山，前列金田平原，该岭北端为古营盘，中间有太平天国起义时的"拜旗石"。古营盘前的草坪，是当年太平军练兵场。岭的西北坡紧靠犀牛潭，南面是"太平天国金田起义历史陈列馆"，为花岗岩体，琉璃瓦歇山顶，外观古朴，与接待室、碑廊、录像室形成园林式布局。太平天国北王韦昌辉故居，在犀牛岭东侧的金田村内。拜上帝会总部曾设其家，会众们在这里开炉日夜打制武器，然后运到犀牛潭中秘藏。起义军北上后，清兵烧毁民房。现存韦昌辉故居是 1987 年恢复的。距古营盘东 4 千米的新圩三界庙，是太平军的前军指挥部，庙内保存有近 30 块碑刻，是研究太平天国历史的珍贵资料。

太平天国起义是中国近代史上规模巨大、波澜壮阔的一次伟大的反封建反侵略的农民革命战争，也是几千年来中国农民战争的最高峰。金田起义地址作为中国历史上规模最大的农民起义的历史见证，具有重大的历史价值和科研价值，对开展爱国主义教育和革命传统教育、国情乡情教育、发展旅游拉动地方经济发展都具有重要的现实意义。2017 年 1 月，金田起义地址被列入《全国红色旅游经典景区名录》。

2. 太平天国永安活动旧址

即太平天国开国封王之地。位于蒙山县县城永安新街，与县人民政府毗邻，

太平天国金田起义地址（袁瑞晨摄）

是太平天国革命重要遗址，现已辟为文化公园。内有永安州古城墙、武庙、玉兰古树、智井土坑、太平天国诏旨令碑廊、太平天国文物陈列馆。旧址的大门是一幢坐北朝南的重檐歇山式门楼，黄色琉璃瓦覆顶，门楣上刻着"太平天国开国封王地"几个大字，由蒙山籍著名武侠小说作家梁羽生先生题写。门口左侧立的是洪秀全雕像，基座上刻着"天王洪秀全"及其生平简介。城外还有东西炮台、长墙、南王冯云山指挥旧址，其中西城墙、武庙、冯云山指挥所于2006年6月10日均被列为国家级文物保护单位。

清咸丰元年（1851），太平军在桂平金田村起义后，于9月25日（农历闰八月初一）攻克永安州（今蒙山县城），在此驻留半年多。太平军封王建制，进行了一系列政权建设与军事斗争；颁行天历，刊刻新书；精心布防，粉碎了清军频繁的军事围攻与严密的经济封锁，为进军江南和鼎立金陵奠定了基础。

3. 太平军攻城营房遗址

在桂林象鼻山西南麓云峰寺内。相传唐代曾在此建有道家祈雨的温灵庙。宋嘉定七年（1214），广西提点刑狱方信孺在此建舍名"云崖轩"。明代县令邰以仁在云崖轩旧址建"范方祠"，祀范成大、方信孺。清代改祠为寺，名"云峰寺"。清光绪二十六年（1900），改建为砖木结构的三进寺院。抗日战争期间遭到破坏，1953年修缮，1966年被列为桂林市文物保护单位。1979年改建为钢筋水泥结构的仿古建筑，总面积1 852.6平方米，两层、三进、五开间、弧形山

太平天国永安活动旧址内景（陈峥摄）

墙，朱红柱梁和窗棂，琉璃碧瓦。

1852年4月16日，太平军开始围攻桂林城，以云峰寺为指挥部，并在象鼻山上架炮隔江轰城，5月19日，太平军主动撤围，挥师北上。后人们在此建有太平天国纪念馆，纪念馆云峰寺的门口有一块石碑，写着"太平军攻城营房遗址"，外面建有太平天国东王、西王、南王、北王等诸王塑像，馆内有洪秀全半身塑像，并藏有大量太平天国历史文物。

4. 康有为桂林讲学处遗址

位于中山北路与叠彩路交会处的叠彩山上的景风阁。景风阁建于宋代，已于抗日战争时期毁于战火。康有为（1858—1927），原名祖贻，改名有为，字广厦，号长素，广东海南人，戊戌变法领袖。清光绪二十年（1894）十二月，康有为以"孝廉"身份，带着变革维新思想首次来桂，在此讲学40天。光绪二十三年（1897）正月至六月，以第八名进士、官工部主事身份，发起了《公车上书》，并以维新派领袖身份再次来桂，重驻景风阁讲学。两次讲学活动均由地方名士龙泽厚等人安排与接待。在桂期间，曾编著《春秋义》《春秋考》，撰写《日本书目志》，并创办圣学堂、《广仁报》，积极进行变法宣讲，在全国都有很大的影响。1987年5月，桂林市文物管理委员会在此立有康有为塑像和"康有为讲学处遗址"石碑。

太平军攻城营房遗址（陈峥摄）

康有为讲学处遗址（蔡乾涛摄）

（二）历史人物

1. 洪秀全

洪秀全（1814—1864），太平天国领袖。原名仁坤，广东花县（今广州市花都区）人。出身农家，读过村塾，屡试不第。1843年创立拜上帝会。翌年到广西贵县（今贵港）赐谷村宣传拜上帝教真义。后回花县，著《原道醒世训》

《原道觉世训》等文。1847 年 8 月赴广西桂平紫荆山会冯云山，组织力量，开展政治斗争。1851 年 1 月 11 日在金田营盘岭聚集 2 万多会众举行反清武装起义，建立太平天国；3 月在武宣"登极"，称"天王"；12 月在永安（今蒙山）分封诸王。1852 年攻桂林，占领两湖，再从武昌沿江东下，攻占南京。1853 年定都南京，改称天京。颁布《天朝田亩制度》，再分兵北伐、西征，结果北伐失利而西征胜利。入主天王府后，深居简出，生活奢靡，大权交由杨秀清掌握。1856 年，太平军先后击破清军江北、江南大营，杨秀清居功自傲，逼封万岁。洪秀全遂密诏韦昌辉、秦日纲诛杀杨秀清及其家人和部属 2 万多。1857 年石达开带 20 万精兵出走后，洪秀全只得重用陈玉成、李秀成等，以扭转局势。1859 年命洪仁玕总理朝政。清廷勾结帝国主义加紧镇压太平天国，安庆、苏州、杭州等地相继陷入敌手，天京被围。1864 年天京陷落前病死。

2. 杨秀清

杨秀清（约 1820—1856），广西桂平人。原名嗣龙。烧炭工出身。1846 年参加拜上帝会。1848 年 4 月冯云山被捕后，为稳定众心，假托天父下凡附体传言，取得"代天父传言"的特权。1851 年 1 月参加金田起义，任中军主将，左辅正军师。同年 12 月在永安（今蒙山）被封为东王，九千岁，节制同时受封诸王，掌军政实权。冯云山、萧朝贵牺牲后，协助洪秀全统帅全军攻取汉阳、汉口和武昌，沿江东下。1853 年占领南京，于此建都，改称天京。后即派兵北伐和西征。在天京颁发安民诰谕，提出"照旧交粮纳税"政策，经洪同意后，在太平天国辖区施行。以其名义函告英国公使文翰，宣布独立自主的外交原则。后因居功自傲，专横跋扈，挟制洪秀全，逼天王封其为万岁（一说未逼封），引起领导集团内部分裂。1856 年 9 月为韦昌辉所杀。

3. 萧朝贵

萧朝贵（约 1820—1852），太平天国领导人。广西桂平人，原籍武宣。壮族，一说瑶族。贫苦农民出身。1846 年参加拜上帝会。1848 年假托天兄耶稣附体，取得"代天兄传言"之权。1851 年 1 月参加领导金田起义，领前军主将。9 月，率部克广西永安（今广西蒙山），任右弼又正军师，12 月封为西王。次年永安突围，在城东大败清军，进围桂林。旋入湖南，和杨秀清会衔发布《奉天诛妖救世安民谕》等三篇檄文。9 月，太平军围攻长沙时，萧朝贵中炮阵亡。

4. 石达开

石达开（1830—1863），太平天国重要领导人。广西贵县客家人，地主出身，因当地土客斗争尖锐，难以安身而入拜上帝会，成为贵县拜上帝会的领导人。与洪秀全、冯云山等结成异姓兄弟，称"天父"七子。金田起义时，率众至金田村团营，后领左军主将，在永安晋封翼王、五千岁。太平军由武昌东下，又任前线指挥，连克九江、安庆、南京，定都天京后，出巡安庆，设官安民。咸丰四年（1854）底，统率大军增援赖汉英的西征军。次年1月，于湖北、九江大败湘军，扭转了西征军的不利局面。接着第三次攻克武昌，稳定了长江上游形势。同年冬进军江西，复克五府五十余县，困曾国藩于南昌，使皖、赣、鄂三省基地连成一片。1856年又率军配合杨秀清部击溃江南大营。9月，"杨韦内讧"发生，他因反对韦昌辉滥杀而遭迫害。遂逃出天京，誓师讨韦。洪秀全诛韦后，顺应众心，命他回天京辅政。他回京辅政后，因洪秀全对他心存猜忌，以长兄洪仁发、次兄洪仁达为安王、福王，对其挟制，遂于次年6月负气出走，率师回抵安庆，遂领10多万精锐将士离开安庆远征，给太平天国运动带来严重损失。尔后转战于江西、浙江、福建、湖南、湖北、广西、贵州、云南、四川等省，因缺乏根据地，长期流动作战，力量逐渐削弱。同治二年（1863）在四川大渡河紫打地（今安顺场）被清军包围，粮尽援绝，妻儿等投河自尽。他致书四川总督骆秉章，表示归顺，并请求咸丰帝宽宥太平军将士。清政府假作应允，他遂传令弃械，图以停止抵抗换取保全残部。6月13日，带亲信数人及5岁幼子到洗马店清营，立即被捕解往成都。25日受酷刑而死。其部属也全遭清军杀害。

5. 韦昌辉

韦昌辉（1824—1856），广西桂平市金田村人，壮族，太平天国农民起义领袖之一，家殷富。1848年加入拜上帝会后，倾其家产资助太平军购置兵器。1851年9月，太平军攻克永安（今蒙山县）后，封王建制，韦昌辉被封为北王六千岁。太平天国定都南京后（改称天京），积极协助洪秀全、杨秀清巩固天国政权，击退清军"江南大营"的围攻，主张革故鼎新，使得天京内外政令清明，井然有序。1856年，太平天国出现内讧，天王洪秀全、东王杨秀清为争权夺利明争暗斗，洪秀全密诏出征江西的韦昌辉带兵回天京对付杨秀清。韦昌辉残忍地杀戮杨秀清及其部众、家属二万余人，甚至欲加害对此深表不满的翼王石达开。石达开逃出天京后集部众讨伐韦昌辉。由于韦昌辉滥杀无辜，不得人心，其部下大多归附石达开，其亲兵、亲属200多人被诛杀。由于太平天国领导集团的内讧而引发的"天京事变"之后，韦昌辉被削去"北王"称号，贬称"北孽"。

6. 李秀成

李秀成（1823—1864），广西藤县人，太平军后期著名将领。早年加入拜上帝会，1851年参加太平军，因战功卓著，屡受提拔。1858年与陈玉成部合力，在浦口等地再破江北大营。1859 年冬，封忠王。1860 年，再破江南大营。乘胜东进苏杭，建立苏福省（苏州为首府），为太平天国开辟了新的重要基地。1862年 6 月，受洪秀全令回援天京。年底天京形势危急，李秀成提出让城别走，被洪秀全拒绝。1864 年 7 月 19 日，失城。城破时，护幼天王突围，混乱中失散被俘。曾亲书供状数万言，述及太平天国历史及其得失，提出"收齐章程"，为敌出策招降太平军。1864 年 8 月 7 日，被曾国藩杀害。

　　7. 陈玉成

　　陈玉成（1837—1862），广西藤县人，太平天国青年将领，后期军事统帅。少孤，14 岁随叔父陈承瑢到金田入伍，参加起义。1854 年 6 月率五百人袭破武昌城升检点，后反攻岳州失败，弃城退守湖北黄州时，又为湘军所败。1855 年随秦日纲再克武昌，在湖北随州、应州大败清军，后赴援安徽庐州（今合肥市），继又渡江援芜湖，所战皆捷，提官正丞相。1856 年援镇江率突击队破围入城，因内外夹击，大败清军。旋破"江北大营"，击毙江苏巡抚吉尔杭阿，又参与击溃"江南大营"之役。"杨韦内讧"后，他与李秀成苦撑皖北危局，被封成天豫、又正掌率、前军主将，主持天京上游军事。1858 年与李秀成等摧毁江北大营，痛歼湘军主力李续宾于三河。1859 年晋封英王。1860 年与诸王率军摧毁江南大营。1861 年，为解安庆之围，乘虚进军湖北，前锋抵黄州，武汉震动，但因李秀成失约及英国侵略者干涉，乃功败垂成。随后回师驰援安庆，多次与湘军恶战，没有得利。同年 9 月，安庆失守，后退守庐州（今合肥市），受洪秀全贬谪，遣陈得才、赖文光等率军远征豫、陕，欲图出走。1862 年，庐州失守，他为叛徒苗沛霖诱骗，夜走安徽寿州，被擒送清营。6 月 4 日于河南延津就义。

　　8. 冯云山

　　冯云山（约 1815—1852），太平天国领导人。又名乙龙，广东花县（今广州市花都区）人。塾师出身。1843 年与洪秀全创立拜上帝会。后入广西桂平紫荆山当雇工、塾师，吸收杨秀清、萧朝贵等贫苦农民二三千人入会。1847 年与洪秀全制定各种仪式和"十款天条"。次年初被捕入狱，经营救出狱。1851 年金田起义时，领后军主将，旋任前导副军师。12 月在广西永安（今蒙山）被封为南王。创制《太平天历》，主持订立《太平军目》《太平礼制》《太平官制》。次年在全州中炮受伤，死于蓑衣渡。

五、广西人民对国家出路早期探索拾遗

太平军在初期是如何解决粮饷问题的?①

关于太平军的后勤补给问题,学者大多认为圣库制度尽管有种种不足,但在太平天国初期起到积极的作用,在一定程度上有力地支撑和保障了太平军长达 14 年的军事斗争和日常生活。圣库制度是太平军后勤保障的根本制度,其物资供应都从圣库中获取。根据学者考证,太平军在 1850 年金田团营时已正式实行圣库制度。又如钟文典认为,拜上帝会团营时,实行"同食同穿"的供给制,这是"圣库制度"的雏形。对圣库制度的物资来源问题,有学者进行了研究,但缺乏系统而深入的考证。那么,在太平天国运动初期,圣库的物资来源有哪些途径呢?针对清军和团练的封锁,太平军采取哪些措施筹集粮饷以保证其作战和军民食用呢?取得的效果如何?本文拟对这些问题进行考察。本文所研究的时限,主要指太平天国运动初期,即太平军从金田团营至永安(今广西蒙山县,下同)突围期间的粮饷来源途径问题。

一、起义初期拜上帝会会众"毁家纾难"

道光二十三年(1843),洪秀全与冯云山、洪仁玕在广东花县(今广州市花都区,下同)创建拜上帝教,次年春入广西传教,积极宣传组织群众。经过五年的努力,以桂平紫荆山区、金田为中心的拜上帝教势力已扩展到广西十个州县。在传教的过程中,洪秀全、冯云山要求入教者将家产变卖交公,衣食日常由拜上帝教统一开支。随着越来越多的群众入教,"拜会的人,有身家田产,妻室儿女,都许多从他,遂得钱财用度,招兵买马,胆智越大,又将会改为上帝会"。道光三十年六月(1850 年 7 月),洪秀全在桂平紫荆山发布团营令,命令各地拜上帝会会员到金田集中团营,并要求缴纳个人财产作为起义经费,"通告各县之拜上帝教徒集中于一处。前此各教徒已感觉有联合一体共御公敌之必要。彼等已将田产屋宇变卖,易为现金,而将一切所有缴纳于公库,全体衣食俱由公款开支,一律平均"。此即圣库制度的滥觞。命令下达后,各地会众闻风而动。桂东南、桂中和两广边界等地会众纷纷变卖家产,向桂平县金田村(今

---

① 陈峥:《太平军初期粮饷来源途径考析》,《玉林师范学院学报》2016 年第 4 期。题目为编者所改。

桂平市金田镇金田村，下同）进发。清道光三十年十二月十日（1851 年 1 月 11 日），洪秀全在金田誓师起义，建国号太平天国。在洪秀全的号召下，拜上帝会会众大都将自己的财产贡献给圣库。

拜上帝会领导人在这方面作出了很好的表率。韦昌辉、石达开、胡以晃等家境富足，在金田团营前，他们就大力资助洪秀全的传教，起义爆发后，他们更是捐献家产，为起义提供经费。韦昌辉结识洪秀全、冯云山后，三人结拜为兄弟，他"素业质库，兼饶田产，富甲一邑，……献银数万两入伙"。拜上帝教举办活动时，韦昌辉倾力支持。"发展到好几千人了。于是在韦昌辉家开谷仓，供给大家吃饭。"石达开的经济情况也不错，"家本富饶，献贼十数万两，入伙"。金田团营时，"他卖了田去参加，他把全家都带去了"。平南县胡以晃也富甲一方，后人的口述说道："有二十余万斤租，一说以晃有四十万斤租。"胡在团营之前就全力资助洪秀全，后"倾家附义"。

一些家境殷实的富商，也倾力支持洪秀全，被洪秀全授予要职。如"广西老兄弟"吴可亿"初饶十资，以尽力于上帝会，罄其家"。广东花县人周胜坤曾经是开典当的商人，"业质库，与吴可亿罄家资助贼"。洪秀全后任命吴可亿为殿前丞相正总典圣库，周胜坤任夏官又正丞相，两人共同掌管圣库。道光二十八年（1848），平南县张锦联将其家产变卖，"杜卖屋宇并田地"，得到"花银四拾两正"，以做起义经费，后张锦联全家参加了拜上帝会。张锦联的儿子张善超也被"封为天将之爵，其爵与王位不过小其一等"。

普通民众在入教和参加团营时，大多变卖家产上交圣库。如广东信宜县（今广东信宜市），"大抵入会者将房屋田产变卖以充粮食，将金铁田器、铸军械，其腴田华屋不能尽卖者弃之。虽贫者亦多方借贷以从"。平南县"参加拜上帝会的人，全部家产能带来的都带来了；不参加拜上帝会的，也要帮助粮食"。陆川、博白"有三、四千人来金田，什么东西都带来了，上面放的是一些拜寿的礼物，下面放的尽是衣服、粮食和武器"。

太平军在团营和进军过程中，不断有其他队伍参加，这些武装团体也携带了一定资财。据记载，太平天国起义之初，有 8 支三合会的队伍"表示愿率部加入"，洪秀全"许之"，8 人"乃献牛猪米粮等物来洪军"，并派"上帝会弟兄十六人"分往各部宣讲教义，三合会领导对宣讲者"赠以巨金以为酬劳"，"十六人中有十五人恪守会规，各将所赠之金悉数纳还公库，独有一人私藏赠金而不举报"，洪秀全"即将其斩首以警将来"。

金田起义之初，拜上帝会会众举家参军，将其房屋田产变卖易为现金，统一交给圣库，在一定程度上保证金田团营和起义初期的粮饷补给，这对维持太平军初期的军需和满足起义初期官兵的日常生活确实起过相当作用。但金田团营时，拜上帝会会员人数已达1万人以上，"具（俱）是农夫之家，寒苦之家"，会员缴纳的财产，数量不可能很多，只能维持短期的军需民食。而且这种依靠会众上缴而获得的物资，有时相对容易，有时却十分困难，再加上太平军在进军过程中难以携带大量物资，在作战时期，粮饷损失也很大，因而造成"虏劫充足，恣取浪掷；来源不继，亦甘淡泊"的现象。因此，在物资充裕时期，浪费比较严重，而在粮饷消耗殆尽的情况下，将士生活又比较艰苦，很容易出现军心不稳的情况。如金田团营时期，由于各地会众云集，因"粮草暂时短少"，东王杨秀清、西王萧朝贵不得不"诰谕众弟妹，概行食粥，以示节省"，但由于经受不起艰苦生活的考验，在投降清军的张钊（大头妖）、田芳等人的鼓动和诱惑下，部分会众"因一时困苦，遂易其操，欲改其初志，同流合污，跟随大头妖，利其货财，贪一时之衣食，几为所诱"。据李秀成《供状》，在太平军"由金田冲出上永安时"，因发生了"久饥无粮"的情况，太平军不得不掠夺民财以充军用，"西王、北王带旱兵在大黎里屯扎五日，将里内之粮谷依（衣）食等，逢村即取，民家将粮谷盘入深山，亦被拿去"。可见太平军举义初期财政困难情形。为解决军需，太平军在进军的过程中，还采取了其他方式。

二、战争过程中的缴获

从战场上战胜敌人，缴获敌军的粮饷装备和仓库物资，不但能鼓舞将士士气，增强官兵作战信心，而且在一定程度上能弥补自身军需。

太平军转战广西各地，在与清军和团练的战斗中不断取胜，缴获甚多。如金田突围后，太平军在平南官村大败清军，缴获其大批军用物资，清军巴清德部"锅帐炮位粮食辎重，尽行抛弃。……遗弃军资，悉为贼有"。太平军攻占永安后，洪秀全诏令："众兵将，凡一切杀妖取城，所得金宝绸帛宝物等项，不得私藏，尽缴归天朝圣库。"永安州城被攻破后，太平军缴获了清军大批物资，没收了官府的库藏。各种资料对此均有记载，据英国剑桥大学图书馆藏的《大事记》记载："洪秀全大伙攻破永安州城，占据仓库衙署。"洪仁玕自述中也说道："（太平军）直趋广西东部之永安州，即占据之，收没其官库及谷仓。"据钟文典20世纪50年代的实地调查："太平军破城后，只搬移清军用以堵塞城门的谷米，即达六七万斤之多。"他指出："如果把没收州仓、州库和战斗缴获一并计算，太平军破永安城后，共得粮米百万斤左右，所得是非常丰富的。"太平军还利用机会劫夺清军军饷，如在贵县（今贵港市，下同）就成功夺取了清军饷银。对此，咸丰元年十一月（1852年12月），清最高统治者发文提醒前线清军日后严加防范："恐窥伺我军饷道，如贵县劫饷等事，更属不成事体。现在如何防护接迟……有无把握?"这些途径有效地缓解了太平军物资极度缺乏的局面。

太平军的装备落后于清军,与地方团练的优势也不明显,在作战获得缴获的同时,自己也付出巨大的人员伤亡和物资损失,战场上缴获所得多为战争消耗所抵消。在战斗失利时,部分物资沦入清军之手;在转移时,因携带不便,物资遗失也很多。因此,这种依靠战场缴获和查抄官府仓库获得粮饷的途径,难以满足部队长期作战需要和军民食用。

三、群众捐献和罚没富户所得

非拜上帝会群众捐献的物资,也是太平军团营和进军过程中获得粮饷的一个重要途径。这种捐献有两种方式,一是群众自愿捐献,二是群众特别是富户在太平军严令下不得不"捐献"。特别是太平军攻占永安后,其发布的告示明确要求"农工商贾各安生业,富贵者须备办粮食,助我兵饷,多少数目,亲通报明,各给回借券,以凭日后清偿"。太平军还在永安颁布了"四赏四罚"的规定,其中一条是"捐献钱粮者有赏,输送车需者有赏",鼓励民众捐献财物,以供军用。

金田起义初期,太平军军纪严明,体恤百姓,获得了部分民众的支持。据陆川县清湖简九婆口述:"(太平军)经过我们上山村,我阿公出来接待,杀猪弄饭给他们吃。"在桂平县莫村,太平军"入村叫后村里穷人一同去磨财主佬的谷"。贵县"庆丰、大圩一带,很多民众拿粮食出来支援他们"。太平军在平南县的时候,"思旺圩的覃和太和廖五昌公,抬了五头猪,四五担酒和很多鸡鸭送给他们"。

咸丰元年十二月十二日(1851年1月13日),太平军占领桂平大湟江口(江口圩),在此驻留两个多月。江口圩为广西四大圩镇之一(另三圩为桂林大圩、苍梧戎圩、平南大乌圩),民间有"一戎二乌三江口"的说法。据记载,"清道光年间,每年由大湟江口至南海、番禺等地的货船有400艘左右,货物总运量达5000吨以上"。因此,该圩丰富的物资是吸引太平军抢占该地的重要原因之一。对此,洪仁玕的回忆录写道:"秀全即占领一丰富的圩。(江口圩)此是上言王姓富绅所居地。所设粮食店及当铺适足供给此辈客家难民丰足的衣食。"通过在该地购买粮草、没收富户和当铺资产,太平军获得了大量粮饷,有效地改善了自身物资不足的问题,后"因供给断绝,已被迫而弃营他往"。

部分富户为保全人身和家财,也不得不"捐献"物资给太平军。如永安州秀才村"大财主梁文著",对太平军"不敢抗拒,怕挨杀,乖乖地把谷米和银子送到'长毛'那里去"。而不愿主动捐资的富户,其财产则被太平军没收。如金田起义爆发时,"洪军势益炽,搜刮附近绅富财无算"。桂平县"古林社曾姓、刘姓中有些地主不愿把油、盐、米粮给太平军,太平军因此杀了一些地主"。太平军驻永安期间,富豪村的李九,"因为不愿交纳钱粮,太平王即刻派人去没收他的家财"。广朗村的陆广平,因"半夜里却把能带走的银钱细软,挟带在身,偷偷摸摸逃走",太平军立即"把所有的谷米、什物,凡能够搬动的都搬得干干净净,一点也不留"。对此,曾国藩在《讨粤匪檄》中指出:"(太平军)所过之境,船只无论大小,人民无论贫富,一概抢掠罄尽,寸草不留。其掳入贼中者,剥取衣服,搜刮银钱。银满五两而不献贼者,即行斩首。"曾氏所述言过其实,太平军所过之地,贫者因家穷财困,即使太平军想掠夺,也所获无几,何况太平军也不可能树敌过多,但没收富户财产以资军用,在一定程度上是真实的。

为获得物资,太平军与驻地贫民共同没收富户财产。驻守永安期间,"(太平军)打有钱人的山寨,得到谷米就叫群众去挑,和群众对半分"。"太平军征粮都是四六收粮(即财主收十担租,就得四担,六担交给太平军)。"太平军还发动佃农"抢割"地主田地成熟的稻谷,双方共同分配,在"抢割"前,太平军先和佃农实地查田,一半是由太平军派人收割,一半归佃户。当时富户的田地作物,多为佃户耕种,按说这种收获应属于佃户。太平军"抢割"佃户所种植的农作物,是否遭到佃户反对呢?据钟文典考证,清末时期,永安州的租率极高,一般都超过田亩产量的半数,佃户交租之外,往往尚须经受大秤小斗、踢斗淋尖等额外盘剥,而平日对地主的无偿力役支应,酒肉奉承,尤其难以数计。佃户缴租给地主和支出大量超经济负担,他们的付出远超过收获物的半数,而所种谷物被太平军"抢割",他们至少还可获得半数谷物,佃户在经济方面不会受到损失,他们的负担反而减轻了不少。而对太平军来说,通过"抢割",基本解决了全军在永安的粮食供应问题。咸丰二年正月初十(1852年2月29日),广西按察使姚莹向上司报告封锁太平军接济时说:"逆匪食米,自去年闰八月抢割之后,仓庾甚丰。自去岁获犯即供,足敷今年正、二月之食。"一个月后,他又报告说:"其粮食则去秋贼到之时,州民尚未刈割,所有附城附近处禾稻皆为贼收,是以充足。"这足以说明,仅"抢割"地主田地谷物所得,即可供太平军驻守永安半年之需而有余。因此,太平军"抢割"谷物受到了佃户的欢迎。这不但使太平军获得了急需的物资,而且也得到了民众的支持。

四、太平军生产经营所得和向外采购

金田起义爆发后,太平军在广西各地转战,清军采取多种方式围困和封锁。如咸丰元年四月二十七日(1851年5月25日),清廷严令广西巡抚周天爵断绝太平军的盐粮供应,"贼所必经之水陆各路,务其设法断其盐米接济,俾食用无资，进攻更易得力"。咸丰元年七月二十五日（1851 年 8 月 21 日），清廷给赛尚阿的一份谕旨中强调："至粮盐为贼匪要需，必当设法断其接济，攻剿更易得力。"咸丰二年二月（1852 年 3 月），姚莹在给上司的报告中写道："（永安）南西北三面皆为官兵所围，无人接济。"在清军和地方团练的严密封锁下，太平军各种物资特别是食盐极为缺乏。据英国公共档案局所藏《李进富供词》，太平军在武宣东乡出现了严重的粮饷危机，发生了减员情况，"至东乡米谷眼下并不缺少，惟缺少盐食。在东乡死有百余人"。部分人员认为"知道跟错他们了，盐也没得食，钱也没得使"，以至"有一半欲私自剃头走出的"。为解决部队缺盐问题，太平军利用机会劫夺清军和富户食盐，民国《桂平县志》载有"（一八五一年三月）二十八日，洪军劫盐新墟"。《李进富供词》对这一事件也说道："二十八日，他们出来抢盐，果然顺当。"但随着清军防范的加强，太平军劫取清军粮饷越来越困难。因此，太平军还采取了以下几方面措施，以解决物资困难特别是食盐缺乏问题。

一是使用土法熬制食盐。如太平军在永安时，由于食盐供应困难，除令众人淡食外，曾大量掘取长寿圩盐馆泥土，重加熬煎，提取盐斤。对此，姚莹《复陈断贼接济状》也写道："贼因无盐，乃掘取城内盐馆地土煎熬，每馆日发二两，惟头目得盐众，贼久皆淡食。"利用这种方式获取食盐，所获数量尽管不多，但也暂时解决了太平军食盐极度匮乏的局面。但军中各阶层在物资上的分配不均，又容易引发内部矛盾。

二是与前线清军交易，从清军手中获得物资。尽管清廷三令五申各路兵勇，要使尽一切力量和办法围攻和封锁太平军，断绝太平军的粮饷供应。但清军官兵因利益所致，很多人仍不顾清廷的禁令，暗中高价卖给太平军物资，这也是太平军获得补给品的一个来源。咸丰二年（1852），广西学政孙锵鸣奏言："各处募勇，皆不受节制指挥，借贼自固，战不向前，处不安靖，并闻有暗中通贼，阳与阴违者。"如新授浔州知府张敬修统率的东勇（广东招募的乡勇）喜财厌战，他们在战场上经常和太平军利用乡音暗中联系。如清佚名《粤西独秀峰题壁三十首》第十五首第五句"危场偏有怀音我"下注云："每战东勇必与贼通音语。"20 世纪 60 年代，调查组在蒙山县调查时，该县陆昌富对清军兵勇在前线与太平军交易的情况说到，太平军和扎在独守庙的官兵做买卖。每天太阳落岭，官兵就烧草堆，放空炮，然后派人挑咸菜、咸鱼、生盐、榄角和猪肉等东西，送到太平军的营盘前面。太平军看东西来了，也派人送钱过去。交货拿钱后，各自回营。当时驻扎在独守庙的清军即为张敬修部。又如金田起义后不久，艇军头目张钊在江口圩被清军招降，时任钦差大臣在广西督师的李星沅令其统率水勇，参与围剿太平军，但张钊仍与太平军暗通声气，甚至提供物资给太平军，牟取暴利。清末文人龙启瑞在《纪事诗》披露了张敬修、张钊两部接济太平军食盐的情况："东勇尤狡黠，与贼为弟兄。更于阵前立，土音操其乡。苴苴互相投，烟焰何茫茫。蒙江有张鲁，此疾实膏肓。赍寇乃尔力，顿兵亏吾芒。"他在"自注"中还写道："东勇于阵前以白盐洋烟抛掷与贼，贼以白铤报之，点放空枪，不着铅子。烟焰中，彼此往来，习以为常。""张钊守蒙江，实通贼接济。"对此，钟文典认为，"太平军严禁鸦片，洋烟买卖没有可能"。但毫无疑问的是，太平军利用部分清军兵勇的贪婪，用金银与他们交换"白盐"，获得了不少宝贵的物资补充。

三是与民众交易。太平军驻永安州期间，在作战和训练闲暇，还进行了生产经营，从事简单的商品生产。据后人口述资料："老长毛是好心的，他们劫富救贫，在永安杀猪，开油榨，开杂货摊，做生意，买卖公平，不钻人家的空子。"通过这种方式，太平军不但获得部分利润，解决了一些物资来源，而且能获得民众好感，改善与民众的关系，吸引更多人加入太平军。

为防止民众援助太平军，清军采取了围困、迁移居民等做法，以断其粮饷来源，但收效甚微。太平军采取高价收购的方式，仍能从驻地民众、商人甚至清军兵勇手中购买到食盐等紧缺物资。咸丰元年十一月（1851 年 12 月），清廷对军机大臣等据赛尚阿奏在永安州"两次进剿获胜情形"提出质疑："该逆既困守一城，我兵又四围周市，何数月以来，未见贼势穷蹙。"次年正月初十（1852 年 2 月 29 日），奕䜣向赛尚阿发问："贼匪自闰八月朔踞城后，几及半载，盐粮火药，何以不见困乏，仍能抗拒自如？"咸丰二年正月三十日（1852 年 3 月 20 日），他再次向赛尚阿提出同样的问题："该匪困守一隅，所需盐粮火药等项，如果无人接济，何能日久支持？"咸丰二年二月十五日（1852 年 4 月 4 日），洪秀全发布破围诏令，太平军从永安突围，"米粮油盐所遗甚多，仓谷未动"。太平军破围后的第三天，奕䜣第三次向前线将领发出质问："该匪丑类众多，屡经官兵剿戮，势已穷蹙，且困守孤城，果能断其米盐火药接济及爨汲路径，釜底游魂，岂能持久？"太平军离开永安后，姚莹带兵进入永安州城，发现"仓谷尚存千余石"。由此可知，尽管清军严防死守，仍有人越过清军的封锁线，为太平军提供物资，太平军的粮食、食盐等物资仍较为充足。

从金田团营至永安突围，太平军在广西各地转战近两年时间，其所到之处，大量贫民闻讯加入，队伍日益壮大，但太平军通过努力，仍能维持全军数万人的供给，并在与清军和团练的战斗中不断取胜。永安突围前夕，仍有大批粮食无法携带而不得不遗弃。这说明，太平军在广西作战期间的后勤补给没有出现较大的困难。这既与太平军缴获清军大批粮饷有关，也与其采取了多种方式筹集物资分不开。

康有为桂林讲学记①

龚寿昌

康有为到桂林讲学，先后有两次。第一次是在一八九四年（清光绪二十年）；第二次在一八九六年。这两次讲学，我都参加。在当时康有为的门徒中，以我和龙潜两人年龄最小，我年仅十四岁。事隔六十余年，回忆往事，犹历历在目。

康有为第一次来桂林，是由他的门徒龙泽厚（号积之）邀请他来讲学的，住了几个月就回广州了。第二次来，住的时间比较久。他两次都住在桂林的风洞山景风阁，阁的大厅作为讲学的地方，后面的一个房间，是康的卧室。里面一切的设备和康生活上的需要，都是由龙泽厚、薛立之等负责供应。

康有为第一次来桂林讲学的时候，他的地位仅仅是清朝的"孝廉"，声名不大。这时听他讲学的有：龙泽厚、况仕任、龙焕纶、龙朝辅、龙应中（后改名志泽）、汤睿、汤铭三、程式谷、黎文翰、林泽普、林惠如、任祖安、薛立之、薛佑之、赵治天、王潚中、王秀峰、胡治堂等。龙潜和我以小学生的名份也参加听讲。当时，桂林还有"孝廉"、"秀峰"、"经古"、"宣成"等四大书院。孝廉书院山长周璜、秀峰书院山长曹驯、经古书院山长龙朝言、宣成书院山长石成峰，他们都是清朝的"翰林"，在地方的声誉很高。康第一次到桂林，就拜访了他们。四人中对康有为的态度各有不同。周璜很佩服康有为的学问，经常往来，唱和诗词；曹驯则避不与康见面；龙朝言虽与康有往来，但不敢十分接近；石成峰则与康无来往。当时社会上对康有为有两种不同看法：有的认为康是怪物，有的称他为"康圣人"。康有为第二次到桂林时，他已经是清朝的"进士"，官授工部主事，在京公车上书，名动一时。当他到桂林时，正遇着广西巡抚史念祖被参，藩台游智开告老，只有臬台蔡希邠在省主持一切。蔡与康是旧交，人很开明，对康很推重，往来很密切。此外，当地士绅名流如周璜、唐景崧、岑春煊等，都常和康来往。

康有为以部曹的身份第二次来桂，负有时名，又得臬台蔡希邠的支持，对

① 中国人民政治协商会议广西壮族自治区委员会文史资料研究委员会：《广西文史资料选辑》第1辑，1961年，第123~126页。文中个别标点略有改动。

于讲学各事，更容易顺利开展。当时从学的又增加了陈太龙、赵元本、倪育万、万言、陈康侯、何化龙等。马君武（当时名马同）亦常来听康讲学，学术界思潮受到很大的影响。

康有为讲学的内容，常讲的是《春秋公羊传》，注重讲孔子改制，刘歆伪经通三统张三世等微言大义及《礼记·礼运篇》大同的意义。并讲《荀子·非十二子篇》学术的派别，《庄子·天下篇》庄子的尊孔，《墨子》、《史记》、《宋元学案》等。尤注意在讲中国学术的源流和政治革新的趋势和他本人所著的《孔子托古改制考》、《新学伪经考》。此外，康还著有《桂学答问》、《分月读书课程表》，指导阅读中西书籍的门径。受学的门弟子，除听讲学和读《公羊传》外，并点读《资治通鉴》、《宋元学案》、《朱子语录》。还要依课程表选读，作札记或写疑义问难，由康解答。讲授时，听讲者即时笔录，并指定况仕任、龙应中两人编定送阅，批答后互相传观。

康有为的门徒梁启超在湖南长沙和谭嗣同、黄遵宪、熊希龄组织南学会，成立时务学堂，办有《湘报》（日刊）和《湘学报》（旬刊）。康则拟在桂林组织"圣学会"，成立"广仁学堂"，办《广仁报》，来提倡新学，开通风气。在创办时，得到臬台蔡希邠等的赞助，曹驯虽不赞同，也不敢公然反对。"圣学会"筹备组织期间，借用西华门爱经善堂。成立后，迁至依仁坊彭公祠（今工商联合会）做会址。开会讲学常在会内。此外还捐助和购买了很多中西图书，供人阅览。使地方人士多欲讲求经世有用之学，改变科举时代专重八股文的思想。广仁学堂也附设在会内，由康的门人曹硕（广东南海人）主办。课程为经学、中西历史、中西地理、《宋元学案》、《朱子语类》、《公羊传》等。学生每日做札记或写游记、日记，并参加听讲和学习礼仪。当时应考入学的有：况仕恩、陈文、靳汝端、靳永祺、龚寿昌、谢宗韩、吴小濂、李承麟、龙仲修、龙季光、王乐宾、秦一俊、况仕任等二十余人。

《广仁报》由康的门人武陵赵廷飓，南海曹硕，广西桂林况仕任、龙应中、龙朝输等任主笔，系周刊式，每月出版两期，线装成本，土纸木刻。内容有论著、时事、新闻、地方要闻、中西译述、杂谈等。论著多以外患日亟，非变法维新不能挽救为中心问题，意在唤起国人发愤图强，开通风气。论著有《世变日亟士人宜速求自保论》《教案于西人有利说》《筹桂刍言》《闻德兵毁即墨孔庙残圣象布告士林唐》等。

康有为有两种嗜好：一是好习古礼，讲学之暇，常率带门徒在风洞山后福庭学习"乡饮酒礼"、"投壶礼"及"庚子拜经"等，由康亲自指导一切，揖让周旋，悉依古制。康注重交游，遇亲友吉凶庆吊，康均往行礼，跪拜悉依古制，为一时所称道。其次是嗜好游览山水，在桂林讲学期间，所有附城的山水岩洞，游历殆遍。他曾在于越山发现一岩，未经人到过，因题为"康岩"。又在北附郭发现一岩，题为"素洞"。很多名胜，他游过后，都刻石题名或赋诗。风洞山还做有对联悬挂。戊戌政变后，康逃亡海外，他在桂林阳朔各风景名胜的题词，都被仇恨他的人所毁。现只有龙隐岩内元党籍碑旁，有康题在石壁的字和署名，虽已凿烂，还隐约可以看得出。

六、实践建议

（一）读书报告类

可选择一些具有学术性、通俗性、趣味性的中国近现代史书籍，要求学生阅读，在实践课堂上讨论，撰写读后感作为实践作业。参考书目如下：

1. 王庆成：《石达开》，生活·读书·新知三联书店1981年版。

2. 茅家琪：《太平天国通史》，南京大学出版社1991年版。

3. 茅家琪：《太平天国与列强》，南京大学出版社1991年版。

4. 钟文典主编：《广西通史》（第二卷），广西人民出版社1999年版。

5. 张一文：《太平天国军事史》，广西人民出版社1994年版。

6. 盛巽昌：《实说太平天国》，上海书店2017年版。

7. 蒙广思：《太平天国在永安》，广西人民出版社1979年版。

8. 钟文典：《太平天国开国史》，广西人民出版社1992年版。

9. 钟文典：《太平天国人物》，广西人民出版社1984年版。

10. 孙志芳：《李鸿章与洋务运动》，安徽人民出版社1982年版。

11. 邢凤麟、邢凤梧：《冯云山评传》，广州人民出版社1985年版。

12. 饶任坤、陈仁华编：《太平天国在广西调查资料全编》，广西人民出版社1989年版。

13. 罗尔纲：《增补本李秀成自述原著稿注》，中国社会科学出版社1995年版。

14.〔英〕吟唎（Lindley, A. F.）著，王维周、王元化译：《太平天国革命亲历记》，上海人民出版社1997年版。

（二）实践调研类

广西有非常丰富的中国近代遗址遗迹和有关纪念场馆，可以选择一些有代表性的地方进行考察，以5~8人组成一个小组，确定调查选题，设计调查提纲或调查问卷，走访相关场所和人员，撰写调查报告。如太平军团营遗迹调查、太平军重大战事遗址遗迹调查、太平天国领导人早期居住活动场所及有关碑刻石刻调查等。

（三）观看有关影视剧

观看与本章内容有关的反映广西人民探索国家民族出路的影视剧，撰写观后感。

电视剧《太平天国》（46集）是一部由中央电视台和中国电视剧制作中心出品的历史题材电视剧。由张笑天编剧，陈家林执导，高兰村、张志忠、杨童舒、孙飞虎等联袂主演。该片讲述了太平天国运动由"拜上帝会"经过金田起义、永安建制、转战两湖、定都天京、北伐西征，逐步发展壮大，又经过天京事变等一系列内讧，元气受损，直到天京陷落，一步步走向灭亡的历史过程。

（四）其他类

1. 举行辩论赛或表演话剧，如模仿维新派与守旧派关于变法问题的论战。

2. 赏析相关诗词。如集体朗诵谭嗣同的《狱中题壁》诗："望门投止思张俭，忍死须臾待杜根。我自横刀向天笑，去留肝胆两昆仑。"

第三章

辛亥革命与君主专制制度的终结

一、知识要点

（一）举起近代民族民主革命的旗帜

1. 辛亥革命爆发的历史条件

（1）民族危机加深，社会矛盾激化

（2）清末"新政"及其破产

（3）资产阶级革命派的阶级基础和骨干力量

2. 资产阶级革命派的活动

（1）孙中山与资产阶级民主革命的开始

（2）资产阶级革命派的宣传与组织工作

3. 三民主义学说和资产阶级共和国方案

（1）民族主义

（2）民权主义

（3）民生主义

4. 关于革命与改良的辩论

（1）要不要以革命手段推翻清王朝

（2）要不要推翻帝制，实行共和

（3）要不要进行社会革命

（二）辛亥革命与建立民国

1. 封建帝制的覆灭

（1）武装起义与保路风潮

（2）武昌首义与各地响应

2. 中华民国的建立

（1）中华民国临时政府宣告成立

（2）中华民国临时约法

（3）辛亥革命的历史意义

（三）辛亥革命的失败

1. 封建军阀专制统治的形成

（1）袁世凯窃国，辛亥革命流产

（2）北洋军阀的专制统治

2. 旧民主主义革命的失败

（1）挽救共和的努力及其受挫

（2）辛亥革命失败的原因和教训

二、历史脉络

晚清末年，内忧外患，中华民族到了危亡之际。改良派维新变法运动失败，以孙中山为首的革命派，决心以革命推翻清政府，建立共和体制。1895 到 1910 年，革命党人先后发动了多次起义，秋瑾、徐锡麟等一批革命党先驱先后牺牲，革命陷入低潮。

1910 年底，孙中山再次在海外召集同盟会骨干，组织力量准备在广州发动起义。黄兴与徐宗汉假扮夫妇，秘密潜入广州。然而广州之战终因革命党人寡不敌众而告负，林觉民等一大批革命骨干壮烈牺牲，黄兴也身负重伤。徐宗汉等冒死收葬了烈士遗体 72 具，葬于广州城外的黄花岗。经过这次的起义，清政府对革命党人进行了血腥镇压，同时积极寻求与帝国主义的卖国交易。

在四川，清廷又一次丧权辱国的行为，引发了轰轰烈烈的保路运动，湖北新军被紧急抽调前去镇压。在武昌，新军当中的革命党名单泄漏，湖广总督瑞澂开始对名单上的革命党人逐一捕杀，革命形势十分危急，革命党人熊秉坤、金兆龙等当机立断，毅然打响了革命第一枪。经过一夜激战，武昌起义的革命军攻占了总督府，黎元洪被革命军将士紧急推为军政府都督。风雨飘摇的清廷只好请袁世凯出山，率北洋军镇压革命。袁世凯一方面镇压革命军，另一方面仍试图在各方势力的博弈中，暗地里通过革命党人汪精卫传达与革命党和谈的愿望。革命的危急关头，孙中山奔赴海外，力排众议，最终说服西方列国财团，不再借贷款支持清廷。自此，革命形势进入了南北对峙的局面。经过多方努力，南北代表唐绍仪和伍廷芳终于坐下来会谈，经过艰难谈判，双方达成共识，支持建立共和政体；经过十八省代表的公开民主选举，孙中山被推选为首任大总统。孙中山表示，只要袁世凯敦促清帝退位，他即可让位，由逼退清让位的人出任中华民国大总统。

辛亥革命结束了中国两千八百年的封建统治，开创了亚洲第一个共和体制，写下了人类社会民主主义的新篇章，更向世人展示了一个真理：历史的潮流浩浩荡荡，不可阻挡；顺其者昌，逆其者亡。

三、原著选读

纪念孙中山先生①

（一九五六年十一月十二日）

毛泽东

纪念伟大的革命先行者孙中山先生！

纪念他在中国民主革命准备时期，以鲜明的中国革命民主派立场，同中国改良派作了尖锐的斗争。他在这一场斗争中是中国革命民主派的旗帜。

纪念他在辛亥革命时期，领导人民推翻帝制、建立共和国的丰功伟绩。

纪念他在第一次国共合作时期，把旧三民主义发展为新三民主义的丰功伟绩。

他在政治思想方面留给我们许多有益的东西。

现代中国人，除了一小撮反动分子以外，都是孙先生革命事业的继承者。

我们完成了孙先生没有完成的民主革命，并且把这个革命发展为社会主义革命。我们正在完成这个革命。

事物总是发展的。一九一一年的革命，即辛亥革命，到今年，不过四十五年，中国的面目完全变了。再过四十五年，就是二千零一年，也就是进到二十一世纪的时候，中国的面目更要大变。中国将变为一个强大的社会主义工业国。中国应当这样。因为中国是一个具有九百六十万平方千米土地和六万万人口的国家，中国应当对于人类有较大的贡献。而这种贡献，在过去一个长时期内，

---

①　这是毛泽东为纪念孙中山先生九十周年诞辰写的文章。中共中央文献研究室：《建国以来重要文献选编》第九册，中央文献出版社 2011 年版，第 348～349 页。

则是太少了。这使我们感到惭愧。

但是要谦虚。不但现在应当这样，四十五年之后也应当这样，永远应当这样，中国人在国际交往方面，应当坚决、彻底、干净、全部地消灭大国主义，

孙先生是一个谦虚的人。我听过他多次讲演，感到他有一种宏伟的气魄。从他注意研究中国历史情况和当前社会情况方面，又从他注意研究包括苏联在内的外国情况方面，知道他是很虚心的。

他全心全意地为了改造中国而耗费了毕生的精力，真是鞠躬尽瘁，死而后已。

像很多站在正面指导时代潮流的伟大历史人物大都有他们的缺点一样，孙先生也有他的缺点方面。这是要从历史条件加以说明，使人理解，不可以苛求于前人的。

关于辛亥革命的评价①

(一九五四年九月十四日)

毛泽东

利用这个机会，讲一点对于辛亥革命的评价问题。有相当一部分朋友对我们讲"辛亥革命是资产阶级民主革命"觉得不妥，在感情上有些过不去。但从社会发展历史上说，辛亥革命确实是一次资产阶级性质的民主革命。

在人类历史上，有过几次性质不同的大的革命。

第一次，是奴隶主推翻原始共产主义社会，使人类的生产和社会大进一步。那时的原始共产主义社会，不是我们现在讲的共产主义社会，而是一些氏族部落组成的原始社会，他们互相打仗，捉到了俘虏就通通杀掉。奴隶主就不把俘虏杀掉，而是拿俘虏做奴隶，虽然刺瞎他一只眼，或者弄伤他一只手，但总还是要让他做工。是把人杀掉好呢，还是不杀掉让他做工好呢？还是奴隶制好，奴隶制可以积累财富。原始共产主义社会的生产力很低，奴隶制就大进一步。现在一讲奴隶制，人们就觉得它很坏，其实奴隶制的产生在当时是一个伟大的进步。

第二次，是封建地主革掉奴隶主的命。这次革命，在中国大概是在春秋战国时代。关于这个问题，历史学家们还在争论不决，有人说西周就是封建社会了。我想，今天中央人民政府委员会对这个问题可以不去作结论。我个人是比

---

① 中共中央文献研究室：《毛泽东文集》第6卷，人民出版社1993年版，第344～347页。

较相信郭沫若副总理的在春秋战国时代产生封建制的主张的。郭沫若曾经用很多材料证明，孔夫子所以成为圣人，是因为他是革命党，到处参加造反。说孔夫子著春秋"而乱臣贼子惧"，那是孟子讲的。其实当时孔夫子周游列国，就是哪里造反他就到哪里去，哪里想革命他就到哪里去。所以此人不可一笔抹煞，不能简单地就是"打倒孔家店"。总之，在春秋战国时代，发生了激烈的变化，发生了大的阶级斗争、革命斗争，从那时起，开始允许土地私有，允许土地收租。大概是在鲁宣公时代"初税亩"，第一次开始收地租。鲁哀公还说过什么"二，吾犹不足，如之何其彻也?"，彻，即十分之一。可见当时收地租大概是收百分之二十左右。这证明当时的社会制度已经开始变革，不再是实行井田制，而是采用收土地税的办法了。过去是"普天之下，莫非王土；率土之滨，莫非王臣"，这个时候是搞私有了。私有制曾经是一个很好的东西。有人说过这样的话：人类历史有五十万年，但其中四十九万五千年就不懂得私有制这一条，因而没有进到文明社会。

第三次，是资产阶级革封建地主阶级的命，也就是民主主义革封建主义的命。在中国，就是辛亥革命。

孙中山及其一派人领导的辛亥革命，是人类历史上资产阶级民主革命中的一次。在辛亥革命以前，中国还有过改良派。对改良派也应该估计有进步的一面。戊戌变法在当时受压迫，为什么? 就是因为它有进步性，它受到顽固派的仇恨。孙中山比改良派又更进一大步，他公开号召实行资产阶级民主革命，推翻了清朝的统治，结束了中国两千多年的封建帝制，建立了中华民国和临时革命政府，并制定了一个《临时约法》。辛亥革命以后，谁要再想做皇帝，就做不成了。所以我们说它有伟大的历史意义。我本人也曾经参加了这次民主革命，当了一名战士，吃七块二。当时程潜先生就参加了，他是师长，虽不是我的顶头上司，但地位比我高。

辛亥革命没有成功，失败了。为什么失败? 就是因为孙中山的领导集团犯了错误，有缺点。关于这一点，孙中山有过自我批评，国民党第一次全国代表大会通过的宣言上曾经说，当时向袁世凯妥协是不对的。国民党在第一次代表大会上都做了批评，现在我们就不能批评吗?

我们在座的各位是不是圣人? 要说是圣人嘛，圣人就多得很；要说不是圣人嘛，我看圣人也就一个没有。人总是有缺点的，总是要犯错误的，只是不要错得太多就是了。比如当主席，说十句话错了六句，错了百分之六十，那他的主席就当不成了。要说一句话都不错，没有那回事。写文章，总是改来改去，如果不错，何必改呢? 做一篇文章，往往要犯很多错误。过去我到过上海，上海那个地方很复杂，我经常走错路，总是犯错误。凡是我有了错误，希望能及时得到朋友们的批评和纠正。一个人总是会有许多缺点的。如果觉得自己一点缺点也没有，"老虎屁股摸不得"，那就不好了。要做到"言者无罪，闻者足戒"。我们是靠老实吃饭，不靠摆架子吃饭。当然，在帝国主义面前，在艾德礼等人面前，还是可以"摆摆架子"的，但靠摆架子吃饭就不好了。如果共产党的领袖人物就说不得，各民主党派、人民团体的领导人物就说不得，那就不好了。对孔夫子，自董仲舒以来就说不得了，"非圣诬法，大乱之殃"。我们不能这样，我们要实事求是。我们对一切事情都要加以分析；好，就肯定；不好，就批评。

在第三十次中央人民政府委员会会议上，我曾经提到《联共党史》结束语第二条对马克思、恩格斯就批评过。恩格斯有个别原理是错误的，应该抛弃，拿新的原理来代替它。比如，恩格斯主张无产阶级革命胜利以后采取议会制共和国的形式，但是列宁根据俄国十月革命的经验，认为采取苏维埃共和国的形式比较好。可见恩格斯的看法是错误的。此外，马克思和恩格斯当时都曾经说过，英国的革命可以采取和平革命的方式，并且估计英国革命将会早日到来。马克思、恩格斯都很想革命快点胜利，但实际上革命却总是没有胜利，又有什么办法。古语说"人非圣贤，孰能无过"。我看这句话要改一下。人，包括圣贤在内，总是有过的，有过必改就好了。我在上次中央人民政府委员会会议上还说过，不要造成偶像，就是不要说谁不能批评，而要说可以批评，但批评要正确，对于批评要分析。

以上是我贡献给大家的一点意见，是否妥当，请诸位考虑。

习近平在纪念孙中山先生诞辰 150 周年大会上的讲话①
（2016 年 11 月 11 日）

同志们，朋友们：

今天，我们在这里隆重集会，纪念孙中山先生诞辰 150 周年，缅怀他为民族独立、社会进步、人民幸福建立的不朽功勋，弘扬他的革命精神和崇高品德，激励海内外中华儿女为实现中华民族伟大复兴而团结奋斗。

孙中山先生是伟大的民族英雄、伟大的爱国主义者、中国民主革命的伟大先驱，一生以革命为己任，立志救国救民，为中华民族作出了彪炳史册的贡献。

---

① 《人民日报》，2016 年 11 月 12 日第 2 版。

时代造就伟大人物，伟大人物又影响时代。150 年前，孙中山先生出生之时，中国正遭受帝国主义列强的野蛮侵略和封建专制制度的腐朽统治，战乱频发，民生凋敝，中华民族陷入内忧外患的灾难深渊，中国人民处于水深火热的悲惨境地。在那个风雨如晦的年代，中华民族从未屈服，无数仁人志士前仆后继，探求救国救民的道路，进行可歌可泣的抗争。孙中山先生就是他们中的杰出代表。

青年时代，孙中山先生目睹山河破碎、生灵涂炭，誓言"亟拯斯民于水火，切扶大厦之将倾"，高扬反对封建专制统治的旗帜，毅然投身民主革命事业。他创立兴中会、同盟会，提出民族、民权、民生的三民主义，积极传播革命思想，广泛联合革命力量，连续发动武装起义，为推进民主革命四处奔走、大声疾呼。

1911 年，在他领导和影响下，震惊世界的辛亥革命取得成功，推翻了清王朝统治，结束了统治中国几千年的君主专制制度。由于历史进程和社会条件的制约，辛亥革命虽然没有改变旧中国半殖民地半封建的社会性质，没有改变中国人民的悲惨命运，没有完成实现民族独立、人民解放的历史任务，但开创了完全意义上的近代民族民主革命，打开了中国进步闸门，传播了民主共和理念，极大推动了中华民族思想解放，以巨大的震撼力和影响力推动了中国社会变革。

孙中山先生的伟大，不仅在于他领导了辛亥革命，而且在于他为了实现革命理想，与时俱进完善自己的革命理念和斗争方略，毫不妥协同逆时代潮流而动的各种势力进行斗争。他坚决反对军阀分裂割据，坚定维护民主共和制度和国家完整统一。十月革命爆发后，马克思列宁主义传入中国，为孙中山先生认识世界和中国打开了新的视野。中国共产党成立后，孙中山先生同中国共产党人真诚合作，在中国共产党帮助下，把旧三民主义发展为新三民主义，实行联俄、联共、扶助农工三大政策，改组中国国民党，推动北伐战争取得胜利，把反帝反封建的民主革命推向前进。毛泽东同志把三民主义纲领、统一战线政策、艰苦奋斗精神并称为孙中山先生"留给我们的最中心最本质最伟大的遗产"，是"对于中华民族最伟大的贡献"。

孙中山先生为当时中国的积贫积弱痛心疾首，第一个响亮喊出"振兴中华"的口号。他认为，"建设为革命之唯一目的"。他坚信，革命成功以后，经过全民族努力，中国一定能够迎头赶上世界先进国家。他满怀豪情地说："一旦我们革新中国的伟大目标得以完成，不但在我们的美丽的国家将会出现新纪元的曙光，整个人类也将得以共享更为光明的前景"。

孙中山先生为中国人民和中华民族作出了杰出贡献，在中国人民心中享有崇高威望，受到全体中华儿女景仰。今天，缅怀孙中山先生建立的历史功勋，缅怀孙中山先生为中国人民鞠躬尽瘁的光辉一生，我们心中充满着深深的崇敬之情。

同志们、朋友们！

中国共产党人是孙中山先生革命事业最坚定的支持者、最忠诚的合作者、最忠实的继承者。在他生前，中国共产党人坚定支持孙中山先生的事业。在他身后，中国共产党人忠实继承孙中山先生的遗志，团结带领全国各族人民英勇奋斗、继续前进，付出巨大牺牲，完成了孙中山先生的未竟事业，取得新民主主义革命胜利，建立了人民当家作主的中华人民共和国，实现了民族独立、人民解放。在这个基础上，中国共产党人团结带领中国人民继续奋斗，完成了社会主义革命，确立了社会主义制度。

新中国成立 67 年特别是改革开放 30 多年来，在中国共产党领导下，中国人民在社会主义道路上实现了一个又一个伟大飞跃，取得举世瞩目的伟大成就。今天，我们可以告慰孙中山先生的是，我们比历史上任何时期都更接近中华民族伟大复兴的目标，比历史上任何时期都更有信心、有能力实现这个目标。

同志们、朋友们！

我们对孙中山先生最好的纪念，就是学习和继承他的宝贵精神，团结一切可以团结的力量，调动一切可以调动的因素，为他梦寐以求的振兴中华而继续奋斗。

——我们要学习孙中山先生热爱祖国、献身祖国的崇高风范。孙中山先生最大的特点是热爱祖国，一生追求实现民族独立和发展振兴的理想，对此矢志不移、无比坚定。孙中山先生说："做人的最大事情是什么呢？就是要知道怎么样爱国"。他总是以"爱国若命"、"一息尚存，不忘救国"等鞭策自己。孙中山先生具有高度的民族自尊和民族自信，不泥古、不守旧，不崇洋、不媚外，强调"中国的社会既然是和欧美的不同，所以管理社会的政治自然也是和欧美不同"；"发展之权，操之在我则存，操之在人则亡"。他从坎坷人生经历和长期斗争实践中得出一个道理，就是改造中国必须从中国实际出发，走适合中国国情的道路。

古今中外的历史都告诉我们，世界上没有一个民族能够亦步亦趋走别人的道路实现自己的发展振兴，也没有一种一成不变的道路可以引导所有民族实现发展振兴；一切成功发展振兴的民族，都是找到了适合自己实际的道路的民族。今天，我们要开创中华民族伟大复兴新局面，必须大力弘扬伟大的爱国主义精神，坚信中华民族有能力走出一条成功的复兴之路。爱国主义是具体的、现实的。在当代中国，弘扬爱国主义就必须深刻认识到，中国共产党领导和中国社会主义制度必须长期坚持，不可动摇；中国共产党领导中国人民开辟的中国特色社会主义必须长期坚持，不可动摇；中国共产党和中国人民扎根中国大地、借鉴人类文明优秀成果、独立自主实现国家发展的大政方针必须长期坚持，不可动摇。我们要增强中国特色社会主义道路自信、理论自信、制度自信、文化自信，坚定不移沿着中国特色社会主义道路守护好、建设好我们伟大的国家。

——我们要学习孙中山先生天下为公、心系民众的博大情怀。孙中山先生有着深厚的为民情怀，一生坚持以"天下为公"为最高思想境界，致力于"除去人民的那些忧愁，替人民谋幸福"，对此矢志不移、无比坚定。孙中山先生深知人民是最伟大的力量，强调要实现革命的目的，必须唤起民众。他关心民众疾苦，强调"国家之本，在于人民"，"民生为社会进化的重心"，"人民所做不到的，我们要替他们去做；人民没有权利的，我们要替他们去争"。他谆谆告诫大家，"要立心做大事，不要立心做大官"。孙中山先生对人民的深厚感情，是他追求真理、矢志革命的力量源泉，是他奋斗不息、永不言弃的深厚基础。

任何一项伟大事业要成功，都必须从人民中找到根基，从人民中集聚力量，由人民共同来完成。违背人民意愿，脱离人民支持，任何事业都会成为无源之水、无本之木，都是不能成功的。今天，要开创中华民族伟大复兴新局面，我们党就必须始终把全心全意为人民服务作为根本宗旨，始终把人民拥护和支持作为力量源泉，坚持把人民放在心中最高位置。我们要坚持一切为了人民、一切依靠人民，永远保持对人民的赤子之心，永远同人民站在一起，推动改革发展成果更多更公平惠及全体人民，朝着实现全体人民共同富裕的目标不断迈进，把13亿多中国人民凝聚成推动中华民族发展壮大的磅礴力量。

——我们要学习孙中山先生追求真理、与时俱进的优秀品质。孙中山先生眼界宽广、胸襟开阔，一生追求真理、坚持真理，对此矢志不移、无比坚定。世界上没有先知先觉的人物。孙中山先生以"世界潮流，浩浩荡荡，顺之则昌，逆之则亡"为座右铭，善于从实践中学习，包括从失败的教训中学习，因而能够"适乎世界之潮流，合乎人群之需要"。他说："我一生的嗜好，除了革命外，只有好读书，我一天不读书，便不能生活。"他从不停止探索前进的步伐，从不拒绝修正自己的思想和主张。他总是内审中国之情势，外察世界之潮流，兼收众长，益以新创，努力赶上时代潮流。无论是从社会改良主义者转变为坚定的民主革命者，还是把旧三民主义发展成新三民主义，都体现了他敢于突破局限、不断自我革新的可贵精神。

历史的车轮滚滚向前，跟不上的人必将成为落伍者，必将被历史所淘汰。历史只会眷顾坚定者、奋进者、搏击者，而不会等待犹豫者、懈怠者、畏难者。

今天，我们要开创中华民族伟大复兴新局面，就必须树立宏大历史视野，把握世界发展大势，聆听时代声音，勇于坚持真理、修正错误，不断推进理论创新、实践创新、制度创新、文化创新以及其他各方面创新，在时代前进的洪流中书写中华民族发展新篇章。

——我们要学习孙中山先生坚韧不拔、百折不挠的奋斗精神。孙中山先生"致力国民革命凡四十年"，一生坚持"吾志所向，一往无前，愈挫愈奋，再接再厉"，对此矢志不移、无比坚定。孙中山先生说："以吾人数十年必死之生命，立国家亿万年不死之根基，其价值之重可知。"孙中山先生的革命生涯屡经挫折、备尝艰辛，但为了"造成独立自由之国家，以拥护国家及民众之利益"，他从不因失败而灰心，也从不因困难而退缩，坚信"吾心信其可行，则移山填海之难，终有成功之日；吾心信其不可行，则反掌折枝之易，亦无收效之期也"，坚信只要"精神贯注，猛力向前，应乎世界进步之潮流，合乎善长恶消之天理，则终有最后成功之一日"。任何外来威胁、内部分裂、暂时失败都不能动摇孙中山先生的革命意志，直到卧病弥留之际，他念念不忘的仍是"和平、奋斗、救中国"。孙中山先生以毕生奋斗践行了他的誓言，表现出一个伟大革命者的英雄气概和执着追求。

伟大的事业之所以伟大，不仅因为这种事业是正义的、宏大的，而且因为这种事业不是一帆风顺的。伟大的人物之所以伟大，不仅因为这样的人物为人民、为民族、为人类建立了丰功伟绩，而且因为这样的人物在艰苦磨砺中铸就了坚强意志和高尚人格。今天，我们要开创中华民族伟大复兴新局面，就必须冷静审视深刻复杂变化的国际形势，全面把握艰巨繁重的改革发展稳定任务，进行长期不懈的艰苦努力，什么时候都不要想象可以敲锣打鼓、顺顺当当实现我们的奋斗目标。我们要把责任扛在肩上，时刻准备应对重大挑战、抵御重大风险、克服重大阻力、解决重大矛盾，以不畏艰险、攻坚克难的勇气，以昂扬向上、奋发有为的锐气，不断把中华民族伟大复兴事业推向前进。

同志们、朋友们！

孙中山先生始终坚定维护国家统一和民族团结，旗帜鲜明反对一切分裂国家、分裂民族的言论和行为。孙中山先生说："中国是一个统一的国家，这一点已牢牢地印在我国的历史意识之中，正是这种意识才使我们能作为一个国家而被保存下来。"他强调："'统一'是中国全体国民的希望。能够统一，全国人民便享福；不能统一，便要受害。"

实现祖国完全统一，是中华民族根本利益所在，也是全体中华儿女的共同愿望和神圣职责。确保国家完整不被分裂，维护中华民族根本利益，是全体中华儿女共同意志，是不可阻挡的历史潮流。

两岸同胞是血脉相连的骨肉兄弟。两岸是割舍不断的命运共同体。两岸关系和平发展是维护两岸和平、促进共同发展、造福两岸同胞的正确道路。我们坚持"九二共识"的共同政治基础，深化两岸经济社会融合，增进同胞福祉和亲情。台湾任何党派、团体、个人，无论过去主张过什么，只要承认"九二共识"，认同大陆和台湾同属一个中国，我们都愿意同其交往。

两岸同胞前途命运同中华民族伟大复兴密不可分。两岸同胞以及海内外全体中华儿女要携起手来，共同反对"台独"分裂势力，共同为两岸关系和平发展、实现祖国完全统一而努力，共同创造所有中国人的幸福生活和美好未来。

近代以来，中国经历了长达百余年的国破山河碎、同胞遭蹂躏的悲惨历史，所有中华儿女对此刻骨铭心。维护国家主权和领土完整，绝不容忍国家分裂的历史悲剧重演，是我们对历史和人民的庄严承诺。一切分裂国家的活动都必将遭到全体中国人民坚决反对。我们绝不允许任何人、任何组织、任何政党、在任何时候、以任何形式、把任何一块中国领土从中国分裂出去！

同志们、朋友们！

国家好、民族好，大家才会好。孙中山先生毕生奋斗，就是期盼中国成为"世界上顶富强的国家"、"世界上顶安乐的国家"，中国人民成为"世界上顶享幸福的人民"。孙中山先生希望"发扬吾固有之文化，且吸收世界之文化而光大之，以期与诸民族并驱于世界"。

孙中山先生在从事紧张的革命活动的过程中，一直思考着建设中国的问题。1917 年到 1919 年，他写出《建国方略》一书，构想了中国建设的宏伟蓝图，其中提出要修建约 16 万千米的铁路，把中国沿海、内地、边疆连接起来；修建160 万千米的公路，形成遍布全国的公路网，并进入青藏高原；开凿和整修全国水道和运河，建设三峡大坝，发展内河交通和水利、电力事业；在中国北部、中部、南部沿海各修建一个世界水平的大海港；大力发展农业、制造业、矿业，等等。孙中山先生擘画的这个蓝图，显示了他对中国发展的卓越见解和强烈期盼。当时，有的外国记者认为孙中山先生的这些设想完全是一种空想，是不可能实现的。

的确，在旧中国的政治经济社会条件下，孙中山先生的这些宏大构想是难以实现的。今天，在中国共产党领导下，在全国各族人民顽强奋斗下，孙中山先生当年描绘的这个蓝图早已实现，中国人民创造的许多成就远远超出了孙中山先生的设想。祖国大地上，铁路进青藏，公路密成网，高峡出平湖，港口连五洋，产业门类齐，稻麦遍地香，神舟遨太空，国防更坚强。孙中山先生致力于建设的独立、民主、富强的国家早已巍然屹立在世界东方。

实践充分说明，只要道路正确、理论正确、制度正确、文化正确，只要坚定不移、坚韧不拔、坚持不懈、艰苦奋斗，朝着伟大目标持之以恒前进，风雨如磐不动摇，我们的目标就能够达到，我们的目标也一定能够达到！

92年前，孙中山先生这样表述他对中华民族的期盼："中国如果强盛起来，我们不但是要恢复民族的地位，还要对于世界负一个大责任。"60年前，毛泽东同志在纪念孙中山先生诞辰90周年时指出："中国应当对于人类有较大的贡献。"30年前，邓小平同志说："国家总的力量就大了，可以为人类做更多的事情，在解决南北问题方面可以尽更多的力量。我们就是有这么一个雄心壮志。"中国人民不仅希望自己发展得好，也希望各国都发展得好，希望各国人民都能拥有幸福安宁的生活。我们要推动构建以合作共赢为核心的新型国际关系，推动形成人类命运共同体和利益共同体，始终做世界和平的建设者、全球发展的贡献者、国际秩序的维护者，同世界各国人民一道，共同创造人类和平与发展的美好未来。

5000多年来，中华民族在自己的发展历程中已经为人类作出了伟大的贡献。未来岁月里，中国人民和中华民族也必将为人类和平与发展的崇高事业不断作出新的更大的贡献！

同志们、朋友们！

孙中山先生当年说："以四百兆苍生之众，数万里土地之饶，因可发奋为雄，无敌于天下。""惟愿诸君将振兴中国之责任，置之于自身之肩上。"孙中山先生在生命的最后时刻仍然嘱咐，革命尚未成功，同志仍须努力。实现中国现代化，实现中华民族伟大复兴，实现全体中国人民共同富裕，我们还有很长的路要走，还有很多困难和风险要去战胜。

我呼吁，所有敬仰孙中山先生的中华儿女，包括大陆同胞、港澳同胞、台湾同胞、海外侨胞，无论党派信仰，无论身在何处，更加紧密地团结起来，把握历史机遇，担当历史责任，把孙中山先生等一切革命先辈为之奋斗的伟大事业继续推向前进！把近代以来一切仁人志士为之奋斗的伟大事业继续推向前进！把近代以来中国人民和中华民族为之奋斗的伟大事业继续推向前进！

实行三民主义与开发阳朔富源

——在阳朔各界欢迎会的演说①

（一九二一年十一月二十九日）

孙中山

今日受诸君之欢迎，乘此机会得与诸君谈民国之政治，不胜愉快！

改造真正之民国，乃全体国民之责任，尤为中华国民党员应负之责任。责任维何？即实行民族、民权、民生三民主义，即近代所谓之国为民有，国为民治，国为民享之真精神也。盖中国为中国人之中国，决不能为非中国人所宰制。人为万物之灵，知识之高下，身体之强弱，虽有不同，原无阶级之不平等，何容受他人不平等之待遇？且民为邦本，本固邦宁。简而言之，即民为国主，主安即国治，何能容强权者行乱国之政治，酿成亡省亡国之痛苦？国家物产，国家富利，乃半为国家天然之美丽，半为国民工作之材料衣食住生活所赖，何能容他人无理之强夺？则无论何种国民，生于何国，皆当有其国，治其国，享其国，而成为独立自主之国民，由此天经地义，责无旁贷者也。诚以民国与帝国相反，民国以民为主，帝国以民为奴，民国欲人人皆有所知识，帝国欲人人皆为愚蠢子，民国乃国民之新世界，帝国乃国民之旧地狱，此所以欧美爱自由之国民，于百余年前，如美、如法、已改去帝国，造民国，所以有今日欧美之新世界也。

中国在亚洲首创共和，本总统欲将中国造就新世界，不意事与心违，以致十年以来，徒去一满清帝国之名，国民受官僚专制之实，亡清余孽窃据政权，国家将亡，民不聊生，与本总统所欲造之民国，大相背谬，此种现象，虽属恶官僚武人之不法，亦由于多数国民，多数党员，对于民国无彻底之觉悟，无完全负责之深咎也。如果国民觉悟，而觉悟之党员负责，则造成中国为世界第一庄严灿烂之真共和，原易于反掌。试观粤军回粤，除去违背民国之强盗，为时不过月余。再观粤军援桂，扫清盗窟以广西还于广西人民之手，亦不过五十日。更可推想，此次大军北伐，扫除强盗据民国之亡清余孽，而恢复全国真正共和，亦当无难事也。只须国民觉悟，党员负责，顺民意之所归足矣。是以本大总统

---

① 黄彦编注：《论三民主义与五权宪法》，广东人民出版社 2008 年版，第 111～114 页。（孙中山自梧州乘船赴桂林途中，于 1921 年 11 月 29 日上午抵达阳朔县，随后出席在该县高等小学堂操场举行的欢迎会所做的演讲。）

希望诸君之对于广西，以先觉悟，先负责任，实行三民主义相劝勉。

实行之法有二：

一在使国民有世界知识。普及教育，提倡科学，宣传三民主义。使人人皆知国为民有，非一家一姓所得而私，亦非腐败官僚、专横武人、阴谋政客所得而治。中国权利非少数人可得而享，更非少数强权者可得而断送。于生活上日求进步，衣食住须求改善，铁道必须改良，将民国造成一极乐之世界，非国民有充足之知识不为功。

二在使国民有强大之财富。开发财富，莫如振兴各种实业，即就阳朔一县而论，万山环绕，遍地膏腴，无知识者，以为土瘠民贫，难以为治，不知奇峰耸峙之高山，皆石灰岩层之蓄积，可以烧石灰，可以烧水门汀。石灰为农业之肥料，亦为工业用之水门汀，为化学发明之建筑材料，可以修路，可以筑河堤，可以建极高之洋楼，可以作人造之花石。每担石灰石可以造水门汀一桶，每桶四百斤，值银六元，诸君以为阳朔皆不毛之石山，悉属废物，自我观之，阳朔遍地皆黄金也。不仅如此，石灰岩层之中，可发现极厚之煤层，可发见极富之铁矿，且金矿、银矿、铝矿、水银矿多藏于石灰岩之内。诸君若知之，知而开发之，则见阳朔皆富家翁也。农业亦如之，土山肥厚，可种树木及一切果木，皆为人生必需之品，倘能广为种植，加以改造，则致富之术，不待外求也。

然普及国民之知识，与发展物质上之文明，全赖道路上之交通。中国最富之省，莫如广东及浙江，次则为四川及湖南。广东有海洋之交通，四川有长江之交通，湖南有洞庭湖汇合湘江、沅江、资江，三河流交通亦极便利，所以特产能运出，财富能输入也。广西为中国最穷之省，而所藏之财富较之他省为优，何以言穷？因无便利之交通，是以致此。本大总统此次北伐道经阳朔，自梧州抵此，不过四百五十里，已行十六日。若有宽大马路之交通，则仅数日之程，并不费事。由此类推，全国皆然。则开发民智，发达财富，更非有道路之交通不为功。今广西之穷，有如一人将各种财宝藏之铁箱失去钥匙，所有财宝不能取用，以致不能生活，甚至流为乞丐。欧美之新国民见之，为之生怜。广西如此，他省可知。本大总统希望诸君首先开道路之交通，道路即开发财富之钥匙也。从此实行三民主义，完此次北伐之功，开全国国民之知识。增长全国国民之财富，以建设一真正之民国，愿与诸君努力图之。

四、广西历史文化资源

（一）纪念场馆

1. 阳朔中山纪念堂

位于阳朔县城西街南侧、碧莲峰西北麓。1921 年 11 月 29 日，孙中山先生督师北伐，途经阳朔，在当时的县立高等小学（今阳朔镇小学）发表重要演讲，并考察了阳朔市容和寿阳公园（今阳朔公园）。为纪念这一盛事，当地各界人士于 1931 年捐资兴建中山纪念堂。原为两层砖木结构，因年久失修，1981 年人民政府拨款在原址重建为钢筋水泥三层楼房，同年被列为县重点文物保护单位。

阳朔中山纪念堂（蔡乾涛摄）

2. 阳朔孙中山演讲处

位于滨江路阳朔镇小学内。原为清代道光年间所建的寿阳书院，清光绪二十九年（1904）改为"县立高等小学校"。1921 年 11 月 29 日，孙中山先生督师北伐途经阳朔，在学校教室南侧走廊向阳朔各界人士发表演讲，宣传扫除亡清余孽，恢复全国真正共和，实行三民主义，并着重讲了如何开发阳朔之富源，号召阳朔各界人士充分利用阳朔石灰岩地貌的资源条件发展阳朔经济。此后，学校逐渐发展为现在的阳朔镇小学，面积扩大数倍，但当年孙中山演讲的教室仍作为县重点文物保护单位，原样保留未变。

3. 中山纪念塔和仰止亭

中山纪念塔和仰止亭位于广西桂林市独秀峰东麓月牙池畔。1925 年修建，抗日战争时毁于战火。1981 年复原重建。纪念塔为三棱形石塔，正面刻有"中山不死"四字，其余两面则分别刻有"主义常新""总理遗嘱"。仰止亭有楹联，左联为"故人不见仰山高"，右联为"小筑正宜邀月到"，亭中立有写着廖承志撰写的"中山常在"石碑。

中山纪念塔（陈峥摄）　　　　　仰止亭（陈峥摄）

4. 蒋翊武就义处纪念碑

位于桂林市翊武路。碑方柱形，正面刻孙中山亲笔题词"开国元勋蒋翊武先生就义处"，其余三面镌刻有蒋翊武传略。蒋翊武（1885—1913），湖南澧县人，近代民主革命者。武昌起义爆发后，曾任湖北军政府军事顾问、战时总司令等职。袁世凯窃国后，拒受高官厚禄。1913 年 7 月在湖南参加讨袁战役，失败后至广西，入桂林途中被捕，同年 10 月 9 日就义于桂林。1921 年孙中山北伐到桂林，追念其革命功勋，在他就义处立碑纪念。现为广西壮族自治区级文物保护单位。

5. 梧州市中山纪念堂

位于广西梧州市中山公园内。占地面积达 1600 多平方米，坐北向南，主体建筑结构成"中山"形。采用中国古典宫殿式与西洋教堂式相结合的建筑结构设计，具有中西方相结合的建筑艺术风格。

为筹备北伐，孙中山曾于 1921 年至 1922 年先后三次驻节梧州。1925 年 3 月 12 日，孙中山在北京逝世后，梧州善后处处长李济深倡议集资在北山公园内筹建中山纪念堂。1926 年 1 月，梧州中山纪念堂举行奠基典礼，是全国最早奠基的中山纪念堂。1930 年建成，是全国第二早建成的孙中山纪念堂。纪念堂前的广场中央立有孙中山先生全身塑像，纪念堂门前两旁有石狮子、花坛等。纪念堂前座是四层塔式圆顶，前门额上书"中山纪念堂"，为当时广东省省长陈济棠所题；后座为千人会堂。该纪念堂前有莲花池，并有石级直通山脚。会堂的正面为主席台，台中央上方塑有古铜色的孙中山头像及书写有孙中山遗嘱全文，主席台两侧有孙中山"革命尚未成功，同志仍须努力"的遗训。会堂还陈列有孙中山生平事迹图片及文物复制品。展厅系统地介绍了民主革命的伟大先驱孙中山先生的生平事迹，还着重介绍了孙中山先生在 1922 年初三次莅临梧州，指挥北伐，指导梧州人民建设家乡，治理西江航道的动人事迹。1981 年被列为自治区级文物保护单位。现为全国重点文物保护单位、广西壮族自治区爱国主义教育基地。

（二）遗址遗迹

1. 镇宁炮台

位于南宁市人民公园内望仙坡，是南宁市现存最为完整的炮台，由炮台、铁炮及围墙三部分构成。始建于民国六年（1917）九月，次年七月建成，占地面积约 860 平方米。镇宁炮台为当时任两广巡阅使的陆荣廷决定修建。镇宁炮

镇宁炮台南门（陈峥摄）

台建造的目的是"外敌慑，内患平，卫南服，康桂民"。陆荣廷亲自撰写建台记，并刻石建碑以为纪念。

炮台系城堡式建筑，直径约 13 米，周长约 42 米，占地面积约 140 平方米，围墙高 4.8 米，其中女墙为 1 米，墙上留有枪眼。墙由石灰岩、砂岩砌成，城堡设南北两门，南门上方有"镇宁炮台"石刻匾额。南门右侧有"新建镇宁炮台记"石碑一块，沿墙内建房 20 间，其中靠近门洞的一间设有登炮台的阶梯，其余作为屯兵、贮藏食物和弹药之用。内有水井两口，是官兵饮用水的来源。炮台中央为炮位，安放着一门 1890 年德国克虏伯兵工厂制造的 122 毫米固定型线膛加农炮，炮身长 3.1 米，全长 5.5 米。该炮能沿铁轨自由旋转 180 度，向东南西三个方向射击，射程为 1.2 万米。中华人民共和国成立后，望仙坡被辟为公园，镇宁炮台于 1982 年被公布为南宁市文物保护单位。

镇宁炮台内的克虏伯线膛炮（陈峥摄）

2. 马君武故居旧址

位于桂林市正阳步行街杉湖北岸、桂林漓江大瀑布饭店。故居始建于 1936 年，1944 年被焚毁，1948 年重建。主楼共两层，一层约 180 平方米，有三间；二层有房四间。主楼后有一排平房。1974 年，故居被拆毁，建有漓江饭店。2001 年扩建成漓江大瀑布饭店。后在饭店门前树丛中建有故居旧址马君武塑像及碑记。

马君武故居旧址（陈峥摄）

（三）历史人物

1. 陆荣廷

陆荣廷（1856—1928），桂系军阀。本名陆亚宋，字幹卿，广西武鸣人。壮族。贫民出身。原为绿林头目。清光绪十九年（1893），受广西提督苏元春招抚，任管带。1907年参与镇压孙中山领导的镇南关（今友谊关）起义。宣统三年（1911）擢广西提督。武昌起义后为广西都督，镇压革命党人。被袁世凯收买，反对孙中山起兵讨袁。1916年护国运动期间，宣布广西独立，乘机攻占广东，任广东督军。1917年任两广巡阅使，成为桂系军阀首领。同年参加护法军政府，孙中山任大元帅时，与唐继尧任元帅，勾结政学系改组军政府，逼孙离

陆荣廷的私人庭院——明秀园（蔡乾涛摄）

粤。1920 年被粤军击败退回广西，次年被粤军逐出广西。1923 年受直系吴佩孚指使回广西活动，次年又被驱逐，通电下野。后在苏州病死。

2. 马君武

马君武（1881—1940），原名道凝，字厚生，号君武，原籍湖北蒲圻，广西桂林人。曾祖马丽文任御史，弹劾耆善鸦片战争误国，被贬为广西思恩知府，遂落籍桂林，家道衰落。少年时入广西体用学堂，受维新思想影响，兼习外语西学。1900 年赴新加坡谒康有为，奉命回广西策应唐才常起义未果。1901 年自筹经费赴日留学，与梁启超办《新民丛报》，半工半读。1902 年结识孙中山，深受革命思想影响，遂放弃保皇立场，转向革命，成为孙中山的亲密助手。

1903 年入日本京都大学学应用化学。1905 年中国同盟会成立，参加起草同盟会章程，被选为执行部书记长。1906 年回上海创办中国公学。1907 年赴德国入柏林工业大学获工学博士学位。

辛亥革命前夕回国，出任《民立报》主笔，呼号革命。后被推为江苏省代表，出席独立各省都督府代表联合会，创建"中华民国"，推举孙中山任临时大总统，参与起草《中华民国临时政府组织大纲》。民国始元，任南京临时政府实业部次长和临时参议院参议员，参与起草《中华民国临时约法》。"二次革命"失败后再赴德国入柏林农科大学，1916 年回国。1917 年随孙中山南下护法，任军政府交通部部长和广州石井兵工厂总工程师。1921 年任非常大总统府秘书长，随军入桂讨陆，7 月任广西省长；次年被迫撤退，从此转入学界。1924 年任上海大夏大学校长，1925 年任北京工业大学校长。1926 年 1 月任北京政府司法总长。1928 年回广西创办广西大学，任校长。1932 年兼任两广硫酸厂厂长。1937 年，任最高国防会议参谋和第一届国民参政会参政员。1939 年再任广西大学校长；次年病逝于任上。

五、辛亥革命时期广西史事钩沉

1921 年孙中山桂林督师北伐记①

在独秀峰东麓有一座纪念碑，它肃穆巍峨，直刺云天，碑面刻有"中山不

---

① 摘自秦冬发《孙中山桂林督师记》，《桂林晚报》2015 年 08 月 30 日第 18 版。题目为编者所改。

死""主义常新"等大字，这座纪念碑是桂林人民为纪念伟大的革命先行者孙中山先生而特意建造的。

一、欢迎盛况空前

1921 年 12 月 4 日，孙中山以中华民国大总统兼海陆军大元帅的身份，亲率粤、桂、滇、黔、赣等军部队，抵达桂林，准备督师北伐。抵桂当天，孙中山受到了桂林各界人士盛况空前的欢迎。

时任广西省立第三中学校长的李任仁在日后的文章里回忆说："当年桂林各界人士欢迎孙中山先生的盛况，现在我还历历在目。孙中山先生是乘小电船溯抚河而上的，当时已届冬令，抚河水浅，小电船不能直驶桂林市区，到栖木圩停泊，孙中山先生在栖木圩登岸，换乘汽车来桂林。栖木圩和桂林市区的主要街道都搭了欢迎的牌楼。桂林市区的欢迎牌楼，每隔数十丈一座。商家和住户家家户户都悬国旗，张灯结彩，像过喜庆的日子那样表示欢迎的热忱。在将军桥又搭了一座欢迎彩棚。那时桂林城里还没有开辟马路，汽车不能驶入，到将军桥就要换坐轿子入城……那时桂林不过是八万多人口的城市，而欢迎的群众达三万多人，真可说是盛况空前了。"

孙中山进城经过南门，沿十字街、后库街、正阳门至王城行辕，一路上锣鼓喧天，好不热闹，一个月前在南宁与陈炯明就督师北伐、筹措军饷等事宜落下的不愉快也一扫而光了。

王城国学堂，当年就是孙中山在桂林督师北伐时的驻节之所。为欢迎孙中山的到来，早在一个多月前，桂林各界就成立了"欢迎孙大总统筹备会"，由七十六个机关团体的二百多名代表组成，悉心准备各项欢迎事宜。时任筹备会陈设部门负责人的李文钊在日后的文章里回忆说："为着使行辕布置妥善，让孙先生感到舒适，筹备会找到了一张全城仅有的钢丝铜床，安在总统房内，并从何少川先生家借来盆花、书画，把寝室和走廊布置得很优美。"

二、三次著名演讲

孙中山抵达王城当天，马上成立北伐大本营，由廖仲恺负责筹划财务，邓铿负责组织警卫部队。当年的警卫团长是陈可钰，团副是李章达和华振中，第一营营长叶挺，第二营营长薛岳，第三营营长张发奎，都是最好的人选。在接下来的五个月时间里，孙中山以王城为主阵地，开展了一系列革命活动，为中国民主革命写下了光辉的篇章。

孙中山在广州的一次演讲中曾说："中国千年来应该是头等的强国，那么为什么我们这个国家现在变成这个地步？这是因为我们的国民睡着了，我们是中国人，应该要赶快想想法子，怎么样来挽救，大家要振作振作。"

不论在广州，还是在桂林，孙中山时刻不忘宣扬三民主义，宣扬革命思想。孙中山在王城有过三次著名的演讲。1921 年 12 月 7 日，在桂林党政军学各界七十六个团体欢迎会上作题为《三民主义是建设新国家之完全方法》的演讲，12 月 9 日在桂林学界欢迎会上作题为《知难行易》的演讲，12 月 10 日在桂林对滇、赣、粤三军官佐作题为《军人精神教育》的演讲。当年，李任仁代表桂林教育界谒见孙中山，并请他莅临欢迎会训诲。

桂林市政协原副主席、李任仁之孙李世荣说："在他（李任仁）的回忆当中，说孙中山在客厅接见了他们，整个谈话无所不谈，没有一点拘束感，孙中山非常高兴地答应了他们的请求，于是第二天，12 月 9 号，桂林市召开了教育界的大会。"

三、整编军队督师北伐

至于整编军队、教育军人则更是孙中山在王城开展的一项重要活动。

广西师范大学历史系教授谭肇毅说："孙中山到桂林之后，准备北伐，吸取了过去的经验教训。过去的经验教训是什么？太多的利用军阀守旧派，所以不断遭受失败。这次他认真总结了经验教训，要对旧军队进行改造。从两方面进行：一方面从组织上转变。把各省军队整编成七个军，4 万多人，孙中山亲自挂帅指挥，统一指挥，统一作战行动，这是一个改造；第二方面从思想上来进行改造。因为当时的军队都是大大小小各省军阀军队，所以你要他们去北伐，那必须进行改造。孙中山花了很大精力，对旧军队进行思想教育，把他们改造成革命军队。"

孙中山把会师桂林的粤、滇、黔、赣各路军队四万多人分成七个军团，委任朱培德为滇军总司令，谷正伦为黔军总司令，彭程万为赣军总司令，许崇智为粤军第二军军长，刘震寰为广西绥靖督办，胡汉民为总统府文官长，李烈钧为大本营参谋总长。1922 年 2 月 3 日，孙中山以大总统兼海陆军大元帅名义在桂林督师北伐，李烈钧率滇、黔、赣各军为一路，兼攻赣南和鄂东。许崇智率本部粤军为第二路，联合湘军直攻武汉。2 月 27 日，孙中山在桂林大本营举行的广东北伐军誓师典礼上说："民国存亡，同胞祸福，革命成败，自身忧乐，在此一举。救国救民，为公为私，惟有奋斗，万众一心，有进无退。"一时间，北伐的满腔热情激荡在王城上空，久久没有散去。

阳朔，漓江边上的一座美丽小城。1921 年 11 月 29 日，北上桂林的孙中山途经这里，在欢迎会上作了题为《实行三民主义及开发阳朔富源方法》的演说。孙中山在演说中强调：一要使国民有世界知识，普及教育，提倡科学；二要使国民有强大之财富。开发财富，莫如振兴各种实业。

兴坪渔村，当年叫渔塘洲，为考察地形，孙中山曾抵达这里，并和民众促膝谈心，他还将一盒饼干逐个分给这里的孩子，最后连饼干带盒送给了当地开明绅士赵元焖的9岁儿子赵用器。在孙中山身上，桂林民众看到的是一个平易近人、极富平民精神的大总统形象。

1984年11月，赵用器的妻子陈金荣老人将饼干盒捐献给了桂林市文物管理委员会。目前这个饼干盒收藏在桂林博物馆。

在桂林督师北伐期间，孙中山还接见桂林学联代表，教育青年学生要关心国家政治，要研究革命理论。当然，更重要的一项政治活动，是在王城接见了共产国际代表马林，双方晤谈了几天。

谭肇毅说："通过会见了解苏俄革命和革命思想，对孙中山影响很大，使他重新考虑革命问题，策划新的革命斗争，所以后来对他接受中国共产党帮助，改组国民党，召开国民党第一次代表大会，宣布实行联俄、联共、扶助农工三大政策，这次在桂林的会见，为后来的联俄、联共、扶助农工打下了思想基础。"

就在北伐风起云涌之际，前方传来了坏消息。1922年3月16日，湘军总司令兼湖南省长赵恒惕拒绝北伐军过湘，北伐计划受阻。坏消息接踵而来，3月21日，粤军参谋长兼第一师师长邓铿从香港公干回省，在广九车站突然遇刺，两天后身亡。3月26日，孙中山在桂林大本营召开紧急军事会议，认为陈炯明居心叵测，广东方面难以有所接济，决定变更北伐计划，下令全军回师返粤。4月8日，北伐军大本营由桂林迁粤。4月10日，孙中山离开桂林。

三年后的1925年3月12日，孙中山在北京病逝。

旧桂系军阀陆荣廷的前半生[①]

一、流浪少年——陆荣廷的少年时代

陆荣廷，字干卿，原名陆阿宋，"荣廷"一名是他接受清廷招安后改的。1859年9月9日，陆荣廷出生在广西武鸣县（原为"武缘县"，陆当上广西都督后将其改名为"武鸣县"）垒雄村一个壮家的破旧茅寮里。那时正值清政府腐败无能、外敌入侵、太平天国农民起义如火如荼的动乱年代，中国农村一片破败，民不聊生。陆荣廷家更是这样。他家世代务农，一贫如洗，以致他出生时

---

① 摘自黄宗炎《壮族枭雄陆荣廷的前半生》，《广西民族研究》2005年第3期。题目为编者所改，文中个别字句略有改动。

连块裹身的破布也没有。其父业秀，靠耕田和打短工度日。陆荣廷出生第二年，其父被人活活打死，母亲欧氏改嫁，他由一个叫特教妈的邻居收养。8岁时，陆荣廷离开特教妈，到县城跟割马草和挑水卖的母亲生活。10岁入私塾读书，但就在这一年，其母病故。从此，陆荣廷成了没爹没妈、无家可归的孤儿，开始了他的流浪行乞生涯。

陆荣廷在行乞过程中结识了一帮与自己命运相同的小乞丐。同病相怜，这帮小乞丐常常聚在一起。久而久之，自然形成一个乞丐团伙。由于陆机智过人，凡事又敢作敢为，且重感情、讲义气，因而被小乞丐们推为这个团伙的首领。这是陆荣廷成为领导人物的开始，这对他后来成为绿林、游勇、会党首领和老桂系军阀集团的首领不无渊源和影响。有一次，陆带领伙伴们去偷县衙门晒衣场上的衣服，不慎被人发现，受到官方追捕。经过这次波折，陆荣廷感到在家乡武鸣已无法立足，乃只身离开武鸣，远走他乡，闯荡江湖去了。时陆荣廷只有16岁。

陆荣廷离开家乡武鸣后，先是来到离武鸣数十千米的桂南重镇南宁。经人介绍，他投靠一个在南宁开赌摊的龙州船户朱拉索。朱收留了他，让他在自己的船上当"侍仔"（即仆人）兼保镖。但不久，陆得罪了一个到船上闹事的南宁帮会头目，赌船被砸。朱拉索见在南宁难以立足，便回龙州去。陆随朱拉索的船到了龙州。

陆荣廷在龙州人地两生，除朱拉索外别无熟人。而朱这时已经破产，雇不起帮工，于是陆只好流落街头，又像当初在家乡武鸣那样，靠行乞、扒窃过日子，有时也打点零工。夜间，他在城内的一个庙（叫班夫人庙）里过夜，以庙中一块石板为床。后来他当了都督，人们称这块石板为"都督石"。

不久，陆荣廷结识了龙州的乞丐首领黄晚，并和黄成了好友。通过黄的介绍，陆又认识了在龙州厅衙门当号役（相当于通讯兵）的梁阿珠。梁因年老不便，请陆代他传送公文。陆在传送公文中，经常出入官府衙门，逐渐懂得了一些官场的规矩。梁阿珠爱"讲古"（即讲故事），常在茶余饭后给陆荣廷讲《七侠五义》《水浒传》《三国演义》之类的故事，使陆深受影响。陆对故事中那些劫富济贫的江湖侠士十分敬佩和仰慕。后来他成为绿林中的"义盗"，也许与此有着较大的关系。

二、边关"义盗"——陆荣廷的青年时代

陆荣廷在龙州水口期间，一次因不堪忍受一个法国传教士的凌辱，愤而将该传教士推入水中溺毙，闯下大祸。由此他畏罪逃入山中，住在离水口数千米的一个岩洞里。随后他纠集水口一带的贫苦青年在中越边境地区行劫，干起了绿林勾当。这支绿林队伍，就是陆后来得以发迹的最初的本钱。

当时，中越边境一带已有农民的秘密反清组织会党活动。陆荣廷经自己的绿林好友介绍，秘密地加入了"三点会"，并很快成为"水口地方该会头目之一"。1882年，陆荣廷走出绿林，投靠驻水口关的清军把总程武英。程见陆精明强干，招为亲兵（即警卫员）。陆当了亲兵后，常练枪法，以至后来几乎百发百中，令人称奇。关于这点，曾是陆荣廷部属、后来成为新桂系首领的李宗仁在回忆录中说："陆氏的枪法，确实非常准确，后来他身为都督时，偶施小技，也足使市民咋舌称叹。"

中法战争期间，陆荣廷应募投入清军唐景崧部选锋营（敢死队），参加了中法战争。战争结束后，清政府大量裁军，许多参战官兵遭到遣散，陆也在被裁之列。因生活无着，仍操旧业，重返绿林。他们以水口关的八角山为大本营，活动于越南高平一带。

陆荣廷在行劫中有条原则，叫作"兔子不吃窝边草"。由此，他作了"三不抢"的规定："一不抢贫苦人，二不抢中国人，三不抢驻地附近的越南人。"他们抢劫的对象，主要是驻越的法国侵略者和离驻地较远的越南富户。由于陆荣廷"所劫皆外人，不自残同胞"，因此"众呼为义盗"。他的这种"义盗"行为，不但边关的中国老百姓对他没有恶感，就连越南的普通老百姓也很爱护他。有一次，陆荣廷在越南行劫，被法国兵追捕，陆逃进一个越南村庄，村里的老百姓把他藏在一个产妇的床底下，得以躲过法兵的搜捕。

陆荣廷的"义盗"行为，使他在绿林中有着较高的威望。风声所播，附近许多绿林豪杰、草莽英雄和会党游勇都纷纷投入他的麾下，其队伍迅速发展到数百人。

陆荣廷绿林势力的壮大，对越南的法国侵略者造成了越来越严重的威胁。法国侵略者对他又怕又恨，千方百计搜捕他及其同伙，欲置其于死地而后快。1892年，陆的副手、拜把兄弟闭亚一在越南境内被法军打死。陆为了给闭亚一报仇，向驻水口的清军管带彭洁斋借了一批枪械，并亲率队伍伏击法军。经过激战，陆荣廷等打死法军军官1名，士兵21名，并生俘士兵1名。陆将生俘的士兵押回水口，在闭亚一的墓前杀祭，以示报仇雪恨。

法越当局此后对陆荣廷更为恐慌，他们一面增兵中越边境，加强防卫，一面向清政府施加压力，要清政府尽快剿灭陆荣廷这伙绿林势力。清政府在法国的压力下，责成驻龙州的广西提督兼边防军司令苏元春处理此事。

苏元春受命后即调集军队，与驻越法军会剿陆荣廷。这时，陆荣廷为了便于周旋，也扩大了活动范围，他们除了继续在中越边境活动外，还出没于左、右江一带。他们行踪飘忽，聚散无常，与游维翰、王和顺、陆亚发等号称广西著名的四大游勇会党首领。苏元春面对桂西的莽莽山林，莫奈伊何，只能望山兴叹。

后来，苏元春采纳部下如归顺知州王方田、统领马盛治、戈什哈（满语，即卫士）等人的建议，决定对陆荣廷改剿为抚。他派人到水口与陆谈判，劝陆权衡得失利弊，接受招抚，并给陆封官许愿。陆荣廷经不起利禄的引诱和官兵的压力，经与心腹韦荣昌、莫荣新等人商量，决定放弃绿林生涯，接受清廷招抚。1894年冬天，陆荣廷率领他的绿林队伍下山，接受招抚，就任苏元春所委的清军管带（相当于营长）之职。陆的这支绿林队伍，受抚后被编为苏元春部边防军的健字前营，陆任管带，何四为帮带（副营长），陆的心腹人物李子青、谭浩明、莫荣新、韦荣昌等均为哨长（即连长）。陆管带下的这个健字前营，是日后孕育成老桂系军阀集团的胚胎，是陆荣廷老桂系军阀集团的最初班底。而中越边界的龙州水口，也就成了老桂系军阀集团的策源地。

陆荣廷接受招安后，苏元春将其名字由原先的"阿宋"改为"荣廷"，意即要其今后多立战功、光耀朝廷的意思，同时也是为了躲避法越当局的责难和压力，因为当初清政府曾承诺了"不得授陆（阿宋）予官职"的诺言，将"阿宋"改为"荣廷"就可搪塞法越当局，"陆荣廷"于是得名。这时陆35岁，已由青少年时代步入壮年时代了。从此，陆荣廷告别了绿林生涯，也结束了他苦难的青少年时代，此后随着时势的变化和他显赫的"战功"，步步高升，进入了他人生的辉煌时期。

三、饱经磨难，影响终身

陆荣廷的青少年时代尽管历尽了苦难、艰辛、酸楚和悲惨，但这一经历，却对日后他的发迹和带兵从政带来极大的影响。

第一，陆荣廷青少年时代的经历，练就了他日后发迹的本领并积累了发迹的本钱。这可以从以下方面进行论述：

（1）陆荣廷出身贫寒，父母早亡，无依无靠，少时在武鸣、南宁、龙州流浪，沦为乞丐和小偷，备受欺凌，长成后闯荡边关，当上绿林、游勇和会党，历尽艰险，直到35岁被清政府招安出来才有了正当的职业，生活才有了保障，他这35年的浪荡生涯虽然悲惨，但却锻炼了他日后能成大器所必需的意志和毅力。

（2）陆荣廷在武鸣流浪时10来岁就当上了乞丐首领，闯荡边关后，又成为绿林同伙的首领以及游勇、会党的首领，这说明他有领导天才，这大概与他重感情、讲义气、敢作敢为、机智过人的个人气质有关。而这些当首领的经历，也使他的领导才能在实践中得到了锻炼和考验，这是他日后成为老桂系军阀集团的首领所必不可少的。

（3）陆荣廷在绿林生涯中练就的一手好枪法和他的"义盗"行为，使他在绿林中和社会上享有很好的名声和很高的声望，而他同时又是广西有名的游勇、会党首领，与游勇、会党有着天然的联系，香火同源，这一切，都非常有利于他接受招安后在奉命进剿绿林、游勇、会党起义中发挥他的优势和作用，也就是说，有利于他日后的发迹。事实上，陆荣廷正是在镇压广西绿林、游勇、会党起义中"血染顶子红"、步步高升而得以发迹的。时势造"英雄"，19世纪末20世纪初，由于各种原因，广西的绿林、游勇、会党活动非常活跃，那时的广西，不仅"地方糜烂，群盗如毛"，而且游勇、会党纷纷竖起反清大旗，严重威胁清政府在广西的统治。特别是1903至1905年的广西游勇、会党大起义，更是几乎波及整个广西。清政府调集七省兵力，糜饷300余万两，经两年多时间，才"次第荡平""全省一律肃清"。这样的一种政治背景，给受招安后的陆荣廷提供了有利于发挥他的优势和作用的舞台，也给他提供了发迹的机会。考察陆荣廷1894年冬接受招安到1911年辛亥革命前这17年的历史，陆荣廷几乎都是在率部镇压广西的绿林、游勇、会党和随后镇压孙中山策动的"钦廉防城起义""镇南关起义"中度过的。而在这一过程中，他的优势和作用的确得到了很好的发挥，因为陆荣廷在奉命率部镇压绿林、游勇、会党时，是采用"剿抚兼施"的政策。他率部每到一地，总是首先利用他崇高的威望和香火渊源，对当地的绿林、游勇和会党进行招抚，劝说他们归顺清朝、接受招安。如对方不就范，顽强抵抗，他才采用剿灭的办法。由于他在边关混迹多年，熟知绿林、游勇、会党情况，且熟悉地形和游勇战术，所以一般都不难加以消灭。陆的"剿抚兼施"的策略果然奏效，他"招致了许多的大哥、二哥、三哥的头目们前来投诚自新"，"其不愿招安的，多为他所击灭"。正因为如此，所以陆荣廷累立"奇功"，也迭获擢升，在短短的17年时间里，他由刚招安出来时担任的管带一职，很快就变为督带、分统、统领和总兵，至1911年6月，居然登上了"广西提督"的宝座。这时的陆荣廷，算是发迹了。

第二，陆荣廷青少年时代的经历，使他在日后带兵从政中具有浓厚的封建把头色彩。由于陆荣廷出身绿林，在边关当了10多年的绿林好汉，以后又靠由他带出来的绿林队伍编成的清军健字前营发迹，所以绿林中惯有的江湖义气、拜把关系对他影响很大，并且严重影响到他日后的带兵从政。以后，随着陆荣廷的不断升迁和老桂系军阀集团的形成和扩张，这种封建宗法性关系还延伸到裙带关系和乡亲关系。这种裙带关系也是上行下效，互相攀结，极一时之盛。

譬如陈炳焜与李耀汉，莫荣新与沈鸿英，李静诚与崔肇林等都结为儿女亲家。除亲家而外，陆荣廷还认了众多的义子，如马济、陆福祥、韩彩凤、陆德标、刘俊等等。乡亲关系方面，陆荣廷当政时用了很多他的家乡武鸣人当他麾下的军政要员，如李静诚、李祥禄、卢五洲、刘俊等等。"据《武鸣县志》记载：陆荣廷时代从武鸣派出去任广西县知事和县级的政务官就有六十多人。"除武鸣派乡亲关系外，在陆荣廷集团中还有以莫荣新为首的桂平派，以谭浩明为首的龙州派和以陈炳焜为首的马平（柳州）派等等。靠以上封建宗法性关系维系着的陆荣廷政权，严重影响着陆荣廷的用人行政。陆所重用的军政人员，都是与他有着上述种种关系的人，特别是有着拜把关系的人。他的把弟陈炳焜、谭浩明、莫荣新等，一直是他的左右手，担任着除他本人以外最重要的军政要职，并且这几人后来都当了广西、广东的督军。其他把弟虽没有如此荣耀，但也占据着军政要津，分别担任着军长、师长、厅长、镇守使等职，而如果没有上述关系和渊源，即使才华出众，如受过近代军事教育的军校毕业生李宗仁、黄绍竑、白崇禧、黄旭初等，也都得不到信任和重用，甚至遭到排斥。后来正是这些遭排斥的军校毕业生，在老桂系遭到孙中山两次讨伐、处于土崩瓦解之时趁机分离出来，自成系统，团结奋斗，最终消灭了老桂系势力，取代了老桂系在广西的统治。

第三，陆荣廷青少年时代的经历，还使他在日后的带兵从政中具有很强的强盗本性，以致护国战争后严重祸害广东。陆荣廷出身贫寒，少年时就沦为乞丐和小偷，青年时代闯荡边关，当了10多年的绿林首领，所干的无非是强盗行为，尽管他有"义盗"之称，但这也掩盖不了他的强盗本性。加上他带出来接受招安的数百人全是绿林，以后当了清军军官后在奉命镇压绿林、游勇和会党过程中又收编了不少绿林人员，这样，他所统率的队伍，基本上是绿林队伍。这支绿林队伍不仅在清末得不到改造，就是辛亥革命后进入民国时期也没有任何改造，只是随着时代变迁和陆荣廷个人地位的变化不断变换名称而已。这样，陆荣廷和他所统率的部队（也就是后来所谓的"桂系"——老桂系）就具有很强的强盗本性，换句话说，陆荣廷和他所统率的部队后来虽然成了清军和民国军队，但在本质上仍然是一伙强盗，或者可以说是一支强盗式的军队。所以后来孙中山和广东人民称他们为"桂匪""桂贼""广西强盗"等，是一点也不过分的，这正是道出了他们的本质。陆荣廷和他所统率的军队的强盗本性，还在清末奉命进剿绿林、游勇、会党时就有所暴露，他们对不愿接受招安的，不仅坚决消灭，而且奸淫掳掠，无所不为，十足强盗行为。入民国后，陆荣廷当了广西都督，初掌广西军政大权，由于地位未稳，需以"开明统治"面目出现，所以他们的强盗本性不得不有所收敛。加上陆荣廷"兔子不吃窝边草"的原则，他在统治广西期间，对广西人民的盘剥是不为过甚的，所以有"薄敛轻赋"之说，"是以广西一般人士，对陆氏尚无多大恶感"。可是一有机会，当1916年陆荣廷趁护国战争的机会把势力扩张到广东并且占据了广东之后，陆及以他为首的桂系集团，其强盗本性就暴露出来了，而且是暴露无遗。他们占据广东后，实行"以粤养桂"政策，"视粤如外府"，对广东大肆搜括和掳掠，使得原本比较富庶的广东"银根短绌""民不聊生"。除搜括广东财富外，桂系还杀人放火，胡作非为，并且破坏孙中山南下广东护法，招致护法运动失败，以致"粤人恨桂实深"，"视桂匪之在粤，比虎疫蝮蛇之近在盘匜枕席间尤甚"。后来正是因为陆荣廷及其桂系集团在广东的强盗行为，导致了孙中山对他们的两次讨伐，从而遭到了瓦解和灭亡。可见陆荣廷青少年时代的经历，使他养成了强盗本性，对他日后的带兵从政是有着极其严重的影响的。

西大首任校长马君武[①]

说起广西的近代名人，人们首先想到的是"李白黄"。然后，再说下去，应该就是马君武。前三人是武将，马君武是文人，是"李白黄"的前辈，他做广西省长的时候，也算是"李白黄"的上司。

马君武是少有的国共两党都尊重的广西名人。白崇禧晚年的口述史专门用不小的篇幅说到马君武，给我们提供了一个比较鲜活的马君武的形象，其中有这样一段文字：

我曾在百色向他上条陈，建议应如何收拾数项，适马在下围棋，他对公事本事必躬亲，独下围棋时什么事都不理，有人递上我的条陈给他说："白某人来条陈。"他随便一看没看完说："狗屁。"人家对他说："这人是保定的，他的说法也不错。"他再看看才说："还好。"他个性强，对公文都亲自批阅，但常说："狗屁不通。"我由广西潜赴广州疗腿伤，到贵县，发现马省长上船，遂一起赴粤。在广州他待我很好，陈炯明叛，叶举炮击观音山时，我在医院听到炮声，他竟亲自来看我，拿钱给我，叫我不要出去。

这是白崇禧与马君武直接接触的印象，白崇禧的口述史还提到马君武的一

---

① 摘自黄伟林《西大校长马君武》，《桂林日报》2018年12月5日，第8版。题目为编者所改。

段公案：

　　（马君武）对戏剧改良颇为注意，对名演员小金凤极为捧场。出于他很廉洁，黄旭初主席特别替他在环湖路盖了一所公馆，持书"以彰有德"四字为大门横额。马自题一门联："种树如培佳子弟，卜居恰对好河山。"有谑之者在两句下各添四字"春满梨园；云生巫峡"，成为极工整的两联而影射马之捧小金凤。马在九一八事变后，曾作二首绝句，以讽张学良与胡蝶，脍炙人口，没想到今日被人幽了一默。此对联在报上发表过，后来该报社长韦永成特为此事登报道歉。

　　"种树如培佳子弟，卜居恰对好河山。"本是马君武为自己公馆题的门联。"种树如培佳子弟，春满梨园；卜居恰对好河山，云生巫峡。"则是好事者对马君武的讽刺挖苦。

　　马君武这副对联在当时传播广泛，田汉话剧《秋声赋》里都说到它。我们望道剧社的年轻人在排练这个戏的时候，不理解为什么说到这副对联时角色要笑，他们不知道实际上这是当时的好事者在影射子虚乌有的马君武与小金凤的暧昧关系。白崇禧口述史在讲述马君武这个轶事时又提到马君武写的抨击张学良的绝句《哀沈阳》，这其实也容易造成误解。事实上，马君武对张学良的抨击与好事者对马君武的影射完全不能相提并论。

　　马君武虽然是文人，但个性很强，性格刚烈。今年桂林戏剧创作研究院策划创作一台有关桂林文化城文化人的桂剧，马君武是其中重要角色，编剧用桂林山和水分别隐喻当年的男性和女性桂林文化人，我顺其思路联想，马君武就应该是桂林城的主峰独秀峰。实际上，抗战时期的广西军人和文化人，都有"南天一柱"的气质，他们以卓然独立天地间的气魄撑持着中国的半壁江山。

　　马君武有很多头衔：中国同盟会第一批会员，中国留德工学博士第一人，著名翻译家，著名诗人，曾任上海中国公学总教习（教务长）、上海大夏大学校长、国立北京工业大学校长，还担任过司法部总长、教育部总长等职。然而，在我看来，马君武所有头衔中最重要的，是广西大学校长。

　　马君武是广西大学的创办人，他曾三任广西大学校长。从 1927 年广西大学筹办，到 1940 年在广西大学校长任上逝世，马君武"经历了广西大学初创、停办、恢复、发展、改组、由省立改国立"的最初的十多年。今年是广西大学创建 90 周年，可以说，广西大学历史上，没有哪一位校长像马君武这样经历过如此多的坎坷曲折，更没有哪一位校长像马君武那样为广西大学作出了那么重要的贡献。

马君武时期的广西大学在全国已经有了相当的声誉。1933 年 "双十节"，马君武在广西大学成立五周年纪念会上作题为《建立中华民国和建立广西大学》的演讲，其中就说到 "广西大学在国内已经颇有相当的荣誉"。1933 年 10 月 15 日，马君武在广西大学纪念周上又作题为《大家应有自动学习和爱校的精神》的演讲，其中亦说到 "西大创设的历史为时不过四年，但在此短时间内，在国内得有相当的声誉，使参观者满口赞誉，悦意而归，使在校做事的教员恋念不置"。

"相当的荣誉""相当的声誉"，这些主观的评价，来自当时广西大学的办学实绩。仅以学校仪器设备而言，马君武专门提到两个例证：一是原来在广西大学担任助教的董钟林，公费到英国留学以后，专门写信给马君武，述及广西大学 "测量仪器之完备为国内著名的大学如唐山大学、上海的交通大学所不及，惟北平的清华大学可以比拟"；二是教育家侯鸿鉴到广西大学视察之后，亦认为 "西大设备完全，尤其是生物系为国内各大学所不及"。

当时的广西大学不仅有非常完备的仪器设备，而且还形成了在全国范围内独树一帜的学风。1933 年 4 月 26 日，马君武在广西大学学生自治会成立大会上作题为《从西大的特质说到自治会组织的意义》的演讲，其中说道："像西大这样特殊的情形，学生用功读书，刻苦耐劳，性格朴质……在国内大学真是可以说是'惟独仅有'的！""那种勤苦力作的现象，不但中国没有，在外国说起来亦足以'骇人听闻'！"

正是因为这样的办学实力和这样的学风气象，1933 年，在长江流域大学学生数量减少的情况下，广西大学的学生一天天增多。更为重要的是，广西大学不仅学生数量增加，而且学生质量向好。1939 年 11 月，马君武在广西大学纪念周作题为《抗战期中大学生应有的修养》的演讲中，欣慰地提到一个变化：

以前本校土木系毕业的同学派出铁路上实习时被人家放在第三等，第一等是××学校的学生，第二等是××学校的学生，第三等是我们西大和××学校的学生，他们所以如此，便是因为他们以为我们西大同学的程度很差，而且还问我们西大同学有没有见过经纬仪？但是，在实习过程中，我们西大同学个个都能奉公守法、埋头苦干，学问也差不多，别的大学毕业生能做的工作我们西大同学也能做，因此，我们西大同学才被他们看得起眼，现在已经一律平等待遇，而且由第三等升到第一等了。

学生待遇 "由第三等升到第一等"，这是马君武执掌广西大学时期的成绩，我以为，也是至今广西大学仍然视马君武为其精神之父的缘由。

马君武对当时广西大学的现状有乐观的评价，他认为"虽然她还是一个未成年的婴儿，但是先天很好，体质康健，并且沉着珍重，很有长成壮丁、制成大器的希望"；他对广西大学有很高的期许，相信几年以后的"西大不但是为广西学术研究的重要机关，抑且为国内的著名大学"。"希望西大再经过相当的时间就能建设完备而成为世界上一个著名的大学。""希望不但全省而且全国都有西大学生去努力，许多科学的发明都由西大而来。"

据《马君武教育文集》的《前言》，可知马君武本人亦视广西大学为其人生最重要的事业。他曾对学生说："我一生做的许多工作，都是别人求我，只有办西大，是我求别人。""把西大弄好，就是我这一生的事业。""只有努力把西大弄成国内有名的大学，我们才可以对得着广西全省的父老。"这些话，语重心长，言犹在耳，尤其应该为今日广西的高等教育工作者铭记。

马君武为他"这一生的事业"，用今天的话说"够拼的"，他确实将广西大学办到了全国著名的境界，但他也终于倒在了广西大学校长的职位上。不过，马君武留下的精神遗产却是值得广西大学永远记取的。

六、实践建议

（一）读书报告

1. 钟文典主编：《广西通史》（第二卷），广西人民出版社 1999 年版。

2. 苏理立：《孙中山在桂林》，中央文献出版社 2006 年版。

3. 中国人民政治协商会议广西壮族自治区委员会文史资料委员会编：《孙中山先生在广西》，1996 年。

4. 王晓天主编：《蒋翊武与辛亥革命》，湖南人民出版社 2014 年版。

5. 黎国璞、陆君田：《乱世枭雄——陆荣廷传奇》，漓江出版社 1986 年版。

6. 广西壮族自治区图书馆编：《陆荣廷年谱》，广西人民出版社 2012 年版。

7. 马君武：《马君武自述》，安徽文艺出版社 2013 年版。

8. 王咏：《一代宗师马君武》，接力出版社 1994 年版。

9. 马君武著，莫世祥编：《马君武集 1900—1919》，华中师范大学出版社 1991 年版。

（二）实地调查

通过查阅有关资料和参观考察中国同盟会领导人在广西活动遗址遗迹和纪念场馆，撰写调查报告或观后感。以下选题可供选择参考：

1. 革命英雄纪念场馆对大学生爱国主义教育功能作用的研究——以桂林阳朔中山纪念堂为例。

2. 大学生对陆荣廷、马君武等近代广西历史人物的认识。

（三）观看与本章内容有关的影视剧

1. 纪录片《辛亥革命：孙中山与广西》

辛亥革命前后，孙中山在广西发动起义和领导民主革命的伟大历程，再现了伟大的民主革命先行者孙中山领导辛亥革命的思想和业绩；再现了众多的广西革命志士参加辛亥革命后走出省界和国界的艰难过程，彰显了广西在近代民主革命中的重要地位和作用。本片还展现了辛亥革命中广西的珍贵历史图片、文献资料和遗址。

2. 电视剧《孙中山》

《孙中山》于2016年拍摄。该剧由蔺永钧编剧、冯刚为总导演，张绍明、林伟、王艺伦共同导演，韩夫一、孙茜、王卓、薛浩文、李磊、周显欣、张秋歌、王辉、赵波主演，讲述了孙中山先生伟大、传奇而不朽的一生。孙中山1866年生于广东，少年时即反感封建礼教，后得兄资助赴檀香山入西学，萌生民主思想。青年时回乡聚众反抗贪官盘剥遭追缉，逃到香港学医，学成后赠医澳门百姓，抗命清廷被禁。中山欲改良中国，上书李鸿章无果，成立兴中会反清。闻甲午战败，赴美请筹于华侨回国举事，失败遭英政府囚禁，幸得香港老师营救。与保皇党争夺民众，中山往来欧美和日本，在大阪成立同盟会，宗旨为"三民主义"。十次起义，中山亲自操炮。起义军占领武昌，辛亥革命成功，中山就任大总统。为保和平大局让位于袁世凯。

（四）其他实践方式

1. 可以举行演讲比赛，参考题目如下：

（1）伟大的先行者——孙中山

（2）"一代宗师"——马君武

2. 表演话剧：革命派与改良派的辩论。

第四章

开天辟地的大事变

一、知识要点

（一）新文化运动和五四运动

1. 新文化运动与思想解放的潮流

（1）新文化运动的兴起

（2）新文化运动的基本口号

（3）反封建的思想解放运动

（4）五四以前新文化运动的局限

2. 十月革命与马克思主义在中国的传播

3. 五四运动——新民主主义革命的开端

（1）五四运动的爆发

（2）五四运动的历史特点

（二）马克思主义进一步传播与中国共产党诞生

1. 中国早期马克思主义思想运动

（1）早期马克思主义者的队伍

（2）早期马克思主义思想运动的特点

（3）新文化运动的发展

2. 马克思主义与中国工人运动的结合

（1）中国共产党的早期组织

（2）中国共产党早期组织的活动

3. 中国共产党的创建及其意义

（1）中国共产党第一次全国代表大会

（2）中国共产党成立的历史特点和意义

（三）中国革命的新局面

1. 制定革命纲领，发动工农运动

（1）制定反帝反封建的民主革命纲领

（2）发动工农群众开展革命斗争

2. 实行国共合作，掀起大革命高潮

（1）国共合作的形成

（2）大革命的准备与进行

（3）大革命中的中国共产党大革命的意义、失败原因和教训

二、历史脉络

1917年爆发了伟大的十月革命，震动了全世界，也照亮了中国革命的道路。十月革命的胜利给中国带来了巨大影响，使中国先进的知识分子看到了民族解放和民族复兴的希望。新文化运动由此有了新的内容，进入了宣传十月革命、宣传马克思主义的新阶段。《新青年》应社会形势发展的需要，以大量篇幅发表了宣传俄国十月革命的经验和社会主义理论文章。

1918年11月，《新青年》发表了李大钊同志写的《庶民的胜利》《布尔什维主义的胜利》两篇著名论文，热烈欢呼俄国社会主义革命的胜利。新文化运动在陈独秀、李大钊等人的领导下，提倡科学，反对迷信，提倡民主，反对独裁，提倡白话文，反对文言文，宣传西方的进步文化。以后，又传播社会主义思想，反映新革命阶级的要求，在社会上产生了巨大的反响。

新文化运动的深入发展，吸引了许多年轻人，特别是青年学生集合在反帝反封建的旗帜下，为迎接一场彻底的反帝反封建的政治斗争做好了思想准备。这次运动的主要缺点是其领导人没有把运动普及到群众中去，只是局限在知识分子圈子里，他们除了一般的政治口号外，没有提出实现民主政治的具体办法。同时他们形式主义地看问题，不能正确地对待中国文化遗产。但这个运动在政治上和思想上给了封建主义一次前所未有的沉重打击，在思想界形成了一次新的思想解放潮流，为五四运动奠定了思想基础。

1919年5月4日，在北京爆发了一场轰轰烈烈的反帝爱国群众运动，革命浪潮迅速席卷全国，各界民众同仇敌忾，共同奏起一曲浩气长存的时代壮歌。是年初，第一次世界大战的战胜国在巴黎近郊的凡尔赛宫召开了战后和平会议。会上，中国代表最初提出的取消列强某些特权的七项希望条件及废除二十一条

不平等条约的要求均被无理否决，最后和会竟将原德国在山东攫取的一切权益转由日本接管。

消息传入国内，激起全国人民的强烈抗议。5月4日下午，北大等十几所学校3000余名学生聚集天安门广场，喊出了"外争国权，内惩国贼""废除二十一条""誓死力争，还我青岛"等口号。游行队伍到东交民巷使馆区请愿未果，就前往赵家楼胡同曹汝霖的住宅。曹汝霖、章宗祥、陆宗舆是北洋政府与日本具体交涉的亲日派官僚。当时，曹已吓得躲了起来，愤怒的学生就将在曹宅的章宗祥痛打一顿，并放火焚烧了曹宅。这时，大批军警赶到，当场逮捕了32名学生。在广大学生针锋相对的斗争下，在各界的强烈声援下，被捕学生很快被释放了，但运动的目的并未实现。5月19日，北京大中学校2.5万多人举行总罢课，并进行大规模的爱国运动。6月3—5日，更多的学生走向街头，抗议军阀政府的倒行逆施，800多名学生被捕入狱，当局甚至用北大校舍作临时监狱来关押学生。

骇人听闻的"六三"大拘捕激起全国各地更强烈的反抗。大江南北、长城内外，群起响应，正义凛然、不畏强暴的爱国斗争从星星之火，渐成燎原之势。据统计，全国有20多个省区，100多个大中城市卷入这场如火如荼的洪流之中，尤以上海爆发的六三运动规模最大。6月5日，上海工人开始罢工，支援学生的反帝爱国斗争。以日商内外棉第三、四、五纱厂工人带头，全市六七万工人罢工。同时，上海商人也举行了罢市。一些地方的工人、商人积极响应，推动了斗争的发展。迅猛扩大的斗争形势给反动当局以极大压力。6月7日，北京政府被迫释放被捕学生。6月10日，北京政府下令撤销了曹、章、陆的职务。但是，6月17日，北京政府又电令中国代表，同意在和约上签字。为此，又引发了新的一轮抗争，拒绝和约签字的呼声如潮，全国各地发往巴黎抗议签字的电报就达7000余份，中国代表终于没有出席和约签字仪式。卖国贼被罢黜，和约被拒签，这场反帝爱国运动取得了初步的胜利。它是中国历史上第一次彻底的不妥协的反对帝国主义和封建势力的伟大斗争。

五四运动是1919年5月4日发生在北京以青年学生为主的一场学生运动，是广大群众、市民、工商人士等中下阶层共同参与的一次示威游行、请愿、罢工、暴力对抗政府等多形式的爱国运动，是中国人民彻底的反对帝国主义、封建主义的爱国运动。五四运动是中国新民主主义革命的开端，是中国革命史上划时代的事件，是中国旧民主主义革命到新民主主义革命的转折点。

1919年爆发的五四运动，促进了马克思主义同中国工人运动的结合，为中国共产党的建立做了思想上和干部上的准备。1920年初，李大钊、陈独秀等开始了建党的探索和酝酿。4月，俄共（布）西伯利亚局派维经斯基等一行来华，了解中国情况，考察能否在上海建立共产国际东亚书记处。他们先在北京会见了李大钊，后由李大钊介绍到上海会见陈独秀，共同商谈讨论建党问题，促进了中国共产党的创立。1921年6月，共产国际派马林等到上海。他们建议召开党的全国代表大会，正式成立中国共产党。上海党的发起组在李达的主持下进行了全国代表大会的筹备工作，并向各地党的组织写信发出通知，要求各地选派两名代表出席大会。

中国共产党的成立，给灾难深重的中国人民带来了光明和希望，给中国革命指明了方向。正如毛泽东所说的那样，中国共产党的成立，是一个开天辟地的大事变。中国共产党成立后，中国革命的面目就为之一新了。

中国共产党成立以后，集中力量领导工人运动，掀起了中国工人运动的第一次高潮。从1922年1月至1923年2月，全国罢工达180多次，其中主要的有香港海员大罢工和京汉铁路大罢工。香港海员大罢工取得了胜利，但京汉铁路大罢工却遭到直系军阀吴佩孚的血腥镇压，造成了震惊中外的"二七惨案"。中国共产党从中进一步认识到，没有强有力的同盟者，要战胜强大的敌人是不可能的。1924年1月，中国国民党第一次全国代表大会的召开，标志着国民党改组的完成和国共合作的正式建立。第一次国共合作的形成，极大地推动了中国民主革命的进程。但是，革命统一战线仅维持了三年半时间，在革命形势一片大好，即将取得国民革命胜利之时，国民党右派却突然叛变革命。1927年，蒋介石制造"四一二"反革命政变，汪精卫制造"七一五"反革命政变，疯狂屠杀共产党员、革命群众和国民党左派，国共合作宣告破裂。虽然轰轰烈烈的第一次国民大革命失败，但它基本推翻了北洋军阀的统治。

三、原著选读

我的马克思主义观（节选）[①]

李大钊

（一）

一个德国人说过，五十岁以下的人说他能了解马克思的学说，定是欺人之

[①]　原载《新青年》1919年第5期，第521～526页。

谈。因为马克思的书卷帙浩繁，学理深晦。他那名著《资本论》三卷，合计二千一百三十五页，其中第一卷是马氏生存时刊行的，第二、第三两卷是马氏死后他的朋友昂格思替他刊行的。这第一卷和二、三两卷中间，难免有些冲突矛盾的地方，马氏的书本来难解，添上这一层越发难解了。加以他的遗著未曾刊行的还有很多，拼上半生的工夫来研究马克思，也不过仅能就他已刊的著书中，把他反复陈述的主张得个要领，究不能算是完全了解"马克思主义"的。

　　我平素对于马氏的学说没有什么研究，今天硬想谈"马克思主义"已经是僭越的很。但自俄国革命以来，"马克思主义"几有风靡世界的势子，德奥匈诸国的社会革命相继而起，也都是奉"马克思主义"为正宗。"马克思主义"既然随着这世界的大变动，惹动了世人的注意，自然也招了很多的误解。我们对于"马克思主义"的研究，虽然极其贫弱，而自一九一八年马克思诞生百年纪念以来，各国学者研究他的兴味复活，批评介绍他的很多。我们把这些零碎的资料，稍加整理，乘本志出"马克思研究号"的机会，把他转介绍于读者，使这为世界改造原动的学说，在我们的思辨中，有点正确的解释，吾信这也不是绝无裨益的事。万一因为作者的知能谫陋，有误解马氏学说的地方，亲爱的读者肯赐以指正，那是作者所最希望的。

　　……

（四）

　　请先论唯物史观。

　　唯物史观也称历史的唯物主义。他在社会学上曾经，并且正在表现一种理想的运动，与前世纪初，在生物学上发现过的运动，有些相类。在那个时候是用以说明各种形态学上的特征、关系的重要，志在得一个种的自然分类，与关于生物学上有机体生活现象更广的知识。这种运动既经指出那内部最深的构造，比外部明显的建造，若何重要，唯物史观就站起来反抗那些历史家与历史哲学家，把他们多年所推崇为非常重要的外部的社会构造，都列于第二的次序；而那久经历史家辈蔑视，认为卑微暧昧的现象的，历史的唯物论者却认为于研究这很复杂的社会生活全部的构造与进化，有莫大的价值。

　　历史的唯物论者观察社会现象，以经济现象为最重要，因为历史上物质的要件中，变化发达最甚的，算是经济现象。故经济的要件是历史上唯一的物质的要件。自己不能变化的，也不能使别的现象变化。其他一切非经济的物质的要件，如人种的要件、地理的要件等等，本来变化很少，因之及于社会现象的影响也很小，但于他那最少的变化范围内，多少也能与人类社会的行程以影响。

在原始未开时代的社会，人类所用的劳作工具，极其粗笨，几乎完全受制于自然。而在新发见的地方，向来没有什么意味的地理特征，也成了非常重大的条件。所以历史的唯物论者，于那些经济以外的一切物质的条件，也认他于人类社会有意义，有影响。不过因为他的影响甚微，而且随着人类的进化日益减退，结局只把他们看作经济的要件的支流罢了。因为这个缘故，有许多人主张改称唯物史观为经济史观。

唯物史观，也不是由马氏创的。自孔道西（Condorcet）依着器械论的典型，想把历史作成一科学，而期发见出一普遍的力，把那变幻无极的历史现象，一以贯之，已经开了唯物史观的端绪。故孔道西算是唯物史观的开创者。至桑西门（Saint-Simon）把经济的要素，比精神的要素看得更重。十八世纪时有一种想象说，说法兰西历史的内容不过是佛兰坎人与加利亚人间的人种竞争。他受了此说的影响，谓最近数世纪间的法国历史不外封建制度与产业的竞争，其争以大革命期达于绝顶。而产业初与君国制联合，以固专制的基础，基础既成又扑灭王国制。产业的进步是历史的决定条件，科学的进步又为补助他的条件。Thierry、Mignet 及 Guizot 辈继起，袭桑西门氏的见解，谓一时代的理想、教义、宪法等，毕竟不外当时经济情形的反映。关于所有权的法制，是尤其重要的。蒲鲁东亦以国民经济为解释历史的钥匙，信前者为因，后者为果。至于马氏用他特有的理论，把从前历史的唯物论者不能解释的地方，与以创见的说明，遂以造成马氏特有的唯物史观，而于从前的唯物史观有伟大的功绩。

唯物史观的要领，在认经济的构造对于其他社会学上的现象，是最重要的；更认经济现象的进路，是有不可抗性的。经济现象虽用他自己的模型，制定形成全社会的表面构造（如法律、政治、伦理，及种种理想上、精神上的现象都是），但这些构造中的那一个也不能影响他一点。受人类意思的影响，在他是永远不能的。就是人类的综合意思，也没有这么大的力量。就是法律他是人类的综合意思中最直接的表示，也只能受经济现象的影响，不能与丝毫的影响于经济现象。换言之，就是经济现象只能由他一面与其他社会现象以影响，而不能与其他社会现象发生相互的影响，或单受别的社会现象的影响。

吾人最后之觉悟①

陈独秀

人之生也必有死，固非为死而生，亦未可漠然断之曰为生而生。人之动作必有其的，其生也亦然。洞明此的，斯真吾人最后之觉悟也。世界一切哲学、宗教皆缘欲达此觉悟而起。兹之所论，非其伦也。兹所谓最后之觉悟者，吾人生聚于世界之一隅，历数千年，至于今日，国力文明，果居何等？易词言之，即盱衡内外之大势，吾国吾民，果居何等地位，应取何等动作也。故于发论之先，申立言之旨，为读者珍重告焉。

吾华国于亚洲之东，为世界古国之一，开化日久，环吾境者皆小蛮夷，闭户自大之局成，而一切学术政教悉自为风气，不知其他。魏、晋以还，象教流入，朝野士夫，略开异见。然印土自己不振，且其说为出世之宗，故未能使华民根本不变，资生事之所需也。其足使吾人生活状态变迁而日趋觉悟之途者，其欧化之输入乎？

欧洲输入之文化，与吾华固有之文化，其根本性质极端相反。数百年来，吾国扰攘不安之象，其由此两种文化相触接、相冲突者，盖十居八九。凡经一次冲突，国民即受一次觉悟。惟吾人惰性过强，旋觉旋迷，甚至愈觉愈迷，昏瞶糊涂，至于今日，综计过境，略分七期：

第一期在有明之中叶。西教西器初入中国，知之者，乃极少数之人，亦复惊为"河汉"；信之者，为徐光启一人而已。

第二期在清之初世。火器历法，见纳于清帝，朝野旧儒，群起非之。是为中国新旧相争之始。

第三期在清之中世。鸦片战争以还，西洋武力，震惊中土，情见势绌，互市局成，曾、李当国，相继提倡西洋制械练兵之术，于是洋务西学之名词发现于朝野。当时所争者，在朝则为铁路、非铁路问题，在野则为地圆运动、地非圆不动问题。今之童稚皆可解决者，而当时之顽固士大夫奋笔鼓舌，哓哓不已，咸以息邪说、正人心之圣贤自命。其睡眠无知之状态，当世必觉其可恶，后世只觉其可怜耳！

第四期在清之末季。甲午之役，军破国削，举国上中社会，大梦初觉，稍有知识者，多承认富强之策虽圣人所不废。康、梁诸人，乘时进以变法之说，

---

① 原载《青年杂志》1916 年第 6 期，第 1~4 页。

耸动国人，守旧党尼之，遂有戊戌之变。沉梦复酣，暗云满布，守旧之见，趋于极端，遂积成庚子之役。虽国儿不国，而旧势力顿失凭依，新思想渐拓领土，遂由行政制度问题一折而入政治根本问题。

第五期在民国初元。甲午以还，新旧之所争论，康、梁之所提倡，皆不越行政制度良否问题之范围，而于政治根本问题去之尚远。当世所说为新奇者，其实至为肤浅；顽固党当国，并此肤浅者而亦抑之，遂激动一部分优秀国民渐生政治根本问题之觉悟，进而为民主共和、君主立宪之讨论。辛亥之役，共和告成，昔日仇视新政之君臣，欲求高坐庙堂从容变法而不可得矣。

第六期则今兹之战役也。三年以来，吾人于共和国体之下，备受专制政治之痛苦。自经此次之实验，国中贤者，宝爱共和之心，因以勃发；厌弃专制之心，因以明确。

吾人拜赐于执政，可谓没齿不忘者矣。然自今以往，共和国体果能巩固无虞乎？立宪政治果能施行无阻乎？以予观之，此等政治根本解决问题，犹待吾人最后之觉悟。此谓之第七期民国宪法实行时代。

今兹之役，可谓为新旧思潮之大激战。浅见者咸以吾人最后之觉悟期之，而不知尚难实现也。何以言之？今之所谓共和，所谓立宪者，乃少数政党之主张，多数国民不见有若何切身利害之感而有所取舍也。盖多数人之觉悟，少数人可为先导，而不可为代庖。共和立宪之大业，少数人可主张，而未可实现。人类进化恒有轨辙可寻，故予于今兹之战役，固不容怀悲观而取卑劣之消极态度，复不敢怀乐观而谓可踌躇满志也。故吾曰：此等政治根本解决问题，不得不待诸第七期吾人最后之觉悟。此觉悟维何？请为我青年国民珍重陈之。

一、政治的觉悟

吾国专制日久，惟官令是从。人民除纳税诉讼外，与政府无交涉；国家何物，政治何事，所不知也。积成今日国家危殆之势，而一般商民，犹以为干预政治，非分内之事；国政变迁，悉委诸政府及党人之手；自身取中立态度，若观对岸之火，不知国家为人民公产，人类为政治动物。斯言也，欧美国民多知之，此其所以莫敢侮之也。是为吾人政治的觉悟之第一步。

吾人既未能置身政治潮流以外，则开宗明义之第一章，即为决择政体良否问题。古今万国，政体不齐，治乱各别。其拨乱为治者，罔不舍旧谋新，由专制政治，趋于自由政治；由个人政治，趋于国民政治；由官僚政治，趋于自治政治。此所谓立宪制之潮流，此所谓世界系之轨道也。吾国既不克闭关自守，即万无越此轨道逆此潮流之理。进化公例，适者生存，凡不能应四周情况之需求而自处于适宜之境者，当然不免于灭亡。日之与韩，殷鉴不远。吾国欲图世界的生存，必弃数千年相传之官僚的、专制的个人政治，而易以自由的、自治的国民政治也。是为吾人政治的觉悟之第二步。

所谓立宪政体，所谓国民政治，果能实现与否，纯然以多数国民能否对于政治，自觉其居于主人的主动的地位为唯一根本之条件。自居于主人的主动的地位，则应自进而建设政府，自立法度而自服从之，自定权利而自尊重之。倘立宪政治之主动地位属于政府而不属于人民，不独宪法乃一纸空文，无永久厉行之保障，且宪法上之自由权利，人民将视为不足重轻之物，而不以生命拥护之，则立宪政治之精神已完全丧失矣。是以立宪政治而不出于多数国民之自觉，多数国民之自动，惟日仰望善良政府，贤人政治，其卑屈陋劣，与奴隶之希冀主恩，小民之希冀圣君贤相施行仁政，无以异也。古之人希冀圣君贤相施行仁政，今之人希冀伟人大老建设共和宪政，其卑屈陋劣，亦无以异也。夫伟人大老，亦国民一分子，其欲建设共和宪政，岂吾之所否拒？第以共和宪政，非政府所能赐予，非一党一派人所能主持，更非一二伟人大老所能负之而趋。共和立宪而不出于多数国民之自觉与自动，皆伪共和也，伪立宪也，政治之装饰品也，与欧美各国之共和立宪绝非一物。以其于多数国民之思想人格无变更，与多数国民之利害休戚无切身之观感也。是为吾人政治的觉悟之第三步。

二、伦理的觉悟

伦理思想，影响于政治，各国皆然，吾华尤甚。儒者三纲之说，为吾伦理政治之大原，共贯同条，莫可偏废。三纲之根本义，阶级制度是也。所谓名教，所谓礼教，皆以拥护此别尊卑、明贵贱之制度者也。近世西洋之道德政治，乃以自由、平等、独立之说为大原，与阶级制度极端相反。此东西文明之一大分水岭也。

吾人果欲于政治上采用共和立宪制，复欲于伦理上保守纲常阶级制，以收新旧调和之效，自家冲撞，此绝对不可能之事。盖共和立宪制，以独立、平等、自由为原则，与纲常阶级制为绝对不可相容之物，存其一必废其一。倘于政治否认专制，于家族社会仍保守旧有之特权，则法律上权利平等、经济上独立生产之原则，破坏无余，焉有并行之余地？

自西洋文明输入吾国，最初促吾人之觉悟者为学术，相形见绌，举国所知矣；其次为政治，年来政象所证明，已有不克守缺抱残之势。继今以往，国人所怀疑莫决者，当为伦理问题。此而不能觉悟，则前之所谓觉悟者，非彻底之觉悟，盖犹在惝恍迷离之境。吾敢断言曰，伦理的觉悟，为吾人最后觉悟之最后觉悟。

多研究些问题，少谈些"主义"①

胡适

本报（《每周评论》）第二十八号里，我曾说过：

"现在舆论界大危险，就是偏向纸上的学说，不去实地考察中国今日的社会需要究竟是什么东西。那些提倡尊孔祭天的人，固然是不懂得现时社会的需要。那些迷信军国民主义或无政府主义的人，就可算是懂得现时社会的需要么？"

"要知道舆论家的第一天职，就是细心考察社会的实在情形。一切学理，一切'主义'，都是这种考察的工具。有了学理作参考材料，便可使我们容易懂得所考察的情形，容易明白某种情形有什么意义，应该用什么救济的方法。"

我这种议论，有许多人一定不愿意听。但是前几天北京《公言报》《新民国报》《新民报》（皆安福部的报），和日本文的《新支那报》，都极力恭维安福部首领王揖唐主张民生主义的演说，并且恭维安福部设立"民生主义的研究会"的办法。有许多人自然嘲笑这种假充时髦的行为。但是我看了这种消息，发生一种感想。这种感想是："安福部也来高谈民生主义了，这不够给我们这班新舆论家一个教训吗？"什么教训呢？这可分三层说：

第一，空谈好听的"主义"，是极容易的事，是阿猫阿狗都能做的事，是鹦鹉和留声机器都能做的事。

第二，空谈外来进口的"主义"，是没有什么用处的。一切主义都是某时某地的有心人，对于那时那地的社会需要的救济方法。我们不去实地研究我们现在的社会需要，单会高谈某某主义，好比医生单记得许多汤头歌诀，不去研究病人的症候，如何能有用呢？

第三，偏向纸上的"主义"，是很危险的。这种口头禅很容易被无耻政客利用来做种种害人的事。欧洲政客和资本家利用国家主义的流毒，都是人所共知的。现在中国的政客，又要利用某种某种主义来欺人了。罗兰夫人说，"自由自由，天下多少罪恶，都是借你的名作出的！"一切好听的主义，都有这种危险。

这三条合起来看，可以看出"主义"的性质。凡"主义"都是应时势而起的。某种社会，到了某时代，受了某种的影响，呈现某种不满意的现状。于是有一些有心人，您这种现象，想出某种救济的法子。这是"主义"的原起。主义初起时，大都是一种救时的具体主张。后来这种主张传播出去，传播的人要

---

① 原载《每周评论》1919年7月20日，第1版。

图简便，使用一两个字来代表这种具体的主张，所以叫他做"某某主义"。主张成了主义，便由具体的计划，变成一个抽象的名词。"主义"的弱点和危险，就在这里。因为世间没有一个抽象名词能把某人某派的具体主张都包括在里面。比如"社会主义"一个名词，马克思的社会主义，和王揖唐的社会主义不同；你的社会主义，和我的社会主义不同：决不是这一个抽象名词所能包括。你谈你的社会主义，我谈我的社会主义，王揖唐又谈他的社会主义，同用一个名词，中间也许隔开七八个世纪，也许隔开两三万里路，然而你和我和王揖唐都可自称社会主义家，都可用这一个抽象名词来骗人。这不是"主义"的大缺点和大危险吗？

我再举现在人人嘴里挂着的"过激主义"做一个例：现在中国有几个人知道这一个名词做何意义？但是大家都痛恨痛骂"过激主义"，内务部下令严防"过激主义"，曹辑也行文严禁"过激主义"，卢永祥也出示查禁"过激主义"。前两个月，北京有几个老官僚在酒席上叹气，说："不好了，过激派到了中国了。"前两天有一个小官僚，看见我写的一把扇子，大诧异道："这不是过激党胡适吗？"哈哈；这就是"主义"的用处！我因为深觉得高谈主义的危险，所以我现在奉劝新舆论界的同志道："请你们多提出一些问题，少谈一些纸上的主义。"

更进一步说："请你们多多研究这个问题如何解决，那个问题如何解决，不要高谈这种主义如何新奇，那种主义如何奥妙。"

现在中国应该赶紧解决的问题，真多得很。从人力车夫的生计问题，到大总统的权限问题；从卖淫问题到卖官卖国问题；从解散安福部问题到加入国际联盟问题；从女子解放问题到男子解放问题……哪一个不是火烧眉毛紧急问题？

我们不去研究人力车夫的生计，却去高谈社会主义；不去研究女子如何解放，家庭制度如何救正，却去高谈公妻主义和自由恋爱；不去研究安福部如何解散，不去研究南北问题如何解决，却去高谈无政府主义；我们还要得意扬扬夸口道，"我们所谈的是根本解决"。老实说罢，这是自欺欺人的梦话，这是中国思想界破产的铁证，这是中国社会改良的死刑宣告！

为什么谈主义的人那么多，为什么研究问题的人那么少呢？这都由于一个懒字。懒的定义是避难就易。研究问题是极困难的事，高谈主义是极容易的事。比如研究安福部如何解散，研究南北和议如何解决，这都是要费工夫，挖心血，收集材料，征求意见，考察情形，还要冒险吃苦，方才可以得一种解决的意见。又没有成例可援，又没有黄梨洲、柏拉图的话可引，又没有《大英百科全书》可查，全凭研究考察的工夫：这岂不是难事吗？高谈"无政府主义"便不同了。

买一两本实社《自由录》，看一两本西文无政府主义的小册子，再翻一翻《大英百科全书》，便可以高谈无忌了：这岂不是极容易的事吗？

高谈主义，不研究问题的人，只是畏难求易，只是懒。

凡是有价值的思想，都是从这个那个具体的问题下手的。先研究了问题的种种方面的种种的事实，看看究竟病在何处，这是思想的第一步工夫。然后根据于一生经验学问，提出种种解决的方法，提出种种医病的丹方，这是思想的第二步工夫。然后用一生的经验学问，加上想像的能力，推想每一种假定的解决法，应该可以有什么样的效果，更推想这种效果是否真能解决眼前这个困难问题。推想的结果，拣定一种假定的解决，认为我的主张，这是思想的第三步工夫。凡是有价值的主张，都是先经过这三步工夫来的。不如此，不算舆论家，只可算是抄书手。

读者不要误会我的意思。我并不是劝人不研究一切学说和一切"主义"。学理是我们研究问题的一种工具。没有学理做工具，就如同王阳明对着竹子痴坐，妄想"格物"，那是做不到的事。种种学说和主义，我们都应该研究。有了许多学理做材料，见了具体的问题，方才能寻出一个解决的方法。但是我希望中国的舆论家，把一切"主义"摆在脑背后，做参考资料，不要挂在嘴上做招牌，不要叫一知半解的人拾了这些半生不熟的主义，去做口头禅。

"主义"的大危险，就是能使人心满意足，自以为寻着了包医百病的"根本解决"，从此用不着费心力去研究这个那个具体问题的解决法了。

李宗仁赴广州促北伐①

参观完后，蒋先生留我在校晚餐。进膳时，只有我和蒋氏两人，所以可以畅谈。首先，我便向蒋氏陈述我策动唐生智加入革命的经过。我认为北伐时机稍纵即逝，故力主从速敦促中央决定大计。我向蒋氏陈述的内容有三点：

第一，我分析北方各军阀的形势。我说当今盘踞黄河、长江两流域实力最强的，首推曹锟、吴佩孚的直系军阀。然自1925年直奉第二次战争，由于冯玉祥倒戈，曹锟贿选总统的政府跟着倒台，吴佩孚仓皇由海道逃回汉皋以后，直系已一蹶不振；加以长江下游的孙传芳已企图独树一帜，对吴氏阳奉阴违，直系内部貌合神离，已有解体之势。唯近来吴佩孚趁张作霖、冯玉祥互争于天津

---

① 李宗仁口述，唐德刚撰写：《李宗仁回忆录》，广西人民出版社1988年版，第210～212页。题目为编写所加。

一带,遂东山再起,自称"讨贼联军总司令",整训所部,又成劲旅,虎踞武汉,正联络奉系张作霖,挥军北上进击冯玉祥的国民军。国民军一旦瓦解,吴的势力也必复振。既振之后,必趁胜战的余威,增兵入湘扫荡唐生智所部,从而南窥两粤。我们现在如不趁国民军尚在南口抵抗,吴军主力尚在华北,首尾不能相顾之时,予以雷霆万钧的一击,到吴氏坐大,在南北两战场获得全胜,巩固三湘之后,孙传芳也不敢不和吴氏一致行动,那我们北伐的时机,将一去永不复返,以后只有坐困两粤,以待吴、孙的南征了。

第二,我再分析两粤的政情。我说我们两广近十年来都处在龙济光、陆荣廷等军阀统治之下,革命势力终未真正抬头。其后总理正将残局收拾,又遭陈炯明的叛变,各小军阀的割据,地方狐鼠横行,一片糜烂。近两年来,总算天兴汉室,两广统一。现在我们如不趁时北伐,难免师老兵疲,不堪再用。尤其广东是纸醉金迷的富庶之区,往日军队驻粤,不数年间便会堕落腐化,兵骄将惰,必至天然淘汰、失败消灭而后已。龙济光、莫荣新,乃至陈炯明、杨希闵、刘震寰、许崇智各军的瓦解,前后如出一辙。现在我们若不趁两广统一之后,民心士气极盛之时,另找目标发展,以避免偷安腐化,则若辈前车不远,足为殷鉴。

第三,我又分析湘局和我们的第七军已成骑虎难下的形势。我说我虽已策动唐生智起义,驱逐赵恒惕,唯唐氏态度颇不坚定,他一面电请广西派"一旅之众"到湘桂边境声援。一面又派代表见吴佩孚,陈明去赵的苦衷,祈求吴氏谅解。其志只在做湖南的主人翁,已甚明显。至于吴氏则久已蓄意确实掌握三湘,作为侵略两粤的基地,如今师出有名,以援赵为口实,驱军南下,协助赵部叶开鑫等击破唐部于湘北。唐氏见事态严重,才请我第七军越界入湘赴援。现在我们如不借援唐之名实行北伐,唐氏一败,后患岂堪设想?更有一点,设吴氏一旦警觉,变更政略,去赵恒惕而容纳唐生智的请求,则我革命军以后欲取道湖南,问鼎中原,实非易事。所以我告诉蒋先生说,根据上述三点理由,我们非即时北伐不可。我更强调,当湘乱初起之时,唐氏乞援,我之所以未向中央征求同意,便毅然决然出师援湘,就因时机稍纵即逝,不容我们蹉跎之故。语云:"畏首畏尾,身其余几。"所幸时机未失,战事在湘南涟水两岸进入相持状态,所以我火速来穗,请求中央早定北伐大计,希望他能同情我的主张,促其早日实现。

四、广西历史文化资源

（一）遗址遗迹

1. 中共梧州地委旧址、广西特委旧址陈列馆

位于梧州市建设路兴仁巷4号。1979年8月建成正式对外开放，无产阶级革命家、中共中央原顾问委员会委员、解放军后勤学院原院长陈漫远同志题写馆名。

在新民主主义革命时期，梧州是广西的革命摇篮。1925年，当时领导广东、广西、闽南及南洋地区革命的中共广东区委，根据梧州靠近当时全国革命的中心广州，产业工人相对集中，革命蓬勃发展等有利条件，作出首先在梧州建立中共党组织，然后向广西各地发展的决定，接连派出多批中共党员到梧州开展建党工作。梧州市建设路兴仁巷4号——中共梧州地委、广西特委旧址，就是广西最早建立的中共党组织机关所在地。

1925年夏，中共党员毛简青受党组织委派来到梧州领导建党工作，并秘密租赁建设路兴仁巷4号这栋只有118平方米的砖木结构三层小楼作掩护。在中共广东区委的领导下，广西最早的党支部——梧州支部建立。1925年秋，中共广东区委常委兼军事运动委员会书记周恩来亲临梧州指导党建工作。1925年12月，中共梧州地方执行委员会（即"中共梧州地委"）成立，下辖中共梧州工人支部、中共多贤支部、中共梧州妇女支部，地委机关就设在建设路兴仁巷4号，中共党员谭寿林受党组织委派担任中共梧州地委书记并兼任梧州民国日报社社长。1928年在中共梧州地委的基础上成立中共广西特别行动委员会（即"广西特委"）。同年9月，广西特委改为临时省委，时任特委书记的朱锡昂任临时省委负责人。梧州成为当时广西革命运动的领导中心，广西的革命形势由此翻开了新篇章，在中国反帝、反封建斗争史上留下了浓墨重彩的一笔。

陈列馆展览分为"十九世纪末二十世纪初的梧州""梧州人民反帝、反封建历史壮举""中共梧州支部诞生""第一次国共合作时期"等四个部分，通过大量的实物、照片、书籍等珍贵文物，并辅之以声、光、电、多媒体等布展手段，全面系统地反映1921年至1929年中共党组织领导广西各地人民反帝、反封建斗争的壮丽篇章，突出表现了当时广西一大批共产党员、共青团员为解救劳苦大众于水深火热，不畏艰险、英勇奋斗，敢于牺牲、勇于奉献的大无畏精神。

中共梧州地委、广西特委旧址，1963年被定为广西壮族自治区级文物保护

单位，1995 年被列为广西壮族自治区爱国主义教育基地。2011 年 9 月被确定为第一批广西党史教育基地。2011 年 12 月，陈列馆由梧州市纪委、监察局确定为全市反腐倡廉教育基地。

2. 广西农民运动讲习所旧址

原名北帝岩，位于广西东兰县武篆巴学村。1922 年 3 月，韦拔群在此组织革命同盟，发表《敬告同胞书》。1925 年 9 月，韦拔群、陈伯民等在洞内开办东兰第一届农民运动讲习所。1930 年 2 月，红七军军长张云逸来到武篆，认为韦拔群在北帝岩宣传了马克思列宁主义，提议改名为"列宁岩"。1962 年 6 月 26日，被定为广西重点文物保护单位，称为"广西东兰第一届农民运动讲习所旧址"。1977 年，广西壮族自治区人民政府拨款修缮列宁岩，依照 1925 年的原貌进行修复，并办陈列橱窗。1978 年，叶剑英题写了"广西农民运动讲习所旧址"。1995 年被定为广西爱国主义教育基地。

广西农民运动讲习所旧址（张季摄）

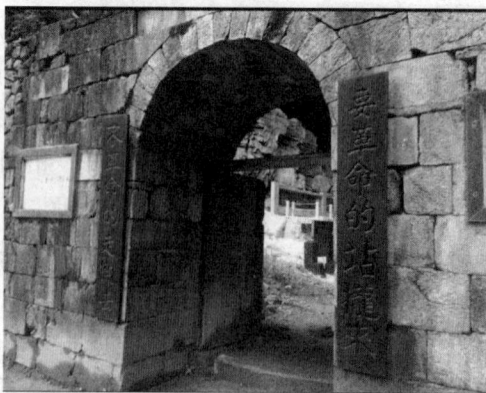

广西农民运动讲习所旧址大门（张季摄）

（二）纪念场馆

1. 李明瑞、韦拔群烈士纪念馆

坐落在广西南宁市南湖公园南岸，主要由纪念碑和陈列馆两大部分组成，纪念碑坐落在广场中心，碑座为四方形，四周用黑色大理石粘贴，高4.5米，上面塑着烈士群像，碑座正面刻有1981年12月11日邓小平同志的题词："纪念李明瑞、韦拔群等同志，百色起义的革命烈士，永垂不朽！"碑座背面刻有《碑志》全文。陈列馆展厅宽敞明亮，陈列了李明瑞、韦拔群烈士以及百色起义、龙州起义、红七军、红八军的部分文物、图片、史料等宣传资料。纪念馆总占地面积6864平方米，其中建筑面积600多平方米，陈列面积320多平方米，纪念碑面积152.5平方米。1999年被命名为广西爱国主义教育基地。

2. 邓颖超纪念馆

位于广西南宁市民族大道37号。邓颖超（1904—1992），原名邓文淑，祖籍河南光山。邓颖超同志1904年2月4日出生在邕江北岸南宁镇台官邸，是伟大的无产阶级革命家、政治家，著名社会活动家，坚定的马克思主义者，党和国家的卓越领导人，中国妇女运动的先驱，是我国首任总理周恩来的夫人。为缅怀邓颖超同志的丰功伟绩，中共南宁市委、市人民政府决定建立邓颖超纪念馆。2007年2月4日，在邓颖超同志诞辰103周年的纪念日，邓颖超纪念馆对社会开放。纪念馆为三进两天井合院式建筑，占地面积1273平方米，展览面积

邓颖超纪念馆（陈峥摄）

1000 平方米。全国政协原主席李瑞环为邓颖超纪念馆题写了馆名。馆内展厅由邕城记忆、革命征程、妇女先驱、伉俪情深、公仆本色、情系广西、伟人风采 7 个单元组成，通过实物、图片、场景复原、多媒体等多种陈展方式全面展示了"南宁的女儿"邓颖超同志波澜壮阔的一生。2010 年 12 月被广西壮族自治区党委、政府公布为广西爱国主义教育基地。

（三）历史人物

1. 李明瑞

李明瑞（1896—1931），广西北流人。1921 年毕业于广东韶关滇军讲武堂，习炮科。曾参加讨伐广西军阀陆荣廷、沈鸿英的战斗。第一次国内革命战争时期，参加北伐，任国民革命军第七旅旅长、师长并率部转战湘、鄂、赣、苏等省。1929 年 6 月，率领部队从湖北返回广西，任国民党广西绥靖主任和军事特派员。同年 10 月成立西路讨蒋总司令部，任副总司令。1930 年 1 月从龙州到达右江革命根据地；2 月，与邓小平、俞作豫等领导龙州起义，成立红八军和左江革命委员会。旋任红七军、红八军总指挥，并加入中国共产党。1931 年，率领红七军转战到达中央苏区；同年 10 月在江西雩都肃反中被错杀，年仅 35 岁。1945 年获平反昭雪，并被追认为革命烈士。

2. 韦拔群

韦拔群（1894—1932），曾用名韦秉吉、韦秉乾、韦萃，广西东兰县武篆镇东里村人，壮族。于 1921 年开始领导农民闹革命，深受各族人民的敬爱，群众亲切地称他为"拔哥"，是中国早期农民运动三大领袖（毛泽东、彭湃、韦拔群）之一，广西农民运动的先驱，百色起义领导者之一，中国工农红军高级将领，中国工农红军第七军和广西右江革命根据地领导者之一。

1908 年起，先后在东兰县高等小学堂、庆远府中学堂和桂林法政学堂就读。1914 年，因不满广西法政学堂的种种陋习而退学，到广东以及长江中下游各省游历。1915 年回到东兰。护国战争爆发后，在家乡招募了一百多名乡友赴贵州参加护国军讨伐袁世凯，任连副。后曾因反对旧军官虐待士兵而被捕入狱，经一位广西同乡营救出狱，并被保送进贵州讲武堂学习，结识兼职教官卢焘（壮族，时任黔军旅长，后任黔军总司令、贵州省省长）。讲武堂结业后，被分配到黔军驻重庆某军部任参谋。五四运动爆发后，弃职离开旧军队，前往上海、广州等地寻访孙中山。1920 年 10 月在广州参加了广西籍国民党人马君武组织的改造广西同志会，任政治组副组长，参与推翻桂系军阀陆荣廷的革命活动。

1921 年 9 月，回到家乡东兰，秘密组织了改造东兰同志会及国民自卫军，组织宣讲团，进行反军阀、反土豪劣绅、反贪官污吏、反苛捐杂税的宣传。1923 年，组织农民自卫军三次攻打东兰县城，夺取县城，成立了东兰革命委员会。1925 年 1 月，进入第三届广州农民运动讲习所学习。5 月，回到家乡，开展农民运动。8 月，东兰县农民协会成立，任军事部长。9 月，领导创办了广西最早的农民运动讲习所，先后在东兰开办三期农讲所，任主任，为右江地区各县培训农运骨干 500 多人。1926 年夏秋，先后任田南农运办事处主任兼一路农军总指挥。1926 年冬，加入中国共产党。

1929 年出席广西省第一次农民代表大会，当选为广西农民协会副主任委员。12 月，参与领导百色起义，建立右江苏区，任右江苏维埃政府委员、中国工农红军第七军前敌委员会委员、红七军第三纵队司令员。1930 年 3 月，韦拔群与邓小平一道在东兰武篆领导土地改革的试点工作。1930 年 10 月任红七军二十一师师长。11 月红七军主力离开右江苏区时，他奉命负责留守右江革命根据地，同时把二十一师的绝大部分兵力、武器补充给北上的部队，仅带领数名警卫员和一个红军番号返回右江地区，留在家乡发动群众，组织扩建部队，很快重新组建起红七军二十一师，任师长，在极其艰苦的条件下领导坚持游击斗争，反击国民党军的多次"围剿"。1931 年 11 月被选为中华苏维埃共和国中央执行委员。这一年，率红军先后粉碎了桂系军阀对根据地发动的两次"围剿"，保卫和巩固了右江革命根据地。1932 年 10 月 19 日在第三次反"围剿"中遭叛徒暗害，不幸牺牲。

3. 李宗仁

李宗仁（1891—1969），字德邻，广西临桂县（今广西桂林市临桂区）人。国民党"桂系"首领，中华民国首任副总统、代总统。

早年就读于临桂县立两等小学，后入桂林省立纺织习艺厂当学徒。1908 年，考入广西陆军小学第三期。1910 年 10 月，加入同盟会。1912 年，考入广西陆军速成学堂。1913 年秋毕业后，到南宁将校讲习所任准尉见习官、少尉、中尉队附。1916 年 5 月，任滇军第四师第三十四团排长。后转入桂系陆荣廷部，任护国军第二军第五旅排、连、营长，参加护国战争、护法战争和粤桂战争。1921 年后，将所部改称"粤桂边防军第三路""广西自治军第二军"，并自任司令，防区逐步扩大到七个县。

1924 年，联合黄绍竑、白崇禧等部，成立"定桂讨贼联军"，任总指挥。9 月，击败桂系军阀陆荣廷部。11 月，被孙中山任命为广西省绥靖督办公署督办兼广西陆军第一军军长。1925 年 7 月，统一广西，成为新的国民党新桂系首脑。

1926 年 7 月，李宗仁率第七军参加北伐战争。1927 年 4 月，李宗仁支持蒋介石发动"四一二"政变，实行"反共清党"。5月，被蒋介石任命为第三路军总指挥。8月，李宗仁和白崇禧、何应钦等实力派逼迫蒋介石通电下野。10月，任西征军总指挥兼第三路军总指挥，率部西征武汉，击败唐生智。1928年1月，蒋介石重新上台后，李宗仁被任命为中央陆军军官学校校务委员会委员、国民党中央政治会议武汉分会主席和第四集团军总司令，参加蒋介石举行的第二期北伐。1929年3月，在李宗仁、白崇禧为首的桂系军阀与蒋介石之间爆发蒋桂战争，战败后，逃回广西。1929年秋，李宗仁返回广西南宁，组建护党救国军，自任总司令，白崇禧为前敌总指挥，与蒋介石对抗。1930年4月，参加冯玉祥、阎锡山反蒋，被推为中华民国陆军副总司令（总司令阎锡山）兼第一方面军总司令，在中原同蒋介石作战。7月，被蒋军击败，退回广西。1931年5月，李宗仁又联合粤系军阀陈济棠反蒋，任第四集团军总司令。"九一八"事变后，宁、粤合流。

在1931年11月召开的国民党第四次全国代表大会上，当选为中央监察委员会委员。1932年4月，李宗仁任广西绥靖主任，推行"自治、自卫、自给"的三自政策，维持广西的半独立局面。1935年4月，被国民政府授予陆军一级上将军衔。11月，继续当选为国民党五届中央监察委员会委员。1936年6月，李宗仁、陈济棠发动反蒋事变，成立抗日救国军第一军团，任副总司令（总司令陈济棠），出兵湖南，要求北上抗日。7月，桂系军队被蒋介石改编为第五路军，李宗仁被任命为总指挥。

1937年7月，抗日战争爆发。10月，被任命为第五战区司令长官。1938年2月至5月，指挥徐州会战。其中3月至4月的台儿庄战役，取得歼灭日军二万余人的重大胜利。5月，徐州失守后，在桐柏山、大洪山创立游击基地，坚持抗战。6月10月，率部参加武汉会战。1939年4月至5月，参加随枣会战。1941年1月至2月，参加豫南会战。1943年9月，调离第五战区，升任国民政府军事委员会委员长汉中行营主任，负责指挥第一、第五、第十等三个战区。

抗日战争胜利后，担任国民政府军事委员会北平行营主任（后改称国民政府主席北平行辕主任），参与对解放区的军事进攻。1948年4月，李宗仁当选为中华民国副总统（总统蒋介石）。1949年1月22日，就任中华民国代总统。人民解放军解放南京后，先后退到桂林、广州，继续组织国民党军队顽抗。11月20日，从南宁乘专机飞往香港。12月，飞往美国。1956年4月到1965年6月十年间，李宗仁先后五次派程思远到北京，晋谒周恩来总理，为他回归祖国大陆做准备。1965年7月，李宗仁冲破重重险阻，偕妻回到祖国大陆。李宗仁回国后，受到毛泽东、刘少奇、周恩来、朱德等党和国家领导人接见。1969年1

月，因肺炎在北京逝世。

4. 白崇禧

白崇禧（1893—1966），字健生，广西临桂县（今桂林市临桂区）人。新桂系中心人物，与李宗仁合称李白。

1916 年毕业于保定陆军军官学校，后在广西陆军第　师任营长等职。1923年，同黄绍竑在梧州组织广西讨逆军，任参谋长。随后与李宗仁的定桂军合作，于 1924 年 6 月打败旧桂系，占领南宁。同年加入国民党并任广西绥靖公署参谋长、桂军第二军参谋长。1926 年 3 月桂军改编为国民革命军第七军，任参谋长。北伐战争开始后，任国民革命军副参谋总长。1927 年初任东路军前敌总指挥，从江西攻取浙江，3 月进抵上海郊区。当上海工人第三次武装起义胜利时入上海，任淞沪卫戍司令。随后，积极参与蒋介石发动的"四一二"政变。

1927 年 8 月，他联合汪精卫等迫蒋下台，新桂系军队乘机占领两湖一带。蒋介石重新上台后，白崇禧等率桂系军队进行两次反蒋战争均失败，退回广西。1931 年 5 月，参加汪精卫、陈济棠等在广州发动的反蒋活动。1931 年 11 月，任国民党中央执行委员会委员。1932 年，任广西绥靖副主任兼民团总司令。全面抗战爆发后，奉调赴南京就任军事委员会副参谋总长、军训部长等职。1940 年冬，在蒋介石指示下，同何应钦合谋策动皖南事变，指使国民党军队进攻新四军。

1946 年 6 月任国民政府国防部长。1948 年改任战略顾问委员会主任、华中军政长官。同年 12 月积极参与桂系提出"和平解决"的主张，逼蒋下野。人民解放军渡江后，白崇禧率领桂系孤军一路南撤。同年底，从南宁逃往台湾省，任蒋介石总统府战略顾问委员会副主任。1966 年 12 月 2 日病死于台北。

5. 黄绍竑

黄绍竑（1895—1966），字季宽，广西容县人。辛亥革命时参加广西学生军北伐敢死队。1916 年保定陆军军官学校第三期步兵科毕业。曾任桂军模范营排长、讨陆（荣廷）西路军总指挥、国民革命军第七军国民党代表。1927 年后历任广西省政府主席兼留桂军军长、国民政府内政部长、浙江省主席、湖北省主席。抗日战争期间，历任军事委员会作战部长、第二战区副司令长官。1947 年任国民政府监察院副院长、立法委员。1949 年作为国民政府和平谈判代表团成员赴北平参加国共谈判。谈判破裂后去香港，发表声明脱离国民党，旋出席中国人民政治协商会议第一届全体会议。中华人民共和国建立后，历任政务院政务委员、全国人大常委会委员、政协全国委员会委员、民革中央常委等职。

五、党成立初期广西史事钩沉

五四运动与广西青年的觉醒①

　　1919 年的五四运动，揭开了中国新民主主义革命的序幕，中国青年学生从此以新的思维审视古老的中国，并以崭新的面貌出现在反帝反封建斗争的前列。广西虽然地处边陲，但青年学生在"五四"精神的洗礼下，也表现出了新的觉醒，在广西革命斗争史上写下了亮丽的一笔。

　　一、爱国热情空前高涨

　　广西人民对自己的祖国怀有深厚的感情。当得知参加五四运动的爱国学生遭到北洋军阀政府镇压的消息时，广西人民尤其是青年学生们愤怒了。梧州、桂林、南宁和柳州 4 市的学生首先行动起来，接着贵县、玉林、陆川、岑溪、藤县、平乐、灵山、龙州、百色、怀集和宜山等县城的学生也积极响应，其规模之大、时间之长、爱国的热情之高，均是前所未有的。这是五四运动中广西青年学生觉醒的第一个重要标志。

　　1. 罢课游行，声援北京学生。严重的民族危机使青年学生坐不住了，"国之不存，家将安在?"他们纷纷集会，声讨北洋军阀政府镇压学生爱国运动的罪行。他们宣布罢课，以支持北京同学的正义行动。梧州省立二中、省立第二师范及城厢小学等学校的学生，在大街小巷设立演讲台，宣讲北洋军阀政府的腐败无能，大讲帝国主义的贪得无厌，高呼"还我青岛""拒绝和约签字""抵制日货"等口号。为了联合全城各界的力量，6 月间，梧州学生联合救国团在大较场召开有几千学生参加的示威大会，声讨北洋军阀政府丧权辱国和镇压北京爱国运动的滔天罪行。会上，团长黄毓梧及各校代表均上台发言，会后举行了浩浩荡荡的示威游行。在学生运动的影响下，梧州码头工人、店员工人举行罢工，商会也举行罢市。梧州各界出现了空前的团结，掀起了爱国运动的高潮。

　　在桂林，桂林法正专门学校、第二师范和省立三中等学校的学生举行示威游行，"外争国权""内惩国贼""还我山东"的口号响彻山城。6 月下旬，南宁举行有 3 万人参加的国民大会，共商救国方法。有一青年当场"断指血书"，表示"誓死殉国"的决心，整个会场顿时"群情愤激，万众悲呼"。大会发出通

---

　　①　龙润忠:《五四运动与广西青年的觉醒》，《广西地方志》1999 年第 2 期。

电，提出"和约不签字""声讨卖国贼""提倡国货"等6项要求，会后举行了盛大游行。平南县、平乐县的学生则派出宣传队到圩镇演讲，宣传爱国救国的道理。灵山县的学生发出通电，强烈要求北洋军阀政府"释放学生，诛曹章"。表示："愿投笔从戎，杀国贼，申义愤"。陆川学生救国联合会也先后发出《代电》和《宣言》，声援北京学生的爱国行动，并组织学生示威游行。

2. 抵制日货。五四运动中，广西学生喊得最响的口号之一，莫过于"抵制日货"，认为日本之所以强，中国之所以弱，重要的原因之一，就是中国人大量购买和使用日本的商品，使日本得以换取中国的大米和工业原料，日本人吃饱了饭，就用中国的原料制造轮船和枪炮，反过来欺压中国人。要使中国强大起来，全国民众必须一致起来抵制日货，振兴国货。那小日本在孤岛上没米吃没原料，就很快会衰落。于是，就震耳欲聋地发出了"救国之事，莫先于抵制日货"的呼声，并付之于行动。他们砸烂了自己使用的日造口盅、牙膏和雨伞，烧毁了日本纱布做成的衣服和箱子等等。指定一些机智勇敢的学生组成"抵制日货检查队"和"学生纠察队"，一旦发现日货就没收。由于得到店员和码头工人的支持和帮助，在梧州、桂林、贵县和平南等地的日货很难蒙混过关。当没收到一定数量时，学生们就举行焚烧劣货大会，请各界人士参观。围观的民众无不拍手称快。

在南宁，没收日货，焚烧日货的消息来得太迟。没收不到日货，学生们就拿出自己以前买下的日货如脸盆、雨伞和衣服等物品，高举"抵制日货，振兴国货""勿忘国耻"等横额，高呼"打倒日本帝国主义！""废除不平等条约！"等口号，以激发民众的爱国热情。游行队伍所到之处，不少居民为之感奋，纷纷拿出自家的日货，跟着学生队伍到洋关附近（即今河堤路军区一带）捣烂烧毁，反日爱国的气氛洋溢全市。

3. 与奸商作斗争。"抵制日货"、焚烧日货，必然触及某些商人的利益。为使爱国运动深入发展，青年学生与某些商人展开了针锋相对的斗争。5月中旬，柳州近千名学生游行到苏杭街中段时，把写有"抵制日本劣货""振兴国货"的小三角旗插在大同春药店的柜台旁，这本没有错。但店老板见后却破口大骂，还把旗子扔到街心。在理昌绸布店的门口，参加游行的女学生受到了商人的侮辱和嘲讽。这不能不激起学生的愤慨。游行结束后，学生救国会立即派出宣传员到这两家店铺开展爱国宣传，店老板等人闻声便出来呵斥谩骂。学生见状便提出立即检查他们的货物。顽固的商人坚持不给检查，还说"没有日本货，中国人有病无药治，寒冷无衣穿……"这类话语，顿时激起学生的愤怒。几位同学冲进店内，见装有日本药品的器具拿出便砸。店老板如同被砸了脑袋一样，拿起板凳见人就打。混乱中，店内的货架也坏了。商人红了眼，爬到楼上将镪水从上倒下，烧伤了7位同学。学生一怒之下，捣毁了店内的大部分货架。此时，另一队学生在理昌绸布店也与商人发生了冲突。

事情发生后，这两家店铺的老板连夜串通其他商人密谋，策划以罢市来对付学生对日货的检查。第二天，全城大部分商铺都关门。他们还四处扬言，如果学生不赔偿损失和道歉，绝不开市。一些不明真相的绅士和市民便对学生的爱国行动产生了误解。学生感到压力很大，一时显得手足无措起来。为了争取社会各界的支持，学生救国联合会派出几路宣传队到机关团体，到地方绅士老者住处进行宣传，说明事情的真相，说明爱国无罪，终于得到各界的同情和支持，逐步扭转了舆论上被动的局面。迫于社会各界的压力，几天后，商人寻得一个借口就开市营业了，学生的斗争取得了胜利。

在桂林，学生联合会与商会商定了抵制日货的办法。为防止商人阳奉阴违，还商定布置各校学生会组织日货检查队检查各商铺。五洲药房和马永顺百货店两家大商号拒绝检查，还唆使店里的伙计和学生发生冲突。进而向法院诬告学生破坏营业。学联会组织各校学生聚集法院门前示威抗议，迫使法院不仅不敢传讯学生，还不得不请学联代表入座谈判。结果，马永顺等被迫向学联道歉，并保证不再销售日货。

二、组织能力和动手能力大大提高

五四运动中，一批敢说敢干的学生既能从大处着眼，又能从小事做起，表现出一种可贵的实干精神。比如自办报刊，就是很富于创造的举动。投身五四运动的青年学生，深知报刊对爱国运动的鼓舞和指导作用。但对于在求学的他们来说，其难度是可想而知的。在学联会的领导下，同学们硬是克服重重困难，办起了自己的报刊。然而，以梧州《良知日报》为代表的顽固势力，不愿看到社会的进步，为阻止学生的宣传，常常在梧州学生自办报纸《救国晨报》的排版、印刷事项上进行刁难，并以拒绝排版、印刷相要挟。为了摆脱该报的控制，学联会决定自办印刷厂。通过募集，得到一笔资金。自己采购、租房，于1919年10月办起了印刷厂，《救国晨报》直到1926年夏改为《广西学生日报》才停刊。当年出版的《中国学生》评论说：《救国晨报》"销路很广，且受广西民众之欢迎"。此外，南宁、桂林、贵县和容县的学生还分别创办了《爱国报》《岭南日报》《会刊》《晨报》《绣江杂志》等报刊。

五四运动中，广西学生联合会还有一大创举——在梧州成立"国货劝销场"。当时，由于开展抵制日货活动，日货几乎绝迹。然而，日货虽少了，但英美等国的商品却大量增加，造成了"前门拒狼，后门进虎"的现象。怎么办？

青年学生想出了一个好办法，成立国货劝销场，推销国货。于是在 1919 年 9 月通过向社会发行股票，筹集近万元奖金，从广州采购各种国货回来销售。尽管这个劝销场后来因为各种原因停止了营业，但在马列主义尚未传播到广西的当时，青年学生凭着炽热的爱国热情，从经济角度来分析政治问题并作出实际的努力，办成了实事，是难能可贵的。

三、各地学生出现了前所未有的大团结

联合才有力量，团结才能救国，这也是广西青年学生觉醒的一大标志。在爱国斗争中，广西最先成立学联会的是梧州学生。罢课开始后，梧州各校就纷纷成立了自己的团体——学生救国团。经过一段时间的斗争，大家都感到有加强团结，统一步调的需要，于是在 1919 年 5 月 27 日成立了梧州学生联合救国团，作为统一指挥全城学生进行救国事业的领导机关。

随着运动的进一步发展，梧州学生救国团还派出代表到柳州联络，鼓动柳州学生开展爱国运动，并在运动中组织成立了柳江道学生救国联合会。桂林学生为了统一行动，也组织起桂林学生救国会。后来，全国学生总会在上海举行代表大会，决定把全国学生组织统一称为"学生联合会"，桂林学生组织也从此改名。之后，南宁、贵县、容县、岑溪、藤县、怀远、邕宁、龙州、玉林和平乐等地都成立了学生组织。虽然梧州学生联合救国团早就倡导成立广西全省学生联合会，但由于各地都忙于救国活动，对此事并未加以注意。全国学联成立后，非常重视广西成立全省学联的事宜。7 月 5 日，全国学联派出北京学生代表黄士嘉（贺县人，北京大学学生，在五四示威游行时曾被军警打伤）、李运华、上海学生代表蔡灏及国民外交后援会发起人之一的胡伟民一行 4 人到达梧州。他们与梧州学生负责人磋商，极力提倡以梧州为中心组织广西全省学生联合会。7 月 6 日梧州学生召开各校代表会，欢迎京沪代表，同时决定成立"广西全省学生联合会筹备处"，由梧州学生联合救国团主持筹备处工作。之后，省学联筹备处去函全省学校，并在《救国旬报》第二期上刊登了发给各校的公开函，说明："自京沪学生发生种种救国义举以来，吾省各校亦应声附义，次组织救国团体"，"唯有全省联合之团体，未经成立，统一之机关，尚未建设"。京沪代表和梧州学生代表也为此分赴南宁、柳州、贵县和平南，接洽有关成立省学联事宜。不久，藤县、贵县、桂平、横县、柳州、平南、武宣、南宁和平乐等地的学生组织都派代表到梧州参加会议，正式开会成立了广西全省学生联合会，使广西全省学生实现了大团结，大大加强了广西反帝爱国的力量。

四、马克思主义开始在青年学生中传播

这是广西青年学生觉醒的最重要的标志。马列主义传入广西，首先得益于到外地求学和工作的广西籍青年学生。"五四"之后，广西到北京、上海、广州甚至日本、法国等地读书或工作的知识青年越来越多。他们在外地接受了先进思想，成立了许多进步组织。如"广西留穗学会""广东高师广西同乡会""北京大学广西同乡会"等等，他们努力学习，互相促进，共同探讨，运用先进思想的基本观点和原则，针对广西的落后与愚昧，发表了许多颇有见解的言论，为让这些言论产生影响，于是自费出版了许多进步刊物，以与有关人士共同探讨改造广西的有效方法。这些刊物绝大多数寄回广西发行。比如广西留穗学会出版的《群言》杂志，在广西省内设有贵县、北流等 26 个分售处。又如在北京出版的《桂光》半月刊，每期刊印两千份左右，也主要寄回广西的机关和学校，各主要城市和县都设有分销处。这两个刊物对广西青年的影响最大，特别是《桂光》半月刊，它在广西的流传很可能是马列主义系统地传入广西的先声。该刊是 1923 年 7 月 15 日由黄日葵联络广西籍青年学生在北京创办的。黄日葵是广西接受马列主义的第一人。他在北京大学读书期间，得到李大钊同志的引导，积极参加五四运动，努力学习马克思主义，并于 1921 年 3 月和邓中夏等 19 人发起成立北京大学马克思学说研究会，这是我国第一个研究和宣传马克思主义的团体之一。黄日葵后来成为我国第一批社会主义青年团的团员，并于 1921 年上半年加入了中国共产党。在黄日葵的教育帮助下，一些广西籍青年进步很快。如谭寿林，1922 年加入了中国社会主义青年团。《桂光》半月刊出版时，谭寿林就担任编辑部主任。

在黄日葵和谭寿林的主持下，《桂光》半月刊热情宣传马列主义，运用马列主义的立场观点来分析和评论广西的局势，鼓吹中国共产党民主革命的纲领。此前，北京、上海和广州等地出版的进步书刊也时而寄入广西，如 1922 年 7 月 2 日出版的《新青年》9 卷 6 号在"本报代办处一览"中，已有"梧州第一师范学校陈公佩"的记载。说明宣传马列主义的刊物，已在广西境内流传，但范围极小，影响也有限。此后，以《桂光》半月刊为代表，广西青年学生主办的刊物如雨后春笋般出现，像《铎声杂志》《新漓潮半月刊》《南太思》《西江潮》《留穗公法学报》和《容县留穗会报》等等，都是青年学生用以宣传进步思想的阵地。

在广西境内，青年学生订阅的刊物也越来越多。省立二中、省第一师范、苍梧中学以及南宁和玉林一些学校的图书馆，班级阅览室都经常购进或订阅进步书刊。一些先进青年知识分子也踊跃订阅。如高孤雁，他在离越南不远的下冻小学这么个偏僻的地方，就曾订阅《新青年》《向导》《创造》《前锋》等革命刊物，积极向师生宣传先进思想。同时还招收一批高小毕业后考不上中学的青少年，办了一个不收费的特别班，选择进步刊物里的文章作为教材，对他们进行马列主义理论的启蒙教育。在他的教育引导下，学生们觉悟有了很大的提高，一些学生如邓匡、黄大我后来都参加了革命。还有桂林的谢铁民、李征凤，南宁的雷荣璞（雷经天）、雷沛涛，陆川的宁培英，岑溪的林培斌都是在"五四"期间接受马列主义，后来成为广西著名的革命者的。由此可见，五四运动在广西的开展，马列主义在青年学生中的传播，确实使一大批青年迅速成长起来，走上了革命的道路，为中国革命作出了贡献。

五、妇女开始投身政治运动

"国家兴亡，女子有责"，这是投身五四运动的女青年们的共同认识，也是五四运动中青年学生觉醒的一个重要标志。那时候，《新青年》《少年中国》等刊物对妇女自由、男女平等的问题非常重视。除了陈独秀、李大钊、鲁迅之外，黄日葵也积极探讨这些问题。1919 年 10 月，他在自己负责编辑的《少年中国》第一卷第四期妇女专号上，发表了《何故不许女子平等》一文。后来，又发表《各国妇女运动史》《妇女问题评论》等文章，对封建的伦理纲常进行揭露和批判，提倡男女平等，产生了很大影响，特别是《少年中国》"妇女专号"，曾三次重印，发行量达 7000 份，深得各界的好评。

应该说，新文化运动的勇士们猛烈地抨击孔孟学说，批判三纲五常和忠孝节烈的封建道德，为女子从封建束缚中解放出来做了理论准备。五四运动的爆发和深入发展，为女子投身政治运动，追求政治平等提供了机会。五四运动中，广西桂林、柳州和梧州的许多女学生首次与男生一起参加集会和游行，高呼爱国口号，一起开展抵制日货的斗争，做了许许多多具体的工作。这是女子抛头露面较大规模地、较持久地参加政治运动的第一回。不仅如此，随着形势的发展，女学生还参加到学生联合会当中，直接参与对学生运动的领导。比如桂林进德小学的谢慧英、莫佩琼、何玉贞；明德小学的易素芳、黎秀英；端淑小学的白凤英、李淑贞等人，都被选为学联会的干事，成为带领女学生参加反帝反封建斗争的积极分子。梧州的女同学除了积极参加政治活动外，还为筹办报纸和印刷厂四处活动。她们不怕丢面子，为早日筹集到资金，经常拿着募捐启事到社会上募捐，各界人士也不乏乐于捐助者。由于女同学大胆和诚恳，在劝捐时更能打动人心，所以她们每一次出去所得的资金总比男同学多得多。

在这期间，妇女问题更加受到社会各界的关心和重视。当时，广西女学生李超，顽强地反对封建家庭的威胁和压迫，求学于北京女师。但是家中却多次以断绝经济供给相威胁，逼她中途辍学。她气急交加，忧闷成疾而死。李超之死，引起教育界广泛的同情。北京女高师的学生会为李超举行追悼会，北京大学校长蔡元培，在李超遗像的横幅上题了"不可夺志"四个大字。蔡元培、陈独秀、李大钊和当时有名的学者都被邀请参加了追悼会，并作了演说，使追悼会成为控诉封建制度、宣传男女平等的大会。事后，女高师学生还为李超之死公演了话剧《罪恶家庭》。胡适写了《李超传》，一定程度上支持了妇女反封建、求解放的愿望。李超用她不屈而死的事实，唤起了社会对妇女的同情和支持，鼓舞着广大妇女勇敢地去追求自身的解放。

"五四"之后不久，桂林学生发生了分化，学联中的大部分热血青年，组成了新的进步的学生组织——桂林新中国学社。谢慧英、莫佩琼、廖骥、黎秀英等女同学毅然参加，并在其中积极工作。谢慧英的字写得好，在誊写组从事誊写工作；莫佩琼擅长手工，在织布组工作，试图自食其力，为走出家门，冲破旧俗，独立工作打基础。在学社的领导下，她们既锻炼了意志，开阔了眼界，又进一步接受了新思想新文化，成为妇女冲破封建羁绊的先锋。

参加五四运动的女子虽然是少数，但她们却为后来的妇女作出了光辉的榜样，许多青年女子在五四精神和她们的鼓舞下，走上了革命的道路。

广西农民运动的先驱——韦拔群①

邓小平曾为百色起义领导人、中国工农红军高级将领韦拔群题词："韦拔群同志以他的一生献给了党和人民的事业，最后献出了他的生命。他不愧是无产阶级和劳动人民的英雄，他不愧是名副其实的人民群众的领袖，他不愧是一个模范的共产党员！"

韦拔群，1894年生，广西东兰人，壮族。早年就读于广西法政学堂。1916年初在贵州入讨伐袁世凯的护国军，参加了护国战争。后入贵州讲武堂学习，毕业后到黔军任参谋。在五四运动影响下，1920年离开黔军到广州加入"改造广西同志会"，次年回东兰从事农民运动，先后组织"改造东兰同志会"（后称农民自治会）和"国民自卫军"（后称农民自卫军），把农民运动和武装斗争逐渐结合起来。1923年夏秋指挥农军三打东兰县城，赶跑县知事和团总。1925年初入广州农民运动讲习所学习，结业后回东兰继续从事农民运动，主办农讲所，培养骨干，发展农会和农民武装，把农民运动推向整个右江地区。1926年领导

---

① 中央电视台《新闻联播》2009年7月20日播出。

成立东兰县革命委员会，任主任，同年冬加入中国共产党。1927 年大革命失败后，仍在当地坚持武装斗争。

1929 年 12 月，韦拔群参与领导百色起义，建立右江苏区，任右江苏维埃政府委员、中国工农红军第 7 军第 3 纵队司令员。正当右江苏区和新生的红色政权不断巩固之时，红 7 军奉命开赴中央苏区。1930 年 10 月，红 7 军集中在广西河池整编，把原来的 3 个纵队改编为 3 个师，韦拔群任第 21 师师长，率部留守右江苏区。他坚决服从党的决定，并把第 21 师 1000 多名精壮官兵补充到即将远征的两个主力师，表现出以全局利益为重的崇高品质。

红 7 军主力离开右江苏区后，韦拔群带领百余人回到右江，投入到坚持苏区的斗争。他把东兰、凤山、都安等县的地方武装共 2000 多人补充到主力部队，使第 21 师迅速扩充到 4 个团和 2 个独立营，使右江地区又有了坚持武装斗争的骨干力量。从 1931 年春到 11 月，桂系军阀白崇禧指挥数千国民党军队，对右江苏区进行了两次大规模"围剿"。韦拔群指挥根据地军民，在极其艰苦的条件下坚持游击斗争，粉碎了国民党军的"围剿"。1932 年 8 月，白崇禧坐镇东兰，指挥国民党军近万人，在当地民团的配合下，对右江根据地的中心——东兰县西山进行了空前规模的围剿。面对越来越严重的敌情，韦拔群毫不畏惧，从容对敌，指挥根据地军民给进犯的国民党军以重大杀伤。白崇禧见军事"围剿"没有奏效，就一面增加兵力，一面在革命阵营内部收买意志薄弱者，企图暗杀韦拔群。作为一名坚定的革命者，韦拔群早将生死置之度外。他一家 20 人，有 10 多人包括他的儿子韦述宗惨遭敌人杀害。但这些都没有动摇他的革命意志，他坚定地说："革命者要不怕难，不怕死，坚决为人民的利益牺牲自己的一切。"10 月 19 日凌晨，韦拔群被叛徒杀害于广西东兰赏茶洞，时年 38 岁。

六、实践建议

（一）读书报告

1. 王福琨：《红七军红八军总指挥李明瑞》，广西人民出版社 2008 年版。

2. 傅建文：《邓小平与李明瑞》，华文出版社 2001 年版。

3. 毛正三：《韦拔群的故事》，中国少年儿童出版社 1980 年版。

4. 胡益安：《天下桂系——李宗仁、白崇禧成败录》，东方出版社 2010 年版。

5. 李宗仁口述，唐德刚撰写：《李宗仁回忆录》，广西人民出版社 1988 年版。

6. 苏志荣等编：《白崇禧加忆录》，解放军出版社 1987 年版。

7. 黄绍竑：《五十回忆》，岳麓书社 1999 年版。

8. 荣维木：《李宗仁评传》，人民出版社 2017 年版。

9. 苏理立：《白崇禧传奇》，广西人民出版社 1988 年版。

10. 李永铭、范小方：《桂系三雄：李宗仁、黄绍竑与白崇禧》，崇文书局 2007 年版。

11. 邓定旭主编：《黄绍竑略传》，漓江出版社 1995 年版。

（二）实地调查

通过查阅有关资料和参观考察有关遗址遗迹、名人故居和纪念场馆，撰写调查报告或观后感。以下选题可供选择参考：

1. 近代广西革命英雄故居对大学生爱国主义教育功能作用的研究——以韦拔群故居为例。

2. 近代广西革命纪念场所对大学生爱国主义教育功能作用的研究——以梧州中共广西特委旧址、广西农民运动讲习所旧址为例。

3. 广西大学生对李明瑞、韦拔群等广西革命先烈的认识。

（三）观看与本章内容有关的反映广西人民参与革命的影视剧

1. 电视剧《虎将李明瑞》

李瑞明将军，1920 年滇军讲武堂韶关分校毕业后任桂军排长，先后参加孙中山领导讨伐桂系军阀及驱逐滇军军阀的战斗，屡立战功。

1926 年参加北伐战争，任国民革命军第七旅长、师长、副军长，屡建奇功。在韩庄战役中任前敌总指挥，张宗昌所部闻听赫赫有名的北伐军虎将李明瑞第 21 团来攻，不战而逃……在栖霞山之战中遭遇顽强阻击，李明瑞亲率所部强攻……为保卫南京国民政府立下大功。

李明瑞拒绝了蒋介石的拉拢，并在蒋介石清党时保护了共产党员。1929 年李明瑞与邓小平、俞作豫、张云逸、陈豪人率广西警备第四、五大队与教导总队挺进广西左右江地区，与韦拔群率领的农民武装汇合，发动了百色和龙州起义，创立了约 5 万平方千米人口 100 多万的左右江革命根据地。

李明瑞先后拒绝了李宗仁、汪精卫、蒋介石高官厚禄的许诺，申请加入中国共产党，任红七军红八军总指挥，与邓小平总政委率部转战桂、黔、湘、粤、赣边，于 1930 年到达中央苏区，参加了第二、三次反围剿，1931 年与中央红军胜利会师。

2. 纪录片《李宗仁归来》

曾任国民党南京政府代总统的李宗仁先生，于 1965 年 7 月携夫人郭德洁女士回归祖国。这件事从开始酝酿到最后实现，经历了几乎十年的时间。这件事是我们敬爱的周总理亲自安排的。他从中国共产党统一战线的正确方针出发，做了大量艰苦而细致的工作，充分显示了周总理作为一个伟大的无产阶级革命家那种严肃认真的工作作风和胸襟博大的宏伟气魄。李宗仁先生回归祖国这一轰动世界的举动，作为中国共产党统一战线的伟大胜利和周恩来总理的辉煌业绩之一，被载入史册。它的光辉将照耀我们在台湾回归祖国、实现祖国统一的壮丽征途上，满怀豪情地前进。

（四）其他实践方式

1. 可以举行演讲比赛，参考题目如下：

（1）虎将李明瑞

（2）中共早期杰出农民运动领袖韦拔群

（3）李宗仁的传奇一生

2. 表演话剧，如模仿五四运动期间北京学生在街头抵制日货和游行示威。

第五章

中国革命的新道路

一、知识要点

（一）对革命新道路的艰苦探索

1. 国民党在全国统治的建立

2. 土地革命战争的兴起

（1）大革命失败后的艰难环境

（2）开展武装反抗国民党反动统治的斗争

3. 走农村包围城市、武装夺取政权的道路

（1）对中国革命新道路的探索

（2）反"围剿"战争与土地革命

（二）中国革命在探索中曲折前进

1. 土地革命战争的发展及其挫折

（1）农村革命根据地的建设

（2）土地革命战争的严重挫折

2. 中国革命的历史性转折

（1）遵义会议

（2）红军长征的胜利

3. 总结历史经验，迎接全民族抗日战争

二、历史脉络

国共第一次合作所进行的北伐战争使国民党军队得以壮大，但国民党内部

派系林立，各霸一方，各自为政。在南京，有蒋介石控制的"国民政府"和"中央党部"，称为"宁方"。在武汉，有汪精卫控制的"国民政府"和"中央党部"，称为"汉方"。在上海，有西山会议派控制的"中央党部"，称为"沪方"。此外，以张作霖为首的旧军阀奉系控制着北京政府，统治着山东、河北、平津、东北地区。还有割据山西的晋系阎锡山，占据洛阳的冯系冯玉祥，盘踞两广的桂系、粤系势力李济深等。经过几番周折，实现了宁、汉合流。1928年2月，南京国民政府改组。其后，国民党政府的军队继续北伐。张学良于同年12月29日宣布"遵守三民主义，服从国民政府，改易旗帜"。国民党就在全国范围内建立了自己的统治。

大革命失败后，国民党性质发生改变，不再是工人、农民、城市小资产阶级和民族资产阶级的革命联盟，而是变成了一个由代表地主阶级、买办性的大资产阶级利益的反动集团所控制的政党。国民党集团内部派系林立，矛盾重重，冲突不断。在1928年至1929年间，中国民族工业有过短暂的繁荣。不过，民族工商业也并没有得到自由的发展，民族资产阶级并没有成为中国的统治阶级，他们不满于蒋介石政权，发起了一个改良主义运动，想另找一条有利于中国发展资本主义的道路。

国民党所实行的是代表地主阶级、买办性的大资产阶级利益的一党专政和军事独裁统治。为了镇压人民和消灭异己力量，国民党建立了庞大的军队、全国性特务系统，大力推行保甲制度，还厉行文化专制主义，以此来维护帝国主义、封建主义、官僚资本主义的利益，巩固自身的统治。正因为如此，中国人民要争得民族独立和自身解放，就必须同这个反动统治做坚决的斗争。

中国革命转入低潮，中国共产党遇到了前所未有的困难。在白色恐怖统治下，对于"怎样坚持革命，即坚持革命应当走什么道路"这一问题，具有坚定的革命立场和大无畏的英雄气概的中国共产党人作出了明确回应。1927年8月7日，中共中央在汉口秘密召开紧急会议（即八七会议），彻底清算了大革命后期的陈独秀右倾机会主义错误，确定了土地革命和武装反抗国民党反动统治的总方针，并选出了以瞿秋白为首的中央临时政治局。八七会议使中国共产党在政治上大大前进了一步，开始了从大革命失败到土地革命战争兴起的转折。在中央领导下，南昌起义、秋收起义和广州起义先后发动，由此中国革命进入了红军队伍建设的新时期，开启了中国革命新纪元。

以毛泽东为首的中共党人将马列主义基本原理同中国国情相结合，根据1927年以后中国革命发展的客观规律，依靠党和人民的集体奋斗，凝聚党和人民的集体智慧，开辟了农村包围城市、武装夺取政权这条革命新道路。随着革命新道路的开辟，中国革命开始走向复兴。到 1930 年初，共产党领导人民群众建立了大小十几块农村根据地，红军发展到 7 万人，连同地方武装共约 10 万人，并先后取得了四次反"围剿"的胜利。中国共产党紧紧地依靠了农民，领导农民进行了土地制度的革命。国民党统治区的共产党人和进步文化界人士还在文化战线上开展了反"围剿"斗争，形成了声势浩大的左翼文化运动。

1931 年 11 月，中华苏维埃第一次全国代表大会召开，成立了中华苏维埃共和国临时中央政府。中华苏维埃共和国实行工农兵代表大会制度，注重发展文化教育事业，提高工农群众的文化水平，认真加强廉洁从政的教育，坚决开展反对贪污腐化等的斗争。根据地成为新民主主义共和国的雏形，它使身陷苦难深渊的中国人民看到了一线光明和希望。

"左"倾错误，尤其是以王明为代表的"左"倾教条主义错误，使中国革命受到严重挫折，使红军在第五次反"围剿"作战中遭到失败，不得不退出南方根据地实行战略转移——长征。长征期间，中共中央政治局于 1935 年 1 月 15 日至 17 日在遵义召开了扩大会议，集中解决了当时具有决定意义的军事问题和组织问题，确立了毛泽东同志在红军和党中央的领导地位，从而在极其危急的情况下挽救了中国共产党、挽救了中国工农红军、挽救了中国革命，成为中国共产党历史上一个生死攸关的转折点。

1936 年 10 月，红二、四方面军先后同红一方面军在甘肃会宁、静宁将台堡（今属宁夏回族自治区）会师。至此，三大主力红军的长征胜利结束。红军长征的胜利宣告了国民党反动派消灭中国共产党和红军的图谋彻底失败，宣告了中国共产党和红军肩负着民族希望胜利实现了北上抗日的战略转移，实现了中国共产党和中国革命事业从挫折走向胜利的伟大转折。红军长征到达陕北以后，毛泽东、中共中央用很大的精力，去总结历史经验，加强共产党自身的思想理论建设。以毛泽东为主要代表的中共中央所进行的理论工作，对党的政治路线、军事路线和思想路线进行了拨乱反正，从思想上、理论上武装了中国共产党人，使他们满怀信心地去迎接即将到来的伟大的抗日民族解放战争。

三、原著选读

星星之火，可以燎原①

（一九三〇年一月五日）

毛泽东

在对于时局的估量和伴随而来的我们的行动问题上，我们党内有一部分同志还缺少正确的认识。他们虽然相信革命高潮不可避免地要到来，却不相信革命高潮有迅速到来的可能。因此他们不赞成争取江西的计划，而只赞成在福建、广东、江西之间的三个边界区域的流动游击，同时也没有在游击区域建立红色政权的深刻的观念，因此也就没有用这种红色政权的巩固和扩大去促进全国革命高潮的深刻的观念。他们似乎认为在距离革命高潮尚远的时期做这种建立政权的艰苦工作为徒劳，而希望用比较轻便的流动游击方式去扩大政治影响，等到全国各地争取群众的工作做好了，或做到某个地步了，然后再来一个全国武装起义，那时把红军的力量加上去，就成为全国范围的大革命。他们这种全国范围的、包括一切地方的、先争取群众后建立政权的理论，是于中国革命的实情不适合的。他们的这种理论的来源，主要是没有把中国是一个许多帝国主义国家互相争夺的半殖民地这件事认清楚。如果认清了中国是一个许多帝国主义国家互相争夺的半殖民地，则一，就会明白全世界何以只有中国有这种统治阶级内部互相长期混战的怪事，而且何以混战一天激烈一天，一天扩大一天，何以始终没有一个统一的政权。二，就会明白农民问题的严重性，因之，也就会明白农村起义何以有现在这样的全国规模的发展。三，就会明白工农民主政权这个口号的正确。四，就会明白相应于全世界只有中国有统治阶级内部长期混战的一件怪事而产生出来的另一件怪事，即红军和游击队的存在和发展，以及伴随着红军和游击队而来的，成长于四围白色政权中的小块红色区域的存在和发展（中国以外无此怪事）。五，也就会明白红军、游击队和红色区域的建立和发展，是半殖民地中国在无产阶级领导之下的农民斗争的最高形式，和半殖民地农民斗争发展的必然结果；并且无疑义地是促进全国革命高潮的最重要因素。

----

① 中共中央文献编辑委员会：《毛泽东选集》第一卷，人民出版社 1991 年版，第 97～106页。

六，也就会明白单纯的流动游击政策，不能完成促进全国革命高潮的任务，而朱德毛泽东式、方志敏式之有根据地的，有计划地建设政权的，深入土地革命的，扩大人民武装的路线是经由乡赤卫队、区赤卫大队、县赤卫总队、地方红军直至正规红军这样一套办法的，政权发展是波浪式地向前扩大的，等等的政策，无疑义地是正确的。必须这样，才能树立全国革命群众的信仰，如苏联之于全世界然。必须这样，才能给反动统治阶级以甚大的困难，动摇其基础而促进其内部的分解。也必须这样，才能真正地创造红军，成为将来大革命的主要工具。总而言之，必须这样，才能促进革命的高潮。

犯着革命急性病的同志们不切当地看大了革命的主观力量，而看小了反革命力量。这种估量，多半是从主观主义出发。其结果，无疑地是要走上盲动主义的道路。另一方面，如果把革命的主观力量看小了，把反革命力量看大了，这也是一种不切当的估量，又必然要产生另一方面的坏结果。因此，在判断中国政治形势的时候，需要认识下面的这些要点：

（一）现在中国革命的主观力量虽然弱，但是立足于中国落后的脆弱的社会经济组织之上的反动统治阶级的一切组织（政权、武装、党派等）也是弱的。这样就可以解释现在西欧各国的革命的主观力量虽然比现在中国的革命的主观力量也许要强些，但因为它们的反动统治阶级的力量比中国的反动统治阶级的力量更要强大许多倍，所以仍然不能即时爆发革命。现时中国革命的主观力量虽然弱，但是因为反革命力量也是相对地弱的，所以中国革命的走向高潮，一定会比西欧快。

（二）一九二七年革命失败以后，革命的主观力量确实大为削弱了。剩下的一点小小的力量，若仅依据某些现象来看，自然要使同志们（作这样看法的同志们）发生悲观的念头。但若从实质上看，便大大不然。这里用得着中国的一句老话："星星之火，可以燎原。"这就是说，现在虽只有一点小小的力量，但是它的发展会是很快的。它在中国的环境里不仅是具备了发展的可能性，简直是具备了发展的必然性，这在五卅运动及其以后的大革命运动已经得了充分的证明。我们看事情必须要看它的实质，而把它的现象只看作入门的向导，一进了门就要抓住它的实质，这才是可靠的科学的分析方法。

（三）对反革命力量的估量也是这样，决不可只看它的现象，要去看它的实质。当湘赣边界割据的初期，有些同志真正相信了当时湖南省委的不正确的估量，把阶级敌人看得一钱不值；到现在还传为笑谈的所谓"十分动摇""恐慌万状"两句话，就是那时（一九二八年五月至六月）湖南省委估量湖南的统治者鲁涤平的形容词。在这种估量之下，就必然要产生政治上的盲动主义。但是到了同年十一月至去年二月（蒋桂战争尚未爆发之前）约四个月期间内，敌人的第三次"会剿"临到了井冈山的时候，一部分同志又有"红旗到底打得多久"的疑问提出来了。其实，那时英、美、日在中国的斗争已到十分露骨的地步，蒋桂冯混战的形势业已形成，实质上是反革命潮流开始下落，革命潮流开始复兴的时候。但是在那个时候，不但红军和地方党内有一种悲观的思想，就是中央那时也不免为那种表面上的情况所迷惑，而发生了悲观的论调。中央二月来信就是代表那时候党内悲观分析的证据。

　　（四）现时的客观情况，还是容易给只观察当前表面现象不观察实质的同志们以迷惑。特别是我们在红军中工作的人，一遇到败仗，或四面被围，或强敌跟追的时候，往往不自觉地把这种一时的特殊的小的环境，一般化扩大化起来，仿佛全国全世界的形势概属未可乐观，革命胜利的前途未免渺茫得很。所以有这种抓住表面抛弃实质的观察，是因为他们对于一般情况的实质并没有科学地加以分析。如问中国革命高潮是否快要到来，只有详细地去察看引起革命高潮的各种矛盾是否真正向前发展了，才能作决定。既然国际上帝国主义相互之间、帝国主义和殖民地之间、帝国主义和它们本国的无产阶级之间的矛盾是发展了，帝国主义争夺中国的需要就更迫切了。帝国主义争夺中国一迫切，帝国主义和整个中国的矛盾，帝国主义者相互间的矛盾，就同时在中国境内发展起来，因此就造成中国各派反动统治者之间的一天天扩大、一天天激烈的混战，中国各派反动统治者之间的矛盾，就日益发展起来。伴随各派反动统治者之间的矛盾——军阀混战而来的，是赋税的加重，这样就会促令广大的负担赋税者和反动统治者之间的矛盾日益发展。伴随着帝国主义和中国民族工业的矛盾而来的，是中国民族工业得不到帝国主义的让步的事实，这就发展了中国资产阶级和中国工人阶级之间的矛盾，中国资本家从拼命压榨工人找出路，中国工人则给以抵抗。伴随着帝国主义的商品侵略、中国商业资本的剥蚀和政府的赋税加重等项情况，便使地主阶级和农民的矛盾更加深刻化，即地租和高利贷的剥削更加重了，农民则更加仇恨地主。因为外货的压迫、广大工农群众购买力的枯竭和政府赋税的加重，使得国货商人和独立生产者日益走上破产的道路。因为反动政府在粮饷不足的条件之下无限制地增加军队，并因此而使战争一天多于一天，使得士兵群众经常处在困苦的环境之中。因为国家的赋税加重，地主的租息加重和战祸的日广一日，造成了普遍于全国的灾荒和匪祸，使得广大的农民和城市贫民走上求生不得的道路。因为无钱开学，许多在学学生有失学之忧；因为生产落后，许多毕业学生无就业之望。如果我们认识了以上这些矛盾，就知道中国是处在怎样一种皇皇不可终日的局面之下，处在怎样一种混乱状态之下，就知道反帝反军阀反地主的革命高潮，是怎样不可避免，而且是很快会要到来。"星火燎原"的话，正是时局发展的适当的描写。只要看一看许多地方工人罢工、农民暴动、士兵哗变、学生罢课的发展，就知道这个"星星之火"，距"燎原"的时期，毫无疑义地是不远了。

上面的话的大意，在去年四月五日前委给中央的信中，就已经有了。那封信上说：

"中央此信（去年二月七日）对客观形势和主观力量的估量，都太悲观了。国民党三次'进剿'井冈山，表示了反革命的最高潮。然至此为止，往后便是反革命潮流逐渐低落，革命潮流逐渐升涨。党的战斗力组织力虽然弱到如中央所云，但在反革命潮流逐渐低落的形势之下，恢复一定很快，党内干部分子的消极态度也会迅速消灭。群众是一定归向我们的。屠杀主义固然是为渊驱鱼，改良主义也再不能号召群众了。群众对国民党的幻想一定很快地消灭。在将来的形势之下，什么党派都是不能和共产党争群众的。党的六次大会所指示的政治路线和组织路线是对的：革命的现时阶段是民权主义而不是社会主义，党（按：应加'在大城市中'五个字）的目前任务是争取群众而不是马上举行暴动。但是革命的发展将是很快的，武装暴动的宣传和准备应该采取积极的态度。在大混乱的现局之下，只有积极的口号积极的态度才能领导群众。党的战斗力的恢复也一定要在这种积极态度之下才有可能。……无产阶级领导是革命胜利的唯一关键。党的无产阶级基础的建立，中心区域产业支部的创造，是目前党在组织方面的重要任务；但是在同时，农村斗争的发展，小区域红色政权的建立，红军的创造和扩大，尤其是帮助城市斗争、促进革命潮流高涨的主要条件。所以，抛弃城市斗争，是错误的；但是畏惧农民势力的发展，以为将超过工人的势力而不利于革命，如果党员中有这种意见，我们以为也是错误的。因为半殖民地中国的革命，只有农民斗争得不到工人的领导而失败，没有农民斗争的发展超过工人的势力而不利于革命本身的。"

这封信对红军的行动策略问题有如下的答复：

"中央要我们将队伍分得很小，散向农村中，朱、毛离开队伍，隐匿大的目标，目的在于保存红军和发动群众。这是一种不切实际的想法。以连或营为单位，单独行动，分散在农村中，用游击的战术发动群众，避免目标，我们从一九二七年冬天就计划过，而且多次实行过，但是都失败了。因为：（一）主力红军多不是本地人，和地方赤卫队来历不同。（二）分小则领导不健全，恶劣环境应付不来，容易失败。（三）容易被敌人各个击破。（四）愈是恶劣环境，队伍愈须集中，领导者愈须坚决奋斗，方能团结内部，应付敌人。只有在好的环境里才好分兵游击，领导者也不如在恶劣环境时刻不能离。”

这一段话的缺点是：所举不能分兵的理由，都是消极的，这是很不够的。兵力集中的积极的理由是：集中了才能消灭大一点的敌人，才能占领城镇。消灭了大一点的敌人，占领了城镇，才能发动大范围的群众，建立几个县联在一块的政权。这样才能耸动远近的视听（所谓扩大政治影响），才能于促进革命高潮发生实际的效力。例如我们前年干的湘赣边界政权，去年干的闽西政权，都是这种兵力集中政策的结果。这是一般的原则。至于说到也有分兵的时候没有呢？也是有的。前委给中央的信上说了红军的游击战术，那里面包括了近距离的分兵：

“我们三年来从斗争中所得的战术，真是和古今中外的战术都不同。用我们的战术，群众斗争的发动是一天比一天扩大的，任何强大的敌人是奈何我们不得的。我们的战术就是游击的战术。大要说来是：‘分兵以发动群众，集中以应付敌人。’‘敌进我退，敌驻我扰，敌疲我打，敌退我追。’‘固定区域的割据，用波浪式的推进政策。强敌跟追，用盘旋式的打圈子政策。’‘很短的时间，很好的方法，发动很大的群众。’这种战术正如打网，要随时打开，又要随时收拢。打开以争取群众，收拢以应付敌人。三年以来，都是用的这种战术。”

这里所谓“打开”，就是指近距离的分兵。例如湘赣边界第一次打下永新时，二十九团和三十一团在永新境内的分兵。又如第三次打下永新时，二十八团往安福边境，二十九团往莲花，三十一团往吉安边界的分兵。又如去年四月至五月在赣南各县的分兵，七月在闽西各县的分兵。至于远距离的分兵，则要在好一点的环境和在比较健全的领导机关两个条件之下才有可能。因为分兵的目的，是为了更能争取群众，更能深入土地革命和建立政权，更能扩大红军和地方武装。若不能达到这些目的，或者反因分兵而遭受失败，削弱了红军的力量，例如前年八月湘赣边界分兵打郴州那样，则不如不分为好。如果具备了上述两个条件，那就无疑地应该分兵，因为在这两个条件下，分散比集中更有利。

中央二月来信的精神是不好的，这封信给了四军党内一部分同志以不良影响。中央那时还有一个通告，谓蒋桂战争不一定会爆发。但从此以后，中央的估量和指示，大体上说来就都是对的了。对于那个估量不适当的通告，中央已发了一个通告去更正。对于红军的这一封信，虽然没有更正，但是后来的指示，就没有那些悲观的论调了，对于红军行动的主张也和我们的主张一致了。但是中央那个信给一部分同志的不良影响是仍然存在的。因此，我觉得就在现时仍有对此问题加以解释的必要。

关于一年争取江西的计划，也是去年四月前委向中央提出的，后来又在于都有一次决定。当时指出的理由，见之于给中央信上的，如下：

"蒋桂部队在九江一带彼此逼近，大战爆发即在眼前。群众斗争的恢复，加上反动统治内部矛盾的扩大，使革命高潮可能快要到来。在这种局面之下来布置工作，我们觉得南方数省中广东湖南两省买办地主的军力太大，湖南则更因党的盲动主义的错误，党内党外群众几乎尽失。闽赣浙三省则另成一种形势。第一，三省敌人军力最弱。浙江只有蒋伯诚的少数省防军。福建五部虽有十四团，但郭旅已被击破；陈卢两部均土匪军，战斗力甚低；陆战队两旅在沿海从前并未打过仗，战斗力必不大；只有张贞比较能打，但据福建省委分析，张亦只有两个团战力较强。且福建现在完全是混乱状态，不统一。江西朱培德、熊式辉两部共有十六团，比闽浙军力为强，然比起湖南来就差得多。第二，三省的盲动主义错误比较少。除浙江情况我们不大明了外，江西福建两省党和群众的基础，都比湖南好些。以江西论，赣北之德安、修水、铜鼓尚有相当基础；赣西宁冈、永新、莲花、遂川，党和赤卫队的势力是依然存在的；赣南的希望更大，吉安、永丰、兴国等县的红军第二第四团有日益发展之势；方志敏的红军并未消灭。这样就造成了向南昌包围的形势。我们建议中央，在国民党军阀长期战争期间，我们要和蒋桂两派争取江西，同时兼及闽西、浙西。在三省扩大红军的数量，造成群众的割据，以一年为期完成此计划。"

上面争取江西的话，不对的是规定一年为期。至于争取江西，除开江西的本身条件之外，还包含有全国革命高潮快要到来的条件。因为如果不相信革命高潮快要到来，便决不能得到一年争取江西的结论。那个建议的缺点就是不该规定为一年，因此，影响到革命高潮快要到来的所谓"快要"，也不免伴上了一些急躁性。至于江西的主观客观条件是很值得注意的。除主观条件如给中央信上所说外，客观条件现在可以明白指出的有三点：一是江西的经济主要是封建的经济，商业资产阶级势力较小，而地主的武装在南方各省中又比哪一省都弱。二是江西没有本省的军队，向来都是外省军队来此驻防。外来军队"剿共""剿匪"，情形不熟，又远非本省军队那样关系切身，往往不很热心。三是距离帝国主义的影响比较远一点，不比广东接近香港，差不多什么都受英国的支配。我们懂得了这三点，就可以解释为什么江西的农村起义比哪一省都要普遍，红军游击队比哪一省都要多了。

所谓革命高潮快要到来的"快要"二字作何解释，这点是许多同志的共同的问题。马克思主义者不是算命先生，未来的发展和变化，只应该也只能说出个大的方向，不应该也不可能机械地规定时日。但我所说的中国革命高潮快要到来，决不是如有些人所谓"有到来之可能"那样完全没有行动意义的、可望而不可即的一种空的东西。它是站在海岸遥望海中已经看得见桅杆尖头了的一只航船，它是立于高山之巅远看东方已见光芒四射喷薄欲出的一轮朝日，它是躁动于母腹中的快要成熟了的一个婴儿。

百色起义与红七军的建立①

张云逸

准备工作就绪后，我们就在 1929 年 12 月 11 日，在右江地区的百色起义，公布红七军的番号，同时在田东宣布右江苏维埃政府成立。红军的干部和战士们，每人都领到一套新灰色军服，军帽上缀着引人注目的红五角星，个个精神抖擞。周时，上自军长，下至战士，都同样地领到了第一个月的薪饷——20 块银元。

这一天，右江各县城乡，都热烈庆祝右江苏维埃政府和红七军的诞生。前委派我到田东去参加当地的庆祝大会。天气特别晴朗，田东万人空巷，都聚集到镇北的广场上来。红军战士们威武整齐地排列在主席台前；农民们敲锣打鼓，妇女和小孩穿红着绿，从百十里外赶来，广场上挨挨挤挤站了足足 5 万多人，红旗如海，欢声雷动。庆祝会开过后，就在广场上进行了各种文艺活动，演戏、唱民歌等等。这一带农村已经进行了土地改革，饱受国民党和地主豪绅摧残而新翻了身的农民们，当他们自己的苏维埃政府和红七军成立的时候，怎不欢欣鼓舞呢。这一整天，人们都沉浸在狂欢中，右江苏维埃政府招待到会的 5 万人吃了饭，让大家尽欢而归。

下午，我们乘着一艘挂满镰刀铁锤红旗的汽船回百色时，沿岸农民都从沸腾着的村庄里涌到江边来，敲着锣鼓，举起红旗，朝船上欢呼："共产党万岁！苏维埃万岁！红七军万岁！"我们船上的同志也不断地向他们挥舞红旗，高呼口号，河上河下，口号声汇成一股一股巨大的声浪。这时，晴空万里，阳光耀眼，红旗招展如画，许多同志在此情此景下，激动得流下泪来。大家都说："我们一定要在共产党领导下，发展革命力量，巩固胜利！我们一定要把红旗插到全中国去！"

红七军能够这样迅速、顺利地建立与发展，首先是由于党的坚强的领导，和党员们团结一致、艰苦努力的工作。我们部队里的党员，虽然有些是外省来

---

① 选自中国人民解放军历史资料丛书编审委员会：《土地革命战争时期各地武装起义·广西地区》，解放军出版社 1995 年版，第 435～436 页。

的，有些是广西地方上来的，还有大部分是在部队中新发展的，但是大家非常团结，革命热情很高，都能自觉地服从组织的决定。他们都是红七军的政治骨干，也就是红七军能够发展和巩固的有力保证。

其次，是教育群众、争取群众。从旧式军队转变为新型的革命军队，这是一个群众性的问题，必须提高广大战士的革命觉悟。而反动军官正是压制民主、阻碍群众革命积极性的一种恶势力，是改造旧军队中的绊脚石。广大士兵群众对反动军官的虐待非常痛恨，我们如果不搬掉这块压在群众头上的石头，就不可能更好地联系群众，甚至会脱离群众；另一方面，也只有通过与反动军官的斗争，我们才能最迅速地取得士兵群众的拥护。因此，发动群众与反动军官的斗争，就成了改造旧军队的最实际也是最有效的方法。正由于我们从一开始就一直抓紧与反动军官的斗争，因而我们就教育了群众，从而争取了群众站到革命方面来。

第三是争取领导权。我们采取了由上而下和由下而上相结合的方式，一方面，通过党的活动，取得了部队的领导权；另一方面，发动群众与反动军官进行斗争，在群众积极要求惩办、撤换旧军官的愤激情绪下，我们接受群众要求，即分配党员干部担任各级领导。由上而下地采取命令方式，使撤换、调配干部的工作顺利进行；又由下而上地得到了群众的支持，这两者一结合，我们所掌握的领导权便不可动摇了，从而达到上下一致、官兵一致，保证了党的政策的贯彻执行，同时，部队也才能更加巩固。

政治上、经济上官兵平等，同甘共苦，也在制度上固定下来了，促使部队内部益发团结一致。这也是红七军建成和得到巩固的一个重要的因素。

除了上述部队的内部因素以外，革命武装的发展必须依靠地方党和广大群众。当时，广西还有韦拔群同志领导的一支群众武装在右江地区坚持斗争，党和群众的基础较好，因此，我们党选定在这块地区创建根据地是正确的。我们如果不到右江和当地的革命群众会合，便很难在短时间内建成红七军和得到巩固、发展；同时，也由于有了革命武装的配合，右江群众的革命运动也才能进一步开展，并且迅捷地建立了右江苏维埃政权。依靠党的领导、依靠群众、依靠政权，这是革命武装建设的最重要的条件。

血战湘江①

中央红军突破第三道封锁线时，蒋介石已判明红军西进的战略企图，他玩了个新花样，任命何键为追剿军总司令，下令何键同薛岳和周浑元会合，诱惑并消灭红军于湘江之畔。薛岳和周浑元正率领蒋介石的嫡系部队尾追红军。这样，何键就辖有16个师约30万兵力。蒋介石还命令广西和广东军阀部队共9个师，协助把红军拦截在湘江的全州、兴安和灌阳地区予以歼灭。蒋介石的这个部署是很费一番心思的，让地方军阀来统一指挥他的嫡系部队还是头一次。所以，何键在湘江之战上是很卖力气的。

11月14日，何键下令：第一路刘建绪约4个师由郴县直插黄沙河、全州；第二路薛岳5个师由茶陵、衡阳插零陵，这两路是堵截红军去湘西；第三路周浑元4个师；第四路李云杰2个师在红军后面追击；第五路李韫珩1个师在红军南侧，配合粤军行动，粤军4个师在粤湘桂边截击红军。桂军5个师已先期占领全州、灌阳、兴安等地。

摆在红军面前的是一场生死攸关的严重决战！

过了第三道封锁线后，红一军团与红三军团还将是在前面开路。

11月20日，林、聂命令二师长途奔袭占领道县，阻止零陵的薛岳部队向道县前进。道县位于潇水西岸，是一个大渡口，通往湘江的咽喉要地，必须在第二天早晨拿下来。

二师师长陈光和政委刘亚楼把抢占道县的任务交给了四团、五团。四团正面攻击，五团迂回。四团和五团接到命令时，离道县还有100多千米路。他们经一昼夜急行军，于22日拂晓时刻赶到了道县敌人的鼻子底下。

部队组织了精干的夺船小组，在晨雾掩护下，凫水过河，从河对岸夺得船只，搭起浮桥，迅速抢占东北两门。这时，二团从潇水上游过河。他们完全控制了道县，抢在薛岳部队的前面占领了咽喉要地。

再往前便是汹涌的湘江了。

国民党军的20个师正在缩小包围圈。

湘江对岸，有一条与它平行的桂黄公路，国民党军在湘江与桂黄公路之间的丘陵地上修建了140多座碉堡。

11月25日前，出现了一个对红军十分有利的契机：桂系军阀白崇禧害怕红

---

① 选自《聂荣臻》编写组：《聂荣臻传》，中央文献研究室2015年版，第61~63页。

军夺取桂林，突然将扼守湘江北岸全州、兴安一线的桂军撤防。而湖南军阀何键也怕红军深入湘南，不愿湘军主力前往接防。这样，湘江防线便出现一个缺口。虽然中革军委 11 月 25 日下达了抢渡湘江的命令，但仍为坛坛罐罐所拖累，行动迟缓，丧失了这个稍纵即逝的良机。

林、聂率领二师从道县向湘江前进，留下一师守住潇水西岸，等待后卫部队红五军团。27 日，一军团先头部队先从左翼渡过湘江，抢占了界首到脚山铺之间的渡河点。28 日，红三军团先头部队渡过湘江，一军团把界首移交给红三军团。29 日，一军团大部队也渡过湘江，拟前出抢占右翼要点全州。

抢占全州，晚了一步。侦察科长刘忠带领便衣侦察队在主力行动之前，来到全州城下时，还是一座空城，而五团赶到时湘军刘建绪的部队已抢先占领。红军首脑机关的迟缓，使部队失去了很珍贵的时间。倘若五团先期占领全州，则可凭城据守，对红军有利，不致在刘建绪的进攻面前那样吃力。

林彪、聂荣臻站在一座小山上，观察着即将展开一场恶战的战场：远处，相隔 8 千米是被敌人刚刚占领的全州。这是江边唯一能够设防的县城。连接全州的桂黄公路，穿过他们所在山头的脚下，往南延伸而去。一座座山岭连成的丘陵线与这条公路成"十"字相交，交会点就是他们脚下的一个小村庄，名叫脚山铺。在公路两侧，有几个小山头形成的两千米长的山岭。东边的黄帝岭和西边的怀中抱子岭最高（标高 300 米），其余山头全都 200 来米，山上长着稀疏的小松林。从这一道山林到全州之间全是开阔地。他们决定，就利用这约 4 千米长的山冈线作为军团的阻击阵地，并立即召集干部看地形，先把二师部署在公路两翼的山上。

这样，红一、三军团就控制了界首至屏山渡之间 30 千米地的湘江两岸。这一区域，有四处浅滩可以涉渡。中央纵队也已于 27 日到达灌阳北的文市、桂岩一带，距渡河点只有 80 多千米地，轻装急进一昼夜可至，但中央纵队仍舍不得丢掉坛坛罐罐，80 千米的行程竟走了四天。为了这四天，红军广大指战员付出了惨重的代价！

左翼，白崇禧在判明红军意图后，指挥他的五个师回过头来，占领灌阳和兴安。自 11 月 27 日起，红三军团在左翼与桂军激战几天几夜。

右翼，29 日，刘建绪以其四个师的兵力从全州倾巢出动，向红二师脚山铺阵地进攻。双方激战正酣时，红一师渡过湘江，部队疲劳极了，但林、聂为了完成掩护红军渡江的任务，不得不命令他们立即投入战斗。

南北两翼的敌人企图占领一、三军团已经控制的 30 千米宽的走廊，封闭包围圈。

30 日，红一军团展开了全面阻击。一师二、三两团阻击，一团作预备队；二师四、五两团阻击，六团作预备队。敌人前锋是十六、十九两个师，拂晓即对尖峰岭和美女梳头岭进行第一次冲锋，被击退，立即又组织第二次冲锋。后来随着冲锋次数的增多，敌人的兵力越来越多，在十几架飞机掩护下攻势越来越猛。战至下午，一师米花山防线被突破，接着又失去美女梳头岭，只剩下怀中抱子岭，入夜敌人迂回进攻，一师向西南水头、夏壁田一线退守。二师五团尖峰岭阵地失守，五团政委易荡平负重伤，为了不当俘虏，他用警卫员的枪对着自己的头颅扣动了扳机。二师主力为了守住黄帝岭，与敌人展开了一场惊天动地的厮杀。四团政委杨成武负重伤。夜色悄悄地来到硝烟弥漫尸横遍野的战场上，为了避免遭敌包围，二师也后撤了。一、二两师又于湘江西岸构成了第二道阻击阵地。

红一、三军团从两翼艰苦阻击，他们承受着很大的压力，且战且退，红军赖以西进的走廊越来越窄。可是，红军首脑机关过江的行动仍十分迟缓。

在庆祝中国人民解放军建军 90 周年大会上的讲话（节选）①

（2017 年 8 月 1 日）

习近平

同志们、朋友们！

90 年前，我国处在半殖民地半封建社会，中华民族处在积贫积弱、内忧外患的苦难深渊，中国人民处在饥寒交迫、民不聊生的悲惨境地。为民族独立和人民解放，为推翻帝国主义、封建主义、官僚资本主义三座大山，中国共产党和中国人民进行着不屈不挠、艰苦卓绝的斗争。

然而，正当大革命如火如荼的时候，国民党反动派背叛革命、背叛人民，向中国共产党人和革命群众举起了血腥的屠刀。一时间，神州大地笼罩在腥风血雨之中，中国共产党面临被赶尽杀绝的严重危险，中国革命处于命悬一线的紧要关头。在严酷的斗争和血的教训中，我们党深刻认识到，没有革命的武装就无法战胜武装的反革命，就无法担起领导中国革命的重任，就无法夺取中国革命的胜利，就无法改变中国人民和中华民族的命运。

1927 年 8 月 1 日，南昌城头一声枪响，拉开了我们党武装反抗国民党反动

---

① 《人民日报》2017 年 8 月 2 日，第 2 版。

派的大幕。这是中国共产党历史上的一个伟大事件，是中国革命史上的一个伟大事件，也是中华民族发展史上的一个伟大事件。

南昌城头的枪声，像划破夜空的一道闪电，使中国人民在黑暗中看到了革命的希望，在逆境中看到了奋起的力量。南昌起义连同秋收起义、广州起义以及其他许多地区的武装起义，标志着中国共产党独立领导革命战争、创建人民军队的开端，开启了中国革命新纪元。

自那时起，中国共产党领导下的人民军队，就英勇投身为中国人民求解放、求幸福，为中华民族谋独立、谋复兴的历史洪流，同中国人民和中华民族的命运紧紧连在了一起。

90年来，人民军队历经硝烟战火，一路披荆斩棘，付出巨大牺牲，取得一个又一个辉煌胜利，为党和人民建立了伟大的历史功勋。

——这个伟大的历史功勋就是，英雄的人民军队，在党领导的22年武装革命斗争中，以无往不胜的英雄气概、坚韧不拔的革命毅力、灵活机动的战略战术、英勇顽强的战斗作风，克服了各种难以想象的艰难困苦，打败了国内外异常凶恶的敌人，夺取了土地革命战争、抗日战争、解放战争的伟大胜利，推翻了压在中国人民头上的三座大山，以鲜血和生命为建立人民当家作主的新中国奠定了牢固根基，彻底扭转了中华民族近代以来落后挨打的被动局面。

——这个伟大的历史功勋就是，英雄的人民军队，积极投身社会主义革命和建设，全面履行保卫祖国、保卫人民和平劳动的职能，胜利进行抗美援朝战争和多次边境自卫作战，打出了国威军威，捍卫了祖国万里边疆和辽阔海空，为巩固新生人民政权、形成中国大国地位、维护中华民族尊严提供了坚强后盾。

——这个伟大的历史功勋就是，英雄的人民军队，积极投身改革开放新的伟大革命，有力服务和保障国家改革发展稳定大局，依法履行香港、澳门防务职责，有效应对国家安全面临的各种威胁，坚决打击一切形式的分裂破坏活动，积极参与对外军事交流合作和联合国维和行动，为维护中国共产党领导和我国社会主义制度，为维护国家主权、安全、发展利益，为维护我国发展的重要战略机遇期，为维护地区和世界和平提供了强大力量支撑。

人民军队一路走来，紧跟党和人民事业发展步伐，在战斗中成长，在继承中创新，在建设中发展，革命化现代化正规化水平不断提高，威慑和实战能力不断增强。人民军队已经由过去单一军种的军队发展成为诸军兵种联合的强大军队，由过去"小米加步枪"武装起来的军队发展成为基本实现机械化、加快迈向信息化的强大军队。

同志们、朋友们!

90 年来,我们的国家、我们的民族历经挫折而奋起、历经苦难而辉煌,发生了前所未有的历史巨变,实现了从站起来到富起来、强起来的伟大飞跃。这是中国共产党坚强领导的胜利,是中国人民不懈奋斗的胜利,也是人民军队英勇奋战的胜利。

在这个光荣而庄严的时刻,我们深切怀念创建和培育了人民军队的毛泽东、周恩来、刘少奇、朱德、邓小平同志和彭德怀、刘伯承、贺龙、陈毅、罗荣桓、徐向前、聂荣臻、叶剑英同志等老一辈革命家和军事家。他们的丰功伟绩,永远镌刻在中华民族史册上!

在这个光荣而庄严的时刻,我们深切缅怀为中国人民解放事业和社会主义建设事业而英勇献身的人民军队革命烈士们。他们的牺牲奉献,永远铭记在中国人民心中!

90 年来,在长期实践中,人民军队在党的旗帜下前进,形成了一整套建军治军原则,发展了人民战争的战略战术,培育了特有的光荣传统和优良作风。这是人民军队从胜利走向胜利的传家法宝,是人民军队必须永志不忘的红色血脉。

——人民军队从胜利走向胜利,彰显了中国共产党领导的伟大力量。毛泽东同志曾经指出:"我们的原则是党指挥枪,而决不容许枪指挥党。"党对军队绝对领导的根本原则和制度,发端于南昌起义,奠基于三湾改编,定型于古田会议,是人民军队完全区别于一切旧军队的政治特质和根本优势。千千万万革命将士矢志不渝听党话、跟党走,在挫折中愈加奋起,在困苦中勇往直前,铸就了拖不垮、打不烂、攻无不克、战无不胜的钢铁雄师。在风雨如磐的漫长革命道路上,我军将士讲得最多的一句话是:只要跟党走,一定能胜利。忠诚,造就了人民军队对党的赤胆忠心,造就了人民军队和人民的鱼水情意,造就了人民军队为党和人民冲锋陷阵的坚定意志。

历史告诉我们,党指挥枪是保持人民军队本质和宗旨的根本保障,这是我们党在血与火的斗争中得出的颠扑不破的真理。有了中国共产党,有了中国共产党的坚强领导,人民军队前进就有方向、有力量。前进道路上,人民军队必须牢牢坚持党对军队的绝对领导,把这一条当作人民军队永远不能变的军魂、永远不能丢的命根子,任何时候任何情况下都以党的旗帜为旗帜、以党的方向为方向、以党的意志为意志。

——人民军队从胜利走向胜利,彰显了理想信念的伟大力量。崇高的理想,坚定的信念，是中国共产党人的政治灵魂，是人民军队的精神支柱。邓小平同志曾经指出："为什么我们过去能在非常困难的情况下奋斗出来，战胜千难万险使革命胜利呢？就是因为我们有理想，有马克思主义信念，有共产主义信念。"从艰苦卓绝的井冈山斗争到千难万险的长征路，从硝烟弥漫的抗日战争到摧枯拉朽的解放战争，从坚决捍卫国家主权、安全、领土完整的英勇斗争到抢险救灾、保卫人民生命财产安全的顽强拼搏，从支援国家经济社会建设的无私奉献到维护地区和世界和平的实际行动，崇高理想信念的灯塔指引人民军队一路向前。

历史告诉我们，革命理想高于天，人民军队之所以能够攻坚克难、战无不胜、发展壮大，关键是人民军队有马克思主义理论武装，有崇高理想信念，有为理想信念而英勇献身的崇高追求。崇高理想信念是人民军队勇往直前的精神力量，是全军将士心中熊熊燃烧的火炬。前进道路上，人民军队必须矢志不渝坚持崇高理想信念，任何时候任何情况下都敢于为崇高理想信念而奋不顾身奋斗。

——人民军队从胜利走向胜利，彰显了改革创新的伟大力量。人民军队成长发展史，就是一部改革创新史。土地革命战争时期创立一整套建军原则制度，抗日战争时期实行精兵简政，解放战争时期组建五大野战军，新中国成立后多次调整体制编制，人民军队边战边改，边建边改，愈改愈强。从红军时期的"十六字诀"，到抗日战争时期的"持久战"，从解放战争时期的"十大军事原则"，到抗美援朝战争时期的"零敲牛皮糖"，再到新中国成立后军事战略方针的不断调整，人民军队从战争中学习战争，从实践中探索规律，在世界军事史上书写了战争指导艺术不断创新的生动篇章。

历史告诉我们，改革创新、与时俱进，是人民军队不断发展的康庄大道，人民军队的力量来自改革创新，人民军队的胜利来自改革创新。只有不断改革创新，才能不断获得发展进步的生机活力，才能永远立于不败之地。前进道路上，人民军队必须勇于改革、善于创新，任何时候任何情况下都永不僵化、永不停滞。

——人民军队从胜利走向胜利，彰显了战斗精神的伟大力量。敢于斗争、敢于胜利，一不怕苦、二不怕死，是人民军队血性胆魄的生动写照。"狼牙山五壮士"、"白刃格斗英雄连"、"刘老庄连"、董存瑞、邱少云、黄继光等无数英雄群体和革命先烈，用生命诠释了一往无前的英雄气概。在枪林弹雨的战场上，面对气焰嚣张的强大敌人，人民军队曾经发出了"三个不相信"的英雄宣言：在革命战士面前，不相信有完不成的任务，不相信有克服不了的困难，不相信有战胜不了的敌人！英勇顽强，视死如归，血战到底，人民军队用大无畏的气概赢得了党的信任、人民赞誉，也赢得了世界尊敬。

历史告诉我们，战争不仅是物质的较量，更是精神的比拼。没有顽强的意志，没有敢于牺牲的品质，再好的武器装备也不能保证胜利。一代一代革命军人正是靠着向死而生的英勇决绝，形成了压倒一切敌人而决不被敌人所屈服的伟大气概。前进道路上，人民军队必须大力弘扬敢打必胜的精神品质，任何时候任何情况下都保持革命英雄主义的昂扬斗志。

——人民军队从胜利走向胜利，彰显了革命纪律的伟大力量。人民军队素以纪律严明著称于世，自创建之日起就把革命的坚定性、政治的自觉性、纪律的严肃性结合起来，统一意志、统一指挥、统一行动，千军万马有令必行、有禁必止，攻如猛虎、守如泰山。正是由于有了建立在高度政治觉悟基础上的革命纪律，将士们哪怕冻饿交加，也不拿群众一针一线；哪怕烈火焚身，也岿然不动，直至付出生命；哪怕身陷绝境，也坚守战位，慷慨赴死。人民军队始终是高度团结统一的战斗集体，始终保持了强大的凝聚力和战斗力。

历史告诉我们，加强纪律性，革命无不胜。一支军队的力量，不仅要看其人数，不仅要看其武器装备，还要看其纪律性。一支没有纪律的军队，只能是乌合之众。前进道路上，人民军队必须用铁的纪律凝聚铁的意志、锤炼铁的作风、锻造铁的队伍，任何时候任何情况下都一切行动听指挥、步调一致向前进。

——人民军队从胜利走向胜利，彰显了军民团结的伟大力量。人民军队始终和人民同呼吸、共命运、心连心，完全彻底为人民奋斗，哪里有敌人，哪里有危难，哪里就有人民子弟兵。谁把人民放在心上，人民就把谁放在心上。"最后一碗米送去做军粮，最后一尺布送去做军装，最后一件老棉袄盖在担架上，最后一个亲骨肉送去上战场。"这首战争年代广为传唱的民谣，就是军民团结如一人的生动体现。

历史告诉我们，有了民心所向、民意所归、民力所聚，人民军队就能无往而不胜、无敌于天下。只要始终站在人民立场上，赢得最广大人民衷心拥护，就能构筑起众志成城的铜墙铁壁。前进道路上，人民军队必须牢记全心全意为人民服务的根本宗旨，任何时候任何情况下都做人民子弟兵。

在纪念红军长征胜利 80 周年大会上的讲话①

（2016 年 10 月 21 日）

习近平

同志们：

今天，我们在这里隆重集会，纪念中国工农红军长征胜利 80 周年。

红军长征的那个年代，中国处在半殖民地半封建社会的黑暗境地，社会危机四伏，日寇野蛮侵略，国民党反动派置民族危亡于不顾，向革命根据地连续发动大规模"围剿"，中国共产党和红军到了危急关头，中国革命到了危急关头，中华民族到了危急关头。

面对生死存亡的严峻考验，从 1934 年 10 月至 1936 年 10 月，红军第一、第二、第四方面军和第二十五军进行了伟大的长征。我们党领导红军，以非凡的智慧和大无畏的英雄气概，战胜千难万险，付出巨大牺牲，胜利完成震撼世界、彪炳史册的长征，宣告了国民党反动派消灭中国共产党和红军的图谋彻底失败，宣告了中国共产党和红军肩负着民族希望胜利实现了北上抗日的战略转移，实现了中国共产党和中国革命事业从挫折走向胜利的伟大转折，开启了中国共产党为实现民族独立、人民解放而斗争的新的伟大进军。

这一惊天动地的革命壮举，是中国共产党和红军谱写的壮丽史诗，是中华民族伟大复兴历史进程中的巍峨丰碑。

在这里，我代表党中央、国务院和中央军委，代表全党全军全国各族人民，向领导红军创造这一历史伟业的毛泽东、周恩来、朱德同志等老一辈革命家，向在长征中浴血奋战和在各地坚持革命斗争的红军指战员，向当年支援红军长征的各族人民特别是各革命根据地人民，向所有健在的红军老战士，致以崇高的敬意！

我提议，全体起立，为在长征途中和在各地革命斗争中英勇牺牲的革命烈士默哀！

同志们！

穿越历史的沧桑巨变，回望 80 年前那段苦难和辉煌，我们更加深刻地认识到，长征在我们党、国家、军队发展史上具有十分伟大的意义，对中华民族历史进程具有十分深远的影响。

---

① 《人民日报》2016 年 10 月 22 日，第 2 版。

——长征是一次理想信念的伟大远征。崇高的理想，坚定的信念，永远是中国共产党人的政治灵魂。中国共产党从成立之日起，就把共产主义确立为远大理想，始终团结带领中国人民朝着这个伟大理想前行。党和红军几经挫折而不断奋起，历尽苦难而淬火成钢，归根到底在于心中的远大理想和革命信念始终坚定执着，始终闪耀着火热的光芒。

长征途中，英雄的红军，血战湘江，四渡赤水，巧渡金沙江，强渡大渡河，飞夺泸定桥，鏖战独树镇，勇克包座，转战乌蒙山，击退上百万穷凶极恶的追兵阻敌，征服空气稀薄的冰山雪岭，穿越渺无人烟的沼泽草地，纵横十余省，长驱二万五千里。主力红军长征后，留在根据地的红军队伍和游击队，在极端困难的条件下，紧紧依靠人民群众，坚持游击战争。西北地区红军创建陕甘革命根据地，同先期到达陕北的红二十五军一起打破了敌人的重兵"围剿"，为党中央把中国革命的大本营安置在西北创造了条件。东北抗日联军、坚持在国民党统治区工作的党组织以及党领导的各方面力量都进行了艰苦卓绝的斗争，都为长征胜利作出了不可磨灭的贡献。

长征的胜利，是中国共产党人理想的胜利，是中国共产党人信念的胜利。"风雨浸衣骨更硬，野菜充饥志越坚；官兵一致同甘苦，革命理想高于天。"在风雨如磐的长征路上，崇高的理想，坚定的信念，激励和指引着红军一路向前。在红一方面军二万五千里的征途上，平均每300米就有一名红军牺牲。长征这条红飘带，是无数红军的鲜血染成的。艰难可以摧残人的肉体，死亡可以夺走人的生命，但没有任何力量能够动摇中国共产党人的理想信念。

长征的胜利，靠的是红军将士压倒一切敌人而不被任何敌人所压倒、征服一切困难而不被任何困难所征服的英雄气概和革命精神。长征向全中国、向全世界庄严宣告，中国共产党及其领导的人民军队，是用马克思主义武装的、以共产主义为崇高理想和坚定信念的。长征路上的苦难、曲折、死亡，检验了中国共产党人的理想信念，向世人证明了中国共产党人的理想信念是坚不可摧的。

——长征是一次检验真理的伟大远征。真理只有在实践中才能得到检验，真理只有在实践中才能得到确立。长征途中，红军面临着凶恶残暴的追兵阻敌，面临着严酷恶劣的自然环境，还面临着同党内错误思想的激烈斗争。经过长征，党和红军不是弱了，而是更强了，因为我们党找到了中国革命的正确道路，找到了指引这条道路的正确理论。

长征途中，党中央召开的遵义会议，是我们党历史上一个生死攸关的转折点。这次会议确立了毛泽东同志在红军和党中央的领导地位，开始确立了以毛泽东同志为主要代表的马克思主义正确路线在党中央的领导地位，开始形成以毛泽东同志为核心的党的第一代中央领导集体，这是我们党和革命事业转危为安、不断打开新局面最重要的保证。

长征的胜利，使我们党进一步认识到，只有把马克思列宁主义基本原理同中国革命具体实际结合起来，独立自主解决中国革命的重大问题，才能把革命事业引向胜利。这是在血的教训和斗争考验中得出的真理。

长征的胜利，实现了在追求真理、坚持真理的基础上全党的空前团结、红军的空前团结。没有这种思想上政治上的大团结，中国革命胜利是不可能实现的。经过长征的千锤百炼，我们党在思想上不断成熟，成为中国人民进行抗日战争的中流砥柱，成为中国革命赢得最后胜利的中坚力量。

——长征是一次唤醒民众的伟大远征。红军打胜仗，人民是靠山。长征是历史纪录上的第一次，长征是宣言书，长征是宣传队，长征是播种机。面对正义和邪恶两种力量的交锋、光明和黑暗两种前途的抉择，我们党始终植根于人民，联系群众、宣传群众、武装群众、团结群众、依靠群众，以自己的模范行动，赢得人民群众真心拥护和支持，广大人民群众是长征胜利的力量源泉。

长征途中，我们党高举全民族团结抗战的大旗，推动了抗日民族统一战线的形成，吹响了全民族觉醒和奋起的号角，汇聚起团结抗日、一致对外的强大力量。广大人民群众深刻认识到，中国共产党是为人民谋利益的党，红军是人民的军队、真正抗日的力量，中国共产党指引的道路是人民群众翻身得解放的正确道路。

长征的胜利，宣传了我们党的主张，播撒下革命的火种，扩大了党和红军的影响，巩固了党同人民群众的血肉联系，使党牢牢扎根在人民之中。

长征的胜利，充分展示了中国共产党性质和宗旨的力量，充分说明了中国共产党必须在人民中间生根开花，必须紧紧依靠人民来克服困难、赢得胜利。

——长征是一次开创新局的伟大远征。长征的胜利，是方向和道路的胜利。长征的过程，不仅是战胜敌人、赢得胜利、实现战略目标的过程，而且是联系实际、创新理论、探索革命道路的过程。长征出发前，由于党内"左"倾教条主义的错误领导，中央革命根据地第五次反"围剿"失败，其他根据地也遭受挫折，中国革命面临着方向和道路的抉择。面对乱云飞渡、惊涛骇浪，我们党表现出无所畏惧的伟大实践精神，表现出浴火重生的伟大创造精神，在血与火中趟出了一条走向新生、走向胜利的革命道路。

长征途中，我们党通过艰苦卓绝的实践探索，成功把解决生存危机同拯救民族危亡联系在一起，把长征的大方向同建立抗日前进阵地联系在一起，实现了国内革命战争向抗日民族战争的转变，为夺取中国人民抗日战争胜利、进而夺取新民主主义革命胜利打下了坚实基础。

长征的胜利，不仅保存了革命力量，而且使我们党找到了中国革命力量生存发展新的落脚点，找到了中国革命事业胜利前进新的出发点。从长征的终点出发，我们党领导中国人民展开了中国革命波澜壮阔的新画卷。

长征的胜利，使我们党以陕甘宁革命根据地为中心，推动一大批革命根据地如雨后春笋般建立和发展起来，革命的火种在神州大地渐成燎原之势，有力推动了新的革命高潮到来。

同志们！

"艰难困苦，玉汝于成。"长征历时之长、规模之大、行程之远、环境之险恶、战斗之惨烈，在中国历史上是绝无仅有的，在世界战争史乃至人类文明史上也是极为罕见的。

在漫漫征途中，红军将士同敌人进行了 600 余次战役战斗，跨越近百条江河，攀越 40 余座高山险峰，其中海拔 4000 米以上的雪山就有 20 余座，穿越了被称为"死亡陷阱"的茫茫草地，用顽强意志征服了人类生存极限。红军将士上演了世界军事史上威武雄壮的战争活剧，创造了气吞山河的人间奇迹。

80 年来，世界范围内关于红军长征的报道和研究层出不穷，慕名前来寻访长征路的人络绎不绝。国际社会越来越多的人认为，红军长征是 20 世纪最能影响世界前途的重要事件之一，是充满理想和献身精神、用意志和勇气谱写的人类史诗。长征迸发出的激荡人心的强大力量，跨越时空，跨越民族，是人类为追求真理和光明而不懈努力的伟大史诗。

同志们！

长征这一人类历史上的伟大壮举，留给我们最可宝贵的精神财富，就是中国共产党人和红军将士用生命和热血铸就的伟大长征精神。

伟大长征精神，就是把全国人民和中华民族的根本利益看得高于一切，坚定革命的理想和信念，坚信正义事业必然胜利的精神；就是为了救国救民，不怕任何艰难险阻，不惜付出一切牺牲的精神；就是坚持独立自主、实事求是，一切从实际出发的精神；就是顾全大局、严守纪律、紧密团结的精神；就是紧紧依靠人民群众，同人民群众生死相依、患难与共、艰苦奋斗的精神。

伟大长征精神，是中国共产党人及其领导的人民军队革命风范的生动反映，是中华民族自强不息的民族品格的集中展示，是以爱国主义为核心的民族精神的最高体现。

人无精神则不立，国无精神则不强。精神是一个民族赖以长久生存的灵魂，唯有精神上达到一定的高度，这个民族才能在历史的洪流中屹立不倒、奋勇向前。伟大长征精神，作为中国共产党人红色基因和精神族谱的重要组成部分，已经深深融入中华民族的血脉和灵魂，成为社会主义核心价值观的丰富滋养，成为鼓舞和激励中国人民不断攻坚克难、从胜利走向胜利的强大精神动力。

同志们！

历史是人民创造的，英雄的人民创造英雄的历史。今天中国的进步和发展，就是从长征中走出来的。

早在新中国成立前夕，毛泽东同志就告诫我们："夺取全国胜利，这只是万里长征走完了第一步。"新中国成立后，经过艰苦摸索和曲折实践，我们开启了改革开放新时代，迈上了建设中国特色社会主义新长征之路。

改革开放30多年来，在中国共产党领导下，全国各族人民团结一心、艰苦奋斗，我国改革开放和社会主义现代化事业加速发展，人民生活得到根本改善，我国社会主义制度极大巩固和发展，我们迎来了中华民族实现伟大复兴的光明前景。

坚持和发展中国特色社会主义是一项长期的艰巨的历史任务。邓小平同志说："我们搞社会主义才几十年，还处在初级阶段。巩固和发展社会主义制度，还需要一个很长的历史阶段，需要我们几代人、十几代人，甚至几十代人坚持不懈地努力奋斗，决不能掉以轻心。"

历史是不断向前的，要达到理想的彼岸，就要沿着我们确定的道路不断前进。每一代人有每一代人的长征路，每一代人都要走好自己的长征路。今天，我们这一代人的长征，就是要实现"两个一百年"奋斗目标、实现中华民族伟大复兴的中国梦。

今天的长征同当年的红军长征相比，同改革开放以来我们已经走过的新长征之路相比，虽然在环境、条件、任务、力量等方面有一些差异甚至有很大不同，但都是具有开创性、艰巨性、复杂性的事业。

实现伟大的理想，没有平坦的大道可走。夺取坚持和发展中国特色社会主义伟大事业新进展，夺取推进党的建设新的伟大工程新成效，夺取具有许多新的历史特点的伟大斗争新胜利，我们还有许多"雪山"、"草地"需要跨越，还有许多"娄山关"、"腊子口"需要征服，一切贪图安逸、不愿继续艰苦奋斗的想法都是要不得的，一切骄傲自满、不愿继续开拓前进的想法都是要不得的。

长征永远在路上。一个不记得来路的民族，是没有出路的民族。不论我们的事业发展到哪一步，不论我们取得了多大成就，我们都要大力弘扬伟大长征精神，在新的长征路上继续奋勇前进。

——弘扬伟大长征精神，走好今天的长征路，必须坚定共产主义远大理想和中国特色社会主义共同理想，为崇高理想信念而矢志奋斗。长征胜利启示我们：心中有信仰，脚下有力量；没有牢不可破的理想信念，没有崇高理想信念的有力支撑，要取得长征胜利是不可想象的。邓小平同志说："过去我们党无论怎样弱小，无论遇到什么困难，一直有强大的战斗力，因为我们有马克思主义和共产主义的信念。有了共同的理想，也就有了铁的纪律。无论过去、现在和将来，这都是我们的真正优势。"

在新的长征路上，我们一定要保持理想信念坚定，不论时代如何变化，不论条件如何变化，都风雨如磐不动摇，自觉做共产主义远大理想和中国特色社会主义共同理想的坚定信仰者、忠实实践者，永远为了真理而斗争，永远为了理想而斗争。

"石可破也，而不可夺坚；丹可磨也，而不可夺赤。"理想信念的坚定，来自思想理论的坚定。认识真理，掌握真理，信仰真理，捍卫真理，是坚定理想信念的精神前提。中国共产党人的理想信念，建立在马克思主义科学真理的基础之上，建立在马克思主义揭示的人类社会发展规律的基础之上，建立在为最广大人民谋利益的崇高价值的基础之上。我们坚定，是因为我们追求的是真理。我们坚定，是因为我们遵循的是规律。我们坚定，是因为我们代表的是最广大人民根本利益。

坚定理想信念，就要深入学习马克思列宁主义、毛泽东思想、邓小平理论、"三个代表"重要思想、科学发展观，深入学习党的十八大以来党中央治国理政新理念新思想新战略，让真理武装我们的头脑，让真理指引我们的理想，让真理坚定我们的信仰。要坚持学而信、学而思、学而行，把学习成果转化为不可撼动的理想信念，转化为正确的世界观、人生观、价值观，用理想之光照亮奋斗之路，用信仰之力开创美好未来。

——弘扬伟大长征精神，走好今天的长征路，必须坚定中国特色社会主义道路自信、理论自信、制度自信、文化自信，为夺取中国特色社会主义伟大事业新胜利而矢志奋斗。长征胜利启示我们：只有掌握科学理论才能把握正确前进方向，只有立足实际、独立自主开辟前进道路，才能不断走向胜利。长征走过的道路，不仅翻越了千山万水，而且翻越了把马克思主义当做一成不变的教条的错误思想障碍。长征给我们的根本经验和启示，就是要坚持马克思主义基本原理同中国具体实际相结合，坚定不移走符合中国国情的革命、建设、改革道路。

在新的长征路上，我们要坚信，中国特色社会主义道路是实现社会主义现代化的必由之路，是指引中国人民创造自己美好生活的必由之路。中国特色社会主义理论体系是指导党和人民沿着中国特色社会主义道路实现中华民族伟大复兴的正确理论，是立于时代前沿、与时俱进的科学理论。中国特色社会主义制度是当代中国发展进步的根本制度保障，是具有鲜明中国特色、明显制度优势、强大自我完善能力的先进制度。中国特色社会主义文化积淀着中华民族最深层的精神追求，代表着中华民族独特的精神标识，是中国人民胜利前行的强大精神力量。这一点，不仅已经在理论上被证明是正确的，而且在实践上也被证明是正确的。

中国特色社会主义，承载着几代中国共产党人的理想和探索，寄托着无数仁人志士的夙愿和期盼，凝聚着亿万人民的奋斗和牺牲，是近代以来中国社会发展的必然选择。我们强调坚定道路自信、理论自信、制度自信、文化自信，不是说就固步自封、不思进取了，我们必须不断有所发现、有所发明、有所创造、有所前进，使中国特色社会主义永远充满蓬勃生机活力。同时，我们要永远记住，我们所进行的一切完善和改进，都是在既定方向上的继续前进，而不是改变方向，更不是要丢掉我们党、国家、人民安身立命的根本。

——弘扬伟大长征精神，走好今天的长征路，必须把人民放在心中最高位置，坚持一切为了人民、一切依靠人民，为人民过上更加美好生活而矢志奋斗。长征胜利启示我们：人民群众有着无尽的智慧和力量，只有始终相信人民，紧紧依靠人民，充分调动广大人民的积极性、主动性、创造性，才能凝聚起众志成城的磅礴之力。一部红军长征史，就是一部反映军民鱼水情深的历史。在湖南汝城县沙洲村，3 名女红军借宿徐解秀老人家中，临走时，把自己仅有的一床被子剪下一半给老人留下了。老人说，什么是共产党？共产党就是自己有一条被子，也要剪下半条给老百姓的人。同人民风雨同舟、血脉相通、生死与共，是中国共产党和红军取得长征胜利的根本保证，也是我们战胜一切困难和风险的根本保证。中国共产党之所以能够发展壮大，中国特色社会主义之所以能够不断前进，正是因为依靠了人民。中国共产党之所以能够得到人民拥护，中国特色社会主义之所以能够得到人民支持，也正是因为造福了人民。

在新的长征路上，全党必须牢记，为什么人、靠什么人的问题，是检验一个政党、一个政权性质的试金石。我们要始终把人民立场作为根本政治立场，把人民利益摆在至高无上的地位，不断把为人民造福事业推向前进。我们要团结带领全体人民，以自己的辛勤劳动和不懈努力，不断保障和改善民生，让改革发展成果更多更公平惠及全体人民，朝着实现全体人民共同富裕的目标稳步迈进。

"水能载舟，亦能覆舟。"这个道理我们必须牢记，任何时候都不能忘却。

老百姓是天，老百姓是地。忘记了人民，脱离了人民，我们就会成为无源之水、无本之木，就会一事无成。我们要坚持党的群众路线，始终保持党同人民群众的血肉联系，始终接受人民群众批评和监督，心中常思百姓疾苦，脑中常谋富民之策，使我们党永远赢得人民群众信任和拥护，使我们的事业始终拥有不竭的力量源泉。

团结是战胜一切困难的强大力量，是凝聚人心、成就伟业的重要保证。在为中华民族伟大复兴而奋斗的征程中，我们一定要巩固全国各族人民大团结，增强各党派、各团体、各民族、各阶层以及各方面的团结，坚决维护国家统一和社会和谐稳定，坚决反对任何破坏统一和团结的分裂活动。我们要凝聚起全体人民智慧和力量，激发出全社会创造活力和发展动力，让全体中华儿女万众一心、团结奋斗迸发出来的磅礴力量成为实现中华民族伟大复兴的强大动力。

——弘扬伟大长征精神，走好今天的长征路，必须把握方向、统揽大局、统筹全局，为实现我们的总任务、总布局、总目标而矢志奋斗。长征胜利启示我们：一个党要立于不败之地，必须立于时代潮头、紧扣新的历史特点，科学谋划全局，牢牢把握战略主动，坚定不移实现我们的战略目标。长征走的是高山峻岭，渡的是大河险滩，过的是草地荒原，但每一个行程、每一次突围、每一场战斗都从战略全局出发，既赢得了战争胜利，也赢得了战略主动。这既是一种精神，也是一种智慧。

在新的长征路上，我们要立足世情国情党情，统筹国内国际两个大局，统筹党和国家事业发展全局，协调推进各项事业发展，抓住战略重点，实现关键突破，赢得战略主动，防范系统性风险，避免颠覆性危机，维护好发展全局

坚持和发展中国特色社会主义，总任务是实现社会主义现代化和中华民族伟大复兴。我们必须统筹推进"五位一体"总体布局、协调推进"四个全面"战略布局，一心一意为实现"两个一百年"奋斗目标而努力工作，不断把完成总任务的历史进程推向前进。发展对坚持和发展中国特色社会主义具有决定性意义，我们必须坚持以经济建设为中心，坚持以新发展理念引领经济发展新常态，破解发展难题，厚植发展优势，不断为坚持和发展中国特色社会主义奠定强大物质基础。改革是决定当代中国命运的关键一招，我们必须坚定不移高举改革旗帜，坚决冲破思想观念束缚，坚决破除利益固化藩篱，坚决清除妨碍生产力发展和社会进步的体制机制障碍，不断推进国家治理体系和治理能力现代化。创新是引领发展的第一动力，我们必须解放思想、实事求是、与时俱进，坚定不移推进理论创新、实践创新、制度创新以及其他各方面创新，让党和国家事业始终充满创造活力、不断打开创新局面。

——弘扬伟大长征精神，走好今天的长征路，必须建设同我国国际地位相称、同国家安全和发展利益相适应的巩固国防和强大军队，为维护国家安全和世界和平而矢志奋斗。长征胜利启示我们：人民军队是革命的依托、民族的希望，党对军队绝对领导是人民军队赢得胜利的根本保证。长征锻炼了人民军队，长征磨练了人民军队，长征成就了人民军队，长征开启了人民军队发展的新起点。长征是人民军队的光荣，光荣的人民军队必须永远继承红军长征的伟大精神和优良作风。

在新的长征路上，我们要坚持以党在新形势下的强军目标为引领，深入贯彻新形势下军事战略方针，努力建设世界一流军队。

强国必须强军，军强才能国安。要紧紧扭住政治建军不放松，坚持党对军队的绝对领导，永葆人民军队性质、宗旨、本色，永远做红军的传人，着力培养有灵魂、有本事、有血性、有品德的新一代革命军人，努力锻造具有铁一般信仰、铁一般信念、铁一般纪律、铁一般担当的过硬部队。要紧紧扭住改革强军不放松，坚定不移深化国防和军队改革，着力解决制约国防和军队建设的体制性障碍、结构性矛盾、政策性问题，深入推进军队组织形态现代化，加快构建中国特色现代军事力量体系。要紧紧扭住依法治军不放松，着力构建中国特色军事法治体系，推动实现治军方式的根本性转变，提高国防和军队建设法治化水平。要紧紧扭住备战打仗不放松，坚持战斗力这个唯一的根本标准，拓展和深化军事斗争准备，加强实战化军事训练，加快提升打赢信息化战争能力。要深入贯彻军民融合发展战略，更好把国防和军队建设融入国家经济社会发展体系，形成全要素、多领域、高效益的军民融合深度发展格局。要加强国防动员和后备力量建设，巩固和发展军政军民团结。要加强国际军事安全合作，积极履行同中国国际地位相适应的责任和义务，同世界各国一道共同应对全球性安全挑战，为维护世界和平作出更大贡献。全军要增强忧患意识、危机意识、使命意识，以只争朝夕的精神推进国防和军队现代化，担负起维护国家主权、安全、发展利益的重大责任。

——弘扬伟大长征精神，走好今天的长征路，必须加强党的领导，坚持全面从严治党，为推进党的建设新的伟大工程而矢志奋斗。长征胜利启示我们：党的领导是党和人民事业成功的根本保证。毛泽东同志指出："谁使长征胜利的呢？是共产党。没有共产党，这样的长征是不可能设想的。中国共产党，它的领导机关，它的干部，它的党员，是不怕任何艰难困苦的。"中国共产党的领导，是中国革命、建设、改革不断取得胜利最根本的保证，是中国特色社会主义最本质的特征，也是中国特色社会主义的最大优势，必须毫不动摇坚持和

完善。

在新的长征路上，全党同志都要自觉坚持和维护党的领导，自觉站在党和人民立场上，对党忠诚、为党分忧、为党担责、为党尽责，竭尽全力完成党交给的职责和任务，通过全党共同努力，使我们党永远同人民在一起、永远走在时代前列。

"自知者英，自胜者雄。"民族复兴梦想越接近，改革开放任务越繁重，越要加强党的建设。安不忘危，才是生存发展之道。我们党面临的"四大考验"、"四种危险"是长期的、复杂的、严峻的。要坚持党中央集中统一领导，在各级党组织和广大党员、干部中强化政治意识、大局意识、核心意识、看齐意识，确保在思想上政治上行动上始终同党中央保持高度一致。要继续推进全面从严治党，牢牢把握加强党的执政能力建设和先进性建设这条主线，加强和规范新形势下党内政治生活，坚定不移推进党风廉政建设和反腐败斗争，不断增强党自我净化、自我完善、自我革新、自我提高能力，提高党的领导水平和执政水平、增强拒腐防变和抵御风险能力，确保党始终成为中国特色社会主义事业的坚强领导核心。

弘扬伟大长征精神，走好今天的长征路，是新的时代条件下我们面临的一个重大课题。伟大长征精神，是党和人民付出巨大代价、进行伟大斗争获得的宝贵精神财富，我们世世代代都要牢记伟大长征精神、学习伟大长征精神、弘扬伟大长征精神，使之成为我们党、我们国家、我们人民、我们军队、我们民族不断走向未来的强大精神动力。

同志们！

长征胜利80年来，我们党团结带领全国各族人民，不断推进革命、建设、改革伟大事业，进行了一次又一次波澜壮阔的伟大长征，夺取了一个又一个举世瞩目的伟大胜利。

现在，我们比历史上任何时期都更接近中华民族伟大复兴的目标，比历史上任何时期都更有信心、有能力实现这个目标。我们这一代人，继承了前人的事业，进行着今天的奋斗，更要开辟明天的道路。

蓝图已绘就，奋进正当时。前进道路上，我们要大力弘扬伟大长征精神，激励和鼓舞全党全军全国各族人民特别是青年一代发愤图强、奋发有为，继续把革命前辈开创的伟大事业推向前进，在实现"两个一百年"奋斗目标、实现中华民族伟大复兴中国梦新的长征路上续写新的篇章、创造新的辉煌！

四、广西历史文化资源

（一）遗址遗迹

1. 百色红七军军部旧址

1929 年 12 月 11 日，百色起义爆发，由此诞生了中国工农红军第七军，红七军军部设在粤东会馆里。粤东会馆坐落在百色市解放街，始建于清康熙五十九年（1720），道光和同治年间先后两次重修，是粤籍豪商巨贾醵资兴建，为粤商商事活动场所。整个建筑占地面积 2330 平方米，坐西向东，以前、中、后三大殿宇为主轴，两侧配以相对称的三进厢房和庑廊。陈豪人、张云逸等同志在这里度过了领导百色起义和建立左右江革命根据地斗争的峥嵘岁月。1963 年，广西壮族自治区人民委员会公布红七军军部旧址为自治区重点文物保护单位。1977 年，邓小平同志亲笔题字：

中国工农红军第七军军部旧址 （陈峥摄）

"中国工农红军第七军军部旧址"。1988 年，国务院将红七军军部旧址公布为全国重点文物保护单位。红七军军部旧址记录着红七军和右江各族人民在党的领导下，为祖国的独立和人民的解放事业英勇奋斗的英雄业绩。

2. 乐业县红七军和红八军会师地旧址

百色起义后，红八军总指挥李明瑞、红七军军长张云逸分别率主力第一、二纵队 3000 多人挥师北上，到黔桂边区开展游击斗争。1930 年 10 月 26 日，红七军和红八军经过艰苦奋战，终于在乐业县城胜利会师，留下了"红七军红八军，都是工农军，要举行长征，北上打日本"的红军军歌。当年中央红七、红八军胜利会师的地方，原军部营地旧址——覃家老院已成为爱国主义教育的重要基地。该建筑为清朝乾隆十八年（1753）修建的花园卧龙式的木质结构。2017 年 1 月，乐业县红七军和红八军会师地旧址被列入全国红色旅游经典景区

名录。

3. 东兰县红七军前委旧址魁星楼

位于东兰县城西南部 30 千米的武篆镇政府内。清光绪三十二年（1906）武篆民众筹款兴建，是座木石结构的四层六角塔楼，底宽 7 米、高 18 米。1923年，韦拔群组织农民攻打东兰县城时，作战指挥部设于此楼。1926 年至 1927 年间，东兰县革命委员会和武篆区农民协会在此楼办公。1930 年，中国工农红军第七军前敌委员会设于此楼，前委书记邓小平和军长张云逸就在楼上办公和住宿。红七军前委旧址魁星楼是右江革命标志性遗址之一，是区内进行革命传统和爱国主义教育的重要场所。1963 年 2 月 26 日，广西壮族自治区人民政府把魁星楼定为广西文物保护单位。1995 年被定为广西爱国主义教育基地。

魁星楼（张季摄）

4. 龙州县红八军军部旧址

原为当时龙州乃至广西西南地区有名的"瑞丰祥钱庄"，由一幢法式建筑风格的楼房和一幢中式传统建筑组成，是龙州起义前后党的领导机关和红八军军部所在地。1929 年末和 1930 年初，邓小平同志作为中共中央代表先后两次到龙州领导和发动龙州起义，开辟左江革命根据地，创建中国红军第八军，都在这里居住、办公。红八军成立后，在瑞丰祥钱庄设立红八军军部，以指挥广西左江地区的革命斗争和军事行动。瑞丰祥钱庄因此被称为"红军楼"。1963 年 2 月被列为广西文物保护单位。1985 年建成纪念馆，1988 年被定为全国重点文物保护单位。2001 年 6 月被中共中央宣传部定为全国爱国主义教育示范基地之一。

龙州起义纪念馆（蔡乾涛摄）

5. 田东县右江工农民主政府旧址

位于田东县平马镇。旧址原是经正书院，始建于清代，是当时平马人士捐资兴办的一所学堂，整座建筑古香古色，占地 7 336.25 平方米。百色起义前夕，当时领导右江地区革命的主要领导人邓小平、张云逸、雷经天等曾工作、生活在这里。1977 年 8 月 17 日，邓小平为旧址题写址名："右江工农民主政府旧址"。1995 年 12 月被命名为广西爱国主义教育基地。1996 年被定为全国重点文物保护单位。现在，此旧址内布置着有关当时革命运动的展览，展览分两部分：一为右江工农民主政府部分，包括右江苏维埃政府和中共右江特委的会议厅，政府主席雷经天、肃反委员陈洪涛的住处和赤卫队的营房等；二为辅助陈列部分，按时间顺序分别以绘画、照片、文字、实物等形式介绍田东各个历史时期的革命斗争。

6. 河池红军标语楼

位于河池市金城江区河池镇河池社区河池街 28 号。1930 年红七军、红八军在河池县活动期间，均在此宿营，邓小平、张云逸、韦拔群常在楼上办公住宿。红军战士在民房内墙上书写和绘制了大量革命标语、漫画，其内容有关于中国共产党的性质、纲领、革命对象，土地法大纲，国民党十大罪状等，后被石灰浆覆盖。20 世纪 60 年代初，灰浆剥落，墙上的内容被重新发现。至今保留下来的红军标语共 55 条，漫画 6 幅，书写面积达 90 多平方米，均为黑木炭和黑石粉书写。后人将其称为"红军标语楼"。河池红军标语楼是目前全国保存红军当年革命标语最多、最集中、最完整、内容最丰富的旧址。1978 年 12 月被公布为广西壮族自治区重点文物保护单位。1995 年 12 月被自治区党委、政府公布为广西爱国主义教育基地。2006 年 6 月被国务院公布为全国重点文物保护单位。

7. 韦拔群亲属烈士群墓

位于河池市东兰县武篆镇东里村东里屯特牙山韦拔群故居前左侧，共十座。

从东里村韦拔群故居陈列室，沿着梯级上行一半的左侧，即第二层平台四周沿路种有十二棵松柏，有一排整齐的墓群，即韦拔群亲属烈士群墓。墓群右起第一座墓是韦拔群的爷爷韦天宝之墓，第二座是韦拔群的奶奶黄小梅之墓，第三座是韦拔群的父亲韦尔章之墓，第四座是韦拔群的生母黄祖梅之墓，第五座是韦拔群的嫡母王的记之墓，第六座是韦拔群的庶母陈的姣之墓。韦拔群的三位老母亲均是在 1932 年秋被敌人围困死于西山。第七座是韦拔群的二弟韦茎烈士之墓，墓碑上刻有一颗五角星，第八座是韦拔群的二弟韦菁烈士之墓，墓碑上同样刻有一颗五角星。第九至第十座为韦拔群的夫人和儿女之墓。十座墓共安葬了十七人，他们都为革命献出了宝贵的生命。

8. 湘江战役灌阳新圩阻击战旧址

新圩阻击战，是湘江战役阻击战中最惨烈、最悲壮的一战。红军以两个团、一个营共 4000 余人的兵力，与桂军两个师和一个独立团共 10 000 多人浴血奋战三天两夜，完成了掩护中央纵队及红军主力渡过湘江的艰巨任务，共伤亡 2000 多人。2006 年 5 月，新圩阻击战旧址作为湘江战役革命遗址系列被确定为国家级文物保护单位。

新圩阻击战红军战士雕塑（韦石龙摄）

9. 湘江战役全州觉山铺阻击旧址

湘江战役期间，军委派红一军团二师设防于鲁板桥、脚（觉）山铺之间，阻击湘军西进，掩护红军主力渡江。觉（脚）山铺是湘江的咽喉要地，觉（脚）山阻击战以五团政委易荡平等 2000 余名红军烈士的热血和生命为代价，掩护中央红军渡过湘江。该战是湘江战役中最大、最悲壮的阻击战。凤凰嘴渡口为红军突破湘江最为惨烈的渡口。原中国人民解放军南京炮兵政委、红军诗人陈靖在《黔山湘江》一诗中写道："血染十里溪，三年不食湘江鱼，尸体遍江底。"反映了当时红军抢渡湘江的悲壮场面。觉山阻击战的惨烈代价让红军将士觉醒，认识到之前的战略错误，开始了中国革命的转折点，脚山因此更名为觉山。

10. 兴安县红军标语楼

兴安县华江瑶族乡千家寺红军标语楼，是一座建筑面积 250 多平方米，悬山顶，青砖、灰瓦、白墙的两层楼房。1934 年冬，中国工农红军第一方面军的三、五、八军团和中央军委两纵队突破湘江封锁线后经过华江，在此地书写了一批红军标语。这些标语一直到 1988 年冬才被人们发现并加以保护。其中有"红军是工农自己的军队！""当红军有田分！""打倒屠杀工农的国民党！""白军是豪绅地主的军队！"等，落款"红军宣"。其中，一幅"打倒国民匪党"采用了标语和漫画相结合形式，书写成了一只狗的形状的"标语漫画"，非常独特。

（二）纪念场馆

1. 广西革命纪念馆

位于南宁市青秀区长堽路 256 号。始建于 1978 年，后进行了多次装修改造。改造后广西革命纪念馆面积约 5600 平方米，整个展览分为新民主主义时期和社会主义时期两个板块，涵盖了序厅、大革命时期、土地革命时期、抗日战争时期、解放战争时期、社会主义时期、国家领导人关爱广西七大组群。在布展内容上，以历史时期的突出事件为线索；在布展主题上，突出表现了邓小平、韦拔群等老一辈革命家的丰功伟绩，同时加大了对广西各个历史时期党组织的主要领导人和著名英烈的表现分量。在布展手段上，充分利用声、光、电多媒体，以及雕塑、壁画、油画、场景复原等现代展陈技术再现历史，全面展示了中国共产党在广西的革命斗争历程和广西著名英烈的事迹。

2. 百色起义纪念馆

位于百色市东北郊迎龙山。始建于 1961 年，设在中国工农红军第七军军部旧址粤东会馆里，原名"右江革命文物馆"。1996 年 9 月更名为"百色起义纪念馆"，同年 11 月 1 日，江泽民同志题写了"百色起义纪念馆"馆名。位于广西壮族自治区百色市右江区，全馆总投资 3000 多万元，占地面积 100 多亩，其中建筑面积 5500 多平方米。该馆形成馆园结合，园中有馆，馆寓于园，观中有游，寓教于乐的独具特色的体系。馆内设"百色风雷""革命英杰""邓小平与百色""建设新百色"等多个展厅，共展出文物 270 余件，图片 1000 余幅，场景 16 处，展出的起义人物达 4000 多人次。2006 年被授予"2006 年中国红色旅游十大景区"称号。2007 年纪念馆荣获"国家 AAAA 级旅游景区"称号。

百色起义纪念馆（陈峥摄）

3. 百色起义纪念碑

位于百色市城东后龙山，于 1984 年 12 月 11 日落成。纪念碑高 23.9 米。正面镌刻的是邓小平同志亲笔题写的"百色起义的革命先烈永垂不朽"，背面是百色起义的纪事碑文，两侧分别是表现邓小平、张云逸率领的广西警备第四大队来到百色，韦拔群举办农民运动讲习所的两幅浮雕，碑顶凸起的"1929"字样标明了百色起义的时间。外形似一面迎风飘扬的红旗，又似一杆红缨枪直指天宇。纪念碑前临右江、俯视鹅城，后拥群山、青松翠柏相随，是百色地区重要的标志。

4. 东兰县壮乡将军纪念馆（东兰县壮乡英雄文化园）

百色起义纪念碑（陈峥摄）

位于东兰县三石镇弄英村韦国清将军故里，占地面积10.7公顷，于2013年8月竣工。园内建有壮乡将军纪念馆、红色旅游文化广场、韦国清故居复原工程、清风池、红色长廊、塑像、浮雕、将军亭等项目，主要陈列布展从红七军、红八军走出来的张云逸、韦国清、李天佑等20位开国将军的文物史料。一楼主要陈展韦国清上将生平的文物史料，二楼主要陈展韦国清同志廉政专题和张云逸等19位将军的生平文物史料，以及部分红军长征时期、抗日战争时期、解放战争时期使用过的轻型武器。各展厅陈列布展大量珍贵的图文资料，并运用场景再现、沙盘模型、雕塑油画、多媒体演绎等方式，生动形象地展示了革命前辈们波澜壮阔的一生，全面深刻地体现出革命前辈们坚定的理想信念、为党为国为民奋不顾身的革命豪情与艰苦奋斗的优良作风。

5. 韦拔群纪念馆

坐落在东兰县烈士陵园内，主要由纪念馆、拔群广场、集会广场、功德园、将军园等部分组成，占地面积200多亩，投资费用共达1亿多，2009年10月竣工。馆内以韦拔群人生轨迹为经，以韦拔群开展革命活动为纬，陈列展出资料、图片、实物700多件，全方位展示了韦拔群的一生。2017年1月，韦拔群纪念馆被列入全国红色旅游经典景区名录。2011年4月被列入全国第一批红色旅游经典景区名录，2011年6月被列入广西第一批中共党史教育基地，2013年1月被列入广西廉政教育基地。

韦拔群纪念馆（张季摄）

6. 东兰烈士陵园

坐落在广西东兰县县城曲江路九曲河畔。原名为东兰革命烈士公园，建于1956年。占地面积60 297.5平方米，由陵园中心广场、农民革命军战斗群雕、革命烈士纪念馆、烈士雕塑、烈士纪念塔、韦拔群烈士墓、烈士纪念碑等组成。1986年10月，经国务院批准，被列为全国重点烈士纪念建筑保护单位，园名更改为东兰烈士陵园。1995年12月，经广西壮族自治区党委、广西壮族自治区人民政府同意，被命名为广西爱国主义教育基地。

7. 兴安湘江战役纪念馆

坐落于兴安县城西南1千米的狮子山，占地8万平方米，由大型群雕、主碑、纪念馆组成。群雕为灰白花岗岩雕凿，长46米，高11米，由四个巨型头像和五组浮雕组成，为全国革命纪念碑园之最，它艺术地再现了当年红军突破第四道封锁线的壮烈情景。主碑高34米，耸立于狮子山顶，上部为三支直插蓝天

湘江战役纪念馆（张季摄）

的步枪造型,象征着"枪杆子里出政权"的真理,下部为圆拱型碑亭。主碑和群雕由一线四折共201级的大型台阶连接,陡峭的台阶寓意着中央红军突破湘江一线的曲折过程。纪念馆位于狮子山北山脚,馆内陈列着湘江战役军事模型图,红军长征过广西路线示意图及中央领导人的题词。1996年1月,经聂荣臻元帅提议,国务院批准,在兴安县修建了红军长征突破湘江烈士纪念碑园。1996年6月,国家教委、民政部、文化部、国家文物局、共青团中央及解放军总政治部共同确定碑园为"全国中小学爱国主义教育基地"。1997年6月,中央宣传部将其列为首批"全国百家爱国主义教育示范基地"之一。

8. 红军长征新圩阻击战主战场纪念馆

位于灌阳新圩阻击战主战场前沿阵地枫树脚,该馆主建筑造型为五角星建筑,由四个底部宽度12米的五星向中间靠拢组成,内部结构分三层加基座共四层,高度20多米,顶层为观光台,基座一层为展厅。展厅分"红军三次过灌阳""新圩阻击战""悲壮34师""鱼水情深""精神永存"等五大板块展示新圩阻击战。该馆左边有高3.5米,宽4.5米花岗岩主题雕塑,雕塑由六位红军将士不怕牺牲、骁勇善战形象组成,正面有迟浩田将军的题词——新圩阻击战。现成为爱国主义教育基地、革命传统教育基地、廉政教育基地和灌阳县党员干部教育培训基地。

新圩阻击战陈列馆（陈峥摄）

9. 湘江战役新圩阻击战酒海井红军烈士纪念园

位于灌阳县新圩镇和睦村下立湾屯北约500米处,全灌公路(省道201)西侧，是新圩阻击战一百多名红军战士殉难之处。2003 年开始，灌阳县委、县政府开始筹资修建酒海井红军烈士纪念碑及护栏，在酒海井前立"红军烈士殉难处"石碑；2004 年 10 月竣工并向社会开放。2006 年 5 月被列为国家重点文物保护单位。2014 年 9 月对酒海井原有的红军烈士陵园进行规划扩建，将散葬于民间的红军遗骸归葬到酒海井烈士墓。2019 年 12 月，中共中央宣传部将"湘江战役新圩阻击战酒海井红军纪念园"扩充命名为"红军长征湘江战役纪念设施"，并纳入全国爱国主义教育示范基地。纪念园主要设施有纪念公园、烈士墓园、旅游公园，具体项目有纪念广场、红军帽、纪念塔、纪念馆、红军雕塑、烈士英名录等，已成为缅怀红军烈士、学习传承红军长征精神的圣地。

湘江战役新圩阻击战酒海井红军烈士纪念园（陈峥摄）

10. 李明瑞、俞作豫纪念公园

位于北流市城东田螺岭。纪念公园由李明瑞、俞作豫雕像，烈士纪念馆及相关建筑构成。纪念馆陈列面积 500 多平方米，陈列大厅展出有关李明瑞、俞作豫烈士生平事迹的图片和实物，原红七军、红八军老战士、有关领导和知名人士的题词等。1985 年正式对外开放。1995 年 7 月，中共北流市委、市人民政府将李明瑞、俞作豫烈士纪念馆列为北流市爱国主义教育基地。同年 10 月，被列为广西爱国主义教育基地。

11. 李征凤烈士墓

位于桂林市七星岩普陀山北麓。墓坐西朝东，占地面积 87 平方米，封土高 1 米，墓直径为 3 米，用石片围砌。碑文为：中共原桂林县支部书记李征凤烈士之墓。1926 年 7 月，李征凤等共产党人创建了桂林第一个党支部——中共桂林县支部干事会，李征凤任书记。1927 年 4 月遭国民党监禁，10 月 14 日在丽泽门外（今蒋翊武纪念碑附近）英勇就义，葬于城南沙河一带。1993 年，桂林市人民政府在七星岩普陀山北麓重建其衣冠墓，1994 年 9 月立碑铭记。

李征凤烈士墓（陈峥摄）

（三）名人故居

1. 韦拔群故居

位于东兰县武篆镇东里村东里屯特牙山，分前后两幢泥砖瓦房，总面积 250 平方米。前屋为一幢内立四排屋架，分五开间，屋顶设有瞭望台，是当年韦拔群接待革命同志、召集农军开会的地方。后屋为韦拔群一家生活起居室；

韦拔群原住在东兰县东里村，1926 年 2 月，国民党军队进犯东兰，镇压农民运动，将韦拔群家烧光。同年 7 月，国民党军队败退，革命转入高潮，为了革命的需要，韦拔群便在东里屯特牙山半山腰建了两幢泥砖瓦房作为新家，用于接待革命同志和农军开会。1930 年，邓小平曾与韦拔群在此试办共耕社，开设农民政治夜校，推动了右江地区土地革命运动的开展。1930 年 10 月，红七军主力北上后，右江革命根据地力量薄弱，国民党反动派大举进剿东兰。1931 年，韦拔群的房屋再度被烧毁。新中国成立初，东兰县人民政府为纪念韦拔群烈士，在原屋基上按原样重建。屋内置韦拔群半身塑像一尊，四壁有韦拔群烈士生前革命活动简介。2009 年 5 月，韦拔群故居被自治区人民政府确定为自治区级重点文物保护单位。2017 年 1 月，被列入全国红色旅游经典景区名录。

韦拔群故居（张季摄）

2. 雷经天故居

位于南宁市河堤路雷屋 17 号，为中共广西省第一次代表大会旧址。1929年，中共广西省在该处召开第一次代表大会。会议通过了政治决议案，明确推翻国民党反动统治、深入开展土地革命、武装起义、夺取政权等任务，并将广西省委改为广西特委，雷经天任特委书记。2 月初，省委机关改设在南宁中山路，秘书处则设在津头村雷经天故居内。秘书处自设立以后，成为联络、宣传革命的阵地，在长期的革命斗争中发挥了重要的作用。原建筑为雷经天同志的祖屋，建筑由一院两进和厨间所组成，面宽10.4 米，通进深27 米，前院为晒谷场，硬山式砖木结构，盖小青瓦屋脊，青砖清水外墙，占地面积338 平方米。该建筑国民党统治时遭破坏，1950 年拆毁，屋基仍保留至今。1981 年公布为区级文物保护单位。2001 年被公布为南宁市文物保护单位。

3. 韦国清故居

位于东兰县城西南16 千米处的三石镇弄英村弄英屯，原323 国道线旁。是已故党和国家领导人、共和国开国将军韦国清上将的故居。故居四周环山，五峰连立，地势犹如弧开的手掌，背靠四山，面朝一坡。故居现有陈列室两间，展有韦国清上将生前用过的遗物，以及他戎马生涯和新中国成立后一些国事活动的照片等100 余件。

（四）历史人物

1. 邓小平

邓小平（1904—1997），原名邓希贤，化名邓斌。四川广安县人。1920 年赴法勤工俭学。1922 年参加旅欧中国少年共产党。1924 年转入中国共产党。曾任中共中央秘书长，中央代表，广西前委书记，红七军前委书记兼军政委，红八军政委、红八军临时前委书记。领导发动百色起义和龙州起义，创建了红七军、红八军和左右江革命根据地。1930 年 11 月，率领红七军主力北上中央苏区。在长期革命斗争中，为中国革命的胜利作出了巨大贡献。新中国成立后，是中央第一代领导集体重要成员，第二代中央领导集体核心。曾任政务院副总理，中共中央秘书长，国务院副总理，中共中央政治局委员、常委，中央总书记，中央副主席，中央军委主席，国务院副总理，全国政协主席，中共中央顾委会主任。是中国改革开放和社会主义现代化建设的总设计师和建设有中国特色社会主义理论的创立者。

2. 俞作柏

俞作柏（1889—1959），广西北流人。参加过广东护国军讨伐袁世凯，亲历李宗仁等发起的统一广西的战争。1926 年任广西省政府农工厅厅长，切实执行新三民主义三大政策，并任黄埔军校南宁分校校长。国民革命军北伐时期，曾与李明瑞支持工农运动，与共产党保持合作。1927 年被迫去香港，在港期间积极接触中共人士。1929 年因蒋桂战争得以复出，7 月就任广西省政府主席和广西省警备军司令，收编桂军残部。响应粤军张发奎反蒋战争，10 月 1 日就任护党救国军南路总司令，宣布反蒋，失败后避走香港。抗日战争全面爆发后重返军旅，为积极抗日，曾经担任苏皖浙忠义救国军副总司令。后因不愿跟随戴笠推行消极抗日、积极反共的政策，愤而出走四川重庆。内战时期又赴港，拥护国统区"反内战、反迫害、反饥饿"民主运动。1956 年 8 月应邀回归，任广东省政协委员、广东省人民政府参事室参事、全国政协委员等。1959 年因病逝世。

3. 张云逸

张云逸（1892—1974），广东省文昌县（今属海南省）人。早年加入中国同盟会，参加了黄花岗起义、辛亥革命、护国战争和北伐战争。1926 年参加中国共产党，1929 年在广西右江领导武装起义参加中国工农红军。历任红军第七军军长、中央军委副参谋长、粤赣军区司令员、红军总司令部和红一方面军司令部副参谋长兼作战部部长，1934 年 10 月参加长征。抗日战争时期，历任新四军参谋长、新四军江北指挥部指挥员、新四军副军长兼第 2 师师长、抗日军政大学第 8 分校校长。解放战争时期,历任华东军区副司令员、山东军区司令员、华东军政大学校长、中共华东后方工作委员会书记,中共中央华中局委员,中共中央华东局委员。为华东解放战争的胜利作出了重要贡献。新中国成立后,历任中共广西省委书记、广西省人民政府主席、广西军区司令员兼政治委员、中共中央中南局委员、中共中央华南分局第二书记、中南行政委员会副主席、中共中央监察委员会副书记。1955 年被授予大将军衔。曾任党的第七届、第八届、第九届中央委员会委员,第一届、第二届全国人民代表大会常务委员会委员。

五、广西人民在党的领导下对革命新道路的探索

邓小平在平马二、三事①

恩隆县城平马镇(今属田东县),是右江地区水陆交通的枢纽,扼右江中枢,也是农民运动蓬勃开展的地区之一。1929 年 10 月 20 日,平马山欢水笑。中共中央代表邓小平指挥装满武器的军械船,从南宁溯右江而上,到达平马镇码头。这时,从陆路率领警备第四大队先期到达的张云逸前往江边迎接。只见叶季壮陪着一个不认识的同志健步登岸,那位同志中等身材,20 多岁的年纪,神采奕奕。张云逸忙迎上前去,叶季壮介绍说:"这位就是邓小平!"张云逸感到又惊又喜,忙说:"啊!你就是邓小平同志!"几个月来,张云逸虽然得到他的许多宝贵指示,解决了很多工作中的疑难,但因由地下党秘密联系,却一直没有见过面。这次见面后,互相紧紧握手,激动的心情溢于言表。他们来到右江农协办事处(今右江苏维埃政府旧址)刚坐下,右江工委书记兼右江农协办事处主任雷经天也带着几位同志来了,大家互相介绍,兴奋地交谈。邓小平和张云逸听取了雷经天等同志的汇报后,按邓小平的指示,右江农协办事处于当天召开欢迎警备第四大队和教导总队的群众大会。在会上,公开提出"打倒国民党反动派,建立苏维埃政权"等口号。会后,根据邓小平的指示决定留一个营驻守平马,一个营进驻恩隆县那坡镇(今属田阳县),一个营进驻果德(今属平果县),其余部队继续开往百色。从此,右江地区的革命活动由秘密转为公开

---

① 陈遵诚:《邓小平在平马二、三事》,《邓小平与广西》,广西人民出版社 1994 年版,第 67 ~ 70 页。

状态。

警备第四大队挺进右江地区以后，以俞作柏的名义宣布张云逸为右江督办，稳定了右江政局。但是，对各县的地主豪绅及其反动武装还没有进行打击和镇压，其反革命气焰十分嚣张。尤其是反动的广西警备第三大队，听命于国民党桂系军阀，在其大队长熊镐率领下跟踪警备第四大队进驻右江各地，大队部设在平马镇。他们与当地豪绅地主相勾结，妄图吃掉第四大队和教导总队，镇压右江革命。邓小平和张云逸早已看穿了敌人的阴谋，为了扫除起义的障碍，决定先发制人。10月28日，在百色和平马等地同时发起歼灭反动第三大队的战斗。

28日上午，按照邓小平的指示和部署，雷经天负责检查了驻平马的第四大队第三营，以及配合第三营作战的恩隆、奉议、思林等县的300多名农民自卫军的准备工作，并交待了作战方案和注意事项。当天下午3点多钟，农军迅速封锁了各个交通要道。第三营以进行军事演习和出操为名，各连按照指定的目标和路线分别投入战斗。他们前进到安凝街"人和当铺"大院第三大队司令部所在地（今县医药公司收购部门市部）门前时，战士们击毙门口卫兵后迅速冲进大院内。驻在院内的第三大队司令部和警卫连的官兵，毫无戒备，慌忙四处逃命。有些亡命之徒企图顽抗，还没把枪拿到手，闪亮的枪口已经对准了他们的胸膛。这伙敌人很快就被俘虏了。第三大队在北帝庙（今港务站）还驻有一个连，被第四大队第三营包围后，企图负隅顽抗。除一部分被击毙外，其余的都缴械投降了。第三大队还有一些部队驻在百谷村，听到平马街上的枪声，也争先恐后，四散逃命。由于农军已封锁了各个要道，那些逃命的士兵也都当了俘虏。与此同时，恩隆、奉议、思林等县农军，迅速包围了国民党恩隆县政府，解除了县警备队的武装。

平马战斗前后约1个小时，俘敌3个连，毙敌10多名，缴枪300多支。战后，邓小平高兴地对同志们说："这次战斗打得十分漂亮！"同一天，在那坡、百色等地同时动手，歼灭了反动的第三大队的其余武装，为百色起义拉开了序幕。

1930年7月，红七军主力又集中于平马一带整训。军部在平马镇的城隍庙（今庆平小学），举办了为期3个月左右的教导队集训，参加集训的有各纵队的连排干部约100人。开学时，邓小平政委精神饱满地给学员们作报告。他从右江革命的有利形势谈到举办这期教导队的目的、意义和要求。开学后，他还给学员讲过几次政治课。内容有政权建设、土地革命、武装斗争、帝国主义等。他讲课时理论联系实际，形象生动，很有说服力。当年听过邓小平讲课现仍然健在的磨力等同志回忆说："当年邓政委的教导给人留下了深刻的印象。"

整训期间，红七军前委、右江工委为了在右江地区顺利进行以土地革命为中心的根据地建设，决定在平马镇西街（今田东汽车站）举办两期党政干部训练班。主要培训右江各级苏维埃政府的100多名干部，学习有关土地革命的意义、土地革命的步骤、策略等。为了办好这次训练班，邓小平亲自编写教材，登台讲课。他用通俗易懂的事例，把土地革命的道理讲得深入浅出，使大家深受教育。他还给大家介绍东兰县武篆区土地革命的经验。红七军前委还印发了邓小平亲自编写的《苏维埃的组织和任务》以及土地政策、党的知识等小册子。学习结束后，恩隆、思林等县学员返回各区乡，按照右江苏维埃政府颁发的《土地法暂行条例》，把土地革命运动迅速开展起来。

1930年10月2日，红七军前委在平马召开扩大会议，中共中央南方局代表邓岗传达中央政治局决议精神和中央要红七军离开革命根据地去攻打大城市的指令。会上，红七军前委成员展开了争论。邓小平实事求是作了分析：李宗仁、白崇禧已在广西恢复统治，以红七军现有几千人的力量，去执行那样大的任务是困难的，但有的同志坚决主张执行中央的指令。为了团结一致对敌，前委终于接受了中央交给红七军的任务。

在这次红七军前委会上，邓小平等领导人的疑虑和会议上的争论，无疑是对推行立三"左"倾路线的一次抵制，也为后来红七军在实践中自觉抛弃立三"左"倾冒险主义奠定了思想基础。

小平同志与百色的故事①
钱勤发

在百色起义纪念馆里，陈列着当年邓小平跃马南疆时用过的一根马鞭。这根戴铜套头的藤制马鞭，珍藏着一段难以忘怀的故事。

百色起义后，邓小平依旧忙碌不停，跃马扬鞭奔波各县的苏维埃政府，走村串户，访贫问苦，与农民一起吃红薯苗、玉米粥。1930年秋的一天早上，邓小平骑着一匹高头大马，从恩隆县来到林凤区召开干部群众座谈会，日落时分又转回县城平马镇。也许走得太急，一根马鞭遗忘在林凤区苏维埃政府里。

最先见到这根马鞭的是炊事员黎爱廷。老黎见邓政委的马跑远了，便将这根马鞭收起，想再次见到邓政委时亲手交给他。谁知，从这以后，黎爱廷再也

① 原载《新民晚报》，《广安日报》2017年1月20日转载。

没有见过邓政委。邓小平率部队离开了百色。

此后，黎爱廷一直珍藏着这根马鞭。1958年，黎爱廷临终前将这根马鞭托付给外甥，再三叮嘱这是邓政委用过的马鞭，以后邓政委来了，你替我交给他……1961年，百色起义纪念馆筹建时，黎爱廷的外甥就将这根马鞭捐给了纪念馆。

一张报纸

在百色起义纪念馆里，有一台原始的印刷机同样引人注目。这台印刷机在百色起义前后印刷过中国工农红军唯一的一张铅印报纸《右江日报》。

百色起义前夕，邓小平派了一个叫余惠的营长带了一个营先期抵达百色，并指示舆论先导，公开宣传党的主张、方针、政策，创办了《右江日报》。从这台印刷机里印刷的《右江日报》，至今唯一留下的一份报纸是1929年12月26日的第44期。

邓小平难忘《右江日报》在百色起义时所发挥的作用。1978年，邓小平曾问过这张报纸，听说报纸在"文革"中停刊，便关照说《右江日报》要复刊。至今，这份1929年百色起义创办的红军报纸依然是百色市委的机关报。

一座会馆

百色起义创建的中国工农红军第七军军部旧址在百色解放街39号的粤东会馆。这座广东商人集资建于康熙五十九年的古建筑至今保存完好。设在这里的红七军军部旧址依旧保持着那时的原貌。邓小平的办公桌、床铺均是当时当地普通简单的木制品。那时，邓小平和战士们穿一样的衣服，盖一样的铺盖，吃一样的饭菜，领一样的月饷，年轻的邓政委深受战士和当地群众的爱戴。

一笔捐款

在百色起义纪念馆里还记载着邓小平年迈时情系百色的一笔捐款。

1992年，百色平果县凤梧希望小学收到5000元捐款。这笔捐款来自北京某发展基金会，因数目较大，校方为登记入册，询问捐款人的姓名，得到的回答是不能公开捐款人的姓名，如果一定要写名字的话，就写"一个老共产党员"。

这位"老共产党员"是谁呢？校方再三追踪，最后终于得知是时年88岁的邓小平。消息传开，百色人民对邓小平的崇敬感激之情难以言表。后来又得知邓小平还资助凤梧希望小学一个叫周标亮的贫困学生。

百色起义前后广西党建工作[①]

广西地处南疆，又是少数民族聚居的地方。在二十世纪二三十年代，在广西开展党建工作面临着与其他地方不同的局面。首先，广西缺乏现代大工业，工人阶级基础薄弱，在农村中自耕农占大多数，雇农、贫农等人数很少；其次，民族特点突出，少数民族占人口总数的90%左右。这些特点决定了在广西开展党建工作具有不同寻常的复杂性和难以想象的艰巨性。

中国共产党人以无比坚韧的勇气和毅力，克服重重艰难险阻，在广西大地上高举马克思主义旗帜，在十分困难的局势下建立了党的组织，开创了革命的新局面。特别是在百色起义前后，以邓小平为首的广西中共党组织在党中央的领导下，创造性地开展党建工作，取得了卓著的成效。

一

1925年10月，直属广东区委领导的广西中共梧州支部干事会成立，标志着广西第一个中共地方组织的诞生。随之，广西的中共党组织得到了飞速发展。到1927年"四一二"反革命政变前，中共已在广西的梧州、南宁、桂林、东兰等地先后建立了党的组织，共有19个支部，党员人数发展到200多人。在党员成分方面，由于广西工业基础薄弱，发展入党的党员除一部分知识分子外，"要算农民成分占多数"。

随着大革命的失败，掌握广西军政大权的新桂系军阀加紧对共产党员和革命群众的屠杀，广西党组织遭到了巨大破坏。1927年10月24日，中共南方局领导人之一恽代英在《代南方局给党中央写的报告》中称："广西最近报告桂平、平南一带势力受摧残最甚。"

但是，中共并没有因此而停止革命的脚步。在中共中央的领导下，广西党组织在残酷的革命斗争中迅速得到了恢复，并有了一定程度的发展。党员数量有了大幅增长，到1928年春为止，广西党员增加到825人，其中工人占3%，农民90%，知识分子5%，兵士2%。党组织有了一定程度的恢复，建立了桂平、贵县、平南、容县、武宣5个县委（县临委）和梧州市委，下辖9个区委，81个支部，中共广西地委于1928年1月改组为广西特委，书记为邓拔奇，归广东省委领导。由于形势的需要，广西特委曾一度改为广西临时省委，至1929年4月又改为广西特委，仍隶属于广东省委领导。

---

① 张季：《百色起义前后广西党建工作》，《百色学院学报》2011年第2期。

但总的来说，这一时期广西党组织的发展还十分艰难，主要表现在以下三个方面：

其一，组织受到极大破坏。指挥机关受损严重，"特委及各县指导机关多不健全"。各地组织"非常零乱"，有一半的县党组织已经失去联络。在有联系的半数组织中"实际上亦非常松懈"，有些地方甚至谈不上有组织，只是有一两人活动而已。在现有的县委或县临委中，除贵县等少数县的组织比较好点外，其余县委之下很少有支部，呈现出空排架的态势。

其二，农民党员脱党情况严重，知识分子党员态度徘徊。由于广西的特点，农民党员占党员的绝大部分。农民党员的大幅度脱党，使党的力量遭到严重削弱。而常常担任领导岗位的知识分子党员此时也表现出不坚定性，"除一小部分同志与敌拼命外，其余知识分子摇摆不定"。

其三，党员缺乏支部生活，缺乏凝聚力，纪律废弛。地方党员"同志多没过支部生活，党的策略，很少有所讨论，自然无由在群众中起何作用"。由于地方党员很少过组织生活，不了解党的政策，"以是接到通告无法讨论，以致广西全党的同志完全失了政治生活"。在组织纪律方面，很多党员根本不懂得民主集中制，党的管理呈现出无政府状态。

由于反动当局的高压政策，广西地方党的组织屡建屡毁，元气大伤，党的活动大部分停止。到1929年1月，党员数量锐减至400名。宣传工作跟不上，组织工作也难以独立开展，广西党建工作步履维艰，发展进入相对低谷时期。

二

1929年夏，由于桂系军阀在蒋桂战争中的失败，国民党左派军人俞作柏、李明瑞主政广西。为巩固自己的地位，他们要求中共派干部去协助工作，广西政局出现了有利于革命发展的形势。中共中央派邓小平（时化名邓斌）作为中共中央代表到广西，统一领导广西党的工作，并选派张云逸、陈豪人等40多名干部到广西开展工作。

中共代表邓小平到广西以后，针对广西实际情况，研究部署广西党的工作。在恢复和发展党组织的同时，注重对党员进行培训和教育。省特委于8月初在南宁开办了一个党员训练班，有十六七人参加学习，学习有关"政治、职工、土地、组织CY五课"内容。同时，还出版了党内刊物《党的生活》和《广西农民》，以加强对党员的宣传教育工作。

经过一段时间，各地党组织逐步恢复、发展起来。至9月，全省已健全的中共县委有4个，县特支5个；正在恢复和健全的县委有5个；南宁已建立了轮船、汽车、机关、妇女等6个支部。全省党员共420人，团员130人，其中工人占7%，农民占25%，知识分子占27%，妇女党员占2%。

随着革命形势的迅速发展，为了传达贯彻中共六大和六届二中全会精神，邓小平和贺昌指示中共广西特委于1929年9月10日至14日，在南宁津头村秘密召开中共广西第一次代表大会。会议根据六大和二中全会的精神，认真总结广西过去斗争的经验教训，确定了新形势下广西党的政治任务和斗争策略。会议选举产生了新的省特委领导机构，选举何誓达为书记。通过了《广西党的政治任务决议案》等9个文件，提出"推翻国民党豪绅资产阶级的统治""深入土地革命宣传和行动""准备武装暴动夺取政权"等正确主张，对后来举行百色起义、龙州起义具有重要的指导意义。在党建工作方面，明确提出要注意发展雇农、贫农中的积极分子入党，吸收工人党员参加指导机关，健全地方党组织。

这条路线表明，邓小平领导的广西党组织并没有拘泥于六大所提出的把发展党员主要放在产业工人上的党的组织工作路线，而是把组织和革命力量的发展重点定在广西农村及农民运动方面。既重视在城市工人中发展党员，更把注意力放在右江广大农村的贫雇农群众中。

邓小平在领导广西党组织的恢复和重建过程中，既坚定地贯彻执行了六大关于党的布尔什维克化路线，又从广西实际出发，在广大农村中发展了党的组织和革命的力量，避免了因过分强调党的成分产业工人化而难以发展的困难，从而广西党建工作开创新的局面，全省革命形势得以较快发展。当时新桂系军阀首领李宗仁曾这样哀叹道：俞作柏、李明瑞"南归后，为虎附翼，共祸始炽，桂省几成为共产党之西南根据地"。

三

1929年10月，俞作柏、李明瑞参加反蒋失败，广西风云突变。在这紧要关头，邓小平和贺昌与广西特委商议，专门召开了左右江地区工作会议。会后，立即派雷经天到恩隆县平马镇建立省农协右江办事处和担任中共右江工委书记；派严敏、陈洪涛、徐达生、张震球等分别到东兰、凤山、恩隆、奉议、思林、向都等县领导农运和筹建县党委；派何建南、麦锦汉、苏文灿等前往龙州县领导农民运动，成立左江农民运动指导委员会，由何建南担任主任委员。这进一步加强了共产党对左右江地区农民运动的领导，使左右江地区党组织和农民运动得到迅速发展。

邓小平将党所掌控的武装力量向左右江地区转移，并成立了中共广西前委，由邓小平担任书记，统一领导左右江党组织和军事工作。在广西前委的领导下，起义条件日渐成熟。1929年12月11日，百色起义成功举行，建立了中国工农红军第七军和右江苏维埃政府。中共广西前委改为红七军前委，邓小平仍任书记，隶属中共中央领导。1930年2月，邓小平、李明瑞等人领导了龙州起义，建立了红八军和左江革命委员会。百色起义和龙州起义后，建立了左右江革命根据地。

邓小平领导红七军前委把马克思主义的党建学说和左右江地区的实际有机结合起来，创造性地进行党建工作，主要体现在以下几方面：

（一）大力吸收发展党员，建立一支由少数民族优秀成分组成的党员队伍

百色起义前，右江地区少数民族党员仅有40余人。百色起义后，邓小平领导红七军前委更加注重地方党的建设，先后发布了第六、第七号《前委通告》，指出当时右江"党的任务是发展组织，加强党的领导力量"。将工作重点放在乡村，大力吸收工人、雇农、贫农等优秀分子入党。到1930年11月红七军在河池整编前，广西地方党员发展到1500多人，其中大多数为少数民族党员。在右江苏维埃政府11名委员中，6名是少数民族干部，左江革命委员会13名委员中，有7名是少数民族干部。通过吸收各族人民中的优秀积极分子入党，将左右江地区党组织建设成为领导左右江地区各民族人民开展革命斗争的核心力量。

（二）注重从思想上建党，重视对党员进行政治思想工作，提高党员政治思想素质

百色起义前后，广西党员文化程度普遍较低，大多数党员对共产主义常识了解不多，对马克思主义的基本理论知之甚少。广西前委坚持用训练班的形式向党员和革命骨干宣传马克思主义基本理论，提高革命觉悟，达到思想建党、保持党的无产阶级先锋队性质的目的。

早在1929年12月20日，前委就发布了《前委通告（第2号）》，强调加强理论学习、培训干部。遵照前委指示精神，右江各级党组织都以不同形式开展马克思列宁主义理论和党的基本知识学习。前委主要领导同志积极作出表率，邓小平、雷经天等亲自编写教材，并给党员讲课。1930年4月，邓小平以前委书记的身份，同雷经天、韦拔群等在东兰举办了为期一个月的党员培训班，培训人数200多人。据统计，当年右江根据地许多县都相继通过培训班和支部活动等形式，组织党员学习红七军前委印发的《党员须知》《革命常识问答》等基本知识和革命理论，对党员干部进行系统的马克思主义理论教育、党的基本知识教育、党的方针政策教育和纪律教育。仅东兰县在1930年就举办了6期，培训学员1000多人。恩隆县平马镇举办了训练班，为东兰、果德等县培训党员骨干100多人。经过一段时间的工作，各级党组织有了较大发展，党员思想素

质也有了明显提高。

（三）注重贯彻执行民主集中制原则

民主集中制是党的根本组织制度和领导制度，也是党的基本组织原则和党内生活基本准则。在复杂的政治局势下，中共广西党组织注重在党建工作中贯彻执行民主集中制原则。

百色起义之前，在 1929 年 9 月 13 日举行的中共广西第一次代表大会上通过的《政治任务决议案》中，提出了在党的组织中实行民主集中制。提到"实行真正民主集中制，发展党内政治讨论"。百色起义后不久，中共红七军前委于 12 月 20 日发布了关于加强党的组织建设的《前委通告（第 2 号）》，全面详细地规定起义后各级党组织的组织原则，全面阐述了民主集中制原则，并提出了明确要求。注意集体领导，并防止在实践中的过分民主化倾向，"实行民主化时仍须保持民主集权制之确立，须防止极端民主化现象"。

1930 年 4 月，邓小平在为东兰党员干部训练班编写的教材中写道："民主集中制就是党的主要问题应该集体的讨论和集体的决定，一切问题在未决定之先，党员可尽量讨论，发表个人意见。但在成为决议以后，只有绝对服从决议，上级机关应采纳下级机关意见，下级机关要绝对服从上级机关的指示。"从邓小平对民主集中制原则较为详备的阐释可以看出，中共广西党组织对民主集中制原则的理解已经较为透彻。在中共广西党组织的不懈努力下，民主集中制原则在各级党组织中得以贯彻实施，切实提高了各级党组织的建设水平。

（四）严格党纪，建立健全支部生活与地方党部

党的纪律是执行党的路线的重要保证、维护党的团结统一的有力武器，以及巩固党与群众密切联系的重要条件。支部建设是党组织建设的重要内容，是提高党的凝聚力和战斗力，发挥战斗堡垒作用的基本条件。

在 1929 年 9 月 13 日举行的中共广西第一次代表大会上通过的《政治任务决议案》中，明确提出了遵从党纪的要求。"要坚决执行党内的纪律，处置一切不工作、自由行动的分子，并清除一切不良的倾向。"中共红七军前委于 12 月 20 日发布的《前委通告（第 2 号）》中，有"严格执行纪律"的规定。具体内容有：下级机关须服从上级机关的命令；党的一切决定任何同志均须遵从，不能随便以个人意见而更动之；同志怠工或表现不好，经警告后仍不改，着即驱逐出党；有贪污、破坏党在群众中义信者，毫无疑义的开除出去，必要时可向群众宣布。这些规定对于统一党的行动，加强党的领导，保证根据地斗争的胜利起到了重要的规范作用。

在加强支部建设方面，中共红七军前委在《前委通告（第 2 号）》中提出了

健全支部生活的具体要求。规定支部会议应多讨论本支部的实际问题,支部人数多时分小组,小组会议多讨论党的基本理论问题,按时交纳党费,每两天同志向支部书记或组干口头报告工作至少一次,各下级机关向上级机关作书面报告至少每周一次,每周召集常委、支部书记、干部联系会议,支部会议应经常有批评一项,每次开会由主席指定二三人为批评对象。对于地方党部与军队党部的关系,《前委通告(第2号)》明确加以规定,"地方党部与所在地军队中最高党部发生平行关系,但受前委之指挥"。还规定军队党的组织负责健全地方党部的任务。军队党部应给地方党部以各种帮助。这为正确处理党的各级关系奠定了基础,起义之后右江党的组织都建立了领导关系明确、组织系统严密的机构,为起义的顺利发展和根据地军事斗争的胜利发挥了组织保障作用。

在广西前委的领导下,右江地区先后建立了8个县委(县临委),1个县特支,左江地区在6个县也建立了3个特支和6个支部。到1930年10月,右江根据地有党员2000人,加上郁江地区党员,总数多达2200人。由于起义前后党建工作的卓有成效,广西党组织纪律严明,党员党性得到显著增强,党组织战斗力得到大幅提高,因而在根据地的斗争中能够做到正确处理军政军民关系,全党上下一心、团结一致。在以后的革命岁月里,不管是在红七军北上江西汇合中央红军的征途中,还是留守右江革命根据地坚持斗争的右江党组织,都在党的集中统一领导下,英勇奋斗、不屈不挠,最后迎来了广西的解放和全国革命的胜利。

百色起义前后广西党组织的党建思想和实践,丰富了我党建党思想和实践的宝库,对于当时革命斗争的顺利展开起到了不容忽视的作用,同时对于我们在新的历史条件下的党建工作,具有重要的借鉴意义。

红军壮族官兵在长征中的贡献①

1934年10月至1936年10月,中国共产党领导的红一方面军(中央红军)、红二方面军(由红二军团和红六军团会合后组成)、红四方面军和红二十五军分别从各苏区向陕甘苏区实行战略撤退和转移。1936年10月,红军第一、二、四方面军在甘肃会宁会合,长征结束。参加长征的红军官兵,除汉族外,还有壮族、苗族、彝族、土家族、布依族、回族、白族等少数民族。其中,壮族是参

①　陈峥:《论壮族红军官兵在长征中的贡献》,《兰台世界》2015年7期。题目为编者所改。

加长征的较多的少数民族，为长征的胜利立下了卓著功勋。同样，这场史无前例的战略大转移也培养和造就了一大批杰出的红军将领，很多人后来成为党和国家的领导人和将帅群英，其中包括很多壮族将领。

1929 年 12 月 11 日，中国共产党在广西发动百色起义，建立了中国工农红军第七军。次年 2 月 1 日，龙州起义爆发，成立了中国工农红军第八军。1930年，红八军被编入红七军，11 月，以壮族子弟为主的红七军主力 7000 多人誓师出发，历经黔、桂、粤、湘、赣 5 省边境，行程 6000 多千米，于 1932 年 7 月到达江西与中央红军胜利会师。

1931 年至 1933 年，红七军配合中央红军参加了四次反"围剿"和保卫中央苏区的一系列战役。四次反"围剿"胜利后，根据中革军委关于将红一方面军所属小军小师改编为"三三"制大师大团的通令，1933 年 6 月上旬，红三军团取消军一级编制，直辖 4、5、6 三个帅，红七军与江西地方武装 22 军合编为第5 师，下辖 13、14、15 三个团。1934 年 10 月，由于王明"左"倾机会主义路线的错误，第五次反"围剿"失败，中央红军被迫进行长征。以原红七军官兵为主的第 5 师在长征开始后，被编入红三军团作战序列，参加了长征，壮家儿女与红军官兵一起爬雪山，过草地，为长征的胜利立下汗马功劳。

一、行军开道担先锋

长征开始后，红三军团担任全军前锋，以壮族官兵为主的第"五师随带小电台……为先头师"，作为军团前锋，与阻击的国民党军队浴血奋战。在湘江战役中，中央这样部署作战计划："五师应进至四师之西南地区，并突击自南经建乡、富岁塘两路前进之敌"，三军团电令 5 师赶赴广西灌阳县新圩，要求"不惜一切代价，全力坚守三天至四天"。师长李天佑命令 14 团负责右翼阵地防守，以掩护军委纵队及后续部队抢渡湘江。在桂军第 7 军优势兵力的攻击下，全团官兵奋勇抗击，多次打退敌人的疯狂进攻，流淌着壮家热血的黄冕昌团长不幸壮烈牺牲。战斗中，"五师伤亡达 2000 多人，将近全师的一半"，其中很多是壮族子弟。如长征前夕，原红一方面军第 21 师和 23 师合编为红八军团，来自龙州的壮族人唐浚仕军团参谋长，后在长征途中牺牲；长征初期任红三军团第 4师参谋长兼 21 师师长的黄子荣（壮族），在湘江战役中阻击桂系第 7 军的进攻，完成了掩护中央纵队和兄弟部队渡江的任务，随后又挥师挺进桂湘黔边，1935年 7 月，他在四川毛尔盖过草地时不幸牺牲。

红军长征行至川、滇、黔 3 省交界的扎西（今云南省威信县）后，中央于1935 年 2 月 5—9 日召开扎西会议，颁布了《中革军委关于各军团缩编的命令》，"一、三军团均取消现有师部的组织，各以新颁布团的编制表编足四个团"。红三军团由三个师缩编为四个团，第 5 师改编为第 13 团。扎西改编后，以壮族官兵为主体的 13 团继续奋勇作战，参加了土城战役、四渡赤水、夺取娄山关、攻占遵义、强渡金沙江、直罗镇战役等重大战斗。在娄山关战斗中，13 团"从正面进攻"，在 10 团、11 团、12 团配合下，"击败敌五六个团，攻占了娄山关"。"关上的一攻一守，十三团单独担当。"对此，后人的回忆写道："红十三团、十二团向敌攻击，血战数小时，经过残酷的攻守战之后终于下午三时许，把敌四团击溃，攻占了娄山关。"遵义战斗中，攻城部队"为十三团、十二团。……两团各派出两个连为爬城部队"。随后 13 团继续担任前锋，为主力部队前进开辟道路。

二、关键战斗立奇功

在长征中，一大批壮族官兵机智勇敢，英勇作战，在很多关键性战斗中立下奇功。韦国清（壮族）在长征中任红军干部团（团长陈赓）第 4 营（特科营）营长，该营是集炮兵、工兵、重机枪三位一体的"特种兵"，担任着逢山开路、遇水搭桥的艰险任务。1935 年元旦，中共中央决定抢渡乌江，攻占遵义，并把架桥任务交给特科营。陈赓和韦国清率全营将士急行 60 千米，赶到江界河渡口，砍竹伐木，扎成竹排，冒着国民党军队的炮火架设浮桥，经 36 小时的拼搏，终于架桥成功，使军委纵队等部队顺利渡江，再加上红 1 师、红 2 师在乌江下游强渡成功，全军得以渡过乌江，为红军迅速跨过乌江，直取遵义立下奇功。干部团先遣营夺取皎平渡口后，韦国清带领特科营则坚守渡口，并亲自陪同毛泽东等中央领导乘船渡江。5 月 9 日，中央红军胜利过江，从此红军摆脱了数十万国民党军队的围追堵截，韦国清的功绩不可磨灭。5 师改编为 13 团后，该师侦察连也改为第 13 团侦察连，大部分官兵是壮族，连长韦杰（壮族），指导员覃应机（壮族），该连"手枪排里半数以上的同志是东兰人"。侦察连在他们的领导下一直担任前卫，为主力部队侦察敌情。特别是在 1935 年 5 月，该连化装成国民党中央军，抢占洪门口渡口，搜寻到三只木船，并筹备架桥器材，随后 13 团主力和三军团部分人员渡过金沙江。

1935 年 10 月，红一方面军到达陕北后，原红七军官兵仅剩"五百余人"，绝大部分为壮族，其中很多人担任中级以上军政职务，他们在党中央的领导下继续为保卫和建设根据地而战斗。韦杰（壮族）于 1935 年 11 月直罗镇战役后调任红 15 军团 73 师 223 团参谋长。1936 年春，率部参加东征，同年 6 月任 224 团团长。1936 年 5 月，为打破"二马"（马鸿逵、马鸿宾）对陕甘苏区的围攻，巩固和扩大根据地，迎接红二、四方面军北上，红一军团和十五军团组成西征野战军。6 月，红十五军团组建骑兵团，9 月韦杰任骑兵团团长，该团为当时中央军委直属部队，是红军的拳头和尖刀。在甘肃环县同敌骑兵交战时，该骑兵团主动出击，以少胜多，缴获战马200多匹。为开辟红二、四方面军进军通道，西征野战军决定发动会宁战役，"骑兵团在团长韦杰、政委夏云飞的率领下，直奔会宁方向，以两个夜间急行军三百里的速度，于十月二日早晨攻克会宁"，为红军三大主力胜利会师立下奇功。随后，韦杰率部参加山城保卫战。1937年初，韦杰调任红15军团第75师师长。

三、动员民众作用大

在动员民众方面，壮族官兵功不可没。红军进入广西境内后，因新桂系的欺骗宣传，很多民众逃离村庄，来自外省的红军官兵因语言不通，难以与当地民众沟通，不但不能获得补给，而且引发很多误会。壮族官兵因熟悉地情民情，通晓广西方言，在宣传和动员民众援助红军方面发挥了特殊的作用。长征初期任红三军团保卫局主任科员的覃应机回忆："从广西资源到贵州黎平，一路行军，所到之处几乎看不到一个老白姓。原来，这一带群众历来害怕兵勇，国民党反动派在我军到来之前又作了大量的欺骗宣传，男女老少都躲进山里，不敢回家。所以，我的工作主要是找老百姓。这一带老百姓多讲土话，不懂汉话，我家乡的壮话和这里的土话相通。因此，罗（瑞卿）局长特意调我来上山喊话，解释我党我军政策，消除老百姓的顾虑，动员他们回家。……我和那两个年轻人用壮话交谈，很快就相熟了。他们帮我把村里人请回家来。我们临走时，那两个年轻人自愿给我们带路，一村串一村，这样沿途就都有老百姓帮助我们。"原红七军宣传队员谢扶民（壮族），长征中先后担任5师宣传科科长，第10团、12团俱乐部主任、第12团党支部书记等职，负责部队的思想政治和民众动员工作。红军经过贵州苗族地区时，当地苗民逃离一空，部队难以筹粮，他带领政工人员对一位未逃走的苗族老人做工作，后在老人的动员下，当地苗民纷纷回乡，使红军顺利购买了粮食。吴西（壮族）在长征途中从事政治工作，负责宣传民众和瓦解敌军。红军经过贵州时，他与其他同志"搞起了扩军比赛"，使"红军的兵源得到补充"。

除上述在中央红军的壮族官兵外，在红军其他部队中，也有一大批壮族子弟为革命浴血奋战。如红四方面军第30军第89师政治部宣传科科长任国章（壮族）、红二方面军第二军团第四师政委冼恒汉（壮族）、红二方面军第六军团政治部科长黄明政（壮族）、红二方面军第六军团第16师47团团长覃国翰（壮族）、红二方面军保卫局执行科长陆秀轩（壮族）、红二方面军供给部科长黄道光（壮族），等等。他们在各部队中的重要岗位为长征的胜利作出了贡献。

红一方面军到达陕北后，特别是红军三大主力会师后，这些壮族官兵在建设和保卫新根据地中继续战斗，他们在战斗中迅速成长起来，一大批人经过血与火的锤炼，成为红军的重要的将领。

六、实践建议

（一）读书报告

1. 陈一然编著：《邓小平的青少年时代》，辽宁人民出版社 2013 年版。

2. 《邓小平与百色起义》课题组编：《邓小平与百色起义》，广西人民出版社 2004 年版。

3. 广西百色起义纪念馆编：《我的父亲与红七军》，湖南大学出版社 2011 年版。

4. 陆仰渊：《百色起义与龙州起义》，上海人民出版社 1989 年版。

5. 黄现璠、甘文杰、甘文豪著：《韦拔群评传》，广西师范大学出版社 2008 年版。

6. 《张云逸传》编写组：《张云逸传》，当代中国出版社 2012 年版。

7. 洪亮编著：《张云逸大将画传》，四川人民出版社 2009 年版。

8. 李涛：《湘江血泪：中央红军长征突破四道封锁线纪实》，长征出版社 2016 年版。

9. 黎汝清：《湘江之战》，人民文学出版社 2012 年版。

10. 中共中央党史研究室第一研究部编著：《红军长征史》，中共党史出版社 2016 年版。

11. 中共广西壮族自治区委员会党史研究室、中共百色市委员会编著：《重走红七军远征路》，广西人民出版社 2015 年版。

12. 黄克、陈平主编：《英勇红八军》，广西人民出版社 2014 年版。

13. 萧业礼编：《胜利的起点——红军长征首次改变行军路线的地方》，中共资源县县委党史办公室 2014 年版。

14. 中共广西壮族自治区委员会党史研究室、中共广西百色市委编著：《革命理想高于天——百色起义中的共产党员》，广西人民出版社 2014 年版。

15. 毛毛：《我的父亲邓小平》，中央文献出版社 1993 年版。

16. 魏巍：《地球上的红飘带》，人民文学出版社 1988 年版。

（二）实地调查

通过查阅有关资料和参观考察有关遗址遗迹、名人故居和纪念场馆，组织学生重走长征路，撰写调查报告或观后感。以下选题可供选择参考：

1. 红军长征过广西遗址遗迹对大学生爱国主义教育功能作用的研究——以新圩阻击战为例。

2. 广西大学生对韦拔群、张云逸等近代广西历史人物的认识。

3. 参观湘江战役等历史纪念馆。

（三）观看相关影视剧

1.《百色起义》

主要讲述 1929 年春，蒋、桂军阀矛盾激化，国民党广西农工民主厅厅长俞作柏策动在前线任总指挥的表弟李明瑞阵前倒戈，新桂系全线溃败。事后俞作柏被蒋介石任命为广西省主席，但广西政局依旧动荡。为了巩固自己的势力，俞在香港拜会了共产党高层，请求派遣干部前来广西协助他工作，邓小平化名邓斌来到广西。起初因俞心生悔意，邓斌未受待见，但在李明瑞的精心安排下，邓、俞达成同舟共济的协定，统战、兵运及农运等工作在广西有条不紊地展开。蒋介石听闻，很是不满，派心腹郑介民用金钱挖俞、李部队的墙角，并扣发粮饷，李明瑞差点因部下叛变丧命。面对突变的形势，来不及请示中央的邓斌说服俞、李，将他们掌控的部队和军需辎重迅速转移到了桂西重镇百色，准备不日起义。

2.《拔哥的故事》

主要讲述了壮族英雄韦拔群百折不挠探索革命真理、成为真正的无产阶级革命者的历程。1915 年，袁世凯阴谋恢复帝制，各地军阀混战，民不聊生。韦拔群为寻找挽救中国革命的道路，参加了护国军。但他发现旧军队欺压百姓，危害民众。参谋长介绍他到贵州讲武堂去学习军事。五四运动后，韦拔群从讲武堂来到重庆，而后又被迫回到家乡。家乡的东兰县伪团总韦龙甫欺压百姓，韦拔群带领群众攻打东兰县城失败。后来，韦拔群受到毛泽东同志的亲切教导，明白了只有共产党才能救中国。1930 年百色起义后，拔哥的队伍终于编入了红军的行列。

3.《血战湘江》

讲述了 1934 年红军付出巨大牺牲血战湘江的悲壮故事，直面表现了红军将士满怀对革命的无限忠诚、对党的坚定信念，在巨大困难和强大敌人面前，不怕任何艰难险阻，不惜付出一切牺牲，以大无畏的英雄气概和必胜的信念，誓死保卫党中央，胜利突破敌人第四道封锁线，挫败了国民党反动派集中重兵消灭我党和红军的图谋，确保了革命事业在血与火的征程中不断发展，创造了气吞山河的人间奇迹，谱写了豪情万丈的英雄史诗。

4. 电视剧《绝命后卫师》

是中共中央宣传部确定的纪念红军长征胜利八十周年的重点创作电视剧项目。该剧把红军长征过程中的红三十四师作为故事的原型，将史料和艺术相互结合，重现红三十四师广大指战员在生死存亡时刻顾全大局、英勇战斗的壮阔场面，展示闽西儿女为革命流尽最后一滴血的赤胆忠心，进一步传承和弘扬长征精神。1934 年在红军长征期间，红三十四师作为红军的后卫部队，担任着在长征路上掩护红军主力部队突围的任务。为了突破国民党军第四道封锁线，一支全由闽西客家子弟组成的红五军团第三十四师，与数十倍于红军的国民党军浴血奋战。在掩护主力红军突破湘江的惨烈战斗中，红五军团第三十四师 6000 余人全军覆没，为中国革命史留下了气壮山河的悲壮篇章。

5. 电视剧《红七军》

主要讲述了土地革命战争期间广西人民在中国共产党领导下为翻身求解放而斗争的历史。着力反映和再现邓小平等老一辈无产阶级革命家创建红七军的战斗历程，展示红七军发展壮大的革命实践，再现了邓小平在广西深入开展土地革命，创建左右江革命根据地的艰苦历程，以及 1930 年 10 月到 1931 年 2 月，红七军历尽艰辛北上，行经 5 省 7000 余里到达江西中央苏区，参加了第三、四、五次反"围剿"战斗，为保卫中央苏区作出的杰出贡献。

（四）其他实践方式

1. 可以举行演讲或辩论比赛，参考题目如下：

（1）百色起义精神的新时代价值

（2）中国共产党人在广西对革命新道路的艰苦探索给今天的启发

（3）红军长征过广西精神对大学生的启发

（4）长征精神的当代价值与大学生的责任

2. 表演话剧，如百色起义期间的邓小平、红军长征过广西关心民众等。

第六章

中华民族的抗日战争

一、知识要点

（一）日本发动灭亡中国的侵略战争

1. 日本灭亡中国的计划及其实施

（1）从"九一八"事变到华北事变

（2）卢沟桥事变与日本的全面侵华战争

2. 残暴的殖民统治和中华民族的深重灾难

（1）日本在其占领区的残暴统治

（2）侵华日军的严重罪行

（二）中国人民奋起抗击日本侵略者

1. 中国共产党举起武装抗日的旗帜

2. 抗日救亡运动和共产党人与部分国民党人合作抗日

3. 停止内战，一致对外

（1）"一二·九"运动与中共的抗日民族统一战线新政策

（2）西安事变及其和平解决

4. 全民族抗战开始

（1）国共合作，共赴国难

（2）全民族同仇敌忾，奋起抗战

（三）国民党与抗日的正面战场

1. 战略防御阶段的正面战场

2. 战略相持阶段的正面战场

（四）中国共产党成为抗日战争的中流砥柱

1. 全面抗战的路线和持久战的方针

（1）实行全面的全民族抗战的路线

（2）采取持久战的战略方针

2. 敌后战场的开辟与游击战争的发展及其战略地位

（1）敌后战场的开辟和发展

（2）游击战争的战略地位和作用

3. 坚持抗战、团结、进步的方针

（1）统一战线中的独立自主原则

（2）坚持抗战、团结、进步，反对妥协、分裂、倒退

（3）巩固抗日民族统一战线的策略总方针

4. 抗日民主根据地的建设

（1）三三制的民主政权建设

（2）减租减息，发展生产

（3）文化建设与干部教育

5. 推进大后方的抗日民主运动和进步文化工作

（1）抗日民主运动的开展

（2）抗战文化工作的开展

6. 中国共产党的自身建设

（1）马克思主义中国化命题的提出

（2）新民主主义理论的系统阐明

（3）整风运动和实事求是思想路线在全党的确立

（五）抗日战争的胜利及其原因和意义

1. 抗日战争的胜利

2. 中国人民抗日战争在世界反法西斯战争中的地位

（1）世界反法西斯战争的东方主战场

（2）世界反法西斯力量对中国的援助

3. 抗日战争胜利的原因和意义

（1）抗日战争胜利的原因

（2）抗日战争胜利的意义

二、历史脉络

明治维新以来，日本政府逐步确定了以朝鲜、中国为主要侵略目标的对外

侵略扩张政策。其要点如后来在 1927 年召开的制定侵华政策的东方会议上的《田中奏折》所说："惟欲征服支那，必先征服满蒙，如欲征服世界，必先征服支那。倘支那完全被我国征服，其他如小中亚细亚及印度南洋等，异服之民族必畏我敬我而降于我，使世界知东亚为我国之东亚，永不敢向我侵犯。"

1931 年"九一八"事变爆发，日本由此开始变中国为其独占殖民地的阶段。由于国民党当局的不抵抗政策，1932 年 2 月，中国东北全境沦陷。日本随即开始入侵中国华北地区。1935 年，策动华北事变，向中国政府提出使华北政权"特殊化"的要求。1937 年 7 月 7 日，日本发动卢沟桥事变，开始全面侵华战争。卢沟桥事变以后，日本动员几乎全部军事力量，采取"速战速决"的战略，向华北、华东、华中地区发起战略进攻。日军在 1938 年 10 月占领广州、武汉以后，由于中国军民的誓死抵抗，战线过长，兵源不足等被迫停止对正面战场的战略性进攻。在坚持灭亡中国的总方针下，日本调整侵华政策，实施"以华制华"和"以战养战"策略，对国民党政府采取政治诱降为主、军事打击为辅的方针；在占领区加紧扶植傀儡政权，建立和发展汉奸组织；逐步将主要兵力用于对共产党领导的敌后抗日根据地进行"扫荡"。1945 年 5 月，德、意法西斯政权彻底垮台。8 月 15 日，日本天皇发表终战诏书。日本侵华战争最终遭到彻底失败。

日本对中国的大规模侵略和在中国部分地区的殖民统治，对中国人民犯下了空前严重的罪行，制造了许多惨绝人寰的大屠杀，疯狂掠夺中国的资源与财富，强制推行奴化教育，给中华民族造成了极为深重的灾难。

面对日本的野蛮侵略，中国人民毅然奋起，英勇抵抗。中国共产党率先举起了武装抗日的旗帜，不仅积极参加和推动各地的抗日救亡运动，而且直接领导了东北人民的抗日武装斗争。国民党军队中的部分爱国官兵自发进行了抗战。中国共产党人开始了同这部分国民党官兵的抗日合作。

1935 年"一二·九"运动的爆发，促进了中华民族的觉醒，标志着中国人民抗日救亡运动新高潮的到来。1936 年 5 月，毛泽东、朱德联名发布《停战议和一致抗日通电》，公开放弃了反蒋的口号。9 月 1 日，中共中央发出党内指示，明确提出党的总方针是"逼蒋抗日"。这是中国共产党根据国内阶级关系变化的实际状况作出的一个重大政策调整。

1936 年西安事变的和平解决成为时局转换的枢纽，十年内战的局面由此结束，国内和平基本实现。1937 年 8 月，国共两党达成将红军主力改编为国民革命军第八路军等协议，接着，南方的红军和游击队，除琼崖红军游击队外，改编为国民革命军新编第四军（简称"新四军"）。9 月 22 日，国民党中央通讯社发表《中共中央为公布国共合作宣言》；23 日，蒋介石发表实际承认共产党合法地位的谈话。以国共两党第二次合作为基础的抗日民族统一战线正式形成。

中国共产党领导开辟的敌后战场和国民党指挥的正面战场协力合作，形成了共同抗击日本侵略者的战略局面。从 1937 年 7 月卢沟桥事变，到 1938 年 10 月广州、武汉失守，中国抗战处于战略防御阶段。抗日战争进入相持阶段后，日本对国民党政府采取以政治诱降为主、军事打击为辅的方针。国民党在重申坚持持久抗战的同时，其对内对外政策发生重大变化。

1937 年 8 月，中国共产党在陕北洛川召开政治局扩大会议，制定了抗日救国十大纲领，强调要打倒日本帝国主义，关键在于使已经发动的抗战成为全面的全民族的抗战。1938 年 5 月至 6 月间，毛泽东发表《论持久战》的讲演，总结抗战十个月来的经验，集中全党智慧，系统地阐明了持久抗战的总方针。

为了贯彻执行全面抗战路线，中国共产党作出了开辟敌后战场的战略决策。1937 年 11 月太原失陷后，按照中共中央的部署，八路军在敌后实施战略展开，发动独立自主的敌后游击战争，先后开辟晋察冀、晋西北、晋冀豫、山东和大青山等抗日根据地。在华北，以国民党为主体的正规战争结束，以共产党为主体的游击战争上升到主要地位。到 1940 年底，人民抗日武装部队发展到 50 万人，还建立了大量的地方武装和民兵。1944 年春季，敌后战场人民军队转入攻势作战。他们已经抗击了全部侵华日军的 64%。在抗日战争的初期和中期，游击战被提到了战略的地位，具有全局性的意义。在全民族抗战的过程中，中国共产党发挥了中流砥柱作用，领导全国人民，指挥八路军、新四军和华南抗日武装等全国各地的革命抗日武装力量，对敌作战 12.5 万余次，消灭日、伪军 171.4 万余人，其中日军 52.7 万余人，为坚持抗战、夺取抗战的最后胜利作出了永远辉耀史册的贡献。

抗日民族统一战线内部不可避免地存在着矛盾和斗争。中国共产党强调，必须在统一战线中坚持独立自主原则，既统一，又独立。为此，共产党必须保持在思想上、政治上和组织上的独立性，放手发动群众，壮大人民力量；必须坚持对人民军队的绝对领导，冲破国民党的限制和束缚，努力发展人民武装和抗日根据地；必须对国民党采取又团结又斗争、以斗争求团结的方针。为了抗日民族统一战线的坚持、扩大和巩固，中国共产党总结反"摩擦"斗争的经验，制定了"发展进步势力，争取中间势力，孤立顽固势力"的策略总方针。

抗日民主根据地是认真贯彻和实现中国共产党全面抗战路线、坚持抗战和争取胜利的坚强阵地。加强三三制的民主政权建设是抗日根据地建设的首要的、根本的任务。抗日民主政权普遍采取民主集中制，各级抗日民主政权机构的领导人都经过人民选举产生。各地抗日民主政权十分重视根据地的经济建设，进行了减租减息，发展生产运动。抗日根据地政治民主、政府廉洁、民族团结、经济发展的局面，同国民党统治区政治专制、吏治腐败的局面，形成鲜明的对照。

抗日民主运动时期，中国共产党也在国民党统治区开展促进团结抗日等方面的大量工作。在抗战初期，中国共产党对国民党统治区的工作，先是通过中共中央长江局具体领导。1939 年 1 月以后，由以周恩来为书记的中共中央南方局具体领导。全民族抗战开始以后，在中国共产党的推动和影响下，文化界各抗敌协会相继成立，成为文化界广泛的抗日民族统一战线建立的重要标志。

为了胜利地领导中国人民进行抗日战争，中国共产党密切地关注着党的政治路线，在斗争实践中不断推进党的建设的伟大工程。1938 年 9 月至 11 月，中国共产党在延安举行了扩大的六届六中全会。在这次全会上，毛泽东明确地提出了"马克思主义的中国化"这个命题。全会基本上纠正了王明的右倾错误，进一步确立了毛泽东在全党的领导地位。

在 20 世纪 30 年代后期和 40 年代前期，为了将丰富的中国革命实际经验马克思主义化，以便更好地指导抗日战争和中国革命，毛泽东撰写了《〈共产党人〉发刊词》《中国革命和中国共产党》《新民主主义论》等一批重要的理论著作，揭示了中国半殖民地半封建社会的性质和主要特征，阐明了中国共产党在新民主主义革命阶段的基本纲领，总结中国共产党成立以来的历史经验，指出统一战线和武装斗争是战胜敌人的两个基本武器。以毛泽东为主要代表的中国共产党人创立的新民主主义理论，是马克思主义基本原理同中国具体实际相结合的成果。

在 20 世纪 40 年代前期，中国共产党以延安为中心，在全党范围内开展了一场整风运动。整风运动的主要内容是：反对主观主义以整顿学风，反对宗派主义以整顿党风，反对党八股以整顿文风。其中，反对主观主义以整顿学风是整风运动最主要的任务。整风运动是一场伟大的思想解放运动。一切从实际出发、理论联系实际、实事求是的马克思主义思想路线，在全党范围确立了起来。

1945 年 4 月 23 日至 6 月 11 日，中国共产党第七次全国代表大会在延安举行。会议将以毛泽东为主要代表的中国共产党人把马克思列宁主义基本原理同中国具体实际相结合所创造的理论成果，正式命名为毛泽东思想，并将毛泽东思想规定为党的一切工作的指针。中国共产党在毛泽东思想的基础上，达到空前的团结和统一。中国革命在毛泽东思想的指引下，取得了一个又一个的新胜利。

1945 年 8 月 15 日，日本天皇裕仁以广播"终战诏书"的形式宣布接受波茨坦公告。9 月 2 日，在东京湾美军军舰密苏里号上举行日本向同盟国投降签字仪式。至此，中国人民抗日战争胜利结束。中国人民抗日战争从一开始就具有拯救人类文明、保卫世界和平的重大意义，是世界反法西斯战争的重要组成部分，中国战场是世界反法西斯战争的东方主战场。

中国人民抗日战争的胜利，是近代以来中国抗击外敌入侵的第一次完全胜利。中国人民抗日战争的胜利，彻底粉碎了日本军国主义殖民奴役中国的图谋；促进了中华民族的大团结，形成了伟大的抗战精神；对世界各国夺取反法西斯战争的胜利、维护世界和平的事业产生了巨大影响；开辟了中华民族复兴的光明前景。

三、原著选读

论持久战（节选）[①]

（一九三八年五月）

毛泽东

兵民是胜利之本

（一一一）日本帝国主义处在革命的中国面前，是决不放松其进攻和镇压的，它的帝国主义本质规定了这一点。中国不抵抗，日本就不费一弹安然占领中国，东四省的丧失，就是前例。中国若抵抗，日本就向着这种抵抗力压迫，直至它的压力无法超过中国的抵抗力才停止，这是必然的规律。日本地主资产阶级的野心是很大的，为了南攻南洋群岛，北攻西伯利亚起见，采取中间突破的方针，先打中国。那些认为日本将在占领华北、江浙一带以后适可而止的人，完全没有看到发展到了新阶段迫近了死亡界线的日本帝国主义，已经和历史上的日本不相同了。我们说，日本的出兵数和进攻点有一定的限制，是说：在日本一方面，在其力量基础上，为了还要举行别方面的进攻并防御另一方面的敌人，只能拿出一定程度的力量打中国打到它力所能及的限度为止；在中国一方面，又表现了自己的进步和顽强的抵抗力，不能设想只有日本猛攻，中国没有

---

① 选自中共中央文献编辑委员会：《毛泽东选集》第二卷，人民出版社 1991 年版，第 509 ~515 页。

必要的抵抗力。日本不能占领全中国，然而在它一切力所能及的地区，它将不遗余力地镇压中国的反抗，直至日本的内外条件使日本帝国主义发生了进入坟墓的直接危机之前，它是不会停止这种镇压的。日本国内的政治只有两个出路：或者整个当权阶级迅速崩溃，政权交给人民，战争因而结束，但暂时无此可能；或者地主资产阶级日益法西斯化，把战争支持到自己崩溃的一天，日本走的正是这条路。除此没有第三条路。那些希望日本资产阶级中和派出来停止战争的，仅仅是一种幻想而已。日本的资产阶级中和派，已经作了地主和金融寡头的俘虏，这是多年来日本政治的实际。日本打了中国之后，如果中国的抗战还没有给日本以致命的打击，日本还有足够力量的话，它一定还要打南洋或西伯利亚，甚或两处都打。欧洲战争一起来，它就会干这一手；日本统治者的如意算盘是打得非常之大的。当然存在这种可能·由于苏联的强大，由了日本在中国战争中的大大削弱，它不得不停止进攻西伯利亚的原来计划，而对之采取根本的守势。然而在出现了这种情形之时，不是日本进攻中国的放松，反而是它进攻中国的加紧，因为那时它只剩下了向弱者吞剥的一条路。那时中国的坚持抗战、坚持统一战线和坚持持久战的任务，就更加显得严重，更加不能丝毫懈气。

（一一二）在这种情况下，中国制胜日本的主要条件，是全国的团结和各方面较之过去有十百倍的进步。中国已处于进步的时代，并已有了伟大的团结，但是目前的程度还非常之不够。日本占地如此之广，一方面由于日本之强，一方面则由于中国之弱；而这种弱，完全是百年来尤其是近十年来各种历史错误积累下来的结果，使得中国的进步因素限制在今天的状态。现在要战胜这样一个强敌，非有长期的广大的努力是不可能的。应该努力的事情很多，我这里只说最根本的两方面：军队和人民的进步。

（一一三）革新军制离不了现代化，把技术条件增强起来，没有这一点，是不能把敌人赶过鸭绿江的。军队的使用需要进步的灵活的战略战术，没有这一点，也是不能胜利的。然而军队的基础在士兵，没有进步的政治精神贯注于军队之中，没有进步的政治工作去执行这种贯注，就不能达到真正的官长和士兵的一致，就不能激发官兵最大限度的抗战热忱，一切技术和战术就不能得着最好的基础去发挥它们应有的效力。我们说日本技术条件虽优，但它终必失败，除了我们给以歼灭和消耗的打击外，就是它的军心终必随着我们的打击而动摇，武器和兵员结合不稳。我们相反，抗日战争的政治目的是官兵一致的。在这上面，就有了一切抗日军队的政治工作的基础。军队应实行一定限度的民主化，主要地是废除封建主义的打骂制度和官兵生活同甘苦。这样一来，官兵一致的目的就达到了，军队就增加了绝大的战斗力，长期的残酷的战争就不患不能支持。

（一一四）战争的伟力之最深厚的根源，存在于民众之中。日本敢于欺负我们，主要的原因在于中国民众的无组织状态。克服了这一缺点，就把日本侵略者置于我们数万万站起来了的人民之前，使它像一匹野牛冲入火阵，我们一声唤也要把它吓一大跳，这匹野牛就非烧死不可。我们方面，军队须有源源不绝的补充，现在下面胡干的"捉兵法""买兵法"，亟须禁止，改为广泛的热烈的政治动员，这样，要几百万人当兵都是容易的。抗日的财源十分困难，动员了民众，则财政也不成问题，岂有如此广土众民的国家而患财穷之理？军队须和民众打成一片，使军队在民众眼睛中看成是自己的军队，这个军队便无敌于天下，个把日本帝国主义是不够打的。

（一一五）很多人对于官兵关系、军民关系弄不好，以为是方法不对，我总告诉他们是根本态度（或根本宗旨）问题，这态度就是尊重士兵和尊重人民。从这态度出发，于是有各种的政策、方法、方式。离了这态度，政策、方法、方式也一定是错的，官兵之间、军民之间的关系便决然弄不好。军队政治工作的三大原则：第一是官兵一致，第二是军民一致，第三是瓦解敌军。这些原则要实行有效，都须从尊重士兵、尊重人民和尊重已经放下武器的敌军俘虏的人格这种根本态度出发。那些认为不是根本态度问题而是技术问题的人，实在是想错了，应该加以改正才对。

（一一六）当此保卫武汉等地成为紧急任务之时，发动全军全民的全部积极性来支持战争，是十分严重的任务。保卫武汉等地的任务，毫无疑义必须认真地提出和执行。然而究竟能否确定地保卫不失，不决定于主观的愿望，而决定于具体的条件。政治上动员全军全民起来奋斗，是最重要的具体的条件之一。不努力于争取一切必要的条件，甚至必要条件有一不备，势必重蹈南京等地失陷之覆辙。中国的马德里在什么地方，看什么地方具备马德里的条件。过去是没有过一个马德里的，今后应该争取几个，然而全看条件如何。条件中的最基本条件，是全军全民的广大的政治动员。

（一一七）在一切工作中，应该坚持抗日民族统一战线的总方针。因为只有这种方针才能坚持抗战，坚持持久战，才能普遍地深入地改善官兵关系、军民关系，才能发动全军全民的全部积极性，为保卫一切未失地区、恢复一切已失地区而战，才能争取最后胜利。

（一一八）这个政治上动员军民的问题，实在太重要了。我们之所以不惜反反复复地说到这一点，实在是没有这一点就没有胜利。没有许多别的必要的东西固然也没有胜利，然而这是胜利的最基本的条件。抗日民族统一战线是全军全民的统一战线，决不仅仅是几个党派的党部和党员们的统一战线；动员全军全民参加统一战线，才是发起抗日民族统一战线的根本目的。

结论

（一一九）结论是什么呢？结论就是："在什么条件下，中国能战胜并消灭日本帝国主义的实力呢？要有三个条件：第一是中国抗日统一战线的完成；第二是国际抗日统一战线的完成；第三是日本国内人民和日本殖民地人民的革命运动的兴起。就中国人民的立场来说，三个条件中，中国人民的大联合是主要的。""这个战争要延长多久呢？要看中国抗日统一战线的实力和中日两国其他许多决定的因素如何而定。""如果这些条件不能很快实现，战争就要延长。但结果还是一样，日本必败，中国必胜。只是牺牲会大，要经过一个很痛苦的时期。""我们的战略方针，应该是使用我们的主力在很长的变动不定的战线上作战。中国军队要胜利，必须在广阔的战场上进行高度的运动战。""除了调动有训练的军队进行运动战之外，还要在农民中组织很多的游击队。""在战争的过程中……使中国军队的装备逐渐加强起来。因此，中国能够在战争的后期从事阵地战，对于日本的占领地进行阵地的攻击。这样，日本在中国抗战的长期消耗下，它的经济行将崩溃；在无数战争的消磨中，它的士气行将颓靡。中国方面，则抗战的潜伏力一天一天地奔腾高涨，大批的革命民众不断地倾注到前线去，为自由而战争。所有这些因素和其他的因素配合起来，就使我们能够对日本占领地的堡垒和根据地，作最后的致命的攻击，驱逐日本侵略军出中国。"（一九三六年七月与斯诺谈话）"中国的政治形势从此开始了一个新阶段，……这一阶段的最中心的任务是：动员一切力量争取抗战的胜利。""争取抗战胜利的中心关键，在使已经发动的抗战发展为全面的全民族的抗战。只有这种全面的全民族的抗战，才能使抗战得到最后的胜利。""由于当前的抗战还存在着严重的弱点，所以在今后的抗战过程中，可能发生许多挫败、退却，内部的分化、叛变，暂时和局部的妥协等不利的情况。因此，应该看到这一抗战是艰苦的持久战。但我们相信，已经发动的抗战，必将因为我党和全国人民的努力，冲破一切障碍物而继续地前进和发展。"（一九三七年八月《中共中央关于目前形势与党的任务的决定》）这些就是结论。亡国论者看敌人如神物，看自己如草芥，速胜论者看敌人如草芥，看自己如神物，这些都是错误的。我们的意见相反：抗日战争是持久战，最后胜利是中国的——这就是我们的结论。

新民主主义论（节选）①

（一九四〇年一月）

毛泽东

五、新民主主义的政治

中国革命分为两个历史阶段，而其第一阶段是新民主主义的革命，这是中国革命的新的历史特点。这个新的特点具体地表现在中国内部的政治关系和经济关系上又是怎样的呢？下面我们就来说明这种情形。

在一九一九年五四运动以前（五四运动发生于一九一四年第一次帝国主义大战和一九一七年俄国十月革命之后），中国资产阶级民主革命的政治指导者是中国的小资产阶级和资产阶级（他们的知识分子）。这时，中国无产阶级还没有当作一个觉悟了的独立的阶级力量登上政治的舞台，还是当作小资产阶级和资产阶级的追随者参加了革命。例如辛亥革命时的无产阶级，就是这样的阶级。

在五四运动以后，虽然中国民族资产阶级继续参加了革命，但是中国资产阶级民主革命的政治指导者，已经不是属于中国资产阶级，而是属于中国无产阶级了。这时，中国无产阶级，由于自己的长成和俄国革命的影响，已经迅速地变成了一个觉悟了的独立的政治力量了。打倒帝国主义的口号和整个中国资产阶级民主革命的彻底的纲领，是中国共产党提出的；而土地革命的实行，则是中国共产党单独进行的。

由于中国民族资产阶级是殖民地半殖民地国家的资产阶级，是受帝国主义压迫的，所以，虽然处在帝国主义时代，他们也还是在一定时期中和一定程度上，保存着反对外国帝国主义和反对本国官僚军阀政府（这后者，例如在辛亥革命时期和北伐战争时期）的革命性，可以同无产阶级、小资产阶级联合起来，反对它们所愿意反对的敌人。这是中国资产阶级和旧俄帝国的资产阶级的不同之点。在旧俄帝国，因为它已经是一个军事封建的帝国主义，是侵略别人的，所以俄国的资产阶级没有什么革命性。在那里，无产阶级的任务，是反对资产阶级，而不是联合它。在中国，因为它是殖民地半殖民地，是被人侵略的，所以中国民族资产阶级还有在一定时期中和一定程度上的革命性。在这里，无产阶级的任务，在于不忽视民族资产阶级的这种革命性，而和他们建立反帝国主

---

① 选自中共中央文献编辑委员会：《毛泽东选集》第二卷，人民出版社1991年版，第672～677页。

义和反官僚军阀政府的统一战线。

但同时，也即是由于他们是殖民地半殖民地的资产阶级，他们在经济上和政治上是异常软弱的，他们又保存了另一种性质，即对于革命敌人的妥协性。中国的民族资产阶级，即使在革命时，也不愿意同帝国主义完全分裂，并且他们同农村中的地租剥削有密切联系，因此，他们就不愿和不能彻底推翻帝国主义，更加不愿和更加不能彻底推翻封建势力。这样，中国资产阶级民主革命的两个基本问题，两大基本任务，中国民族资产阶级都不能解决。至于中国的大资产阶级，以国民党为代表，在一九二七年至一九三七年这一个长的时期内，一直是投入帝国主义的怀抱，并和封建势力结成同盟，反对革命人民的。中国的民族资产阶级也曾在一九二七年及其以后的一个时期内一度附和过反革命。在抗日战争中，大资产阶级的一部分，以汪精卫为代表，又已投降敌人，表示了大资产阶级的新的叛变，这又是中国资产阶级同历史上欧美各国的资产阶级特别是法国的资产阶级的不同之点。在欧美各国，特别在法国，当它们还在革命时代，那里的资产阶级革命是比较彻底的；在中国，资产阶级则连这点彻底性都没有。

一方面——参加革命的可能性，又一方面——对革命敌人的妥协性，这就是中国资产阶级"一身而二任焉"的两面性。这种两面性，就是欧美历史上的资产阶级，也是同具的。大敌当前，他们要联合工农反对敌人；工农觉悟，他们又联合敌人反对工农。这是世界各国资产阶级的一般规律，不过中国资产阶级的这个特点更加突出罢了。

在中国，事情非常明白，谁能领导人民推翻帝国主义和封建势力，谁就能取得人民的信仰，因为人民的死敌是帝国主义和封建势力，而特别是帝国主义的缘故。在今日，谁能领导人民驱逐日本帝国主义，并实施民主政治，谁就是人民的救星。历史已经证明：中国资产阶级是不能尽此责任的，这个责任就不得不落在无产阶级的肩上了。

所以，无论如何，中国无产阶级、农民、知识分子和其他小资产阶级，乃是决定国家命运的基本势力。这些阶级，或者已经觉悟，或者正在觉悟起来，他们必然要成为中华民主共和国的国家构成和政权构成的基本部分，而无产阶级则是领导的力量。现在所要建立的中华民主共和国，只能是在无产阶级领导下的一切反帝反封建的人们联合专政的民主共和国，这就是新民主主义的共和国，也就是真正革命的三大政策的新三民主义共和国。

这种新民主主义共和国，一方面和旧形式的、欧美式的、资产阶级专政的、资本主义的共和国相区别，那是旧民主主义的共和国，那种共和国已经过时了；

另一方面，也和苏联式的、无产阶级专政的、社会主义的共和国相区别，那种社会主义的共和国已经在苏联兴盛起来，并且还要在各资本主义国家建立起来，无疑将成为一切工业先进国家的国家构成和政权构成的统治形式；但是那种共和国，在一定的历史时期中，还不适用于殖民地半殖民地国家的革命。因此，一切殖民地半殖民地国家的革命，在一定历史时期中所采取的国家形式，只能是第三种形式，这就是所谓新民主主义共和国。这是一定历史时期的形式，因而是过渡的形式，但是不可移易的必要的形式。

因此，全世界多种多样的国家体制中，按其政权的阶级性质来划分，基本地不外乎这三种：（甲）资产阶级专政的共和国；（乙）无产阶级专政的共和国；（丙）几个革命阶级联合专政的共和国。

第一种，是旧民主主义的国家。在今天，在第二次帝国主义战争爆发之后，许多资本主义国家已经没有民主气息，已经转变或即将转变为资产阶级的血腥的军事专政了。某些地主和资产阶级联合专政的国家，可以附在这一类。

第二种，除苏联外，正在各资本主义国家中酝酿着。将来要成为一定时期中的世界统治形式。

第三种，殖民地半殖民地国家的革命所采取的过渡的国家形式。各个殖民地半殖民地国家的革命必然会有某些不同特点，但这是大同中的小异。只要是殖民地或半殖民地的革命，其国家构成和政权构成，基本上必然相同，即几个反对帝国主义的阶级联合起来共同专政的新民主主义的国家。在今天的中国，这种新民主主义的国家形式，就是抗日统一战线的形式。它是抗日的，反对帝国主义的；又是几个革命阶级联合的，统一战线的。但可惜，抗战许久了，除了共产党领导下的抗日民主根据地外，大部分地区关于国家民主化的工作基本上还未着手，日本帝国主义就利用这个最根本的弱点，大踏步地打了进来；再不变计，民族的命运是非常危险的。

这里所谈的是"国体"问题。这个国体问题，从前清末年起，闹了几十年还没有闹清楚。其实，它只是指的一个问题，就是社会各阶级在国家中的地位。资产阶级总是隐瞒这种阶级地位，而用"国民"的名词达到其一阶级专政的实际。这种隐瞒，对于革命的人民，毫无利益，应该为之清楚地指明。"国民"这个名词是可用的，但是国民不包括反革命分子，不包括汉奸。一切革命的阶级对于反革命汉奸们的专政，这就是我们现在所要的国家。

"近世各国所谓民权制度，往往为资产阶级所专有，适成为压迫平民之工具。若国民党之民权主义，则为一般平民所共有，非少数人所得而私也。"这是一九二四年在国共合作的国民党的第一次全国代表大会宣言中的庄严的声明。

十六年来，国民党自己违背了这个声明，以致造成今天这样国难深重的局面。这是国民党一个绝大的错误，我们希望它在抗日的洗礼中改正这个错误。

至于还有所谓"政体"问题，那是指的政权构成的形式问题，指的一定的社会阶级取何种形式去组织那反对敌人保护自己的政权机关。没有适当形式的政权机关，就不能代表国家。中国现在可以采取全国人民代表大会、省人民代表大会、县人民代表大会、区人民代表大会直到乡人民代表大会的系统，并由各级代表大会选举政府。但必须实行无男女、信仰、财产、教育等差别的真正普遍平等的选举制，才能适合于各革命阶级在国家中的地位，适合于表现民意和指挥革命斗争，适合于新民主主义的精神。这种制度即是民主集中制。只有民主集中制的政府，才能充分地发挥一切革命人民的意志，也才能最有力量地去反对革命的敌人。"非少数人所得而私"的精神，必须表现在政府和军队的组成中，如果没有真正的民主制度，就不能达到这个目的，就叫做政体和国体不相适应。

国体——各革命阶级联合专政。政体——民主集中制。这就是新民主主义的政治，这就是新民主主义的共和国，这就是抗日统一战线的共和国，这就是三大政策的新三民主义的共和国，这就是名副其实的中华民国。我们现在虽有中华民国之名，尚无中华民国之实，循名责实，这就是今天的工作。

这就是革命的中国、抗日的中国所应该建立和决不可不建立的内部政治关系，这就是今天"建国"工作的唯一正确的方向。

在纪念中国人民抗日战争
暨世界反法西斯战争胜利七十周年招待会上的讲话（节选）①

（二〇一五年九月三日）

习近平

尊敬的各位国家元首和政府首脑，

尊敬的联合国等国际组织代表，

尊敬的各位代表团团长，各位外军观摩团团长，各位驻华使节，

尊敬的各位来宾，

各位老战士、老同志，

---

① 《人民日报》2015年9月4日第3版。

女士们、先生们，同志们、朋友们：

首先，我代表中国政府和中国人民，并以我个人的名义，对各位老战士、老同志、老民兵、支前模范，对抗战烈士亲属，对爱国人士和抗日将领或其遗属，对各位来宾及各位朋友的到来，表示诚挚的欢迎！向在座各位，向全国各族人民和世界各国人民，致以胜利纪念日的热烈祝贺！

今天上午，在天安门广场，历史又一次展现在我们面前，把我们的思绪带回到了 70 年前那个正义战胜邪恶、光明战胜黑暗、进步战胜反动的伟大时刻。当胜利的消息传来时，全中国沸腾了，人民喜极而泣，用欢呼和泪水庆祝来之不易的胜利，庆祝和平的到来。

世界反法西斯战争的胜利，彻底粉碎了法西斯主义和军国主义通过战争称霸世界的野心，彻底结束了列强通过争夺殖民地瓜分世界的历史，彻底瓦解了在世界上存在了几百年的殖民体系，对维护世界和平、促进共同发展产生了重大而深远的影响。

女士们、先生们，同志们、朋友们！

在那场艰苦卓绝的反侵略战争中，在中华民族危亡的时刻，中国人民的爱国热情像火山一样迸发出来。在中国共产党倡导建立的抗日民族统一战线旗帜下，"四万万人齐蹈厉，同心同德一戎衣"，中国人民以血肉之躯筑起拯救民族危亡、捍卫民族尊严的钢铁长城，用生命和鲜血谱写了中华民族历史上抵御外侮的伟大篇章。

中国人民抗日战争的胜利，是中国人民同反法西斯同盟国以及各国人民并肩战斗取得的伟大胜利。作为世界反法西斯战争的东方主战场，中国人民抗日战争为世界反法西斯战争胜利作出了重大贡献。

最伟大的力量是同心合力。为了自由、正义、和平，为了人民平安、安宁、幸福，在亚洲，在欧洲，在非洲，在大洋洲，在世界各个战场上，世界反法西斯同盟国军队和人民以及各种反法西斯力量，携手跨进同一条战壕，汇聚起挽狂澜于既倒的强大力量。

中国人民永远不会忘记，世界上爱好和平与正义的国家和人民、国际组织对中国人民抗日战争给予的宝贵支持。苏联给予中国抗战有力的物资支持，美国"飞虎队"冒险开辟驼峰航线，朝鲜、越南、加拿大、印度、新西兰、波兰、丹麦以及德国、奥地利、罗马尼亚、保加利亚、日本等国的一大批反法西斯战士直接参加了中国抗战。加拿大医生白求恩、印度医生柯棣华不远万里来华救死扶伤，法国医生贝熙叶开辟运输药品的自行车"驼峰航线"，德国的拉贝、丹麦的辛德贝格在南京大屠杀中千方百计保护中国难民，英国的林迈可、国际主义战士汉斯·希伯等记者积极报道和宣传中国抗战壮举。战争后期，苏联红军开赴中国东北战场，同中国军民一道对日作战，加速了彻底打败日本侵略者的进程。这些事迹至今仍在中国人民中间广为传颂。

在此，我代表中国政府和中国人民，向所有支援和帮助过中国人民抗日战争的外国政府、国际组织和国际友人，表示衷心的感谢！

女士们、先生们，同志们、朋友们！

人类历史必然会有曲折，也必然会不断前进。中国人民抗日战争和世界反法西斯战争的胜利再一次雄辩证明，正义战胜邪恶的历史潮流不可阻挡，逆历史潮流而动必然失败。

只有正确认识历史，才能更好开创未来。历史是写在人民心中的，历史不容抹杀，也是抹杀不了的。那些惨无人道的侵略行径，那些血雨腥风的战争场面，那些令人发指的屠杀罪行，那些在战争中不幸死亡的几千万无辜生灵，都铭记在人类的史册上，都铭记在人类的心中。

血的教训不能忘却。昨天的历史不是今天的人们书写的，但今天的人们不能脱离昨天的历史来把握今天、开创明天。

我们纪念中国人民抗日战争和世界反法西斯战争的胜利，我们谴责侵略者的残暴，是要唤起善良的人们对和平的向往和坚守，而不是要延续仇恨。

历史会逐渐久远，但历史的启迪和教训，不管承认不承认，永远就在那儿。无论是当年勇敢抗击侵略战争的国家的人民还是当年发动侵略战争的国家的人民，无论是经历了那个年代的人们还是在那个年代以后出生的人们，都要坚持正确历史观，牢记历史的启迪和教训。

历史的启迪和教训是人类的共同精神财富。忘记历史就意味着背叛。中国人民抗日战争和世界反法西斯战争的胜利成果不容置疑，几千万人为独立、自由、和平付出的牺牲不容否定。一切否认侵略战争性质的言行，一切歪曲甚至美化侵略战争的言行，一切逃避侵略战争历史责任的言行，不论以什么形式出现，不论讲得如何冠冕堂皇，都是自欺欺人的。"得道者多助，失道者寡助。"否认侵略历史，是对历史的嘲弄，是对人类良知的侮辱，必然失信于世界人民。

女士们、先生们，同志们、朋友们！

和平来之不易，和平必须捍卫。基于对历史的惨痛感知，中国人民将始终不渝走和平发展道路，始终不渝奉行互利共赢的开放战略，在和平共处五项原则基础上发展同一切国家的友好合作，坚定不移维护世界和平。中国的发展壮大必将是世界和平力量的发展壮大。

我们也真诚希望，各国都更好从历史中汲取智慧和力量，坚持和平发展，共同开创世界和平充满希望的未来！

四、广西历史文化资源

（一）遗址遗迹

1. 八路军桂林办事处

位于桂林市中山北路 14 号，最初为"万祥醋坊"。1938 年末，中共中央在此建立八路军桂林办事处，李克农为中共南方局秘书长兼八路军桂林办事处处长，办事处设机要科、秘书科、交通运输科、救亡室、电台室等机构，并在他处设有转运站等机构。一楼有值班室、警卫室、办公室和房东的沽酒柜台，二楼有会议室、秘书科、电台和李克农住室等。桂林八路军办事处设立期间，在对桂系统战工作、筹运抗日物资、迎送中共重要过往人员、领导桂林抗战文化运动等方面开展了大量卓有成效的工作。1941 年皖南事变后，该办事处奉命撤销。1944 年 11 月，桂林沦陷，万祥醋坊毁于战火。新中国成立后依原样重新恢复。1977 年 1 月依托旧址建立起纪念馆并对外开放。该办事处是全国重点文物保护单位、全国爱国主义教育示范基地和全国百家经典红色旅游景区之一。

八路军桂林办事处（陈峥摄）

2. 路莫村军需物资转运站旧址

位于灵川县定江镇路西村。1938 年 9 月，中共中央长江局（不久改为南方局）负责人周恩来、董必武、叶剑英在桂林城北 7 千米的灵川县路莫村（现灵川县定江镇路西村）和 8 千米处的金家村（后撤离），租用了几间农民的房屋作为秘密的机要电台室、救亡室、军用物资转运站和过往人员招待所。路莫村是八路军桂林办事处的秘密办事机构，名为八办招待所和军需物资转运站。这里设立城外机关党支部、救亡室（该村的莫氏宗祠）、秘密电台室（陶永宪私宅）和军用物资仓库。皖南事变发生以后，国民党发动了第二次反共高潮，八路军桂林办事处奉命撤回延安，路莫村物资转运站也随着办事处的撤销而停止工作。

3. 救亡日报社旧址

位于桂林市太平路，面积 300 多平方米，小院有两栋房子。前一栋是木结构两层楼房，后一栋是砖木结构楼房。《救亡日报》于 1938 年在上海创刊，郭沫若任社长，夏衍任主编。1939 年 1 月，转移到桂林复刊，并接受桂林八路军办事处李克农的领导。报纸日发行量也由最初三千份扩大到一万余份，在江南各省、港澳地区和南洋一带发挥了鼓励抗日的积极作用。1941 年"皖南事变"发生后，政治局势恶化，被国民党政府勒令停刊。《救亡日报》办报时间虽不长，但它肩负着向民众宣传抗日救亡的使命，在中国新闻文化史上有着很大的影响。

救亡日报社旧址（陈峥摄）

3. 张曙墓

位于桂林市普陀山北麓、灵剑溪畔。墓园长方形，占地 234 平方米。墓冢长 5 米，宽 2.8 米，高 1.4 米，混凝土结构，墓碑上书刻郭沫若题"音乐家张曙父女之墓"。

张曙，原名恩袭，安徽省歙县人。"九一八"事变后，与聂耳等组织音乐创作研究会，成为中国新音乐运动的创始人之一。1933 年加入中国共产党。1937
年国共合作，参加国民革命总政治部第三厅工作。1938 年来桂林。在桂林期间，
创作了《我们要报仇》《负伤战士歌》两首歌曲。同年 12 月 24 日，日机轰炸桂
林，与爱女同时遇难，原葬桂林南郊，1957 年迁葬于此。

张曙墓（陈峥摄）

4. 昆仑关战役遗址

位于南宁市兴宁区与宾阳县交界处即昆仑镇所在地北 4 千米。昆仑关战役
遗址，除古关楼、昆仑古道等古代遗迹之外，主要包括"陆军第五军昆仑关战
役阵亡将士墓园"中的南、北门牌坊、陆军第五军昆仑关战役阵亡将士纪念塔，

昆仑关战役遗址（陈峥摄）

抗日将士公墓，抗战碑亭等纪念建筑物，以及昆仑关地区如宾阳县境内的"昆仑关战役指挥部"，邕宁区昆仑镇境内的"昆仑关战役日军第十二旅团团长中村正雄少将被击毙处"和金龙山、仙女山、老毛岭、罗塘南、同兴堡、石家隘以及441、660、653高地等多处昆仑关战争中的阵地、工事遗迹点等。2017年1月，昆仑关战役旧址景区被列入全国红色旅游经典景区名录。

5. 八百壮士墓

坐落在桂林七星区旅游胜地七星景区内普陀山腰的博望坪。墓坐东朝西，高约1.5米，长8米，宽5米，岩石、水泥结构筑成。墓中实际葬有823名抗日战士的遗骸，他们是国民党陆军第31军131师391团的官兵。1944年桂林保卫战期间，在寡不敌众、久战无援的情况下，391团指挥所、1营指挥所、1连、303机枪连、输送连、特务排、防毒排、山炮排、野战3医院各单位一部分和卫生队全部，计官兵、伤员800余人，被迫撤至普陀山七星岩内，继续抵抗。日军围山后先用山炮猛轰岩口，继而倾倒大量汽油，投入大批瓦斯弹，用火焰喷射器向岩内喷射，致使岩内中国军队八百将士除少数从后岩突围外，其余全部壮烈牺牲。后人为纪念牺牲的将士，在七星公园内普陀山博望坪建此墓。墓前建有纪念碑、纪念亭。1982年重修八百壮士墓、纪忠亭；1984年公布为桂林市文物保护单位；2000年7月被广西壮族自治区人民政府列为广西壮族自治区文物保护单位。

八百壮士墓（陈峥摄）

6. 三将军墓、殉职纪念塔

位于七星公园普陀山半山腰的博望坪。1944年11月，在抗击日本侵略军的桂林防卫战中，第31军参谋长吕旃蒙、防山军司令部参谋长陈济桓、第131师师长阚维雍壮烈牺牲。1946年，国民党政府建"三将军墓"以示纪念，蒋介石、李宗仁、白崇禧均有题字。1982年重修墓、塔。1984年10月公布为桂林市文物保护单位。1998年7月被七星区委、区政府列为"国防教育基地",并在塔右前立花岗石碑纪念。2000年7月19日公布为广西壮族自治区文物保护单位。

7. 大公报旧址纪念碑

位于桂林市普陀路。旧址纪念碑高1.6米,宽2米,由花岗岩和大理石构建而成,外型美观、精巧。1940年冬,时任总经理胡正之从香港飞到桂林考察,决定创办桂林《大公报》,在桂林东郊野外的一座小山下,找到了一个天然山洞做报馆。1941年3月15日,桂林《大公报》正式出版发行,营业部设在正阳门西巷一号。桂林《大公报》积极为抗日救亡运动鼓与呼,为团结全国人民抗战发挥了重要作用,对当时西南地区的政治、经济文化活动产生了广泛的社会影响。1944年9月12日,由于战火纷飞、百业停顿,桂林《大公报》被迫停刊。

大公报旧址纪念碑（陈峥摄）

8. 苏联援华步兵中校巴布什金墓

位于桂林市西山公园东侧山脚。伊万·米哈依洛维奇·巴布什金中校是一名农民出身的苏联共产党党员、陆军坦克教官,他在中国抗日战争初期的1939年9月被苏联派到中国,为国民革命军第五军担任军事顾问。昆仑关战役后,日军空袭桂林,当地因而有大量平民伤亡,并发生了瘟疫。1940年9月16日,巴布什金在这场瘟疫中病逝,初葬于甲山,1950年改葬在西山南麓;巴布什金墓在1966年被列入桂林市文物保护单位。2015年,巴布什金墓进行重建,迁移至西山公园东侧山脚下。

9. 广西学生军抗日烈士纪念碑

位于南宁市青秀山风景区帽子岭山顶，建于 1986 年。碑高 20 米，为四方形，以花岗石砌成，碑体镶嵌着广西学生军抗日战斗场面的浮雕。广西学生军抗日烈士纪念碑原建在桂林，1991 年迁到青秀山。2001 年，被命名为自治区爱国主义教育基地。

广西学生军是新桂系组织的以在校学生为主体的抗日救亡武装团体，前后组建了三届。第一届在 1936 年"六一"运动后组织，共招收 700 余人，运动失败后解散。第二届成立于 1937 年 10 月，约 300 人，培训后奔赴鄂、皖等地配合第五战区工作，1939 年结束。1938 年 10 月，日军占领广州、武汉后，广西告急，11 月，广西当局以第五路军总司令部名义组建第三届广西学生军，人数4200 余人，编为三个团，下设立大队、中队、小队、班，为有效开展工作，还组建了女生队一个大队。1939 年初，学生军各中队开往桂南、桂东南等地和广东部分地区从事民众动员工作。1941 年 8 月，第三届广西学生军被新桂系解散。

广西学生军尽管是新桂系组建的武装团体，但受中国共产党的影响很大。第二届广西学生军成立初期，有中共党员 10 多名。到 1939 年，中共党员占留在敌后大别山区学生军中的人数约二分之一。1940 年，第二中队有中共党员 41名。3 月，第二中队中的中共党员 35 人和积极分子 10 人到达新四军根据地，并向全国发出《为制止反共摩擦，广西学生军致李宗仁、白崇禧电》，后又有 14名学生军中的中共党员与积极分子进入新四军根据地。第三届广西学生军成立

广西学生军抗日烈士纪念碑（陈峥摄）

时，中共派遣了近百名党员以秘密身份参加，他们又在学生军中发展了大量党员和积极分子，这支队伍"在后期实际上由共产党人在它的基层起主导作用"。

（二）纪念场馆

1. 昆仑关战役博物馆

位于宾阳县思陇镇与南宁市兴宁区昆仑镇交界处。分为序厅、浴血昆仑厅、前厅与缅怀厅等四个展厅和一个待建的多功能厅，并设有接待室和办公管理用房，地下半层，建筑面积 452.5 平方米，设机房、库房等。博物馆前广场东面设置的"魂兮归来"方尖碑阵，记载着国民党陆军第五军阵亡的约 3400 名将士，共有 220 个姓氏，博物馆正门外墙的 V 字形结构，用 86 吨大理石制成，象征胜利之意。博物馆正面外墙的五幅浅浮雕画像，由广西书画家张达平先生绘画，描述和表达了昆仑关战役的主题场景画面。

昆仑关战役博物馆（陈峥摄）

2. 飞虎队遗址公园

位于桂林市临桂区临苏路，是在抗日战争时期美国第十四志愿航空队秧塘机场指挥所旧址上建设的一个纪念公园。于 2015 年 3 月 28 日落成，目前保存有山洞指挥所、陈纳德将军观战石、飞机掩体等文物，是美国飞虎队现存唯一的指挥所遗址。在美国飞虎队桂林纪念馆内，陈列着与飞虎队相关的军服、勋章以及老照片等历史文物近 300 件，均由美国飞虎队历史委员会捐赠。纪念馆综合利用现代声光电展览陈设技术，结合图片、文物、模型复制品等，分成历史的天空、虎啸云端、飞虎在桂林、永不磨灭的番号等四部分，还原飞虎队在桂林的抗日史实。

3. 桂东南抗日武装起义烈士纪念塔

位于玉林市城区东郊朱巷口龟头岭森林公园。纪念塔一层为陈列桂东南抗日武装起义简介，领导人雕像，292 名烈士名单以及一幅高 2 米、宽 1.5 米的起义情景铜雕。二层为牺牲的领导人的图片、简介及起义部署图片 9 幅。三层为陆川、博白、兴业等抗日武装起义介绍，重大事件介绍，人民抗日自卫军转战示意图 4 幅、起义重要事件简介 12 幅，及人民抗日自卫军序列 2 幅。四楼和七楼是各种事件场景的浮雕展示，形象生动，五楼和六楼是革命战争时期历史图片。桂东南抗日武装起义烈士纪念塔于 1999 年 1 月被广西壮族自治区党委、政府公布为广西爱国主义教育基地。

（三）名人故居

1. 李宗仁故居

坐落在距桂林市约 30 千米的临桂区两江镇浪头村，建于清末民初，占地面积 5060 平方米，由安乐第、将军第和学馆等建筑构成，是极具岭南庄园特色的民居建筑。李宗仁的官邸及故居对外开放已 20 余年，珍藏着 160 余件国家级文物，并于 1996 年公布为全国重点文物保护单位。如今李宗仁官邸已经实现免费开放，成为桂林热门旅游景点之一。

2. 柳州胡志明旧居

位于柳州市柳南区柳石路。1930 年建成，时为南洋客栈，为一栋砖木结构两层楼。1943 年 9 月至 1944 年 9 月胡志明在客栈内居住，在此期间，胡志明在柳州开展了一系列重大的活动。1944 年 3 月在柳州召开的越南革命同盟会代表

柳州胡志明旧居（蔡乾涛摄）

大会上胡志明当选为同盟会副主席。在国际反侵略同盟的旗帜下，胡志明与国民党当局合作，1944年9月离开柳州回国。2006年5月胡志明故居被国务院公布为全国重点文物保护单位。

3. 柳州大韩民国临时政府旧址

位于柳州市鱼峰区柳石路1号的乐群社。既是胡志明旧居的一部分，也是韩国临时政府在柳州历史活动纪念场所。该建筑始建于1927年，现为全国重点文物保护单位。韩国独立运动人士于1919年4月在中国上海成立临时政府，争取独立。随着中国抗日局势的发展，韩国临时政府辗转迁徙到柳州。临时政府在柳州半年多的时间里以驻柳"联络处"的名义开展工作和活动，为配合柳州的抗日斗争作出了积极的努力，和柳州民众结下了深厚的友谊。现乐群社内设立韩国临时政府抗日斗争活动陈列展，生动再现了临时政府在中国、在柳州的艰苦抗日流亡生活。

柳州大韩民国临时政府旧址（蔡乾涛摄）

（四）历史人物

1. 李克农

李克农（1899—1962），汉族，安徽巢县（今巢湖市）人。1926年加入中国共产党，曾任红一方面军政治保卫局局长、红军工作部部长。参加长征后，任中共中央联络局局长。抗战时，在国民党统治区协助周恩来、叶剑英开展抗日民族统一战线工作。解放战争时期，任中共中央社会部部长、北平军事调处执行部中共代表团委员兼秘书长。中华人民共和国成立后，任外交部副部长、人民革命军事委员会情报部部长等职。1962年2月9日在北京逝世。

2. 李天佑

李天佑（1914—1970），汉族，广西临桂人。1929 年 10 月加入中国共产党。同年 12 月参加百色起义，先后任中国工农红军第 7 军排长、连长，参加开辟和保卫右江苏区的斗争，参加了第三至第五次反"围剿"。长征中率部担任军团前卫，在广西灌阳新圩阻击国民党军两个师，激战三昼夜，掩护中央机关渡过湘江。到达陕北后，参加了直罗镇、东征、西征和山城堡等战役。抗日战争全面爆发后，任八路军第 115 师 343 旅 686 团团长，参加平型关战斗。参与开辟晋西南抗日根据地。1939 年赴苏联就医，后入伏龙芝军事学院学习。解放战争时期，历任北满军区参谋长、松江军区司令员、东北民主联军第 1 纵队司令员、东北野战军第 38 军军长、第四野战军 13 兵团第一副司令员，曾指挥部队参加三下江南及东北 1947 年夏、秋、冬季攻势和辽沈、平津等战役。中华人民共和国成立后，曾参与领导广西剿灭国民党残余武装和土匪的战斗、援越抗美斗争和人民解放军正规化、现代化建设。1955 年被授予上将军衔。1970 年 9 月 27 日在北京病逝。

3. 苏蔓、罗文坤、张海萍三烈士

苏蔓（1914—1942），原名苏裕源，生于广西苍梧县多贤乡，毕业于苍梧中学，入广东省立工业专科学校、省立勷勤大学。在校期间，他接受马克思主义学说，后赴日本留学，1936 年 6 月加入中国共产党。抗日战争爆发后回国，受指派在上海工作。1938 年入延安中央党校学习，1939 年 1 月被分配到广东工作。1939 年秋至 1940 年 5 月，先后在曲江、南雄举办赣南党训班。1940 年 8 月，苏蔓到桂林，任中共广西省工委副书记，以中学教师的身份作掩护，开展党组织建设工作。由于叛徒告密，1942 年 7 月，与罗文坤、张海萍一起被捕。

罗文坤（1917—1942），原名罗娴，广西苍梧县人，毕业于苍梧县立中学，后考入广州洁芳女子中学就读，结识苏蔓，1935 年春与其结婚，同年 7 月东渡日本，入东京大学读书。1937 年抗战前夕回到上海，投入抗日救亡运动，同年加入中国共产党。1938 年 3 月到延安中央党校学习。1939 年 1 月，被派回广东，任中共广东省委妇女部干事。1940 年，协助苏蔓举办赣南党训班，同年，任中共广西省工委妇女部长，以教师的公开身份从事党的工作。

张海萍（1917—1942），广东东莞人，1937 年加入中国共产党，原中共南委驻桂林特别交通员。1942 年，她与广西省工委副书记苏蔓、妇女部部长罗文坤以教书为名，在桂林从事革命活动。

1942 年 5 月下旬，中共南委组织部部长郭潜被捕叛变，带领国民党中统特务破坏了南委，又于 7 月 7 日到达桂林，伙同广西当局策划破坏广西地下党组织。7 月 9 日国民党特务在逸仙中学逮捕以老师身份作掩护的中共广西省工委副书记兼宣传部部长苏蔓、省工委妇女部长罗文坤及中共南委驻广西特别交通员张海萍。苏蔓等人在狱中宁死不屈，严守党的机密。敌特为利用他们透捕地下党员，将他们"释放"回逸仙中学。苏蔓等识破敌人的阴谋，在设法通知党组织和同志未果的情况下，三人在逸中宿舍集体自缢，以身殉党。

4. 杜聿明

杜聿明（1904—1981），汉族，陕西省米脂县人。著名抗日将领，国民革命军陆军中将，黄埔系骨干。1924 年 6 月入黄埔军校第一期学习，毕业后在国民革命军东征讨伐陈炯明中初露头角，历任军校教导团副排长，武汉分校学兵团中尉连长，中央陆军军官学校中队长，教导第 2 师营长、团长，第 17 军第 25 师旅长、副师长等职，曾参加北伐战争、长城抗战、淞沪抗战。1939 年 11 月任第 5 军军长，率部参加桂南会战，指挥桂南昆仑关对日作战，重创号称"钢军"的日军第五师团。1978 年当选为第五届全国人大代表、全国政协第五届常委和文史资料研究委员会军事组副组长。

五、广西各族儿女投身伟大的抗日民族战争

昆仑关战役中的广西学生军①

昆仑关，位于广西邕宁县（今属南宁城区）昆仑镇与宾阳交界处，地势险要，易守难攻，为南宁的门户和屏障，历来是兵家必争之地。新桂系统一广西后，于 1926 年将昆仑关关下旧驿道改建成邕（宁）宾（阳）公路，该路经山下绕关而出，昆仑关遂成为桂越国际交通线上控制着邕宾公路之扼要关隘，战略地位十分重要。1939 年 11 月，日本为截断中国与越南的国际交通线，开辟海军航空兵轰炸滇越铁路和滇缅公路的基地，于 15 日在钦州湾登陆，突破中国守军防御阵地，12 月 4 日，日军占领昆仑关。12 月 18 日，中国军队开始反攻，双方在昆仑关反复拉锯，31 日中国军队克服昆仑关。

在昆仑关战役中，中国军民以血肉之躯抗击日本侵略，国内各团体、各阶层民众踊跃参加，特别是第三届广西学生军在发动民众支援主力部队作战方面起到重要作用。广西学生军是以在校学生为主体的抗日救亡武装团体，一共组

---

① 作者陈峥，该文发表于《军事历史研究》2012 年第 3 期，原标题为《第三届广西学生军与昆仑关战役》。

建了三届。第一届在 1936 年"六一"运动后成立，共招收 700 余人，其中女生 60 余人，运动失败后解散，存在时间仅月余。第二届于 1937 年 10 月组建，约 300 人，培训后奔赴武汉、安徽配合第五战区工作，1939 年结束。1938 年 10 月，日军占领广州、武汉后，广西告急，而此时广西部队大部分已调往前线，留守不足御敌。11 月，广西当局以第五路军总司令部名义组建第三届广西学生军，总司令为夏威，原计划成立一个团，招收 1200 人，但报名者高达 18 000 余人，最后录取 4200 人，扩编为三个团，其中女生 500 多人。中共也派遣 90 多名党员秘密加入，大多在学生军中担任正副班长或学生军所办报刊的主编和编辑。

第三届广西学生军（以下简称"学生军"）成立后，深入桂南城乡和日军后方，开展抗日救亡宣传，建立和训练民众性抗日组织，发动民众破坏交通，切断日军的物资补给，协同正规部队袭击日军。昆仑关战役期间，学生军在配合主力部队作战、保证战役胜利等方面起了很大的作用。

一、动员民众坚壁清野，破坏日军补给线

在桂南会战前，新桂系就认识到日军有入侵广西的可能，号召民众坚壁清野，疏散物资，破坏敌占区的交通、电讯。1939 年初，时任广西省主席的黄旭初向全省发出号召，要求"破坏敌人电讯，道路交通，扰乱敌人后方安宁，使之顾此失彼，防不胜防。在各市镇乡村，须于敌未来之先，空室清野，预行疏散，务使不留一物一人以资敌用"。日军对昆仑关守军所需物资的补给，主要通过钦州至邕宁公路线输送。邕钦线上的破路争夺战，是学生军对敌作战的一个重要方面。由于学生军有相当工作经验，在动员民众方面起到了基层政府和其他团体所不能起到的作用。他们深入城乡，配合地方政府发动民众藏匿物资、破坏道路和桥梁。

在制定作战行动时，指挥部也部署学生军负责发动民众破坏日军交通。据白崇禧回忆，中国军队在制定作战计划时，命令"我南岸西路军夏威所部使用主力于邕钦路以西，以一部分分布于邕钦铁路以东，向大塘、吴墟方面袭击敌人，并发动民工破路"。昆仑关战役期间，为了防止日军北进宾阳，在学生军的动员下，宾阳县 5 万多群众手持火把，冒着严寒，执行破路毁桥任务，三天之内，破坏了全县的公路桥梁。在宾阳附城，上级要求该乡在三天内发动乡民完成破路任务，但乡村长只能动员 20 多人参加，学生军得知消息，连夜走村串巷，向民众宣传破路的重要性，很快动员几百人参与破路，在第二天"上半夜，十一时，破路的任务完成"。据日本的资料记载，12 月"22 日晨，敌人切断了八塘与九塘之间的电话线，九塘前面的桥梁也被破坏"。

中国军民坚壁清野、破坏交通的行为，在很大程度上迟滞了日军的前进，造成日军交通的瘫痪，再加上中国各种武装力量的阻击和袭扰，使得日军重型武器和物资很难运到前线，前线日军难以得到粮弹补给，有效地配合了中国主力部队的作战。1939年12月，日军沿邕钦公路向北进犯，经过卯晓、大塘等地时，"这时邕钦公路已彻底破坏，无数陷阱、峻坡、土峦崎岖弯曲，寸步难行，敌人的重武器，战车，汽车都无法开上来"。对此，广西绥靖公署在总结学生军的破路战绩时写道："重要的公路破坏了，敌人又修复了，不久可又破坏了。"黄旭初在回忆中也说道："邕钦公路已被我事先完全破坏。敌军48门野炮和许多骡马，想要前进，就须等待公路的修复。""敌人的补给线既被我截断，昆仑关的守军成了悬命绝援之势，我军便利用这一机会展开攻势。"有人在总结昆仑关战役胜利的原因时指出，日军"后方补给线之无保障，援兵迟滞不前，重武器不能通过，尤为致败之主因"。

为了确保交通线，日军不得不抽调部队恢复交通和对付破路行为，这就导致其无法派出更多兵力支援前线。12月21日，向龙州进攻的伊藤大队奉命返回南宁，22日"行至南宁西面约六十千米的西长墟以西的狭路，遭到六千名重庆军阻拦。23日拂晓发动攻击，不料反遭到比我多数倍之敌的进攻，因疲劳过度陷入死守阵地的苦战中"。又因"敌人和居民正在破坏南宁西面三十千米的公路"，日军兵团长今村"不得不派出了手下仅有的一点兵力"以接应其返回而无法加入前线作战。日方资料中破路的"敌人和居民"即为学生军与当地民众。对该次行动，学生军老战士的回忆说，日军伊藤所部于22日在邕龙公路西长地段遭中国军队131师391团伏击，"日军于当晚乘夜窜出西长向东门进发，子夜通过东门时，又被地方民团和学生军阻击，25日凌晨5点才窜到渠荣村，渠荣公路桥早已被学生军和战工团发动群众破坏，日军车辆无法通过"。12月30日，中国军队增加兵力对昆仑关发动最后攻势，而日军"林支队（林与渡边两个部队）为了确保七塘至八塘的联络路线，只能对道路两旁之敌进行扫荡，无法前往救援"。

在通过公路无法实现对前线作战部队的补给后，日军试图利用空投补充守军粮弹，但由于昆仑关外围尽失，物资大多落到中国军队阵地，急需粮弹的昆仑关守军所得甚微，导致粮尽弹绝。日方资料有记载，12月21日，"海军飞机三架来到八塘上空投下了弹药，但因处在重重包围之下，该地守备队未能取回"。对日军该次的空投情况，中国方面资料的记述差不多，第5军参谋处在《昆仑关战役纪要》中写道，21日"午后2时顷，有敌巨型飞机数架，向八塘九塘投下降落伞18个，我荣一师曾截获数个，内盛弹药及饼干之类"。

动用飞机运输比用汽车补给所花费的代价高得多，而且飞机所载物资量也要少，这一措施是日军在公路被截断的情况下而不得不采用的，但日军的这一方式也遭到失败。面对蜂拥而上的中国军队，孤立无援的日军只能以原始武器肉搏。其资料对这一情况亦有记载，12月19日，"我军弹药缺乏，进攻受挫。……六塘之七塘的桥梁被敌烧毁……整个联队完全陷于孤立"。23日，昆仑关上的"三木联队第一线官兵，已将附近田间残留的食物吃光，只能捡拾地里的落穗充饥。炮弹更为缺乏，只得将炮埋在地里，用削成的竹枪与敌拼杀"。30日，"我军虽目视敌炮兵阵地，但缺乏弹药，无计可施"。

昆仑关战役是抗战期间中国军队正面战场上所取得的一次大捷，消灭了大量日军有生力量，在桂南会战中占有极其重要的地位。在战役的全过程，学生军发动民众的破坏日军补给线的行动，不但牵制了日军部分兵力，而且使得前线日军粮弹缺乏，间接支援了中国军队的反攻，无疑是战役胜利的重要原因之一。

二、保障战时后勤，协调军民关系

昆仑关战役期间，学生军在后勤方面如救护伤兵、慰问部队、运输物资、调解军民关系等方面的工作开展得卓有成效，对保障部队战斗力起到很大作用。

早在战前，学生军就深入桂南城乡，广泛开展了对民众的抗日救亡宣传工作，激发了民众的抗日救国热情，让民众对抗战有了一定的思想认识和组织准备，使得民众能够迅速积极地开展支前对敌工作。中国军队对昆仑关日军发动攻势后，前线急需物资，伤员也必须立刻运下来，学生军"迅速组织了几百人的运输队，并由我们的同志和军队的一些参谋带队前往。……农民输送队挑去的是军需品，抬回的是一个个为国流血的伤员"。桂南战事发生后，广西当局决定成立军民合作站，以处理军民关系，发动民众支前。在1940年6月前"军民合作站所有各分站的实际工作者都是我们学生军"。"很多学生军同学在合作站为过往部队安排住地、筹备军粮和睡觉用的稻草，协助地方政府组织战地临时墟场，发动群众把生活必需品运到战地，供应军队购买。"据战后的回忆，"从来没有过一个部队在有合作站的地方不能得到运输给养向导等需要满足的，估计合作站自设立以来，曾代军队雇伕四十余万名，代购或征发的粮食也在几十万斤以上"。

值得指出的是，在战地后勤工作中，学生军女兵同样表现得十分出色。在迁江132兵站医院，学生军女兵"一来就请求院里分派工作，到各病房换药，访问，写信，人手有余，还帮助'敷料室'做纱布，卷棉花，此外还办夜间登记，在正月里，我们每每披衣静坐，一听到汽车声音，便从住宿处摸索到登记处"。学生军女兵参与救护，不但对伤兵是一个极大的鼓舞和安慰，有利于提高他们的士气，而且女生较为细心，对伤兵的照顾较为周到，使他们能很快出院归队，提高部队战斗力。

协调军民关系是学生军战地工作的一项重要内容。由于参战部队来自各方，面临着语言不通、交易纠纷、生活习惯不适应等诸多问题，甚至导致军民关系紧张，使得后勤补给出现严重问题。上述问题在学生军的努力下，大多得到解决，部队与民众的关系得到很大的改善。迁江是中国军队指挥部所在地，驻军较多，因与民众发生冲突，民众逃亡至山上，筑起栅栏不让部队进去，部队"买不到食物，问题很严重。当时，在宾阳工作的学生军撤退到迁江，见此情况，几位女兵自告奋勇上山找百姓，山寨内的老百姓见是学生军女兵，才同意开门。经过这些女兵的说服和动员，群众才逐渐下山，恢复圩市，解决了部队的给养问题"。战役期间，学生军在战区圩市"监督和制止抬高物价、强买、抢买或拿东西不给钱的现象，协助调解军民纠纷，使军民密切合作，共同抗战。担任昆仑关主攻部队第5军战士多是北方人，他们能在战地买到平日爱吃的辣椒粉，心里十分高兴，都称赞学生军工作艰苦深入，宾阳广大民众抗日情绪高，军民合作、支援军队抗战工作做得好"。特别是由于语言不通，交谈困难，部队与民众之间发生了不少纠纷，农民不去圩市出卖农产品，部队无法购买到生活用品，"就由我们学生军同志在圩场上担任翻译。这样一来，农民愿意挑东西上市，我们也忙得不可开交"。据当时的媒体报道，在学生军的努力下，战役期间宾阳出现了"军民合作的融洽，距前方三数里，民众依然安居，协助军队工作，出售日常应用的物品和食物"。

在战地后勤方面，尤其是军民关系的处理，学生军具有地方基层政府和民团所没有的优势。由于学生军在战前就有了很好的民众基础，工作态度热情，与民众关系融洽，再加上学生军大多来自本地，文化素质较高，工作热情高昂，与民众的语言沟通极为方便，具有相当的亲和力，民众和部队都能接受。可以说，在民众与部队之间的沟通上，学生军起了桥梁和纽带作用。

三、情报侦察与战地宣传

学生军对战区各地圩镇村寨各方面情况十分熟悉，与群众关系密切，在情报收集等方面起到很大作用。战役期间，在武鸣的学生军"组织一些群众专门侦察日寇的行踪，掌握他们的动态。……经过查证后即写成文字送到师部给他们参考"。学生军的总结中写道："我们配合友军去袭击敌人，或者向导他们潜入到过去我们工作熟悉了而现在惨落敌手的地区，给敌人以意外打击，邕钦线上的捷报很多次是渗浸了同志们的血来写成的。"据学生军老战士的回忆，昆仑关战役最激烈的时候，驻扎在邕宁四塘的日军不断为前线日军提供补给，中国军队几次攻打四塘不下，"后经学生军在群众中了解到有一条小路可袭击四塘日军。于是，就由学生军与群众带路"，将该部大部歼灭，断绝了日军补给线。可以说，学生军该次所提供的情报对保证昆仑关战役的胜利起到极其重要的作用。

学生军还配合日本反战同盟多次对日军开展战地宣传以动摇日军军心。据日方资料记载，在昆仑关前沿阵地，12 月 "29 日夜，鹿地亘等反战工作队在这两个浴血战斗的高地上手执麦克风，在月光下喊出了反战的第一声"。"九塘战线在彻夜不停的枪炮声和鹿地亘的反战的叫喊声中度过了 1939 年的除夕。"因前线作战部队对播音器材不熟悉，配合日本反战同盟进行宣传的任务主要由精通该方面技术的学生军完成，"协助日本反战同盟领袖鹿地亘，到昆仑关前沿阵地安装扩音器……必须随时转移喊话地点，每次转移搬运安装，都靠这些学生军冒着生命危险去完成"。

学生军除协助反战工作队对日军喊话外，还用歌声鼓舞中国士兵作战。在前沿阵地上，学生军宣传人员"讲了反侵略战争的伟大意义和打胜仗的消息以后，小柯同志的嘹亮歌声传向我军战壕中去！"

学生军所散发的传单对日军士气打击也很大。据媒体报道："敌军窜之某地时，有一学校发现我方印就之日语传单甚多，敌官兵争相取阅，阅毕，以手捧头，躺在地面，懊恼万状，见优待券争取收藏，士兵终日愁容满面，互询家乡状况，得知敌国内痛苦情形，人人对敌阀切齿痛恨。"

日军侵入南宁后，组织维持会等汉奸组织，破坏我方交通线，侦察我军行动，搜刮物资供其使用。为了有效打击敌伪，学生军还"在沦陷区到处粘贴标语警告敌伪人员，不要认贼作父，甘心为敌人卖命，还通过一些敌伪人员的亲属、朋友、亲戚去做敌伪人员的思想工作，劝导他们认清敌我，赶快退出敌伪组织"。在学生军的努力下，"四塘一带的伪维持会竟答应以后我军进攻时，他们的枪口朝天打"。

在昆仑关战役的整个过程中，学生军所提供的情报，给中国军队指挥部的作战部署提供了参考，为及时消灭日军提供了战机。学生军在战地的宣传活动，打击了日军士气，鼓舞了中国军队的作战，提高了中国士兵的士气，在一定程度上为战役的胜利做了精神动员。

四、参与对日作战，打乱日军部署

学生军是一支配有武装的抗日救亡团体，在"叫""裹"的同时，还进行了"打"的活动，会战期间学生军曾多次投入战斗，付出了一定牺牲。

早在桂南会战之前，学生军就深入乡村发动民众，组织抗日团体。经过不懈努力，在组织和训练民众方面取得了很大成绩，较好地动员了民众投身抗战中。据 1940 年 6 月的统计，学生军共组建集训后备队 26 个共 14 620 人，义勇警察队 2 个共 312 人，游击队有 15 县共 17 630 人。这些武装团体有相当部分是昆仑关战役之前和战役过程中成立的，对配合主力部队行动起了很大作用。

在配合正规军队作战的同时，学生军多次发动民众力量，采取游击战术，挫败日军进攻，杀伤小股行动的日军。1939 年 11 月 21 日，日军绕道那陈准备进攻大塘，在大塘的学生军一个班动员群众截击日军，日军被迫撤退；后日军继续进犯，学生军第三团第二大队第七中队也投入战斗。当时的报纸对学生军歼灭日军侦察部队的战斗有报道："当敌由钦州大举北犯时，学生军十人，方在小岗一带督导空舍工作，闻敌降至，乃纠合附近乡民数百，以土著武器，据险设伏，敌斥堠部队无一生还，旋敌大部队拥至，包围共计，始从容隐退云。"

学生军还多次与其他武装力量联合在昆仑关战场和其他地方偷袭日军，以减轻中国军队的压力。1939 年 12 月 1 日，得悉有部分日军在邕钦线上的唐报街公所宿营，学生军一个班与南宁民团梁翰嵩部联合发动夜袭，全歼敌军。当时学生军的作品有描述："我们为着收到火力集中的效果，迅速地投了八个手榴弹，号哭声，惨厉的叫声，门的响声，咯咯的机枪声和什乱的脚步声，交织成一阵大骚动，把祖国正沉入屈辱的河山惊动了！"1939 年 12 月初，学生军 4 人以广西省督导团三团第二支队名义在邕宁八尺区各乡组织近千人的游击队，联合正规军，攻打驻守在蒲庙镇的日军，后日军撤退，该镇遂光复。同月，一支学生军小分队 7 人在宾阳莫陈村前线同日军激战，遭日军围攻，全体牺牲。在南宁石埠，学生军四个班 60 多人单独袭击驻守该处的日军，给该地日军以打击。广西绥靖公署的总结写道："敌人的部队和给养受到了袭击，是他们领着民众和配合着军队进行的。"据统计，仅仅在昆仑关战役中，为国捐躯的学生军就达 37 人之多。

由于受训时间较短，学生军单独作战能力不强，再加上其装备远逊于正规军，当时每人仅有两颗手榴弹，只有一半人配备步枪。因而学生军所参与的战斗大多是遭遇战，或是配合友军作战或偷袭日军，没有参与收复昆仑关的反攻，但他们的行动在迟滞日军行动、阻止日军增援前线和打乱日军战役部署等方面起了一定的作用。

第三届广西学生军在桂南会战期间，特别是在动员民众和战时后勤等方面，起到了政府机构和部队所不能发挥的作用。这不但与学生军的满腔报国热情有关，而且与他们较强的组织能力和较高的军政素质有很大的联系。类似这种形式的抗日武装团体在其他正面战场是很少的。从某种方式上来说，学生军在战役期间的宣传、动员民众、参战方式等与中共在抗战中的宣传、群众工作方式、游击战争策略战术有很大的相同之处。在学生军成立时，中共所派遣的秘密党员大多在学生军中担任正副班长甚至中层领导，发挥着骨干和示范作用。学生军主要以分散的形式在各地活动，使得中共在一定程度上掌握了部分部队的基层指挥权，他们对民众工作、游击战争、处理军民关系等较为熟悉，而随后中共又在学生军中发展了一批积极分子和骨干力量。因此，从这方面来说，学生军所取得的战绩与一大批中共党员在其中所起的作用有很大的联系，有关这一问题，还值得我们继续深入研究。

壮族儿女在敌后战场①

1929 年 12 月 11 日，中国共产党在壮族聚居的右江地区组织领导了百色起义，随后建立了中国工农红军第七军和右江革命根据地。次年 2 月 1 日，中国共产党在龙州领导广西省警备第五大队起义，成立了中国工农红军第八军，并建立了左江革命根据地。一大批壮族子弟参加了这两场起义，并为保卫和建设根据地作出了重要贡献。

1930 年 11 月，红七军和红八军合编为红七军，并奉命离开根据地，去攻打柳州、桂林、广州等大城市。因进军中遭到挫折，红七军后决定放弃攻打大城市的作战计划，转向中央革命根据地与中央红军汇合。1930 年年底，红七军从全州出发，转战湖南道县、广西贺县、广东乐昌县等地，于 1931 年 7 月 13 日到达江西兴国同中央红军第三军团会师，随后红七军被编入该军团。1934 年 10 月，中央红军被迫进行战略转移，原红七军官兵除部分留守根据地外，大多随同中央红军一起长征。1937 年卢沟桥事变后，中共与国民党建立了抗日民族统一战线，中共领导的武装力量改编为八路军、新四军。到达陕北的原红七军官兵大部分被编入八路军，留守南方八省进行游击战争的部队则被改编为新四军。抗战初期，在中共地下党的组织下，广西先后有 100 多名中共党员和积极分子奔赴延安。其中有廖联原、朱鹤云、黄国楠等数十名壮族干部。这样，在八路军和新四军中，有一大批壮族干部参加了抗战，他们在敌后抗日战场英勇作战，为保卫抗日根据地、发展和壮大中共抗日武装及争取抗战的最后胜利作出了很大的贡献。

---

① 吕宁、陈峥：《论中共壮族将领在抗战中的贡献》，《柳州师专学报》2014 年第 4 期。题目为编者所改。

一、保卫中央机关和首长安全

1937 年 8 月，中央红军改编为八路军后，很快开赴前线。为保卫八路军总部的安全，中央决定将红军军委特务团改称"国民革命军第八路军总部特务团"，9 月，又改称"国民革命军第十八集团军总司令部特务团"（习称八路军总部特务团），随八路军总司令朱德开赴前线。他们跟随八路军总部驰骋华北战场，担负着保卫总部，执行作战警戒和宣传群众，发展地方武装等任务，参加了"九路围攻""百团大战"和"黄崖洞保卫战"等著名战役。在八路军总部特务团的官兵中，有数任团长、政委及部分中层军官和士兵来自原红七军，他们大多是壮族。

勇敢善战的东兰人韦杰（1914—1987），被任命为特务团的首任团长，来自思林县（今田东县）的李志明（1914—2004）则担任该团政委，两人都是壮族，他们在工作上分工明确，紧密配合，使得特务团官兵的军事、政治素质提高很快。1937 年 9 月，该团 1 营调属 120 师，后又把团机关和 4、5、7、9 连调属聂荣臻指挥。总部率特务团仅留下 2 营，该营营长为来自田阳的壮族青年欧致富（1915—1999），在欧致富等努力下，以余下的连队为基础重建特务团。1938 年夏，韦杰被调往 115 师 344 旅 688 团任团长，李志明仍担任政委，欧致富接任参谋长。1939 年 12 月，欧致富担任特务团团长。因欧致富足智多谋，作战勇猛，多次在反击日军的进攻中取胜，当时的太行军民和新闻媒体每以"欧团"称呼该团。特别是在 1941 年 11 月的黄崖洞兵工厂保卫战中，该团在欧致富的率领下，全团官兵浴血拼杀 11 天，挫败了日军 5000 余人企图攻占黄崖洞兵工厂的阴谋，毙伤日军近 2000 人，而我军伤亡不到 200 人，创造了我军抗战史上以少胜多的著名战例。当时《抗战报》编辑皇甫束玉在诗歌中写道："守卫者，是欧团。……我阵地，稳如山。鬼子兵，抱头窜。"八路军宣传队员在动员军民时，还在快板中说道："欧团都是钢铁汉，通信员、司号员，英勇杀敌抢在前。"该团在大生产运动中也积极开荒种地，保证根据地军需民食，表现十分优秀，得到上级的嘉奖。1943 年，中共中央太行分局在一份文件中说道："欧团今年每人平均种二亩地，太行区全军应向这一目标努力。"

其他的壮族将领也在保卫党中央的安全中作出了贡献。韦祖珍（1912—1982）百色起义后曾任红七军排长、连政治指导员，红三军团保卫局侦察科科员、独立团特派员、红军团教导营特派员。到陕北后，任红一军团教导营特派员，军团保卫部副科长、科长。在随中央红军到达陕北后，因其作战勇敢，机智过人，被抽调担任保卫工作，先后任红一军团保卫部副科长、科长。抗日战争爆发后，任八路军 115 师晋西南支队保卫科科长、总政保卫部副科长等职，在保卫八路军首长的安全中起到重要作用。黄惠良在随红七军到达中央苏区后，主要从事部队的思想政治工作，到达陕北后，历任团政治处主任、师组织科长兼师党务委员会书记等职。1945年5月，黄惠良（1912—1975）奉命担任八路军留守兵团警备第1旅政治部主任，他运用各种方式对部队官兵开展宣传和思想政治工作，动员官兵为保卫陕甘宁边区而战斗，为保卫党中央作出了贡献。

二、培训抗日军政干部

抗日战争爆发后，随着根据地的开辟和中共武装力量的扩大，前线和后方急需大量既有作战能力，又能胜任地方工作的军政干部。为解决这一问题，中共开设了一系列培训机构，为抗日培养了大批军政人才。原红七军部分壮族官兵因作战经验丰富，有发动群众工作经历，被中央调往八路军设立的军政学校和部队的教导机构从事干部培训。

来自东兰的韦国清（1913—1989）因既能指挥军事作战，又有政治工作才能，在红军到达陕北后，于1936年春在中国工农红军学校任教。1936年6月，该校改为中国抗日红军大学，次年春改为中国人民抗日军政大学，韦国清担任该校特科团团长，对红军指战员进行文化、政治和军事等方面的培训。抗日战争爆发后，韦国清任八路军总部随营学校校长，抗日军政大学第一分校训练部部长、副校长兼教育长，他积极贯彻党的教育方针，为我军培养了大批军政人才。八路军总部随营学校创办之初，韦国清即奉命率领部分教职工奔赴山西前线办学。1938年，他又率随营学校从山西返回陕北洛川，编入抗大第四期，兼任第六大队大队长。同年12月，抗大第一分校成立，韦国清担任校党务委员，他与该校全体师生挺进到晋东南太行山区随八路军总部办学，韦国清担任该校训练部部长。在韦国清等人的努力下，该校的规模越来越大，1939年2月该校有7个营23个队，学员有3237人。1939年11月，该校决定迁往山东抗日根据地，韦国清任副校长兼训练部部长。在抗大各分校中，第一分校是创办最早、历时最长、培养干部最多、办学成绩显著的一所分校，为巩固和发展敌后抗日根据地作出了重要贡献，被誉为"敌后办学的先锋"。很多学员后来成为部队的基层骨干，为八路军和新四军的发展壮大起到了极为重要的作用。

从奉议县（今田阳县）走出的冼恒汉（1911—1991）于1937年7月被分配到八路军第120师教导团当主任，11月，升任该团政委。在担任教导团政委期间，他全身心投入教学工作，努力发现人才，为部队培养了一大批营、连干部，补充到抗战前线。1940年初，冼恒汉被分配到晋西北军区高干读书班任政委，为部队培训团以上干部。覃国翰（1912—1997）也先后任120师教导团第五训练队队长、挺进军随营学校副校长兼教育长等职。来自凌云的黄新友（1912—

1985）在 1937 年 10 月担任 129 师教育科长，次年又担任八路军总部教导队队长。1938 年 11 月，出任豫北干部学校校长，也为党培训了大批抗日干部。

三、建设和保卫抗日根据地

抗战时期，中共领导的抗日武装在敌后建立了大批抗日根据地，其中有相当一部分根据地离不开壮族将领的努力。

韦国清于 1940 年 8 月率领八路军龙海南进支队与张爱萍的新四军第六支队第四纵队合编，成立八路军第五纵队第三支队，韦国清担任政委。该部迅速挺进苏北，开辟了沭阳、泗阳、宿迁、涟水、东海等 8 个县的淮海区抗日根据地。1941 年 1 月，国民党发动"皖南事变"后，宣布取消新四军番号。中共中央于 1 月 20 日重建新四军，韦国清受命担任新四军第 3 师 9 旅政委，他与旅长张爱萍对日伪顽进攻予以反击，保卫了淮海区根据地，并将淮北、淮海、盐阜、淮南四块根据地连成一片。1944 年 9 月，韦国清担任新四军第 4 师副师长，他配合师长张爱萍挫败日伪顽的多次进攻，保卫和扩大了淮北和豫皖苏根据地。

在八路军 129 师，有一批壮族将领担任重要职务。该师第 344 旅 688 团团长韦杰、参谋长黄新友等率领该团官兵先后参与指挥平汉路东的香城固、彭城、古山等战斗，给予日伪军以沉重打击，该团对创建和扩大晋东南敌后抗日根据地起了很大的作用。1939 年 2 月，日军万余人向我鲁西北和冀南抗日根据地进行大规模的"扫荡"。688 团配合兄弟部队作战，在香城固战斗中击毙日军 200 余人，俘虏 17 人的光辉战绩。1940 年 2 月，韦杰升任新一旅旅长，黄新友被调任新一旅第一团团长，后任新一旅副旅长等职，该旅战斗在太行山区南段，为保卫根据地建立了功勋。

恩隆县（今田东县）壮族子弟朱鹤云（1912—1992）参加百色起义时年仅 17 岁，1930 年红七军主力北上后，在部队担任排长职务，留守右江苏区坚持斗争。1937 年 10 月，桂西区特委书记黄桂南与白色民团指挥部谈判，把右江游击队改编为国民革命军第一预备军独立第九团，朱鹤云担任第三营营长。嗣后该部奉命北上抗日，到安徽后被桂军第 21 集团军改编吞并。他带领部分人到八路军武汉办事处汇报，被介绍进入延安抗大学习。1937 年 7 月起，先后任新四军第四支队第十六团参谋、第四支队第十六团参谋长团参谋长，在华中破坏日军交通线，歼灭日伪军有生力量，伏击日军，发展和壮大了新四军的力量，有效地保卫了根据地。

东兰县壮族青年覃健（1911—1959）参加百色起义时仅 18 岁，1938 年初被任命为八路军 115 师 344 旅 688 团副团长，进驻汤阴县，在该地建立地方武装，建立安阳、内黄、汤阴等县抗日根据地。1939 年，覃健所部编为冀鲁豫支队第二大队，覃健任大队长，他率领所属部队配合其他部队，巩固和发展了冀鲁豫边区根据地。1940 年 4 月，覃健改任八路军第二纵队新 2 旅第 5 团团长，多次粉碎日伪对根据地的"围剿"。1940 年秋，覃健率第 5 团与苏北新四军在盐城会师，所部被改为新四军第三师第 23 团，覃健担任团长，他率部与兄弟部队一起，打破了日伪军对苏北的"扫荡"，并在苏北盐阜扩建了 8 个县大队，保卫和扩大了根据地。

从百色起义走出的覃士冕（1914—1981）于 1942 年冬被任命为山东滨海军区第 23 团团长，后又担任滨海军区第三军分区副司令员。1945 年春，日军为防止盟军在山东沿海登陆，急速对山东增兵至 10 万人，并于 5 月 1 日，调集 3 万余人，开始对我滨海、鲁中、渤海、胶东各根据地进行"扫荡"，尤以滨海、鲁中为"扫荡"重点，仅在滨海投入的日伪军达 7000 余人，并配备飞机、军舰、汽艇等。为粉碎日军的"扫荡"，滨海根据地军民在覃士冕等的领导下，寻找有利时机打击"扫荡"之敌，同时广泛开展群众性游击战，该部"二十五天作战二十五次，连克敌据点十四处，解放村庄二十座，毙伤日军小队长以下一百余人、伪副大队长以下九百余人"，使日军的重点"扫荡"遭到严重打击。至 5 月27 日，全省各区胜利结束了反"扫荡"战斗，粉碎了敌人控制山东东南沿海的企图。

在此值得一提的是黄一平（1903—1980），他于 1903 年出生于贺县，1929年参加百色起义，1930 年 12 月，红七军主力北上时，被军前委调往桂林从事兵运工作，后与组织失去联系。为寻找党组织，他先后赴广东、香港、云南等地奔波，1935 年回到广西，后又去广州、香港，但均无果而终。但他始终不渝，继续寻找党。抗日战争爆发后，他在报纸上得知新四军成立的消息，便给张云逸写信，接到回信后于 1938 年 6 月到达皖南新四军军部，并于 1938 年 11 月重新入党。1939 年 12 月，他由学兵、副班长、班长、副排长、教导队干事、副队长而任大队长，迅速成长为新四军的重要指挥员，为新四军江北部队培养了一批基层干部，为开辟淮南根据地、发展江北抗日游击战争作出了贡献。1942 年1 月，黄一平调任新四军第 2 师第 4 旅参谋长。11 月中旬，日寇调第十七师团"扫荡"淮南、淮北、淮海根据地，黄一平协助旅长梁从学、政委吴世安，配合兄弟部队作战月余，粉碎了日军的大"扫荡"，黄一平在这次战斗中也身负重伤，该次反"扫荡"的胜利，使淮南抗日根据地更加巩固，为夺取华中抗战的胜利起了重要作用。

四、参加大反攻

抗日战争进入 1945 年后，世界反法西斯战争临近最后的胜利。2 月 4 日至

11 日，苏、美、英三国在雅尔塔举行会议，签订了关于日本问题的秘密协定，规定在德国投降及欧洲战争结束后两个月或三个月内，苏联将参加对日作战。

雅尔塔会议后，欧洲战场上的苏、美、英等同盟国军队继续从东西两条战线向德国逼近。1945 年 5 月 8 日，德国宣布无条件投降，欧洲战争结束。7 月 26 日，中、美、英三国政府联合发表敦促日本投降的《波茨坦公告》。日本政府对《波茨坦公告》置之不理，顽抗到底，导致盟军对它的沉重打击。美国对日本本土进行频繁轰炸，对日本中小城市造成严重破坏。8 月 6 日、9 日，美国分别在日本广岛和长崎上空投下两颗原子弹，加速了日本的崩溃。8 月 9 日，苏联红军向日本关东军发起攻击。毛泽东于 8 月 9 日发表《对日寇的最后一战》的声明。为了歼灭顽抗的日军，8 月 10 日至 11 日，朱德连续发出延安总部命令第 1 号至第 7 号。各根据地军民从 8 月 10 日起，向被包围的日伪军发起全面反攻。

在中共领导的抗日武装的大反攻中，壮族将领奋勇作战，沉重打击了日伪军。八路军中的壮族将领冼恒汉、韦杰、欧致富、卢绍武（1906—1978）、吴西（1903—2005）、覃士冕、黄新友等率领各部向日伪军发动猛烈进攻，收复了大片失地。淮北和豫皖苏根据地军民在新四军第四师副师长韦国清和师长张爱萍的指挥下，从 8 月中旬到下旬，向日伪军进攻，连续收复宿迁、泗县、泗阳、五河、永城、灵璧、萧县等县城，毙伤俘虏日伪军近万人，扩大和发展了抗日根据地。11 日，覃健率领新四军第七师独立旅攻打安徽江北重镇无为、襄安，很快歼灭守城日伪军，收复失地。八路军、新四军中的其他壮族官兵也积极响应中共中央号召，向日寇发动了最后反攻，为争取抗日战争最后胜利作出了重要的贡献。

在世界反法西斯力量和中国各族人民的打击下，1945 年 8 月 15 日，日本宣布无条件投降。9 月 9 日，在南京举行中国战区受降仪式，冈村宁次在投降书上签字。至此，中华全民族的抗日战争，经过 14 年的浴血奋战，终于赢得了最后的胜利，这是有着壮族人民的一份贡献的。

桂南会战的伟大意义①

为截断中国广西与越南的国际交通线，开辟海军航空兵对滇越铁路和滇缅公路作战基地，以断绝中国的主要国际援助，逼迫国民政府投降，1939 年 11 月

---

① 作者陈峥。本文为 2019 年"第三届中华民族抗日战争史与抗日战争精神传承研讨会"参会论文。

14 日，日本大本营对其陆海军颁布了第 375 号作战命令："此次作战的目的，在于直接切断敌人沿南宁—龙州公路的联络补给线。"其作战方针为："攻占南宁附近要地后要占领该地，主要切断敌人通向南宁的联络补给线，并使其成为海军向内陆进行航空作战的基地。"11 月 15 日，日军在广东钦州湾（今属广西）登陆，突破中国守军防线，中日桂南会战开始。为恢复桂越国际交通线，国民政府调第四战区主力进行反攻。次年 9 月，日军主力进入越南，中国军队于 11 月收复失地，桂南会战结束。

关于中国军队在桂南会战的胜负问题，学者各抒己见。会战期间，中国军队在昆仑关战役中重创日军第五师团并收复失地，对当时的全国军民是个很大的鼓舞，在国际上也产生了重大影响。日军占领南宁的直接目的，一是切断桂越交通线，二是建立机场便于轰炸滇越交通线。但由于中国新的国际交通线——河岳公路的开通，再加上中国通过滇越铁路将滞留在越南的物资运回国内，日军第一目的的无法实现；而仅为实现第二目的，日军必须不断对付中国军民破坏袭扰而抽调大量兵力进行"扫荡"，伤亡惨重，因而一年后便不得不撤出广西。不但如此，整个会战期间，会战还消耗了日军大量作战物资，支援了其他战场的作战。因此，桂南会战无论是胜利还是失败，其历史地位不容低估。综合分析，桂南会战的积极方面大于不足之处，其功绩不能磨灭，意义十分重大。

一、中国军队的团结抗战和坚强意志给日本帝国主义以沉重打击

抗日战争进入相持阶段后，日本在对国民政府政治诱降的同时，仍实行了一系列的军事进攻。1938 年 11 月，国民政府在南岳召开有中共代表参加的军事会议，确定第二阶段的基本战略仍是持久消耗战略，但应由第一阶段的"向敌退却消耗"转变为"攻势消耗战"。南岳会议结束后，国民政府抗战较为积极。1939 年 12 月至 1940 年 3 月，国民党投入很大兵力组织了一系列会战，主要有南昌会战、随枣会战、第一次长沙会战、1939 年冬季攻势、桂南会战、绥西作战和枣宜会战等。这些战役的规模都相当大，双方参战兵力多，作战地域涵盖华东、华北、华中和西南广大地区。其中，桂南会战跨战区调动 25 个师的兵力，包括"投入从不轻易使用的机械化部队"，用来对付入侵的日军精锐第五师团，这表明国民政府是下了极大的抗战决心的。

桂南会战期间，中国军队的英勇顽强和不怕牺牲，给予日军重大打击。据中国方面的统计，日军"使用兵力最多时为四个师团，约十万人，前后使用兵力达五个半师团共约十四万人，因水土及气候关系，病患死亡百分之廿，战斗死亡共为百分之卅二强，计共损失兵员达七万四千人，其他物资之损失，尤不可胜计"。该数字有待商榷，但也反映了日军所遭受损失之大。日本防卫厅研究

所《中国事变陆军作战史》指出，在1939年中国军队的冬季攻势中，日军"深感敌尚强大"，认为"付出的牺牲是过去作战不曾有过的"。日本《战史丛书·大本营陆军部》也不得不承认："在中国事变八年间，彼我主力正式激战并呈现决战状态，当以此时为最。""中国军队攻势规模之大，斗志之旺盛，行动之积极顽强均属罕见。"尽管当时国民党抗战积极的一个重要原因是图谋争取外援，但桂南会战给日军造成的打击确实是巨大的。

日本在实行军事进攻的同时，仍没有放弃政治诱降的阴谋。1937年8月13日，日军大举进攻上海，并妄言"三个月灭亡中国"。到1939年底，经过两年多的进攻，日军感到力不从心。他们不断采取新的策略，力图从侵华战争的"泥潭"中拔出腿来"南进"。日军入侵桂南就是日本在诸多矛盾中寻找出路的一个重要行动。日军在桂南大力进攻的同时，还加强了对国民党的政治诱降，对重庆进行"桐工作"，在信阳进行"兰工作"。第5师团参谋兼特务机关长中井大佐曾在南宁应李宗仁、白崇禧之聘当过顾问兼教官，"对广西军阀李宗仁、白崇禧及云南省主席龙云等举行反蒋起义，寄以很大期望"。桂南会战爆发前，日本认为蒋桂矛盾仍然存在，1938年11月，蒋介石"拒绝了白崇禧调回广西军的请求而调中央军进了桂林"。日军认为蒋介石此举名义上是保卫桂越交通线和屏藩重庆，实为插足广西、监督新桂系之考虑，在需要时能截断新桂系出省部队与本省的联系，在情况紧急时能随时利用湘桂铁路迅速进入广西腹地，因而将此事判断为"蒋企图借此机会把自己的势力扩张到广西省"，他们甚至还认为："本次作战将引起蒋、白及龙云之间的暗斗。"桂南会战期间，日本仍企图对新桂系进行诱降，"当中国事变已经长期扩大化的时候，又决心进行这种进一步扩大战线的作战，它的背后还有一种期望，就是对这些广西军的谋略工作取得成功"。1939年12月7日前后，中井大佐曾与"（南宁）附近的熟人"见面，当时日军根本不相信"蒋的直系军队"会"通过南宁以北山岳地带"，故于12月10日发出"是日华提携，还是前来交战"的通电，声称日军占领南宁唯一目的是切断蒋介石政权和法属印度支那的交通线，而对李宗仁、白崇禧两将军在广西的建设和政令甚表敬意，希望李、白"洞察世界大势，为促进同文同种之东亚量民族的提携奋起前进"。并威胁李、白"若执迷不悟而欲与日军为敌到底，则可随时举兵来夺回南宁。我驻南宁军队将独立对抗将军之五十五万军队，且有足够兵力、装备、航空力量和信心取得胜利"。与此同时，汪精卫也到广州活动，企图拉拢粤、桂和滇系一些素来与蒋有隙的重要人物，企图在华南建立伪政权，但因无人响应而被迫放弃。

全面抗战爆发后，日本灭亡中国的野心促使中华民族各阶级、阶层、集团摒弃前嫌，在抗日民族统一战线的旗帜下，已经实现了空前的民族大团结。尽管这种团结的局面和各集团的关系存在很大的不稳定因素，但桂南会战无疑反映了抗日民族统一战线正处于一个最佳时期。1936 年"两广事变"时，新桂系曾提出了"抗日反蒋"的口号，桂南会战期间新桂系则是明确拥蒋抗日的。面对日本的诱降，李宗仁、白崇禧对日伪诱降的答复态度十分鲜明，向日军表示："如果真正希望停止战争，必须恢复战前的一切状态。"日军《作战史》对此哀叹："那些眼花缭乱的谋略路线，对中国并无损害，倒是进一步暴露了日本方面的虚弱。"会战期间，无论是新桂系军队和其他地方军队，还是国民党中央军，都基本做到了团结一致、同仇敌忾。这些都说明，抗战中蒋桂矛盾得到缓解，而合作有了加强，日本的政治谋略在此宣告破产。

二、表现了广西各族人民英勇顽强的抗战精神

广西各族人民有着光荣的反侵略斗争传统，中法战争期间，面对入侵的法国侵略军，广西各族儿女积极参加奋起反抗。日军侵入广西后，新桂系很快成立了动员委员会、广西学生军（以下简称"学生军"）和战工团等机构，组织和发动民众抗日救亡。广西各族人民普遍行动起来，纷纷投入抗战之中。

桂南会战爆发后，日军对其军队所需物资的补给，主要通过邕钦公路输送。为阻止日军的前进步伐，迟滞日军对其前线部队的增援，战区民众大力破坏公路、桥梁和通讯线路。当时的媒体对这一现象报道到："成千成万的破路大队在政府的命令下，在学生军的推动领导下……去进行破坏道路，剪断电线诸种工作，给敌人一个大的麻烦。"在邕钦公路线上，"群众冲上公路，按照预定的分工，有的烧桥，有的挖路，有的砍电线杆，破坏完毕，又迅速撤离，场面十分感人"。在学生军的动员下，宾阳县 5 万多群众手持火把，冒着严寒，执行破路毁桥任务，三天之内，破坏了全县的公路桥梁。这在很大程度迟滞了日军的前进，使得日军重型武器和物资很难运到前线，前线日军难以及时得到粮弹补给。1939 年 12 月，日军沿邕钦公路向北进犯，经过卯晓、大塘等地时，"这时邕钦公路已彻底破坏，无数陷阱、峻坡、土峦崎岖弯曲，寸步难行，敌人的重武器，战车，汽车都无法开上来"。来自日方的记载对这一情况也有反映。如日军增援昆仑关守军炮兵队长的日记多次写道："道路破坏的状态，可真惨重，继续大破坏，比至华北何止十倍，而其大部分是无法修补的。"日军参谋井本少佐的日记也写道："（司令部）充满对南宁作战极为担心的空气。所忧虑的是：兵力不足、战斗不能速决、战线再往北延长几十千米补给将陷入困难境地等问题。"由于公路经常被切断，利用飞机补给又存在很大难度。昆仑关战役期间，日军前线部队因粮、弹、水俱绝而陷入困境，其战史对这一情况亦有记载。1939 年 12 月 23

日，昆仑关上的"三木联队第一线官兵，已将附近田间残留的食物吃光，只能捡拾地里的落穗充饥。炮弹更为缺乏，只得将炮埋在地里，用削成的竹枪与敌拼杀"。30日，"缺乏弹药，无计可施"。

在基层政府、学生军、战工队等的动员下，民众纷纷从敌占区撤离，收藏物资，以避免人力和物资为日军所用。日军在占领南宁后，准备修整被中国军民破坏的交通线，但因当地民众逃离一空，"建筑邕钦铁路的工人，都是敌人从别处（中国各地）强迫征来的"。由于坚壁清野做得彻底，日军也难以在当地获得物资补给，当时日军的"粮食，连马匹以及高级军官所吃的水，也一样由台湾运来的，因为他们怕水土不服。据他估计日寇在南宁每日所耗的军费，总在五十万至八十万日元之间"。这些都说明，日军占据南宁后，无法取得有效补给，而为维持作战却需要消耗数额巨大的资源。日军盘踞桂南近一年时间后撤退，有各方面的原因，但中国军民的破路和空室清野是导致日军撤退的主要原因之一。这正如白崇禧所言："经常破坏南宁对外公路，禁物资运赴南宁，结果敌人知难而退，不是打退的。"

桂南各地民众还成立了武装抗日团体，袭击和骚扰日军。1939年底，日军进攻龙州时，学生军发动该地区民众组织游击队。"当敌人由龙州退却时，他们领导着该游击队对敌袭击，对敌扰乱，协助正规军作战，歼灭了敌人不少。"日军占据武鸣后，该地民众"为确实保卫家乡，曾自动起来，相继破坏电话线，打击敌寇，成绩显著"。妇女也成立了游击队，如上思县妇女自卫队"与男子同样地受着游击战术训练，而且同样地负起重大的任务，她们日夜轮流着当哨兵，在山谷野麓中监视着敌人的到来，假使是鬼子来了的时候，她们毫无畏惧地拿起枪杆与敌人作殊死战"。

桂南会战是抗战时期一场有一定现代化程度的战争，武器弹药消耗十分惊人。会战期间，广西民众依靠人背肩扛，把大量物资运到了前线，保证了中国军队的后勤供应。前线急需物资，立即有"几百辛劳的农民挑着军需品到前方去，又挑着战利品回来，来往在扑鼻的臭气里"。"临近战区的农人，日夜赶着给养办军米"。妇女也积极为前线部队运送军需物资，保证前线作战需要，如左县军民合作站"一星期内雇夫五百四十名中，妇女竟占百分之六十，某次牛车六七十辆，驮军用品从左县出发，骑于牛背驾驶者，大半为帮□之妇女"。昆仑关战役期间，中国军队对一名日军战俘进行了审讯，该俘虏声称："在昆仑关自二十一日起开始尝试中国攻击军的炮火，这一次中国军炮火猛烈，真令人惊愕……也是前所未有，手溜（榴）弹机关枪不断地抛掷射击，使我们完全不能抬头……我不明白中国军的手溜（榴）弹为什么能带来这么多。"

民众还深入前线，抢救伤员，"民众义勇担架队，自动地组织起来。到火线上扛受伤的战士"。1940年初，从邕宾路撤退的中国军队"有伤兵一百多，担架兵来不及担架，几乎要受敌人的毒害……二百多民众去抢救，整夜走了近百里的崎岖山路，终于达到了平安地带"。使大部分受伤官兵及时得到救治，很快返回前线，保证了中国军队的战斗力，提升了官兵士气。据记者的调查，"伤兵难民在南路没有丝毫问题，荣誉第一师的负伤官兵说：'我们是第三次负伤，但能不走一步而迅速安全到达后方医院来，这还是第一次。'"

日军在钦州湾登陆后，国民政府从各地调集重兵开赴桂南进行反攻。当时参战部队大多来自外省，他们开进战区后，面临诸多问题，特别是地形不熟悉的问题尤为严重。经过动员，民众纷纷为军队担任向导，并提供情报。驻武鸣学生军"组织一些群众专门侦察日寇的行踪，掌握他们的动态。……经过查证后即写成文字送到帅部给他们参考"。昆仑关战役最激烈的时候，驻邕宁四塘附近的日军后方基地不断为前线日军提供补给，中国军队几次攻打四塘失利，"后经学生军在群众中了解到有一条小路可袭击四塘日军。于是，就由学生军与群众带路，一七〇师一个营去包抄偷袭，结果将日军大队部消灭，击毙日军联队长，俘虏日军一百余人，缴获大炮四门，步枪弹药一大批，战马十多匹，使日军失去补给线而从昆仑关败退"。可以说，该次群众所提供的情报对保证昆仑关战役的胜利起到极其重要的作用。

桂南会战期间，日军因交通线路被破坏而前进困难，无法获得有效补给，与此相反的是，中国参战军队军需后勤保障十分有力，对坚持会战特别是保证昆仑关战役的胜利起了重要的作用。这种局面的出现，在很大程度上是有广西各族人民的一份贡献的，而且分量特重。

三、彰显了中国共产党抗日民族统一战线的巨大力量

桂南会战期间，按照中共中央和南方局的方针和指示，广西党组织积极支持国民政府的抗战活动。广西民众之所以被动员起来大力支援前线，配合军队作战，最主要的原因是学生军和战工团的宣传动员，这两支队伍都是新桂系成立的，但在实际工作中是由共产党员起骨干作用的抗日武装团体。学生军和战工团中的中共党员和他们发展的积极分子思想文化素质较高，工作能力较强，在宣传和动员民众方面很有经验和激情，在他们影响下，学生军、战工团在战前社会动员、战时配合军队作战、战后的善后工作等方面起到了巨大作用。因此，广西各族人民积极投身抗日洪流，在很大程度上离不开中国共产党的努力。

除此之外，中国共产党还在原来工作有基础的一些地方以及学生军、战工团活动范围所及的地区，组织群众成立抗日武装，打击日军，惩罚汉奸。日军

占领南宁后，在八尺区附近的蒲庙驻有"七八百日军"，经常到附近村乡烧杀掳掠，民众苦不堪言。1939 年 12 月初，学生军派李祖如、林克武（均为中共党员）等人在该地联络各乡组织游击队，将该区六乡民众武装组成六个大队，"有基干队员四百九十名"，很快就发展到"有一千人枪左右"。12 月 26 日起，该游击队联合附近正规军一营，攻打驻守在蒲庙镇的日军，"连袭三夜，敌甚恐慌，乃退回南宁"。1940 年 1 月，该游击队整编为邕宁县游击大队，2 月，又改为邕宁县第四游击大队，"约 500 人枪"。为"拔掉这颗钉子"，日军"用飞机低空侦察"，又多次纠集重兵进行"扫荡"，兵力"从数十人增加到数百，乃至千余，曾八次围攻乌兰，十二次围攻新丁，四次围攻蒋村，始终给我数十支枪的游击队来粉碎"。1941 年初，该区蒋村、四美、新丁、乌兰四村被广西省政府誉为"抗日模范村"。八尺区青年司马孙、周忠、周游和李杰等人还加入了中国共产党。广西左、右江地区是红七军、红八军的故乡，红军主力北上后，中共滇黔桂边委员会书记滕静夫在当地组建了一支抗日游击大队，活动于中越边境，多次与日军作战。1939 年 10 月，中共桂西南党组织指派地下党员韦家骥等 3 人在龙州组成了一支"龙州青年战地服务工作队"，开展抗日救亡宣传，动员群众支前参战，护送难民过境，打击日伪军。在邕宁、同正、隆安三县边境，活跃着一支共产党员率领的 30 多人的抗日游击队，1940 年 9 月 17 日晚，在西乡塘大桥伏击过桥的日本军。战工团的共产党员黄照辉、李旭在邕宁大塘、南晓组织了一支抗日游击队，进行对日斗争。日军占据南宁后，南宁红十字会会长田赐廉和李春圃建立了维持会，为日军筹办物资。1940 年 3 月，学生军中的中共党员梁林带人在南宁"深入到沦陷区里，把有名的大汉奸田次廉和李春圃，在敌人严密的监视下，活生生地拖了他出来"。这对伪政权打击很大，使得"敌人利用田的声望在桂南建立一个伪组织的领导机构的计划也就变成了难产"。

中国共产党还利用所控制的媒体进行抗日救亡动员，鼓励广西军民投身伟大的抗日民族战争。1939 年 1 月，中国共产党创办的《救亡日报》在桂林复刊。从团结国民党坚持抗战的立场出发，《救亡日报》积极报道正面战场中国军队取得的战绩，团结各阶层坚持抗日。"1939 年冬，日寇从北海登陆进犯广西至翌年南宁光复，《救广日报》刊发过数十篇社论、战报，出谋划策，激励士气。还特派战地记者丁明首先进入光复后的南宁，前后共发表通讯、特稿多达十余篇，表彰桂南军民艰苦抗敌的英雄事迹。"当时的"《桂南日报》完全由我党同志所掌握"，广西学生军创办的"《曙光报》也是我党领导的进步报纸"。针对当时投降派散布的言论，《桂南日报》与《曙光报》发表了大量关于当时国际反法西斯战争胜利的文章和新闻报道，在广西影响很大，"社会人士及广大青年，抢买一空，影响良好。澄清了当时社会上的混乱思想和悲观失望情绪"。

1939 年底，八路军桂林办事处（以下简称桂林"八办"）成立后，中国共产党利用这一合法机构积极宣传党的抗日救亡主张，开展抗日民族统一战线工作。桂南会战爆发前，在桂林"八办"的安排下，1938 年 12 月中旬，邓颖超到学生军女生队讲话，她"赞扬学生参加抗战活动，鼓励她们为抗战多做工作"。叶剑英、范长江、夏衍、陈农菲、洪琛、张志让、张铁生、陆诒等共产党员和进步人士先后对学生军和群众做了专题演讲和报告。他们在演讲中分析抗战新形势，宣传中共的抗日方针政策，指出抗战前途，使广西军民了解了马克思主义理论，精神上受到了很大鼓舞，坚定了抗战信心，为后来坚持参加抗日救亡工作打下了思想基础。桂南会战期间，桂林"八办"积极动员群众为抗战捐钱献物，如 1940 年元旦，中共领导的抗敌演剧第九队参加了柳州市各界大规模的劳军运动和"一角钱"献金大游行，当时柳州"万人空巷，全城出动……民众自动献金救国"。

由于当时的特殊形势，除桂林"八办"外，当时中国共产党在桂南会战期间的抗日救亡活动，都不是以共产党的名义组织的，在学生军、战工团等机构中的中共党员也没有公开自己的政治身份。但他们无论是在前线还是后方，都坚持国家和民族利益至上，为会战默默无闻地做了大量的工作。

抗日战争是在抗日民族统一战线旗帜下的全民族抗战。桂南会战期间，在民族生死存亡的关键时刻，中国军民团结抗战，所表现出来的不畏强暴、百折不挠的英勇行为，将永载史册，为后辈所敬仰。广西各族人民演奏的不畏强暴、威武悲壮的抗日战歌，充分证明了他们是中华民族的优秀儿女。在民族大义面前，中国共产党与国民党抛弃成见，一大批共产党员和共青团员义无反顾投身抗战。可以说，这也是中国共产党领导的抗日民族统一战线在会战期间以一种特殊方式进行了成功实践，为桂南会战作出了历史性的贡献。

抗日战争是中国历史上第一次真正实现全民族总动员的民族解放战争，也是近代以来中国人民反抗外敌入侵第一次取得完全胜利的民族解放战争。在这场战争中，桂南战场上中国军民对日军野蛮侵略的斗争，是中国人民抗日战争和世界反法西斯战争的重要组成部分，在一定程度上打击了日本侵略者的侵略野心，配合和支援了国内其他战场的抗战。在中国共产党领导的抗日民族统一战线的旗帜下，中国军队和广西各族儿女在桂南会战中所表现出来的团结一致、共同御侮的伟大爱国主义精神，不但捍卫了祖国的独立和民族尊严，而且成为激励中华各族儿女为实现中华民族伟大复兴中国梦而奋斗的巨大精神动力。

六、实践建议

（一）读书报告

1. 陈峥：《青年学生与社会动员：抗战相持阶段广西学生军研究（1938—1941）》，光明日报出版社 2015 年版。

2. 贺金林、张季、胡燕、李雅莉：《一九四四年桂林保卫战研究》，湘潭大学出版社 2016 年版。

3. 广西社会科学院、广西师范大学主编：《桂林文化城概况》，广西人民出版社 1986 年版。

4. 全国政协《粤桂黔滇抗战》编写组编：《粤桂黔滇抗战》，中国文史资料出版社 1995 年版。

5. 中共桂林市委员会党史研究室：《桂林抗战纪实》，漓江出版社 1995 年版。

6. 沈奕巨：《广西抗日战争史》，广西人民出版社 2015 年版。

7. 黄梦年、巢威：《日军进犯桂林记》，《中华文史资料文库·政治军事编》，中国文史出版社 1996 年版。

8. 唐凌、付广华：《战时桂林损失调查研究报告》，社会科学文献出版社 2009 年版。

9. 谭肇毅主编：《抗战时期的广西经济》，广西师范大学出版社 2011 年版。

10. 李建平编：《抗战遗踪：广西抗战文化遗产图集》，广西人民出版社 2005 年版。

11. 刘绍卫、文丰义：《中共中央南方局与广西抗战文化》，广西人民出版社 2016 年版。

12. 中共广西自治区党委党史研究室编著：《广西抗战》，广西人民出版社 2016 年版。

13. 中共广西自治区党委党史研究室编著：《温故——桂林抗战文化城故事读本》，接力出版社 2015 年版。

14. 中共柳州市委党史研究室编：《烽火浴血保家国——柳州各界抗日纪略》，广西师范大学出版社 2014 年版。

15. 中共广西壮族自治区委党史研究室编著：《广西抗日战争时期人口伤亡和财产损失》，中共党史出版社 2014 年版。

16. 肖艳霞、陈峥主编：《铁打的一群——广西学生军图志》，广西师范大学出版社 2017 年版。

17. 中共南宁市委党史资料征集小组办公室编：《邕江抗日风云》，1985 年。

18. 中共广西壮族自治区委员会党史资料征集委员会编：《党在广西学生军》，广西人民出版社 1988 年版。

19. 广西军区政治部、八路军桂林办事处纪念馆、桂林市军分区政治部编：《八路军桂林办事处》，广西人民出版社 1990 年版。

20. 中共广西壮族自治区委党史研究室编著：《中国共产党广西历史》，中共党史出版社 2004 年版。

21. 黄铮主编：《广西抗日战争史料选编》第 1、2、3 卷，广西人民出版社 2005 年版。

（二）实地调查

通过查阅有关资料和参观考察抗战遗址遗迹、名人故居和纪念场馆，撰写调查报告或观后感。以下选题可供选择参考：

1. 桂林八路军办事处与中共对国统区文化工作的领导。

2. 大学生对郭沫若、田汉等文化抗战历史人物的认识。

3. 参观桂东南抗日武装起义烈士纪念塔等纪念场馆。

（三）观看相关影视剧

1.《血战台儿庄》

广西电影制片厂拍摄的战争电影，由杨光远、翟俊杰执导，邵宏来、初国良、江化霖、赵恒多、翟俊杰等出演，于 1986 年上映。该片讲述了 1938 年春，中国军队在台儿庄与日军正面作战，最终取得胜利的故事。该片相当符合史实，对李宗仁以及其他国（民党）军将领抗日的贡献，都持肯定态度。此片上映后，影响颇大。

2.《铁血昆仑关》

作为《血战台儿庄》的姐妹篇，该片讲述了中国抗日战争进入最艰苦的 1939 年，侵华日军派出号称"钢军"的第五师团在华南突袭登陆，攻占了南宁。为阻截日军向西南的入侵，中国第一支机械化部队陆军第五军奉命在广西展开了以昆仑关战役为核心的桂南会战。日我双方在昆仑关附近展开了阵地战、拉锯战，在全国人民的抗日支持下，中国军人奋勇向前，与日军展开了生死决战，随着 1940 年元旦的晨光的到来，终于取得了这场大会战的胜利。这次战役总共消灭日军五千人，取得了中国抗战攻坚战的首次胜利。

3. 《心中的天堂》

由广西电影集团出品，是广西重点打造的文化项目，也是我国第一部反映桂林抗战文化城的影片。该片由广西作家潘琦、李海鸣编剧。影片根据真实故事改编而成，通过男女主人公之间的爱情故事，反映出一个时代的风貌，突显出桂林作为文化名城在抗战当中的重要地位。20 世纪 30 年代末期的桂林，众多文化名人云集，形成了浓厚的文化氛围，在这样的时代背景下，一群热血青年组织戏剧社和报馆，以文化为武器与反动势力斗争。全片融入了西南剧展、昆仑关大战等大量抗战时期真实的历史事件和丰富的广西文化元素，不仅是一部壮美的爱情传奇，更是一部反映桂林抗战历史的恢宏史诗。

（四）其他实践方式

1. 可以举行演讲或辩论比赛，参考题目如下：

（1）桂林文化抗战的历史意义

（2）新桂系军阀在抗战中作用与局限性

（3）抗战时期中国共产党的自身建设给新时代党的建设的启发

2. 表演话剧，如广西学生军在街头动员民众投身抗日救亡。

第七章

为新中国而奋斗

一、知识要点

（一）从争取和平民主到进行自卫战争

1. 中国共产党争取和平民主的斗争

（1）战后国际国内政治形势

（2）中国共产党争取和平民主的方针

（3）重庆谈判和政治协商会议

（4）维护和破坏政协协议的较量

2. 国民党发动内战和解放区军民的自卫战争

（1）全面内战爆发

（2）以革命战争反对反革命战争

（3）以自卫战争粉碎国民党的军事进攻

（二）国民党政府处在全民的包围中

1. 全国解放战争的胜利发展

（1）人民解放军转入战略进攻

（2）提出"打倒蒋介石，解放全中国"的口号

2. 土地改革与农民的广泛发动

（1）从"五四指示"到《中国土地法大纲》

（2）土地改革运动的热潮

3. 第二条战线的形成和发展

（1）国民党统治区的政治经济危机

（2）学生运动的高涨

（3）人民民主运动的发展

（三）中国共产党与民主党派的合作

1. 各民主党派的历史发展

2. 中国共产党与民主党派的团结合作

3. 第三条道路的幻灭

（1）第三条道路的主张

（2）国民党当局对民主党派的迫害

（3）民主党派历史上的转折点

4. 中国共产党领导的多党合作、政治协商格局的形成

（四）创建人民民主专政的新中国

1. 南京国民党政权的覆灭

（1）辽沈、淮海、平津三大战役

（2）人民解放军向全国进军

2. 人民政协与《共同纲领》

（1）为新中国绘制蓝图

（2）人民政协会议的召开与《共同纲领》的制定

3. 中国革命胜利的原因和基本经验

（1）中国革命胜利的原因

（2）中国革命胜利的基本经验

二、历史脉络

　　抗战结束后国内的政治形势，总的说来，对中国人民实现建设新中国的目标是有利的。在国际上，帝国主义遭到削弱，社会主义国家、民族解放运动的力量有了新的发展，世界反动势力已经难以集中起来干涉中国革命。在国内，中国人民的觉悟程度、组织程度空前提高，人民军队发展到120万人，解放区扩大到1亿人口。经过整风学习，中国共产党在毛泽东思想的基础上达到了空前的团结。但是，国民党蒋介石集团在抗战胜利后，依然坚持独裁专政，希望采取一切手段消灭共产党和其他民主力量。

　　为了争取和平民主，毛泽东不顾个人安危，于8月28日偕周恩来、王若飞赴重庆与国民党当局进行谈判。重庆谈判击破了国民党散布的共产党不要和平不要团结的谣言，以实际行动表现了中国共产党争取和平的诚意，起到了教育人民以及争取和团结广泛的和平民主力量，特别是争取和教育中间人士的作用。

1946 年 1 月 10 日，国民党政府公布国共两党签署的停战令，同时召开政治协商会议，通过了有利于民主的五项协议，再一次确认了避免内战、和平建国的方针以及政治民主化、军队国家化、党派平等和平建国途径。政协及其协议体现的党派平等协商的精神在人民心中留下了深刻印象，但是政协决议很快被国民党反动派撕毁，民主和平统一建国的尝试成为泡影。

1946 年 6 月 26 日，国民党政府撕毁停战协定和政协协议，调集国民党军队 22 万人围攻鄂豫边境的中原解放区，全面内战爆发。从 1946 年 6 月到 1947 年 6 月，人民解放军成功粉碎了国民党对解放区的全面进攻和重点进攻，为后来转入战略进攻奠定了基础。

到 1947 年 6 月，国共双方力量的消长明显出现利于共产党的趋势。中共中央作出决策，转入战略进攻，将战争引向国民党统治区。各地的人民解放军也渐次转入反攻。1947 年 10 月 10 日，中国人民解放军总部发表宣言，提出"打倒蒋介石，解放全中国"的口号。

解放战争能够胜利，是和中国共产党在解放区更加普遍深入地开展土地改革运动分不开的，土地改革是解放战争胜利进行的重要保证。解放区土地改革的胜利进行，对于中国共产党领导的新民主主义在全国的胜利，具有特殊意义。经过土地改革运动，到 1948 年秋，1 亿人口的解放区消灭了封建生产关系。广大农民分得土地并在政治上获得翻身以后，其政治觉悟和组织程度空前提高，农村生产力得到解放，工农联盟进一步巩固和加强。

在解放区军民的自卫战争取得重大胜利的同时，国民党统治区人民掀起声势浩大的爱国民主运动，逐渐形成配合人民解放战争的第二条战线。中国各民主党派和无党派民主人士在人民民主运动中发挥了积极的作用。

中国各民主党派是中国共产党领导的爱国统一战线的重要组成部分。在抗战期间，民主党派的以建立英美式资产阶级共和国的方案为内容的第三条路线开始发展，在团结抗战、反对国民党独裁、推动国统区民主运动等方面开始同中国共产党合作；全面内战爆发后，中国共产党同民主党派在反对国民党政府独裁、内战，建立联合政府等方面形成政治合作的友党关系，民主党派的第二条路线也在国民党政府的镇压下，在解放战争的胜利发展中归于破产，广大民主人士在政治上进一步靠拢共产党，承认中国共产党的领导，在为建立新中国的共同努力中，形成中国共产党领导的多党合作和政治协商的格局。历史经验表明，资产阶级共和国的方案在中国是行不通的。中国各民主党派和无党派民主人士的绝大多数人，经过实践的教育，确认了中国共产党关于通过建立人民共和国、走向社会主义的政治主张的正确性；认识到只有接受中国共产党的领导，才能在中国政治生活中有效地发挥积极作用，才有光明的前途。

三大战役前后历时4个月零19天，共歼灭国民党军队的有生力量154万余人，加上1948年7月至1949年1月期间在济南战役和其他战役中的损失，国民党军队共丧失兵力230余万人。国民党赖以维持其反动统治的主要军事力量基本上被摧毁。4月21日，毛泽东主席和朱德总司令发布向全国进军的命令，由总前委书记邓小平指挥的第一、第二野战军在中原军区部队的配合下，发起渡江战役，国民党苦心经营的长江防线顷刻瓦解。4月23日，人民解放军占领国民党统治中心南京，国民党统治政权崩溃，随后人民解放军继续向中南、西北、西南各省胜利进军，分别以武力方式或和平方式解放国土，国民党集团的残余势力被赶出中国大陆后，遁居台湾。

中共七届二中全会的决议和毛泽东的《论人民民主专政》，构成了《中国人民政治协商会议共同纲领》的基础。1949年9月21日，中国人民政治协商会议第一届全体会议在北平中南海怀仁堂隆重开幕，参加会议的代表共662人。会议通过了《中国人民政治协商会议共同纲领》（以下简称《共同纲领》）。《共同纲领》在当时是全国人民的大宪章，起着临时宪法的作用。人民政协的召开，标志着中国的新型政党制度——中国共产党领导的多党合作和政治协商制度的确立。

随着国民党反动统治的覆灭和中华人民共和国的创建，中国新民主主义革命赢得了基本的胜利。中国共产党在领导人民革命的过程中，积累了丰富的经验，锻造出了有效的克敌制胜的武器。毛泽东指出："统一战线，武装斗争，党的建设，是中国共产党在中国革命中战胜敌人的三个法宝，三个主要的法宝。"人民民主专政的新中国的创建，标志着近代以来中国面临的争取民族独立、人民解放这个历史任务的基本完成，这就为中国人民集中力量进行建设，以实现国家的繁荣富强和人民的共同富裕，创造了前提，开辟了道路。

三、原著选读

论人民民主专政（节选）①

（一九四九年六月三十日）

毛泽东

　　人民民主专政的基础是工人阶级、农民阶级和城市小资产阶级的联盟，而主要是工人和农民的联盟，因为这两个阶级占了中国人口的百分之八十到九十。推翻帝国主义和国民党反动派，主要是这两个阶级的力量。由新民主主义到社会主义，主要依靠这两个阶级的联盟。

　　人民民主专政需要工人阶级的领导。因为只有工人阶级最有远见，大公无私，最富于革命的彻底性。整个革命历史证明，没有工人阶级的领导，革命就要失败，有了工人阶级的领导，革命就胜利了。在帝国主义时代，任何国家的任何别的阶级，都不能领导任何真正的革命达到胜利。中国的小资产阶级和民族资产阶级曾经多次领导过革命，都失败了，就是明证。

　　民族资产阶级在现阶段上，有其很大的重要性。我们还有帝国主义站在旁边，这个敌人是很凶恶的。中国的现代工业在整个国民经济上的比重还很小。现在没有可靠的数目字，根据某些材料来估计，在抗日战争以前，现代工业产值不过只占全国国民经济总产值的百分之十左右。为了对付帝国主义的压迫，为了使落后的经济地位提高一步，中国必须利用一切于国计民生有利而不是有害的城乡资本主义因素，团结民族资产阶级，共同奋斗。我们现在的方针是节制资本主义，而不是消灭资本主义。但是民族资产阶级不能充当革命的领导者，也不应当在国家政权中占主要的地位。民族资产阶级之所以不能充当革命的领导者和所以不应当在国家政权中占主要地位，是因为民族资产阶级的社会经济地位规定了他们的软弱性，他们缺乏远见，缺乏足够的勇气，并且有不少人害怕民众。

　　孙中山主张"唤起民众"，或"扶助农工"。谁去"唤起"和"扶助"呢？孙中山的意思是说小资产阶级和民族资产阶级。但这在事实上是办不到的。孙

---

① 摘自全国人大常委会办公厅，中共中央文献研究室：《人民代表大会制度重要文献选编》，中国民主法制出版社2015年版，第21~23页。

中山的四十年革命是失败了，这是什么原因呢？在帝国主义时代，小资产阶级和民族资产阶级不可能领导任何真正的革命到胜利，原因就在此。

我们的二十八年，就大不相同。我们有许多宝贵的经验。一个有纪律的，有马克思列宁主义的理论武装的，采取自我批评方法的，联系人民群众的党。一个由这样的党领导的军队。一个由这样的党领导的各革命阶级各革命派别的统一战线。这三件是我们战胜敌人的主要武器。这些都是我们区别于前人的。依靠这三件，使我们取得了基本的胜利。我们走过了曲折的道路。我们曾和党内的机会主义倾向作斗争，右的和"左"的。凡在这三件事上犯了严重错误的时候，革命就受挫折。错误和挫折教训了我们，使我们比较地聪明起来了，我们的事情就办得好一些。任何政党，任何个人，错误总是难免的，我们要求犯得少一点。犯了错误则要求改正，改正得越迅速，越彻底，越好。

总结我们的经验，集中到一点，就是工人阶级（经过共产党）领导的以工农联盟为基础的人民民主专政。这个专政必须和国际革命力量团结一致。这就是我们的公式，这就是我们的主要经验，这就是我们的主要纲领。

党的二十八年是一个长时期，我们仅仅做了一件事，这就是取得了革命战争的基本胜利。这是值得庆祝的，因为这是人民的胜利，因为这是在中国这样一个大国的胜利。但是我们的事情还很多，比如走路，过去的工作只不过是像万里长征走完了第一步。残余的敌人尚待我们扫灭。严重的经济建设任务摆在我们面前。我们熟习的东西有些快要闲起来了，我们不熟习的东西正在强迫我们去做。这就是困难。帝国主义者算定我们办不好经济，他们站在一旁看，等待我们的失败。我们必须克服困难，我们必须学会自己不懂的东西。我们必须向一切内行的人们（不管什么人）学经济工作。拜他们做老师，恭恭敬敬地学，老老实实地学。不懂就是不懂，不要装懂。不要摆官僚架子。钻进去，几个月，一年两年，三年五年，总可以学会的。苏联共产党人开头也有一些人不大会办经济，帝国主义者也曾等待过他们的失败。但是苏联共产党是胜利了，在列宁和斯大林领导之下，他们不但会革命，也会建设。他们已经建设起来了一个伟大的光辉灿烂的社会主义国家。苏联共产党就是我们的最好的先生，我们必须向他们学习。国际和国内的形势都对我们有利，我们完全可以依靠人民民主专政这个武器，团结全国除了反动派以外的一切人，稳步地走到目的地。

中国人民政治协商会议共同纲领（节选）①

序言

中国人民解放战争和人民革命的伟大胜利，已使帝国主义、封建主义和官僚资本主义在中国的统治时代宣告结束。中国人民由被压迫的地位变成为新社会新国家的主人，而以人民民主专政的共和国代替那封建买办法西斯专政的国民党反动统治，中国人民民主专政是中国工人阶级、农民阶级、小资产阶级、民族资产阶级及其他爱国民主分子的人民民主统一战线的政权，而以工农联盟为基础，以工人阶级为领导。由中国共产党、各民主党派、各人民团体、各地区、人民解放军、各少数民族、国外华侨及其他爱国民主分子的代表们所组成的中国人民政治协商会议，就是人民民主统一战线的组织形式。中国人民政治协商会议代表全国人民的意志，宣告中华人民共和国的成立，组织人民自己的中央政府，中国人民政治协商会议一致同意以新民主主义即人民民主主义为中华人民共和国建国的政治基础，并制定以下的共同纲领，凡参加人民政治协商会议的各单位、各级人民政府和全国人民均应共同遵守。

第一章　总纲

第一条　中华人民共和国为新民主主义即人民民主主义的国家，实行工人阶级领导的、以工农联盟为基础的、团结各民主阶级和国内各民族的人民民主专政，反对帝国主义、封建主义和官僚资本主义，为中国的独立、民主、和平、统一和富强而奋斗。

第二条　中华人民共和国中央人民政府必须负责将人民解放战争进行到底，解放中国全部领土，完成统一中国的事业。

第三条　中华人民共和国必须取消帝国主义国家在中国的一切特权，没收官僚资本归人民的国家所有，有步骤地将封建半封建的土地所有制改变为农民的土地所有制，保护国家的公共财产和合作社的财产，保护工人、农民、小资产阶级和民族资产阶级的经济利益及其私有财产，发展新民主主义的人民经济，稳步地变农业国为工业国。

第四条　中华人民共和国人民依法有选举权和被选举权。

---

① 选自徐辰编著：《宪制道路与中国命运：中国近代宪法文献选编（1840—1949）》下卷，中央编译出版社 2017 年版，第 453～455 页。

第五条　中华人民共和国人民有思想、言论、出版、集会、结社、通讯、人身、居住、迁徙、宗教信仰及示威游行的自由权。

第六条　中华人民共和国废除束缚妇女的封建制度。妇女在政治的、经济的、文化教育的、社会的生活各方面，均有与男子平等的权利，实行男女婚姻自由。

第七条　中华人民共和国必须镇压一切反革命活动，严厉惩罚一切勾结帝国主义、背叛祖国、反对人民民主事业的国民党反革命战争罪犯和其他怙恶不悛的反革命首要分子。对于一般的反动分子、封建地主、官僚资本家，在解除其武装、消灭其特殊势力后，仍须依法在必要时期内剥夺他们的政治权利，但同时给以生活出路，并强迫他们在劳动中改造自己，成为新人。假如他们继续进行反革命活动，必须予以严厉的制裁。

第八条　中华人民共和国国民均有保卫祖国、遵守法律，遵守劳动纪律、爱护公共财产、应征公役兵役和缴纳赋税的义务。

第九条　中华人民共和国境内各民族，均有平等的权利和义务。

第十条　中华人民共和国的武装力量，即人民解放军、人民公安部队和人民警察，是属于人民的武力。其任务为保卫中国的独立和领土主权的完整，保卫中国人民的革命成果和一切合法权益。中华人民共和国中央人民政府应努力巩固和加强人民武装力量，使其能够有效地执行自己的任务。

第十一条　中华人民共和国联合世界上一切爱好和平、自由的国家和人民，首先是联合苏联、各人民民主国家和各被压迫民族，站在国际和平民主阵营方面，共同反对帝国主义侵略，以保障世界的持久和平。

四、广西历史文化资源

（一）遗址遗迹

1. 中共桂林市城工委旧址

位于桂林市七星区穿山街道办事处。为一进三开式木结构平房，有堂屋、后堂屋和左右厢房，门前原围以竹篱。面积约 145 平方米，是具有浓郁地方特色的民居木结构平房建筑。1947 年 10 月至 1949 年 10 月，市城工委机关设此。市城工委在此领导开展了桂林市工运、学运。1948 年夏在此举办过干部轮训班。为配合人民解放军南下解放广西，于 1949 年春在此召开过桂、邕、梧及西大、师院等全省城市工作领导干部会议。期间设有地下印刷所，经常印发传单。当年市城工委为掩护革命工作和筹集资金，曾先后做过商贩、磨豆腐和饲养鸡兔。1963年，城工委旧址被公布为广西重点文物保护单位。1993年被列为桂林市第一批革命传统教育基地。1995年辟为中共桂林市城工委革命文物陈列馆，陈列着中共桂林市临时工作委员会和中共桂林市城工委领导机关所在地该时期的部分革命实物和照片。

2. 中共桂林市工委联络站旧址

位于桂林市七星区七星景区内月牙山北麓，紧靠月牙长岩左邻。为中式民国建筑，由二层小青瓦砖木结构组成，双坡屋顶。1946年至1948年间，中共桂林市工委以"桂师校友会"名义，在此设立秘密联络站作为工作地点，同时也是桂师党员和进步师生的聚会处。中共广西省工委书记钱兴曾多次到此布置桂林地区及市的地下工作，省工委特派员肖雷也常到这里联络和传达工委指示，中共桂林市工委书记陈光在此举办过党员学习址。后市工委更名中共桂林市城市工作委员会，办公迁至七星区穿山街道办事处。旧址前立有石碑简介，是进行革命传统教育的基地，被列为桂林市文物保护单位。

3. 柳江县成团会议旧址

位于柳江县成团镇林江村委水灵屯。1948年2月14日（农历正月初四），中共桂柳区工委在成团乡水灵村熊柳生家举办代号"昆仑山"的第一期党员干部训练班，为期20天。会议分析了国内外形势，研究革命理论，形成了指导广西革命斗争的文件《一月决定》。1949年2月，中共广西省农委会议在熊柳生家召开。会议传达了中共华南分局会议精神，总结了1948年广西各地武装斗争经验，布置了1949年的工作。"昆仑山"党员干部训练班和省农委会议合称成团会议。1998年6月被柳州市确定为爱国主义教育基地。

4. 中共广西省工委横县会议旧址

位于南宁市横县陶圩镇六秀村委六秀屯。1947年4月7日至14日，中共广西省工委书记钱兴在六秀村主持召开广西各地区党的主要干部会议，史称"横县会议"。会议提出了"一切为着准备武装起义而斗争"的总方针、总任务。这是一次重要的会议，及时和顺利实现广西革命工作重点由地下斗争转为公开武装斗争的战略转变，把广西的革命斗争推向一个崭新的阶段。会后，广西各地党组织先后组织了21个县的革命群众约6500余人举行了武装起义。是年9月4日，中共横县县委组织群众举行了著名的"横县起义"，起义队伍发展到1300多人枪，攻占了13个乡公所。旧址保存有20平方米的砖木结构泥砖房两间，一旁有50平方米新建混凝土结构陈列室一间，陈列有横县会议相关的史料。地坪正中新建有六角凉亭一个，立有横县会议纪念碑一块。2005 年 11 月被定为县级爱国主义教育基地，2009 年被定为市级爱国主义教育基地。

4. 李宗仁官邸

位于桂林市杉湖南畔，被后人誉为桂林"总统府"。建于 20 世纪 40 年代，属中西结合的别墅式建筑，布局一改传统的南北走向而坐东朝西，以威严、气派的主楼为中心，四周配建副官楼、警卫室、附楼、花园、停车坪等，占地4000 多平方米。1948 年李宗仁任副总统后由广西省政府所建。1948 年下半年至1949 年 10 月李宗仁回桂期间曾在此居住和办公，接见国民党军政要员，召集桂系上层人物举行重要会议，并在此接见过广西大学请愿学生代表，听取桂系上层人士"和谈"进言，接受《重开和平谈判意见书》，拟定当时影响颇大的《李代总统同居正、阎锡山、李文范三委员谈话记录》。1966 年，海外归来的李宗仁先生又故地重游。官邸于 1991 年 8 月辟为李宗仁先生文物史料陈列馆，现已成为桂林著名的旅游点。

李宗仁官邸（陈峥摄）

（二）纪念场馆

1. 广西壮族自治区烈士陵园

位于南宁市长堽路 256 号。陵园坐南朝北，沿中轴线由南向北依次排开，依照其功能可分为纪念区、游览区和祭奠区。其中，纪念区由陵园大道、中心纪念广场、广西革命纪念馆和解放、抗战、和平三大景区组成，是一座集纪念、游览、祭奠于一体的大型陵园。1985 年 8 月被国务院列为全国重点烈士纪念建筑物保护单位，1995 年 12 月被广西壮族自治区党委、政府公布为广西爱国主义教育基地，2005 年 11 月被中共中央宣传部公布为全国爱国主义教育示范基地。

2. 桂林烈士纪念碑

位于桂林七星公园内（陈光烈士墓右侧）。占地面积约 5 亩，建设纪念碑平台约 640 平方米，集会广场约 2048 平方米，绿化面积（含两座假山）约 700 平方米及配套建筑等。与陈光烈士墓、八百壮士墓等纪念设施连成一片，形成一个大型综合的爱国主义教育活动基地。

3. 陈光烈士墓、纪念塔

位于桂林市七星岩下。银灰色纪念塔，高约 7.5 米，塔身为四方形，顶部是一个鲜红色的五角星，塔身正面红字书写着"陈光烈士纪念塔"。塔底座分两层，下层为五角星形，第二层为正方柱形，正面镌刻陈光烈士生平简历，其余三面分别刻有何伟、郭伟人、段远钟、王全国等领导同志的题词。塔后是一个红色的陈光烈士墓。墓为圆形，直径 3.7 米，高 1.45 米，墓围 11.6 米，混凝土洗石米构筑。1947 年 8 月，陈光调任中共桂林市特派员，9 月任中共桂林市临时工作委员会书记，1949 年 1 月，中共桂林市城市工作委员会成立，陈光任书记。1949 年 10 月，因叛徒出卖被捕，11 月 11 日，被敌人秘密杀害于北门火车站。1951 年 1 月 14 日将其移葬于七星岩下，筑墓建塔，铭文立传。1966 年公布为桂林市文物保护单位；1993 年 11 月，陈光烈士墓、纪念塔被桂林市确定为第一批爱国主义教育基地；2000 年 7 月 19 日，公布为广西壮族自治区文物保护单位。

陈光烈士墓（陈峥摄）

陈光烈士纪念塔（陈峥摄）

4. 资源县烈士陵园

位于资源县县城东面汽车站后山上。1968年，县人民政府将原建在县城的孟宏义等七烈士墓迁移至此，加以重修，并修建了烈士纪念塔。塔高9米，正面书刻"革命烈士纪念塔"；左右两侧为"生的伟大，死的光荣"，正面的底座上嵌有莫忠伟、孟宏义等七烈士生平碑文。1984年，为了纪念在红军长征过资源和在解放战争、抗美援朝以及对越自卫反击战中光荣牺牲的革命烈士，自治区民政厅拨款19万元，县人民政府拨款3000元，将原烈士纪念塔扩建成烈士陵园。陵园占地面积2300平方米。其中墓穴面积300平方米，混凝土结构，安葬着桂北游击队资源中队在解放战争中牺牲的8名游击队员等英烈。陵园四周设水泥栏杆，烈士塔后建有古式八角亭。从山下公路至陵园砌有131级水泥台阶。

5. 河池革命纪念馆

位于河池市区乾霄路，全馆建筑面积7351平方米，总投资1150万元，是目前河池市区规模最大、功能最完备、陈展内容最丰富的综合性文博机构。河池革命纪念馆对外开放的固定基本陈列有两个：一是"红色丰碑——河池革命斗争史陈列展"，二是河池市国防教育展厅。此外，还有近300平方米的临时展厅也同时向观众和游客开放，展览内容不定期更换。2008年10月，河池革命纪念馆被中共河池市委、河池市人民政府定为市级爱国主义教育基地；2010年10月，该馆被定为自治区爱国主义教育基地。

6. 中共广西省工委革命历史博物馆

坐落于贺州市钟山县英家革命老区粤东会馆西侧。着重反映和展示以钱兴为书记的中共广西省工委（1940年12月恢复重建）在经历桂林"七·九"事变后，从桂林转移到钟山英家时期，在极其艰苦的条件下，在钱兴书记的领导下，克服重重困难，保存党的力量，领导指挥广西革命的艰苦历程和光辉业绩。内容包括省工委主要做的四件大事和在这五年中广西各地党组织建设及武装斗争情况，同时展示这时期在广西地下革命斗争中所涌现的革命先烈、革命前辈的革命历程。

7. 桂北人民武装斗争纪念碑园

坐落于灵川县城关第二小学校园内。纪念碑高16米，山式造型，碑体用花岗岩巨型石料叠砌而成，碑顶矗立着游击队员振臂呐喊、神态各异的五尊铜像。

1944年，日本军国主义侵犯广西期间，桂北各族人民在中共桂北地下党的领导下，组建了九支抗日游击队，抗击日寇侵略。1947年7月至9月，灵川、全州、灌阳、龙胜等县人民相继发动武装起义，遭到严重的挫折。7月23日，灵川县起义队伍在灵田乡起义成功后与全州、灌阳转移到灵川的同志会合，组成桂北游击队，在桂林市周围广大乡村坚持斗争。1949年7月成立桂北人民解放总队，下属两个支队，十二个大队，至1949年11月止，部队发展到4700多人枪，摧毁了国民党桂林地区半数县和大部分区、乡、村政权，创建桂北十个县近百万人口的游击区，形成包围桂林市及夹击湘桂铁路的战略态势，为支援、配合中国人民解放军解放桂北，解放广西作出了重大贡献。1997年被列为桂林地区爱国主义教育基地。

8. 柳州烈士陵园

位于柳州市西郊，东临柳江之滨，西与螃蟹岭相携，南和峨山相应，北望雀山之岚。柳州烈士陵园革命英雄纪念碑，主体高19.49米，坐落在柳州市西郊海拔150米的螃蟹岭上，占地4500多平方米，于2003年12月奠基兴建，2005年10月落成典礼。烈士纪念碑西面为烈士墓区，这里安葬着400多名从辛亥革命时期到社会主义建设时期为祖国的解放和新中国的建设献身的烈士。柳州烈士陵园2005年被评为全区优抚工作先进单位，2006年被列为自治区爱国主义教育基地，2007被评为自治区爱国拥军模范单位，2009年被列为全国重点烈士纪念建筑物保护单位。

9. 中共广西省工委横县会议纪念馆

位于横县横州公园内。1947年4月7日至14日，中共广西省工委书记钱兴在横县陶圩乡六秀村主持召开广西各地党的主要负责干部会议。这次会议，揭开了广西全面开展武装斗争的序幕，各地党组织先后在桂东、桂北、左江、右江、桂中南、桂中、桂南等 7 个地区 21 个县，组织 6500 余人举行起义。为纪念这次具有重要历史意义的会议，弘扬先辈的革命精神，1987 年广西壮族自治区人民政府和横县人民政府拨款在横县横州公园内建造了"中共广西省工委横县会议纪念馆"。2005 年 11 月，中共广西省工委横县会议纪念馆被定为横县爱国主义教育基地。2009 年 9 月被定为南宁市爱国主义教育基地。

（三）历史人物

1. 陈光

陈光（1918—1949），广东梅县人。解放战争时期担任中共桂林市城工委书记，从事地下工作。1947 年 8 月，陈光调任中共桂林市特派员，9 月任中共桂林市临时工作委员会书记。1949 年 1 月，中共桂林市城市工作委员会成立，陈光任书记。1949 年 10 月 5 日，因叛徒出卖被捕，在狱中遭受种种酷刑，坚贞不屈，于 11 月 11 日晚，在原北站附近英勇就义，年仅 31 岁，其时距桂林解放仅 11 天。其墓位于桂林市七星区七星公园普陀山西麓。

2. 雷经天

雷经天（1904—1959），原名荣璞，号经天。"五四"时期南宁学生运动领袖，后任黄埔军校政治部宣传科科长。他参加过"八一"南昌起义、广州起义、百色起义，曾三次被冤开除党籍，两次背着"黑锅"长征，后任陕甘宁边区高等法院院长，为新中国司法制度作出了奠基性的贡献。后历任广西省人民政府副主席、最高法院中南分院院长、上海华东政法学院院长、党委书记等职务。1959 年 8 月因病去世。

3. 欧致富

欧致富（1913—1999），原名欧阳致富，壮族，广西田阳县人。1929 年参加百色起义，1931 年加入共青团。1932 年转为中国共产党党员。土地革命战争时期，历任红七军战士、班排、连长、团特派员、红三十一军营长、副科长。参加了二万五千里长征。抗日战争时期，担任八路军总部警卫团副团长、团长、旅长等职，是朱德警卫团团长。解放战争时期，先后担任热中军分区司令员、师长。新中国成立后，任四十八军副军长、广西军区司令员、广州军区副司令员。1955 年被授予少将军衔。著有回忆录《戎马生涯》。

五、解放战争时期广西史事钩沉

邓小平与广西解放①

1949 年 12 月 11 日——恰逢百色起义 20 周年，红七军老战士莫文骅将军（时任人民解放军第十三兵团政委）麾下的三十九军三四三团，把五星红旗插上南疆要隘镇南关（今友谊关），标志着广西战役胜利结束，广西全境解放。广西各族人民载歌载舞，欢庆新生。此时此刻，广大军民特别是左右江的红军老战士、赤卫队员格外怀念老政委邓小平，热情赞颂他对广西解放所作出的贡献。

解放战争期间，邓小平和刘伯承一起指挥晋冀鲁豫野战军（后改称中原野战军、第二野战军）驰骋于华北大地，继而逐鹿中原、血战淮海、兵伐华东、进军西南，并没有到过他时刻萦怀的八桂大地，但壮乡人民仍然铭记他为广西解放作出的历史贡献。

1947 年夏，时任中共中央晋冀鲁豫局书记、野战军政委的邓小平和司令员刘伯承，坚决执行中央军委的战略部署，率野战军主力 12 万人挺进中原，一下子就把战线从黄河流域推进到长江流域。

刘邓大军挺进大别山后，东慑南京，西逼武汉，南扼长江，瞰制中原，犹如一支利箭，直插蒋军的心脏，迫使蒋介石抽调几十万大军到中原战场，不但大大减轻了我陕北、山东战场的压力，并为南方各省人民游击战争的发展创造了极为有利的条件。

当时，广西各个系统的中共组织正在积极发动武装起义，开辟敌后战场，欣闻刘邓大军兵临长江，精神格外振奋，决心加速起义的步伐。原左右江苏区各族人民更是欢欣不已，奔走相告，邓政委的大军"亨桂"（壮语，意即快过）长江了！"斑雅珑了！"（壮语，意即天快亮了）许多红军老战士、赤卫队员取出埋藏多年的枪支，带领群众，以当年百色起义、龙州起义的大无畏气概，毅然揭竿而起。而桂系集团的全部正规军被刘邓大军拖在大别山区，无法顾及自己的老巢。从 6 月到 11 月，广西共有 27 个县的革命武装在 24 个县举行武装起义，全省顿呈星火燎原之势。红七军的故乡右江地区起义的声势犹大，万冈、

① 摘自中共广西壮族自治区委员会党史研究室编：《邓小平与广西》，广西人民出版社 1994 年版，第 90～94 页。

凤山、东兰、田东、果德、那马、武鸣、隆安8县的革命武装同时行动，一举占领万冈、凤山县城和20个乡公所。通过这次起义，全省建立了约6000人的革命武装和一批游击基地，为后来广西游击战争的发展和全省的解放奠定了坚实的基础。

1949年夏，人民解放军以雷霆万钧之势向西北、华南、西南进军，广西的解放已提到党中央的议事日程。

1949年7月16日，毛泽东主席制定歼灭白崇禧集团的战略方针，指出："白部本钱少，极机灵，非万不得已决不会和我作战。""和白部作战……不要采取近距离包围迂回方法，而应采取远距离包围迂回方法，方能掌握主动，即完全不理白的临时部署而远远地超过他，占领他的后方，逼其最后不得不和我作战。"为能尽快抓住白崇禧集团，毛主席和邓小平面谈，拟将当时位于赣南的第二野战军第四兵团暂归第四野战军指挥，参加解放两广战役。邓小平时任中共中央西南局书记、第二野战军政委，为使四兵团能圆满完成党中央赋予的使命，他指示四兵团各级指挥员要认真学习、深刻领会毛主席制定的大迂回、大包围、大歼灭这一新的作战方针的战略意义，强调指出，战略追击"靠指战员奋不顾身的英勇精神，这种精神过去表现在战场上，这次表现在脚上"。部队要勇猛追击，敢于孤军深入，在敌后穿插迂回。

陈赓兵团没有辜负党中央和刘、邓首长的重托。10月初，该兵团越过赣粤边界的大庾岭，接着突破粤北敌军的三道防线。其时，余汉谋集团的主力亡命向西南方向逃窜，妄图进入粤桂南地区与白崇禧集团会合。陈赓即令部队日夜兼程紧追不舍，于当月下旬在阳江、阳春地区将该敌4万余人全歼。随后，四兵团抢占廉江、信宜、化县一线，切断白崇禧集团经雷州半岛窜往琼崖的道路。

10月中旬，为封闭白崇禧集团由黔入滇的道路，毛主席电令二野第五兵团适时抢占贵阳。11月1日，邓小平、刘伯承指挥二野发起川黔作战。7日，四野发起广西战役。邓小平当即指示第五兵团和第三兵团第十军：我们当前的战役重心乃在隔断宋希濂的4个军、罗广文的3个军向云南的退路，并力求在长江南岸歼灭之。同时，使白崇禧集团无法与川黔敌军取得联系。第五兵团十八军即于15日攻占贵阳，十六军、十七军集结于贵阳附近各县，第十军进占历史名城遵义。

白崇禧得悉我二野占领贵阳，四野十三兵团又陈兵黔桂边，认为西逃云、贵无望，遂倾其全力发动"南线攻势"，妄图抢占雷州半岛，经海路逃往琼崖。陈赓指挥第四兵团及四野第四十三军，在廉江、化县、茂名、信宜一线击退白部的亡命进攻，随即勇猛追击。四兵团在四野三十九、四十、四十三、四十五等军和两广游击队的协同下，将白崇禧集团大部歼灭于桂东南地区和中越国境线上。广西战役共歼灭敌军 17.3 万人，第四兵团即歼敌 7 万余人，立了首功。

还在 1930 年秋，红七军奉命自右江苏区北上中央苏区时，邓小平曾满怀信心地对送别的乡亲们说："我们一定要打回来！"此后，在中央苏区、长征途中和抗日战场上，他和红七军的战士邂逅时，一再勉励大家不要忘记广西各族人民，不要忘记左右江的光荣革命传统，为中国人民的解放奋斗终生。参加广西战役的部队中有几十位原红七军的老战士，这时大部担任师级以上领导职务。他们牢记邓政委"我们一定要打回来！"这句话，怀着解放家乡人民的宏誓大愿，指挥部队英勇作战。莫文骅将军指挥的十三兵团担负西线战略迂回任务，从湘西、黔东南进入桂西，沿途要跨越无数崇山峻岭、急流险川，部队特别疲劳，补给十分困难。莫文骅在进军南宁途中，突患急性阑尾炎，为完成解放家乡的任务，忍住剧痛，坚持随军行动。在他的指挥下，三十八军突破敌第十七兵团的节节抵抗，进占河池、百色一线，切断白崇禧集团窜往贵州、云南的道路。三十九军衔尾紧迫敌第一兵团，歼敌数万人，并解放了柳州、南宁、凭祥、镇南关等重要城镇。

时任四野第四十五军一三五师政委、红七军老战士韦祖珍和师长丁盛率所部于 10 月 5 日孤军插入敌后的湘南沙坪、灵宫殿地区，截断了白崇禧集团南逃广西的道路。白崇禧惊恐万状，当即纠集 5 个师对该师进行合围。四野司令部认为这是会歼白崇禧主力的良机，电令一三五师固守阵地，拖住敌人。韦祖珍和丁盛亲临前线，指挥部队浴血奋战数日，为四野主力聚歼白部赢得了时间。终于 10 月 11 日将桂系赖以起家的"王牌军"第七军和四十八军的 4 个主力师全歼。其后，一三五师从湘南、桂北、桂中一直打到桂东南，为广西战役的胜利作出积极的贡献。

时任四十三军参谋长、红七军老战士黄一平和该军政治部副主任、红七军老战士谢扶民，深入基层进行作战动员，介绍广西的风土人情，红七、红八军的光荣传统，揭露桂系军阀的种种反革命罪行，激发指战员的斗志，并积极协助军首长指挥部队作战。在广西战役中，四十三军英勇顽强，穷追猛打，共歼敌 3.4 万人，受到四野首长的嘉勉。

广西各族人民永远不会忘记邓小平在创建左右江革命根据地和解放广西中所做的贡献。

壮族人民迎接广西解放①

1949 年 11 月 7 日，第四野战军和第二野战军第四兵团按照中央军委的部署发起广西战役。11 月 15 日，中共广西省委②发布《告广西人民书》号召各族人民"紧急动员起来，支援自己的军队和解放战争，彻底肃清残匪特务，协助接管城市乡村，建立革命秩序，恢复和发展生产，这是广西人民当前的光荣任务"③。其他壮族地区的党组织也号召壮族人民积极配合和支援解放军作战，安定社会秩序，恢复和发展生产，迎接解放。

一、配合解放军作战

在各地党组织领导下，各地壮族军民动员起来，掀起了迎接解放的热潮。壮族游击队主力在全省范围内向盘踞交通要道、城镇、据点的敌人主动出击，为大军南下打开通路。

粤桂边纵队所属各支队在解放军于粤桂边围歼白崇禧主力时，根据二野第四兵团的统一部署，积极拦截、阻击和追歼逃敌。11 月下旬，该纵队第三支队集结主力于邕钦公路两侧，拦截南逃之敌，同时调集钦县、防城两县 3500 余人组成两个民工团，将钦县以北 30 多千米的公路、桥梁全部破坏，把钦州江、平银江、黄屋屯江以及沿海地区的船只疏散隐藏，使邕钦水陆交通陷入瘫痪。12 月 3 日，从南宁沿邕钦公路南逃之敌，抵达板边龙眼一带时遭到第三支队第二十、二十一团的英勇阻击。5 日，第二十一团配合解放军第十三军于平银聚歼西逃之余汉谋残部，俘敌 2000 余人。7 日，第三支队主力配合解放军各部围歼小董一带敌第十、第十一兵团残部。

滇桂黔边纵队左江支队司令部、政治部发出号召："我们的解放大军来了，我们号召全体指战员，坚持执行毛主席、朱总司令的命令，奋勇前进，英勇作战，配合解放大军，歼灭一切敢于继续抵抗的反动派，迅速解放全左江。"④ 该纵队根据四野总部的部署，在桂西河池、南丹、东兰一带拦截国民党第一兵团南逃，使该敌损失严重。

---

① 作者陈峥，摘自《壮族通史》（修订版）未刊稿第六卷第六章。

② 1949 年 9 月 22 日，中共中央批准成立中共广西省委，张云逸任书记，陈漫远、莫文骅、何伟、李楚离任副书记。

③ 《中共广西省委告广西人民书》（1949 年 11 月 15 日），广西壮族自治区档案馆编《广西解放》，广西人民出版社 1999 年版，第 282～283 页。

④ 《中国人民解放军滇桂黔边纵队左江支队司令部、政治部命令》（1949 年 11 月），广西壮族自治区档案馆编《广西解放》，广西人民出版社 1999 年版，第 203～204 页。

其他地区的游击队事前由于离解放军集结地较远，又无无线电台，因而未能和解放军取得联系。但在解放军到达本地区时，都主动积极与野战军联系，协同解放军阻击、追歼逃敌，肃清残敌。11月下旬，桂中支队获悉解放柳州后，支队司令员兼政委廖联原即率主力自武宣北上象县（今象州县）、修仁（今属荔浦县）迎接解放大军，同解放军并肩作战。左江、右江、柳北、都宜忻等地主要交通线外的县份，在解放军到达前，当地壮族游击队主动发起进攻，消灭国民党小股部队。12月2日，解放军从柳州向南宁追歼国民党军，武鸣县腾翔民兵大队在高峰坳下设伏，对逃跑的国民党军进行突袭，缴敌军车36辆；4日，腾翔和双桥民兵四五百人乘坐缴获的汽车包围武鸣县城，守军弃城逃跑，县城被解放。① 从解放大军进入广西开始至全省解放，各地游击队共参与大小战斗数百次，单独歼敌1万人，解放县城30座，这些成绩有很大一部分是壮族游击队取得的。

二、参战支前

为迎接解放军进军，中共号召各壮族地区的党组织和武装力量发动民众以各种形式参战支前。从城市到农村，各地纷纷成立了支前委员会、后援会、兵站、粮站、医疗站、运输队、民工团（队）、救护队、慰劳队等，积极为解放军筹粮草、运送物资、当向导、抬担架、救治伤员、修路架桥、打扫战场、看管仓库和俘虏，为解放军提供各种战勤服务。

滇桂黔边纵队桂西区指挥部发布紧急命令，要求区属各县应迅速"立即发动群众春米集中，派员点验，随时准备运往应急军"，并"召开群众迎军大会，进行政治动员，并在大会中检阅运输团，具体规定各运输部队起运之村屯"。同时"各县独立大队应即开至县城附近（平治除外）监视敌人，随时准备歼灭弃城逃跑之敌军，并对县城加紧政治攻势，加紧进行调查研究，积极布置接收县城工作"。② 桂西地区各县很快成立了供应运输团，积极动员壮族民众参战支前。桂中地区筹措军粮600万千克，柴草2500万千克，食盐1万多千克。桂中南地区建立了从迁江经宾阳到南宁，从武宣、贵县经横县到灵山和永淳的两条兵站线。中共十万山区地委要求各县在一个月内完成150万元款项的筹措，以支援前线，并分配到各县，其中防城县80万元，钦县30万元，上思县2千元，

---

① 南宁市地方志编纂委员会：《南宁市志·军事志》，广西人民出版社1993年版，第325页。

② 《中国人民解放军滇桂黔边纵队桂西区指挥部紧急命令》（1949年11月29日），广西壮族自治区档案馆编《广西解放》，广西人民出版社1999年版，第202页。

扶绥县 1000 元，思明县 1 万元，邕宁县 1 万元。① 中共十万山区支前委员会还要求各县各村在解放军到来时"设茶水站，派专人烧茶送水"，"准备好一人至两人为大军带路"，并"发动商贩运集菜疏（蔬）、油盐、鱼肉及其他食品屯集沿途村庄与集镇，以便供应大军购买"。② 在壮族地区，解放军所到之处，群众都热烈欢迎和敬茶送粮，热烈慰问人民子弟兵。

三、开展对敌政治攻势

在中共的领导下，壮族武装积极开展政治宣传攻势，配合解放军争取国民党军政人员起义、投诚。滇桂黔边纵队桂西区指挥部紧急命令"各县独立大队应即开至县城附近（平治除外）监视敌人，随时准备歼灭弃城逃跑之敌军，并对县城加紧政治攻势，加紧进行调查研究，积极布置接收县城工作"。③ 都宜忻人民解放总队发布命令，指出"在本总队活动地区，人民政权尚未正式成立之前，一切保卫人民的利益的行政事宜，以及本军活动地区内之接收工作及其他部队起义敌军之改造教育工作，概由本总队政治处处理"。④ 在强有力的政治攻势下，12 月 13 日，新桂系靖西专区专员兼保安司令赖慧鹏率 3000 余人在靖西县城宣布起义。同日，桂北军政区中将司令周祖晃接受《和平解决方案》，将其所辖部队 8000 余人交给解放军改编。12 月 27 日，国民党黔桂边军政区中将司令张光玮在西隆县（今属隆林各族自治县）通电起义，其部 2000 余人进行改编。连同其他小股起义、投诚的国民党地方武装共约 2 万余人。

从 1949 年 11 月 7 日至 12 月 11 日，四野和二野第四兵团在壮族主要居住区广西进行的广西战役，历时 35 天。解放军在壮族人民和游击队的支持和配合下，以优势的兵力，运用大迂回、大包围、大迫歼的战略战术，全歼白崇禧华中军政长官公署直属队及 3 个兵团部、12 个军部、25 个整师；大部歼灭 2 个兵团部和 10 个师。共计歼敌 172990 人，解放城市 80 座，其中广西 63 座，并缴获大量军用物资。⑤ 除敌第一、第十七兵团残部及其他零散残敌 2 万余人逃入越南

---

① 《中共十万山区地委关于支援前线的决定》，广西壮族自治区档案馆编《广西十万山区革命历史档案资料选编》，1997 年，第 251 页。

② 《劳军迎军办法》，广西壮族自治区档案馆编《广西十万山区革命历史档案资料选编》，1997 年版，第 253 页。

③ 《中国人民解放军滇桂黔边纵队桂西区指挥部紧急命令》（1949 年 11 月 29 日），广西壮族自治区档案馆编《广西解放》，广西人民出版社 1999 年版，第 202 页。

④ 《桂西北人民解放军第五团奉令改编为都宜忻人民解放总队成立宣言》（1949 年 11 月），广西壮族自治区档案馆编《广西解放》，广西人民出版社 1999 年版，第 204 页。

⑤ 《四野发表解放广西战绩》，《人民日报》1949 年 12 月 31 日，第 1 版。

法占区外,① 白崇禧集团全部覆灭。

白崇禧集团的覆灭,标志着新桂系在广西24年统治的彻底崩溃,广西获得解放,新民主主义革命在广西取得胜利。其他地区的壮族人民也以各种方式配合解放军作战,获得了自身的解放。壮族人民在中国共产党的领导下,经过20多年的艰苦奋斗,终于迎来了解放。

六、实践建议

（一）读书报告

1 中共广西壮族自治区党委党史研究室、崇左市委联合编著：《红旗插上镇南关》,广西人民出版社2014年版。

2. 中共广西壮族自治区委员会党史研究室编著：《中国共产党广西历史读本》（1921—2013）,广西人民出版社2014年版。

3. 中共南宁市委党史研究室编：《纪念雷经天文集》,广西人民出版社2009年版。

4. 中共广西区党委党史研究室编：《周恩来与广西》,广西人民出版社1998年版。

5. 中共广西区党委党史研究室编：《邓小平与广西》,广西人民出版社1994年版。

6. 中共广西区党委宣传部、党史研究室合编：《毛泽东与广西》,广西人民出版社1993年版。

7. 中共广西壮族自治区委员会党史资料征集委员会编著：《中共广西党史大事记》（新民主主义时期）,广西人民出版社1989年版。

8. 中共广西壮族自治区委党史资料征集委员会编著：《全国解放战争时期的广西武装斗争》,中共党史出版社1992年版。

9. 中共广西壮族自治区委党史资料征集委员会编著：《解放战争时期党领导的城市工作》,广西人民出版社1989年版。

10. 广西壮族自治区通志馆编著：《广西解放纪实》,广西人民出版社1989

---

① 逃入越南的国民党军刘嘉树第十七兵团残部6700余人于1950年2月1日回窜龙州水口关地区,解放军第45军第134师在当地人民支持下,经过两天的激战,将该敌歼灭,俘兵团司令刘嘉树以下5900余人。

年版。

11. 刘干才编：《桂边围歼——广西解放与白崇禧集团被歼》，蓝天出版社2014年版。

12. 张绳道编著：《解放战争广西敌后游击战纪实》，解放军出版社2011年版。

13. 豫颖主编：《解放广西》，军事谊文出版社1997年版。

（二）实地调查

通过查阅有关资料和参观考察有关遗址遗迹、名人故居和纪念场馆，撰写调查报告或观后感。以下选题可供选择参考：

1. 由李宗仁回归看中共统一战线的历史作用。

2. 对雷经天、陈光等近代广西历史人物的认识。

3. 参观解放战争烈士陵园和有关纪念馆有感。

（三）观看相关影视剧

1.《龙城风云》

影片讲述1949年11月，白崇禧率国民党军残部逃至广西柳州，为了掩护自己逃向台湾的阴谋，他佯装驻扎柳州与解放军对峙。柳州地下党为了保卫柳州，与白崇禧的部队进行了艰苦的斗争，终于保住了柳州市的安全，并迫使敌人放弃了破坏的阴谋。最终，白崇禧在人民解放军的大举进攻下不得不逃至台湾。

2.《红旗插上镇南关》

主要讲述渡江战役后，中国人民解放军一路南下，与国民党反动派浴血奋战，于1949年12月1日将红旗胜利插上友谊关，庄严宣告了广西全境解放。该电视剧将这一具有重大历史意义的事件，用电视剧的艺术，形象地加以反映。这部电视剧历史地、真实地反映了解放桂西的进程，展现崇左各族人民具有的强烈爱国主义情怀和为民族事业勇于献身精神，时代主旋律极强。

3. 专题纪录片《解放广西》

1949年10月1日，中华人民共和国成立，全国解放的号角已经吹响，人民解放军乘胜追击，挥师南下，百万雄师过大江。解放广西的战役背景是国民党已成败局，解放大军势如破竹，国民党军队一败再败。1949年11月21日，解放军进占贺县（今贺州）；11月22日，桂林迎来解放；12月11日，红旗插上了镇南关。在广西，中共领导的地下革命武装，为迎接解放，拿起刀枪与国民党顽强斗争，只用了30多天，广西全境迎来解放。

（四）其他实践方式

1. 举行演讲或辩论比赛，参考题目如下：

（1）中国革命胜利的经验

（2）广西人民在解放战争中的伟大贡献

（3）国民党政府陷入全民包围并迅速走向崩溃给我们的启示

2. 表演话剧，如广西各族人民迎接解放。

第八章

社会主义基本制度在中国的确立

一、知识要点

（一）从新民主主义向社会主义过渡的开始

1. 完成民主革命遗留任务和恢复国民经济

2. 开始向社会主义过渡

（二）社会主义道路：历史和人民的选择

1. 工业化的任务和发展道路

（1）提出国家工业化的任务

（2）选择社会主义工业化的道路

2. 过渡时期总路线反映了历史的必然性

（1）过渡时期总路线的提出

（2）实行社会主义改造的国内外条件

（三）有中国特点的向社会主义过渡的道路

1. 社会主义工业化与社会主义改造同时并举

2. 农业合作化运动的发展

（1）农业合作化任务的提出

（2）农业合作化的基本方针

（3）农业合作化的发展和基本完成

3. 对资本主义工商业赎买政策的实施

（1）经过国家资本主义走向社会主义

（2）和平赎买政策的实现

4. 社会主义基本制度在中国的全面确立

（1）人民民主政治建设的稳步推进

（2）社会主义改造的基本完成

（3）在社会主义条件下推进工业化、现代化

二、历史脉络

从 1949 年 10 月 1 日中华人民共和国成立到 1956 年，是基本完成社会主义改造的七年。这个时期分为两个阶段。

第一个阶段，1949—1952 年。新中国成立时，党和政府最迫切的任务，是把经济形势稳定下来，并有步骤地对旧的社会经济结构进行改组，使之由半殖民地半封建社会转变到新民主主义轨道上来，为将来向社会主义过渡准备条件。因此，新中国成立的最初二年，既是对国民经济的恢复，也是向社会主义过渡准备的开始。通过没收官僚资本、抗美援朝、土地改革、镇压反革命，发动"三反""五反"运动，完成了民主革命遗留的任务，巩固了人民政权，恢复了国民经济。

第二个阶段，1953—1956 年。党在过渡时期的总路线，提出了建设与改造并举，即在进行社会主义工业化的同时逐步实现社会主义改造。一方面，把实现社会主义工业化作为全党、全国人民的基本任务，并开始实行发展国民经济的第一个五年计划。"一五"期间，我国着重建设了一大批基础性的重点工程，为国家的工业化奠定了初步的坚实基础。同时，对农业、工业和资本主义工商业进行了社会主义改造。至 1956 年底，社会主义改造基本完成，标志着我国从新民主主义到社会主义的转变，也标志着社会主义制度的基本确立。

三、原著选读

不要四面出击[①]

（一九五零年六月六日）

毛泽东

七届二中全会以来，我们党领导的新民主主义革命在全国范围内取得了胜

---

① 中共中央文献编辑委员会：《毛泽东选集》（第五卷），人民出版社 1977 年版，第 21 ~ 24 页。

利,成立了中华人民共和国。这是一个伟大的胜利,是中国从古未有的大胜利,也是十月革命以后一个带世界性的大胜利。斯大林同志和许多外国同志,都感觉中国革命的胜利是极其伟大的。我们有许多同志,因为在这个斗争中搞惯了,反而不那样感觉。关于中国革命胜利的伟大意义,我们还要在党内和群众中间,做广泛的宣传。

在伟大胜利的形势下,我们面前还有很复杂的斗争,还有许多困难。

我们已经在北方约有一亿六千万人口的地区完成了土地改革,要肯定这个伟大的成绩。我们的解放战争,主要就是靠这一亿六千万人民打胜的。有了土地改革这个胜利,才有了打倒蒋介石的胜利。今年秋季,我们就要在约有三亿一千万人口这样广大的地区开始土地改革,推翻整个地主阶级。在土地改革中,我们的敌人是够大够多的。第一,帝国主义反对我们。第二,台湾、西藏的反动派反对我们。第三,国民党残余、特务、土匪反对我们。第四,地主阶级反对我们。第五,帝国主义在我国设立的教会学校和宗教界中的反动势力,以及我们接收的国民党的文化教育机构中的反动势力,反对我们。这些都是我们的敌人。我们要同这些敌人作斗争,在比过去广大得多的地区完成土地改革,这场斗争是很激烈的,是历史上没有过的。

同时,革命胜利引起了社会经济改组。这种改组是必要的,但暂时也给我们带来很重的负担。由于社会经济改组和战争带来的工商业的某些破坏,许多人对我们不满。现在我们跟民族资产阶级的关系搞得很紧张,他们皇皇不可终日,很不满。失业的知识分子和失业的工人不满意我们,还有一批小手工业者也不满意我们。在大部分农村,由于还没有实行土地改革,又要收公粮,农民也有意见。

我们当前总的方针是什么呢?就是肃清国民党残余、特务、土匪,推翻地主阶级,解放台湾、西藏,跟帝国主义斗争到底。为了孤立和打击当前的敌人,就要把人民中间不满意我们的人变成拥护我们。这件事虽然现在有困难,但是我们总要想各种办法来解决。

我们要合理地调整工商业,使工厂开工,解决失业问题,并且拿出二十亿斤粮食解决失业工人的吃饭问题,使失业工人拥护我们。我们实行减租减息、剿匪反霸、土地改革,广大农民就会拥护我们。我们也要给小手工业者找出路,维持他们的生活。对民族资产阶级,我们要通过合理调整工商业,调整税收,改善同他们的关系,不要搞得太紧张了。对知识分子,要办各种训练班,办军政大学、革命大学,要使用他们,同时对他们进行教育和改造。要让他们学社会发展史、历史唯物论等几门课程。就是那些唯心论者,我们也有办法使他们不反对我们。他们讲上帝造人，我们讲从猿到人。有些知识分子老了，七十几岁了，只要他们拥护党和人民政府，就把他们养起来。

全党都要认真地、谨慎地做好统一战线工作。要在工人阶级领导下，以工农联盟为基础，把小资产阶级、民族资产阶级团结起来。民族资产阶级将来是要消灭的，但是现在要把他们团结在我们身边，不要把他们推开。我们一方面要同他们作斗争，另一方面要团结他们。要向干部讲明这个道理，并且拿事实证明，团结民族资产阶级、民主党派、民主人士和知识分子是对的，是必要的。这些人中间有许多人过去是我们的敌人，现在他们从敌人方面分化出来，到我们这边来了，对这种多少有点可能团结的人，我们也要团结。团结他们，有利于劳动人民。现在我们需要采取这个策略。

团结少数民族很重要。全国少数民族大约有三千万人。少数民族地区的社会改革，是一件重大的事情，必须谨慎对待。我们无论如何不能急躁，急了会出毛病。条件不成熟，不能进行改革。一个条件成熟了，其它条件不成熟，也不要进行重大的改革。当然，这并不是说不要改革。按照《共同纲领》的规定，少数民族地区的风俗习惯是可以改革的。但是，这种改革必须由少数民族自己来解决。没有群众条件，没有人民武装，没有少数民族自己的干部，就不要进行任何带群众性的改革工作。我们一定要帮助少数民族训练他们自己的干部，团结少数民族的广大群众。

总之，我们不要四面出击。四面出击，全国紧张，很不好。我们绝不可树敌太多，必须在一个方面有所让步，有所缓和，集中力量向另一方面进攻。我们一定要做好工作，使工人、农民、小手工业者都拥护我们，使民族资产阶级和知识分子中的绝大多数人不反对我们。这样一来，国民党残余、特务、土匪就孤立了，地主阶级就孤立了，台湾、西藏的反动派就孤立了，帝国主义在我国人民中间就孤立了。我们的政策就是这样，我们的战略策略方针就是这样，三中全会的路线就是这样。

大瑶山团结公约及补充规定①

大瑶山团结公约

我大瑶山各族各阶层人民，自新中国成立后，在中国共产党、毛主席领导

---

① 广西壮族自治区地方志编纂委员会：《广西通志·附录》，广西人民出版社2006年版，第955~956页。（大瑶山团结公约及补充规定石碑，现立于金秀瑶族自治县民族团结公园）

教育下，大家认识到，过去各族及民族内部不团结的原因，是国民党反动派和少数坏瑶头挑拨离间所造成。因此，今后大家必须互相谅解，不计旧怨，共同在中国共产党、毛主席、人民政府领导下，亲密团结，并订立团结公约6条，共同遵守不渝：

（一）长毛瑶为表示团结，愿放弃过去各种特权，将以前号有公私荒地，给原住瑶区各族自由开垦种植，谁种谁收，长毛瑶和汉人不再收租，过去种树还山者不退，未还者不还。

（二）荒山地权归开荒者所有，但荒芜一年以上，准由别人开垦。杉树山砍后，如隔一年不修种，则该山地可自由开垦，准谁种谁收。水田荒芜五年以内者，经别人开垦后，三年不收租；荒芜五年以上者，可自由开垦，谁种谁收。

（三）老山原有杉树、香菇、香草、竹、木等特产，仍归原主所有，不应偷取损害；但无长毛瑶培植特产之野生竹木地区，可自由培植香菇、香草。

（四）经各乡各村划定界之水源、水坝、祖坟、牛场不准垦植；防旱防水之树木，不准砍伐；凡放火烧山，事先各村约定日期做好火路，防止烧毁森林。

（五）除鸟盆（按：鸟盆为在大森林中的捕鸟工具）附近外，山上可自由打鸟。各地河流，准自由钓鱼、放网，但如放䕒闹鱼（按：放药毒鱼）应互相通知邻村集股作份，不作份者，只能在界外捡鱼。

（六）瑶族内部，原有水田的租佃关系可由双方协定，但不得超过主一佃二租额，除地主富农外，有力自耕者，可收回自耕，但不得换佃。

以上公约，如有违犯或纠纷，由各族各阶层人民选出代表成立各级协商委员会调处，并会同各级政府按情节轻重处理。凡住在我大瑶山人民（包括汉人），均须遵守。各乡各村可依本地情况另订具体公约，但不得与本约相违背。本公约修改权，属于大瑶山各族各界代表会议。

大瑶山各族代表会议订立
公元一九五一年八月二十八日

大瑶山团结公约补充规定

我大瑶山各族人民一年多来，在执行大瑶山团结公约中，加强了民族团结，发展了生产。我们为了彻底贯彻团结公约精神，圆满解决具体实际问题，特根据目前实际情况，本着有利团结有利生产的原则，作如下补充规定：

第一条：关于种树还山问题

1. 订有批约者，以批约为准，已退批约者为还山，未退批约者为未还山；已还者不退，未还者不还。

2. 没有订批约者，或订有已遗失者（指种树者失批约），原则上按谁种谁收，如双方争执时，双方亲到区人民政府报告，在不伤民族感情原则下，协商处理，但根据历史社会情况，应多照顾种树者。

3. 承批人向出批人批山岭开荒种地而出批人去种树，不管有无批约，由双方协商处理，按双方所出劳动力多少来分树，根据历史情况及社会情况，应多照顾开荒者。

第二条：关于山权问题

1. 为当地各族人民公认历来没有开垦而树木成林的叫老山。该老山可以培植土特产者，不准开荒，各族人民可以自由到老山培植土特产，并加以保护。但为了避免彼此猜疑，可以协商划分地区各自培植。

2. 开伐过之山现已成林者，可根据当地情况在保护森林与水源原则下，由政府领导通过当地各族代表，划定若干森林区封山育林。但为了解决靠种地为生的贫苦群众要求，经区人民政府批准，可在林区开荒。

3. 水源发源地由政府领导通过各族代表划定水源范围内之林木不应砍伐，以免损坏水源，不利灌溉。除此之外不得乱扩大水源范围，限制开荒。

4. 牛只应有专人看管，不得乱放，牛场地点大小由当地人民政府协同代表，根据牛只多少和需要，协商踏勘划定牛场范围。但牛场不要过宽过多。

5. 村边附近的柴山归该村所有，不得借口生产而在村边柴山开荒。

6. 开荒时石头滚到别人田、地、水沟、水圳，由开荒人负责搬开，坏者修理，并注意不让泥土冲到别人田里。

第三条：关于瑶区内部租佃关系问题

租佃关系应根据发展生产提高生产积极性的原则，其租额应规定由双方协议，原则上以每亩产量在五百斤以上者，租额不超过主一佃二，三百斤至五百斤者不超过主一佃三，三百斤以下者不超过主一佃四，如原租额低于此规定者照旧不变，并以新中国成立后1951年每亩产量为准。双方订立新批约按批约交租，今后佃户加工加肥所增产的粮食，全归佃户所有，如因灾情减产，双方协商，按灾情损失轻重酌情减免。

一九五三年二月二十四日

四、广西历史文化资源

（一）遗址遗迹与纪念设施

1. 金秀瑶族民族团结碑和民族团结亭

位于金秀县城民族团结公园内。自明朝初年起，瑶族开始迁徙进入大瑶山，成为大瑶山这块处女地的开垦者。大瑶山的瑶族，分为盘瑶、茶山瑶、花蓝瑶、坳瑶、山子瑶等五个支系。由于进山的时间不同，茶山瑶、花蓝瑶、坳瑶占有大瑶山的绝大部分山林土地而成为"山主"集团；盘瑶、山子瑶进山较迟，只能租赁山主的土地来耕种而成为"山丁"集团。历史上形成的这种生产关系，使瑶族内部存在着政治上和经济上的不平等，严重影响着民族的团结和生产的发展。新中国成立后，针对这种阻碍生产力发展的状况，当时分管大瑶山的周围各县人民政府，派出大批工作队，深入瑶族村寨，宣传中国共产党各民族一律平等政策，帮助瑶族解决历史上形成的矛盾和问题，发展生产，发展经济。

1951 年 3 月 26 日，象县东北乡（今金秀瑶族自治县长垌乡）召开各民族（瑶族支系）代表会议，通过民主协商，运用瑶族传统石牌形式，订立以团结、生产为主要内容的 8 项决议。在决议中，茶山瑶"山主"主动放弃对荒山的特权，允许各民族农民自由开荒、森林可以自由培植土特产品，不收租，谁种谁收。同年 6 月 19 日，修仁县金秀瑶民自治区召开各界人民代表会议，订立团结公约 12 条，作出"开荒自由""谁种谁收"以及民主协商解决纠纷等为主要内容的条约，鼓励各民族群众大力发展生产。7 月 20 日，《广西日报》刊载了这一消息并发表社论说，这个公约的订立，"对目前瑶民工作确定了一些有根本意义的政策，树立解决少数民族内部问题的榜样"。

1951 年 8 月，中共中央和中央人民政府联合组成的中央访问团来到大瑶山，慰问各民族人民，帮助发展生产。中央访问团到金秀后，将东北乡和金秀区订立团结公约、解决瑶族内部矛盾、促进生产发展的经验推广到全瑶山，各区乡纷纷订立自己的团结公约。经过中央访问团和周围各县的充分协商，8 月 25 日至 29 日，在金秀召开大瑶山各族代表会议。参加会议的各民族代表共 246 人。在讨论中，茶山瑶、花蓝瑶、坳瑶的代表表示愿意放弃荒地、山林的特权，允许各民族农民自由开垦种植；盘瑶、山子瑶代表也认识到只有少数坏瑶头才是坏人。在认识统一的基础上，会议订出放弃特权、荒地自由垦植、森林内可自由培植土特产品、保护森林以及水田租赁和处理纠纷的原则等大瑶山团结公约6条。29日，大会以石碑形式，把《大瑶山团结公约》镌刻在石碑上，供各族人民共同遵守。各民族代表在团结公约碑前共饮鸡血酒，表示共同贯彻公约的决心。团结公约的订立，使瑶族内部关系翻开了新的一页。

2. 大瑶山剿匪纪念公园

地处广西金秀瑶族自治县县城郊区，占地约19 000平方米，建筑物占地面积约4000平方米。公园中心西端，建有大瑶山剿匪纪念碑。纪念碑由碑体、基座、平台、栏杆、阶梯等五部分组成，建筑面积598平方米。纪念碑高12米，碑顶为一红五角星，象征着大瑶山剿匪牺牲的中国人民解放军战士永远活在大瑶山人民的心中；碑体用白色大理石和浅红色花岗岩建造，正面镌刻"大瑶山剿匪纪念碑"，背面镌刻"剿匪英烈名垂千古"。碑基座呈四方形，用白色大理石和墨绿色花岗岩建造，正面为中共金秀瑶族自治县委、金秀瑶族自治县人民政府立碑题文，背面刻写大瑶山剿匪概况，左面刻有重点剿匪方针及指挥大瑶山剿匪的主要领导人叶剑英、陶铸、张云逸、李天佑等人姓名，右面刻有广西军区桂北区大小瑶山重点剿匪计划（节录）。纪念碑平台用黄色油砖铺面，庄重、大方、肃穆。纪念碑东、南、西、北四向均建有8级阶梯，以白色钢筋混凝土作栏。

在纪念碑东面，建有纪念亭一座，建筑面积28平方米，亭高8.1米，纪念亭平台面积540平方米，以步级石铺面。纪念亭至纪念碑之间，铺有鹅黄瓷砖。有阶梯100余级，从金秀至桐木二级公路旁上至纪念碑和纪念亭。

1951年1—3月，解放军对盘踞大瑶山的土匪展开了会剿，歼匪4万余名，完全摧毁了广西土匪的指挥中心。在瑶山会剿中，解放军战士也牺牲257人。2003年春，金秀瑶族自治县人民政府建成大瑶山剿匪纪念公园，供人们瞻仰、缅怀剿匪英烈。

3. 韦国清故居

位于东兰县城西南16千米处的三石镇弄英村弄英屯。故居四周环山，五峰连立，背靠四山，面朝一坡。故居现有陈列室两间，展有韦国清上将生前用过的遗物，以及他戎马生涯和新中国成立后一些国事活动的照片等100余件。

4. 扶绥县松根岭革命烈士纪念塔

位于扶绥县城南面的松根岭。1949年12月9日，扶南县（扶绥县旧称）解放，不久建立了新的县、区、乡人民政权，但村街以下的许多基层政权还被原国民党的村街长和土豪劣绅所把持。自1950年2月起，国民党潜伏特务纠集国民党反动军官、伪党团骨干为核心的土匪组织，大搞破坏活动，妄图颠覆新生

的人民政权。特别是西南五个乡的土匪活动极为
猖狂，甚至攻打新生的区、乡人民政府，使革命
事业受到严重损失。其中令人发指的是，土匪攻
入康良乡（今崇左市蕾州村），残忍杀害副乡长
韦福泰和战士黄最显，在韦福泰同志中弹重伤后，
土匪竟惨无人道地将他的肉一块块割下，抛入河
中，手段极其残忍。

在群众的配合下，人民解放军发动了剿匪斗
争，至1951年初基本上平息了全县匪患。在剿匪
中，扶南县副县长邓奇干、县委副书记卢金灿、
民运部副部长黄肇福、二区委书记刘庆贺、三区
康良乡副乡长韦福泰以及解放军战士王顺、王海
合、民兵邓新保、黄璧景等几十位同志英勇牺牲。
为缅怀烈士的业绩和精神，1950年10月初，扶南
县人民政府通过了建立革命烈士纪念塔的议案，

扶绥县松根岭革命烈士纪念塔
（陈元明摄）

1950年10月30日竣工。烈士纪念塔正面安有烈士碑，碑上刻有21位剿匪烈士
的名单，左面石碑为时任县长黄韦爵同志题词，右面石碑为时任县党组书记傅
星敏同志题词，后面石碑为时任县农协主任郭家驷同志和公安局副局长韦芳杰
同志题词。纪念塔后建有剿匪烈士墓地。

（二）历史人物

1. 费孝通

费孝通（1910—2005），江苏吴江人。1928年起先后在东吴大学、燕京大
学、清华大学学习，获社会人类学硕士学位。1935年赴英国留学，获伦敦大学
哲学博士学位。1938年回国，先后在云南大学、清华大学任教授，在中国社会
学的建设中有突出贡献。新中国成立后，历任清华大学教授，中央民族学院教
授、副院长，中央人民政府民族事务委员会副主任。1978年后历任中国社会科
学院民族研究所副所长、社会学研究所所长，中国社会学会会长，中央民族学
院、北京大学教授等职。1942年加入中国民主政团同盟，历任民盟中央委员、
常委、副主席。1987年后任民盟中央主席、名誉主席，全国人大常委会副委员
长，全国政协副主席。代表作有《乡土中国》《江村经济》等。

费孝通曾经6次来到广西，5次走进金秀大瑶山，对瑶族进行长达70年的
研究。可以说，广西是他学术理论研究的起点，也是他进行学术研究和取得重

要学术成果的地方。他的人生经历和学术研究都与广西及广西大瑶山结下不解之缘，他对广西有一种特别依恋的情结。

第一次是1935年10月，应广西省政府的邀请，刚从燕京大学毕业的费孝通与新婚妻子王同慧，来到大瑶山进行瑶族社会考察。12月，费孝通在考察途中摔成重伤，王同慧找老乡救助时不幸坠崖遇难。

第二次是1951年，费孝通任中央民族访问团中南访问团代理团长，兼任广西分团团长，率领中央民族访问团在龙胜慰问并指导民族区域自治试点，他派分团副团长金晓邨、陈岸代表他到大瑶山慰问，并参加和指导大瑶山各族代表讨论制定《大瑶山团结公约》。

第三次是1978年，广西壮族自治区成立20周年，他作为贵宾应邀前来广西参加庆祝活动，而后直奔金秀大瑶山看望那里的乡亲们。

第四次是1981年，已是70高龄的费孝通又亲自带领两名学生进入大瑶山，指导他们选点、制定对大瑶山的调查方案。一年后，这两名学生写出《盘村瑶族——从游耕到定居的研究》一书，他为该书写了长序，表达他对我国民族研究的深切期望。与此同时，费孝通向中央有关部门反映，大瑶山生态遭破坏严重，呼吁有关部门予以重视。1984年，广西壮族自治区人民政府对金秀县界做了部分调整，并成立大瑶山水源林管理处，使大瑶山林木得到恢复与发展。

第五次是1988年12月，年近八旬的费孝通，趁参加广西壮族自治区成立30周年纪念活动的机会，带着外孙女张勤、侄儿费皖来到六巷村凭吊王同慧。

第六次是2002年10月，费孝通应邀前来参加金秀瑶族自治县成立50周年庆祝大会。会议期间，他还专门到金秀瑶族自治县六巷村，看望当年他与新婚妻子王同惠到这里考察时认识的房东蓝妹国。

2. 韦国清

韦国清（1913—1989），原名韦邦宽。广西东兰人。壮族。1929年加入中国共产主义青年团，同年参加百色起义。1931年由团转入中国共产党。土地革命战争时期，历任中国工农红军第七军排长、连长，瑞金红军学校军事教员，红军干部团营长，红军大学特科团代团长，教导师特科团团长。参加了长征。抗日战争时期，历任八路军总部随营学校校长，抗日军政大学第一分校训练部部长、副校长，山东纵队陇海南进支队政治委员，新四军第三师九旅政治委员、旅长。1944年任第四师副师长。解放战争时期，历任华东野战军第二纵队司令员兼政治委员。1948年任苏北兵团司令员。1949年任第三野战军十兵团政治委员。参加了开封、淮海、渡江等战役。中华人民共和国成立后，任驻越南军事顾问团团长。1956年起任广西省省长，公安军副司令员，中共广西壮族自治区委员会第一书记，自治区人民委员会主席，自治区政治协商会议主席，广西军区第一政治委员，中共中央中南局第二书记，中共广东省委第一书记，广州军区第一政治委员。1977 年起任总政治部主任，中共中央军委副秘书长。1955 年被授予上将军衔。是第三届国防委员会委员，第一届全国人大常委，第四、五、六、七届全国人大副委员长。第四、五届全国政协副主席。中国共产党第八届候补中央委员、中央委员，第九届中央委员，第十、十一、十二届中央政治局委员。1989 年 6 月 14 日在北京逝世。

五、20 世纪 50 年代初期广西史事钩沉

广西的剿匪斗争①

1949 年 12 月 11 日，人民解放军第 39 军 115 师 343 团把红旗插上镇南关（现称友谊关），广西全境解放，宣告了广西国民党政权的覆灭。但是，国民党残部勾结匪特反动地主武装，向新生的革命政权进行反扑。为根除匪患，广西各族人民和解放军团结战斗，进行了 3 年的剿匪斗争。从 1949 年 12 月中旬至 1952 年 12 月底，经过追歼残敌、重点进剿、清匪反霸三个阶段，共歼灭土匪 476 200 多人（包括打死、俘虏、自新、投降）。广西的剿匪斗争以全胜而宣告结束。

新中国成立后，广西的匪患主要有三种：一是敌人有计划潜伏下来的正规部队与行政人员，计 3 万多人；二是反动的地主恶霸武装，他们是农村中政权、财权和兵权三位一体的统治者，有一系列的反革命措施，具有控制群众的能力；三是打家劫舍的惯匪，以匪为职业，危害人民。这三股反革命势力近 10 万人，他们隐藏于边沿地区和山区，企图与我长期"作战"，妄想配合蒋军反攻大陆。他们连续作乱，乘我大军过后的空隙之机，偷袭我分散的小分队，破坏交通，攻打我区乡人民政府，肆意杀害我干部和群众积极分子，抢枪抢粮，无恶不作。这对新建立起来的人民政权，对恢复生产，安定社会秩序，都是很大的威胁。为此，中共广西省委和广西省军区发出了剿匪工作的指示，确定以"清剿匪特、巩固治安，发动群众、武装群众为全省一九五〇年压倒一切的中心任务"。于是，广西军民结合筹粮发动群众，全面开展剿匪工作。广西的剿匪斗争大体上

---

① 作者张国强、樊东方，原文载于《广西地方志》1988 年第 3 期。

分为三个阶段。

第一阶段从 1949 年 12 月中旬开始至 1950 年 9 月止。这一阶段主要是追歼残敌、镇压暴乱、进剿股匪。

为了执行地方军事任务，进行地方军事建设，1949 年 12 月上旬，奉中央人民政府、人民军事革命委员会命令成立了中国人民解放军广西军区，同时还把一部分主力部队地方化。并于 1950 年 1 月前后，分别在桂林、柳州、平乐、宜山、梧州、玉林、宾阳、武鸣、百色、龙州等 10 个地区建立了军分区。在省委省政府的领导下，各部队迅速在各地执行军事管制，协同地方建立地、市、县、区各级人民政权，稳定社会秩序，筹粮支援前线，整编地方游击队，建立县、区基本武装，在部分军分区建立独立团，继续追歼残敌。

在追歼残敌中，为了分化瓦解敌人，省委，省军区根据中央军委对敌改编的五条原则发出了指示，各地委和军分区相继成立改编委员会，采取军事压力和政治攻势相结合的办法，迫使残敌投降或接受改编。1951 年 1 月，广西军区司令部、政治部发布肃清匪特布告，申明"首恶必办，胁从不问，立功受奖"的宽大政策。同时，还以我党政军负责人名义给敌指挥官去信，令其投诚按期接受改编，立功赎罪。或利用开明的旧行政人员及敌军家属亲友劝降，广泛宣传我党我军的宽大政策，均收到效果。残敌慑于我军威力并感到大势已去而分化动摇。从 1949 年 12 月中旬至 1950 年 1 月底，全省共改编收降敌武装 20 股，约 14 000 多人，收缴各类武器有迫击炮 22 门，六〇炮 40 门，轻重机枪 226 挺，步枪 3568 支。

对负隅顽抗的残匪我军则坚决歼灭之。1950 年 2 月 5 日，我军在平而关围歼国民党第 17 兵团司令刘嘉树所率的 100 军军部、19 师、197 师，是追歼残匪最大的一次战斗。这股残匪企图逃往海南岛，2 月 1 日进占水口关后便处于我军严密监视之下。2 月 5 日，当敌企图全力攻夺平而关逃窜时，我军对敌实施阻截包围和猛烈攻击。经两昼夜激战，将刘嘉树以下 6700 多人全部歼灭。

追歼残敌和改编取得的胜利打乱了反动派的计划，但他们不甘心失败，避我锋芒，伺机反扑，要做垂死的挣扎。1950 年 1 月 26 日，以黄绍立、国民党中将军长钟祖培为首的"恭城人民反共救国军"裹胁群众 2000 多人，围攻恭城县城，洗劫商店，将我各乡小部队及政府工作人员全部杀害，200 多名群众亦同时遭到杀戮。我守军英勇反击，激战五昼夜，坚持到增援部队赶到解围，并活捉匪首钟祖培。此后，平乐、玉林、龙州、宾阳、柳州等专区相继发生匪乱。这些土匪烧民房、抢公粮、破坏交通、强奸妇女，攻打我区乡政府，捕杀我政府工作人员和进步群众，仅玉林、平乐、梧州三个专区不完全统计，我损失公粮达 70 万斤，我军及地方干部和进步群众约 3000 多人惨遭杀害。匪焰十分嚣张。

据此，1950 年 3 月中旬，中共广西省委召开第一次高干会议，总结前段剿匪工作经验与教训，重新部署剿匪工作和发动群众工作，制定"集中兵力，重点进剿"的方针，重申"首恶必办，胁从不问，立功受奖"的剿匪政策。

根据广西省委第一次高干会议精神，我军自 4 月中旬至 5 月上旬在镇压暴乱，共歼匪 3 万多人之后，便于 5 月中旬至 7 月底相对集中兵力重点进剿桂东南地区。这个地区是广西较富裕地区，也是反动地主武装和土匪力量占全省股匪一半以上的地区，消灭这一地区的股匪，对打击全省反革命气焰，迅速发动群众具有十分重要意义。在这个地区的军事进剿又以大容山区、六万大山区、十万大山区、天堂山区为重点，同时亦在省内其他地区清剿，维护交通。参加桂东南地区剿匪作战的主力部队有我军 45 军各部及宾阳、玉林、梧州、武鸣、龙州等军分区所属部队共 8 个团兵力，并以 45 军为主，成立了"广西省桂东南党政军委员会"，统一领导指挥桂东南地区剿匪和发动群众工作。

经过 3 个月对桂东南地区的匪巢重点进剿、驻剿，共歼匪 3 万多人，击毙和生擒一批匪首。从政治上和军事上予敌以有力打击，大规模的军事进剿暂告一段落。

7 月底，省委和军区分别进行整风，检查与总结 8 个月来的剿匪和发动群众工作，进一步明确了剿匪工作方针。部队通过整风，提高了指战员的作战积极性，研究剿匪战术，积极进行各项准备，为冬季重点剿匪打下基础。

第二阶段从 1950 年 10 月中旬至 1951 年 5 月，为重点进剿阶段。

为了彻底打垮残匪的反革命气焰，恢复社会秩序，省委和省军区分别发出了《冬季剿匪指示》和《冬季四个月剿匪计划》，要求"一切工作必须围绕剿匪这一中心任务进行"。

根据部署，冬季重点进剿划为两大剿匪重点区，即桂东南的大小瑶山、十万大山、六万大山等地区和柳北、桂西的大部地区。自 10 月中旬前后，我军对剿匪重点区内的邕宁、永淳、扶南、绥渌、上思、钦州、兴业、玉林、博白、北流、容县、贵县、横县、宾阳、来宾、迁江的股匪进行围歼，确保了重点剿匪区的胜利。11 月 11 日，毛主席来电批评广西在镇压反革命中存在"宽大无边"的错误，要求认真总结剿匪经验，于 1951 年 5 月 1 日以前彻底消灭广西股匪。同月，省委和军区召开了会议，明确把剿匪作为压倒一切的中心任务，发动群众，做到剿匪与反霸相结合，纠正宽大无边的偏向。坚决镇压罪大恶极的匪首，坚决收缴土匪及地主富农枪支，武装基本群众，建立可靠的民兵和地方武装。从此，广西剿匪斗争进入了一个新的时期。至12月下旬，全省共歼匪9万多名。为此，毛主席于1951年1月2日来电嘉奖广西剿匪工作说："你们过去几个月剿匪工作有很大成绩，甚慰。"

为加强广西的剿匪力量，如期完成党中央和毛主席交给的剿匪任务，中南军区从湖南增调21兵团来广西参加剿匪。我军以近30个团的兵力（不包括地方部队）分别进剿大小瑶山和桂南地区。在桂南地区，我军实施合围进剿后随即分散进剿，至1951年3月，基本肃清该地区土匪，匪首韦秀英等被我击毙，一批匪首被我生擒或投降缴械。

大小瑶山为土匪盘踞之地，计有匪8个军、13个师、19个团、7个旅、2个纵队、7个支队的番号，是广西土匪的总指挥中心。

从1月初起进剿大小瑶山。我军以强大兵力对瑶山外围据点多路突袭合围，缩小包围圈，切断土匪外逃去路，并采取灵活多变之战术，及时组织飞行队飞行组追捕匪首和散匪。同时，向瑶族群众开展政治宣传工作。大小瑶山在我严密搜捕围剿下，历时50天，匪首王晟被我击毙，匪首236名被我生擒，匪首黄品琼、卢荣冻死在深山老林中，歼匪4800多名。

桂南地区和瑶山地区剿匪的胜利是全省剿匪决定性的胜利，这个时期我军共歼匪18万多名，使广西社会秩序趋于好转。

3月初至4月底，我军挥戈转向柳北和桂西北剿匪区，并会同云南、贵州军区部队共同围歼，一举歼灭四十八弄、九万大山、桂西北等地土匪5万多名。至此，从1950年10月中旬至1951年4月底，共歼匪276 000多人，基本肃清了省内股匪。连同第一阶段的剿匪战果共歼匪374 146人。其中，歼俘师以上匪首537人，击毙军以上匪首44人，俘虏105名，投降自新41人。基本完成了毛主席交给的在5月1日前消灭股匪的任务。大规模的军事进剿宣告结束。

第三阶段从1951年6月起至1952年12月止，为清匪反霸肃特阶段。

广西的重点剿匪结束后，1951年1月16日省委发出《关于深入发动群众开展反霸清匪工作的指示》，强调"为根绝匪患，巩固胜利，反霸与清匪收枪、整顿农会民兵相结合"。省政府于1951年4月2日发布《关于清匪反霸减租退押政策十项规定》。各地清匪反霸大体做法是逮捕恶霸，发动群众诉苦申冤，组织清算，进行减租退押，罪大恶极的匪霸予以镇压。我军各部均协助地方开展反霸斗争。同时，地方干部和民兵群众也积极协助军队搜捕散匪。从1951年8月至1952年底，我摧毁了反革命地下组织100多个，歼灭63 400多名散匪。此后，驻广西部队除继续担负清匪肃特任务外，工作重点逐步转向部队内部建设和人民武装建设。1952年底宣布广西剿匪斗争胜利结束。

陶铸同志指出:"广西在中南六省中是解放最后,干部最少,而新中国成立后匪情又最严重的省份。"经过三年的斗争,土匪全部肃清。广西剿匪的胜利,是人民解放军和广西各族人民共同艰苦战斗的结果,来之不易。

毛主席主张广西省会在南宁①

1949 年 11 月初,中国人民解放军第四野战军南下解放广西,在武汉筹建的中共广西省委也由中共中央华中局所在地武汉市随军南移,并决定,省委机关临时设在桂林市。在广西全境即将解放前夕,省委几位负责同志对广西省会的设置提出了几种意见:有的认为,桂林是历史文化城,名气大,是老广西省政府的省会,各种设施比较齐全,工作条件好,省会应设在桂林;有的认为,柳州是广西的中心,工业有基础,铁路可通湘、黔,水路直达粤、港,公路也很方便,从地理位置和发展工农业生产角度看有它的好处,广西省会设在柳州是合理的;有的说,南宁应作为广西省委、省人民政府的驻地,它靠近越南,是中国政府支援越南人民抗法斗争的前线,有国际影响,南宁又处在少数民族地区,也近钦州湾,而钦州湾是海防要塞,省会设在南宁对联系和巩固海边防及至指挥全省建设都有重要的战略意义,水路交通比柳州还好。三种意见,各有道理,但要定下来,还得报告中央。毛主席很关心这件事,他比较各方面的意见后,决定把省会放在南宁。1950 年 2 月 8 日,广西省人民政府正式成立,确定南宁为广西省的省会。

广西是国民党桂系集团的老巢。刚刚解放的广西,满目疮痍,土匪猖獗。南宁铁路不通,通讯落后,当时对指挥全省的工作确有一定的困难。1951 年初,省委书记、省人民政府主席张云逸进京向毛主席汇报工作时说,来宾至南宁的二百多千米铁路不通,每次到北京或广州开会回南宁,都要在柳州转乘汽车,途中还要部队护送才行。柳州在广西的中心,还是把省会搬到柳州来吧。毛主席听完汇报后,站起来对张云逸说:"广西的土匪的确很厉害哟!但是,铁路不通可以修嘛!"毛主席又转身对参加听汇报的公安部部长罗瑞卿同志说:"罗长子,你们立即划出三条航线:北京、广州、昆明至南宁的飞机航线尽快通航。这样,我们的云逸同志今后回南宁就用不着部队护送了。"

在党中央、毛主席的关怀下,1951 年 5 月,广西基本肃清了土匪,社会治安有了好转。来宾至南宁的铁路也于 1951 年 3 月建成通车;1952 年民航南宁站

---

① 摘自张光皓主编,中共广西区党委宣传部、中共广西区党委党史研究室编:《毛泽东与广西》,广西人民出版社 1993 年版,第 82~84 页。

成立，并陆续开辟了南宁至广州、北京、昆明的航线，交通比过去方便多了。

　　1958 年 1 月，毛主席在南宁主持召开中央工作会议，一天，省人民政府主席韦国清给毛主席汇报工作，又顺便提到把广西省会迁往柳州之事。韦国清说："南宁较偏僻，往南走不远就到广东省的钦州小董（按：当时属广东省）了。柳州市是广西的中心，交通方便，而且荒坡荒地多，有利于建机关，办学校，盖工厂。"毛主席听了韦国清的陈述后，朗朗一笑说："这是你韦国清的一大发明。照你的说法，中国的首都在北京是不是也放太偏了？也应该从北京搬到兰州或青海去才成哟！那里的荒山荒地可比柳州多得多哩！"毛泽东又一次巧妙地回答了这个问题。韦国清也觉得毛主席的说法在理，表示同意毛主席的意见。

　　南宁是一座"草经冬而不枯，花非春仍奔放"的岭南名城。历史的进程，证明了广西省会设在南宁的必要。解放四十多年来，在党和人民政府的领导下，经过各族人民的团结奋斗，南宁的工农业生产日新月异，科技文教事业进步很快，水、陆、空交通也迅猛发展，到处呈现一派欣欣向荣的景象，成为广西各族人民向往的政治、经济、文化中心。特别是 1992 年 5 月，国务院把南宁定为开放城市，把广西确定为大西南出海通道以后，南宁以它"三沿"（沿海、沿江、沿边）的优势，在大西南通道的位置上显得更加重要。在改革开放的新形势下，南宁将以面向东南亚，背靠大西南的崭新姿态展现在人们的面前。南宁，将对广西，对中国，对世界，作出更大的贡献。

六、实践建议

　　（一）读书报告

　　1. 逄先知、金冲及：《毛泽东传 1949—1976》（上、下册），中央文献出版社 2003 年版。

　　2. 金冲及：《周恩来传》（上、下册），中央文献出版社 2008 年版。

　　3. ［美］麦克法夸尔、费正清：《剑桥中华人民共和国史 1949—1965》（中译本），中国社会科学出版社 1998 年版。

　　4. 广西军区党史办：《广西剿匪纪实》，广西人民出版社 1993 年版。

　　5. 广西军区政治部、广西区党史办编：《广西剿匪》，广西人民出版社 1991 年版。

　　6. 唐景积、卢行主编：《广西剿匪纪实》，广西人民出版社 1993 年版。

　　（二）实地调查

1. 对参加过解放广西、剿匪的解放军老兵、支前群众和民兵进行采访，收集口述史料。

2. 通过查阅有关资料和参观考察有关遗址遗迹、名人故居和纪念场馆，撰写调查报告或观后感。以下选题可供选择参考：

（1）广西革命纪念场馆对大学生爱国主义教育功能作用的研究

（2）如何发挥高校属地革命纪念场馆对大学生的教育功能

（三）观看与本章内容有关的反映广西人民反侵略斗争的影视剧

1. 电影《英雄虎胆》

八一电影制片厂摄制的谍战片，1958 年上映。该片讲述了解放军侦察科长曾泰化装潜伏到国民党残匪的老巢，协助大部队将匪徒一网打尽的故事。解放初期，匪首李汉光率领一股顽匪在广西西部的十万大山里活动、骚扰。解放军侦察科长曾泰，根据已获得的线索，冒充刚从国外越境过来的副司令，深入匪巢。由于预定的接头日延误，李月桂对曾泰产生怀疑。她让自己的亲信假扮成被俘的解放军战士，由曾泰来审讯。曾泰识破了敌人的诡计，打死了假俘虏，使自己得以过关。之后，李月桂又派曾泰率领土匪对解放军正在搞土改试点的沙河圩地区进行骚扰。曾泰想出了一个办法，使敌人既不怀疑自己，又不使群众遭到损失，并把情报通过联络员老猎人送了出去。沙河圩之战，匪徒大败而回。匪徒独眼龙向李汉光夫妇报告了曾泰向老猎人交授情报的情况，曾泰再次面临险境。但他巧妙利用李月桂的亲信阿兰小姐，借李汉光之手处死了独眼龙。联络人老猎人被李月桂抓来。为了重建联络点，侦察参谋耿浩打进匪巢。根据敌匪特务情报，耿浩被误认为是曾泰。耿浩将计就计，帮助曾泰再次闯过难关。最后，曾泰掌握了兵权，放走耿浩和老猎人。根据老猎人带回的情报，解放军里应外合，消灭了这股顽匪。

2. 电视剧《桂北剿匪记》（20 集）

新中国成立初期，国民党撤离大陆之前，不甘失败，留下部分部队、军火和特务潜伏在桂北山区，联合当地土匪为反攻大陆做准备，国民党特务长老猫在台湾操控着整个局面。他们发动了声势浩大的暴动，烧杀抢掠，一时间人心惶惶，时局巨变。区长王群、副区长徐翠和妇女主任苏凤娇率领民兵浴血奋战，终于打退了敌人的几次暴动，顺利完成剿匪任务。

3. 电视剧《瑶山大剿匪》（34 集）

又名《瑶山剿匪记》，是一部剿匪电视剧。由导演张国庆执导，温峥嵘、王嘉、丁海峰、马诗红等主演。该剧讲述了新中国成立初期为消灭盘踞在大瑶山的土匪，解放军派出飞狐小分队，与敌人斗智斗勇直到最后完成任务的故事。

4. 电视剧《万山剿匪记》（10 集）

又名《大围剿》，是一部反映 50 年代初期风起云涌的广西剿匪战斗历史的电视剧，该剧是一部熔纪实性、思想性、艺术性于一炉的历史剿匪战斗片。该剧内涵丰富，情节扣人心弦，场面规模宏大，史料真实，有很高的艺术创意；充分展现了那个年代南国边陲惊心动魄的剿匪故事和爱情故事；再现了广西剿匪党政军民团结奋战，为人民解放而流血牺牲的献身精神；对于宣传爱国主义教育和发扬优良传统有着重要的现实意义和历史意义。

（四）其他实践方式

1. 可以举行演讲比赛，如：广西大学生如何为民族团结作出贡献？

2. 演唱反映广西各民族团结的歌舞。

3. 表演话剧，如中央民族访问团在瑶山。

第九章

社会主义建设在探索中曲折发展

一、知识要点

（一）良好的开局

1. 全面建设社会主义的开端：提出马克思主义同中国实际的"第二次结合"；在社会主义制度下保护和发展生产力。

2. 早期探索的积极进展：《论十大关系》的发表；中共八大路线的制定；《关于正确处理人民内部矛盾的问题》的发表；整风运动和反右派斗争。

（二）探索中的严重曲折

1. "大跃进"及其纠正

（1）"大跃进"和人民公社化运动的发动

（2）初步纠正"左"倾错误的努力

（3）国民经济的调整

（4）"七千人大会"的召开与调整任务的基本完成

2. "文化大革命"及其结束

（1）"文化大革命"的发动

（2）全面内乱的形成

（3）粉碎林彪反革命集团

（4）挫败"四人帮""组阁"图谋

（5）1975 年整顿和"文化大革命"的结束

3. 严重的曲折，深刻的教训

（1）错误的性质

（2）犯错误的原因

（3）对错误进行科学分析

（三）建设的成就和探索的成果

1. 独立的、比较完整的工业体系和国民经济体系的建立

（1）较快的发展速度

（2）从根本上解决"从无到有"的问题

2. 人民生活水平的提高与文化、教育、医疗、科技事业的发展

（1）保障人民的基本生活需要

（2）提高人民的文化素质和健康水平

（3）取得一批重要的科技成果

3. 国际地位的提高与国际环境的改善

4. 探索中形成的建设社会主义的若干重要原则

二、历史脉络

从 1956 年底社会主义改造基本完成到 1976 年 10 月"文化大革命"结束，属于我国社会主义建设的探索时期。这个时期分为以下两个阶段。

第一个阶段，开始全面建设社会主义的十年（1956—1966 年）。社会主义改造基本完成以后，党领导全国人民开始转入全面的大规模的社会主义建设时期。这段时期我们虽然遭遇了严重挫折，但仍取得了很大成就，党在这十年中积累了丰富的领导社会主义建设经验。总之，我们现在赖以进行社会主义现代化建设的物质技术基础，有很大一部分是在这个期间建设起来的；我国政治、经济、文化建设等方面的骨干力量和他们的工作经验，大部分也是在这个期间培养和积累起来的。这是这个期间党的工作的主导方面。但这十年中，党的工作在指导方针上也有过严重失误，经历了曲折的发展过程。不过，这些失误当时还没有达到支配全局的程度。

第二个阶段，文化大革命的十年（1966—1976 年）。"文化大革命"的发生有着深刻、复杂的社会历史原因，其出发点是为了防止帝国主义的"和平演变"和防止资本主义复辟，但在具体理论和方法上出现了错误。在我国，在人民民主专政的国家政权建立以后，尤其是社会主义改造基本完成、剥削阶级作为阶级已经基本消灭以后，虽然社会主义革命的任务还没有最后完成，但是革命的内容和方法已与过去不同。对于党和国家肌体中确实存在的某些阴暗面，当然需要作出恰当的估计并运用符合宪法、法律和党章的正确措施加以解决，但不宜采取"文化大革命"的方法。"文化大革命"使党、国家和人民遭到建国以

来最严重的挫折和损失。但此期间我国还做了其他许多工作，国民经济虽然遭到损失，仍然取得许多进展，如氢弹、人造地球卫星、核潜艇巩固了我国的军事大国地位；籼型杂交水稻和青蒿素的育成、合作医疗的推广改善了人民生活；坦赞铁路的修建、中美、中日关系正常化的实现、"四三方案"的实施为后来的对外开放奠定了基础；珍宝岛自卫反击战、西沙海战的胜利保障了我国的国防安全，等等。

三、原著选读

论十大关系①

（一九五六年四月二十五日）

毛泽东

最近几个月，中央政治局听了中央工业、农业、运输业、商业、财政等三十四个部门的工作汇报，从中看到一些有关社会主义建设和社会主义改造的问题。综合起来，一共有十个问题，也就是十大关系。

提出这十个问题，都是围绕着一个基本方针，就是要把国内外一切积极因素调动起来，为社会主义事业服务。过去为了结束帝国主义、封建主义和官僚资本主义的统治，为了人民民主革命的胜利，我们就实行了调动一切积极因素的方针。现在为了进行社会主义革命，建设社会主义国家，同样也实行这个方针。但是，我们工作中间还有些问题需要谈一谈。特别值得注意的是，最近苏联方面暴露了他们在建设社会主义过程中的一些缺点和错误，他们走过的弯路，你还想走？过去我们就是鉴于他们的经验教训，少走了一些弯路，现在当然更要引以为戒。

什么是国内外的积极因素？在国内，工人和农民是基本力量。中间势力是可以争取的力量。反动势力虽是一种消极因素，但是我们仍然要作好工作，尽量争取化消极因素为积极因素。在国际上，一切可以团结的力量都要团结，不中立的可以争取为中立，反动的也可以分化和利用。总之，我们要调动一切直接的和间接的力量，为把我国建设成为一个强大的社会主义国家而奋斗。

---

① 中共中央文献编辑委员会：《毛泽东选集》（第五卷），人民出版社 1977 年版，第 267～288 页。

下面我讲十个问题。

一、重工业和轻工业、农业的关系

重工业是我国建设的重点。必须优先发展生产资料的生产，这是已经定了的。但是决不可以因此忽视生活资料尤其是粮食的生产。如果没有足够的粮食和其他生活必需品，首先就不能养活工人，还谈什么发展重工业？所以，重工业和轻工业、农业的关系，必须处理好。

在处理重工业和轻工业、农业的关系上，我们没有犯原则性的错误。我们比苏联和一些东欧国家作得好些。像苏联的粮食产量长期达不到革命前最高水平的问题，像一些东欧国家由于轻重工业发展太不平衡而产生的严重问题，我们这里是不存在的。他们片面地注重重工业，忽视农业和轻工业，因而市场上的货物不够，货币不稳定。我们对于农业、轻工业是比较注重的。我们一直抓了农业，发展了农业，相当地保证了发展工业所需要的粮食和原料。我们的民生日用商品比较丰富，物价和货币是稳定的。

我们现在的问题，就是还要适当地调整重工业和农业、轻工业的投资比例，更多地发展农业、轻工业。这样，重工业是不是不为主了？它还是为主，还是投资的重点。但是，农业、轻工业投资的比例要加重一点。

加重的结果怎么样？加重的结果，一可以更好地供给人民生活的需要，二可以更快地增加资金的积累，因而可以更多更好地发展重工业。重工业也可以积累，但是，在我们现有的经济条件下，轻工业、农业积累得更多更快些。

这里就发生一个问题，你对发展重工业究竟是真想还是假想，想得厉害一点，还是差一点？你如果是假想，或者想得差一点，那就打击农业、轻工业，对它们少投点资。你如果是真想，或者想得厉害，那你就要注重农业、轻工业，使粮食和轻工业原料更多些，积累更多些，投到重工业方面的资金将来也会更多些。

我们现在发展重工业可以有两种办法，一种是少发展一些农业、轻工业，一种是多发展一些农业、轻工业。从长远观点来看，前一种办法会使重工业发展得少些和慢些，至少基础不那么稳固，几十年后算总账是划不来的。后一种办法会使重工业发展得多些和快些，而且由于保障了人民生活的需要，会使它发展的基础更加稳固。

二、沿海工业和内地工业的关系

我国的工业过去集中在沿海。所谓沿海，是指辽宁、河北、北京、天津、河南东部、山东、安徽、江苏、上海、浙江、福建、广东、广西。我国全部轻工业和重工业，都有约百分之七十在沿海，只有百分之三十在内地。这是历史上形成的一种不合理的状况。沿海的工业基地必须充分利用，但是，为了平衡工业发展的布局，内地工业必须大力发展。在这两者的关系问题上，我们也没有犯大的错误，只是最近几年，对于沿海工业有些估计不足，对它的发展不那么十分注重了。这要改变一下。

过去朝鲜还在打仗，国际形势还很紧张，不能不影响我们对沿海工业的看法。现在，新的侵华战争和新的世界大战，估计短时期内打不起来，可能有十年或者更长一点的和平时期。这样，如果还不充分利用沿海工业的设备能力和技术力量，那就不对了。不说十年，就算五年，我们也应当在沿海好好地办四年的工业，等第五年打起来再搬家。从现有材料看来，轻工业工厂的建设和积累一般都很快，全部投产以后，四年之内，除了收回本厂的投资以外，还可以赚回三个厂，两个厂，一个厂，至少半个厂。这样好的事情为什么不做？认为原子弹已经在我们头上，几秒钟就要掉下来，这种形势估计是不合乎事实的，由此而对沿海工业采取消极态度是不对的。

这不是说新的工厂都建在沿海。新的工业大部分应当摆在内地，使工业布局逐步平衡，并且利于备战，这是毫无疑义的。但是沿海也可以建立一些新的厂矿，有些也可以是大型的。至于沿海原有的轻重工业的扩建和改建，过去已经作了一些，以后还要大大发展。

好好地利用和发展沿海的工业老底子，可以使我们更有力量来发展和支持内地工业。如果采取消极态度，就会妨碍内地工业的迅速发展。所以这也是一个对于发展内地工业是真想还是假想的问题。如果是真想，不是假想，就必须更多地利用和发展沿海工业，特别是轻工业。

三、经济建设和国防建设的关系

国防不可不有。现在，我们有了一定的国防力量。经过抗美援朝和几年的整训，我们的军队加强了，比第二次世界大战前的苏联红军要更强些，装备也有所改进。我们的国防工业正在建立。自从盘古开天辟地以来，我们不晓得造飞机，造汽车，现在开始能造了。

我们现在还没有原子弹。但是，过去我们也没有飞机和大炮，我们是用小米加步枪打败了日本帝国主义和蒋介石的。我们现在已经比过去强，以后还要比现在强，不但要有更多的飞机和大炮，而且还要有原子弹。在今天的世界上，我们要不受人家欺负，就不能没有这个东西。怎么办呢？可靠的办法就是把军政费用降到一个适当的比例，增加经济建设费用。只有经济建设发展得更快了，国防建设才能够有更大的进步。

一九五○年，我们在党的七届三中全会上，已经提出精简国家机构、减少军政费用的问题，认为这是争取我国财政经济情况根本好转的三个条件之一。第一个五年计划期间，军政费用占国家预算全部支出的百分之三十。这个比重太大了。第二个五年计划期间，要使它降到百分之二十左右，以便抽出更多的资金，多开些工厂，多造些机器。经过一段时间，我们就不但会有很多的飞机和大炮，而且还可能有自己的原子弹。

这里也发生这么一个问题，你对原子弹是真正想要、十分想要，还是只有几分想，没有十分想呢？你是真正想要、十分想要，你就降低军政费用的比重，多搞经济建设。你不是真正想要、十分想要，你就还是按老章程办事。这是战略方针的问题，希望军委讨论一下。

现在我们把兵统统裁掉好不好？那不好。因为还有敌人，我们还受敌人欺负和包围嘛！我们一定要加强国防，因此，一定要首先加强经济建设。

四、国家、生产单位和生产者个人的关系

国家和工厂、合作社的关系，工厂、合作社和生产者个人的关系，这两种关系都要处理好。为此，就不能只顾一头，必须兼顾国家、集体和个人三个方面，也就是我们过去常说的"军民兼顾""公私兼顾"。鉴于苏联和我们自己的经验，今后务必更好地解决这个问题。

拿工人讲，工人的劳动生产率提高了，他们的劳动条件和集体福利就需要逐步有所改进。我们历来提倡艰苦奋斗，反对把个人物质利益看得高于一切，同时我们也历来提倡关心群众生活，反对不关心群众痛痒的官僚主义。随着整个国民经济的发展，工资也需要适当调整。关于工资，最近决定增加一些，主要加在下面，加在工人方面，以便缩小上下两方面的距离。我们的工资一般还不高，但是因为就业的人多了，因为物价低和稳，加上其他种种条件，工人的生活比过去还是有了很大改善。在无产阶级政权下面，工人的政治觉悟和劳动积极性一直很高。去年年底中央号召反右倾保守，工人群众热烈拥护，奋战三个月，破例地超额完成了今年第一季度的计划。我们需要大力发扬他们这种艰苦奋斗的精神，也需要更多地注意解决他们在劳动和生活中的迫切问题。

这里还要谈一下工厂在统一领导下的独立性问题。把什么东西统统都集中在中央或省市，不给工厂一点权力，一点机动的余地，一点利益，恐怕不妥。中央、省市和工厂的权益究竟应当各有多大才适当，我们经验不多，还要研究。从原则上说，统一性和独立性是对立的统一，要有统一性，也要有独立性。比如我们现在开会是统一性，散会以后有人散步，有人读书，有人吃饭，就是独立性。如果我们不给每个人散会后的独立性，一直把会无休止地开下去，不是所有的人都要死光吗？个人是这样，工厂和其他生产单位也是这样。各个生产单位都要有一个与统一性相联系的独立性，才会发展得更加活泼。

再讲农民。我们同农民的关系历来都是好的，但是在粮食问题上曾经犯过一个错误。一九五四年我国部分地区因水灾减产，我们却多购了七十亿斤粮食。这样一减一多，闹得去年春季许多地方几乎人人谈粮食，户户谈统销。农民有意见，党内外也有许多意见。尽管不少人是故意夸大，乘机攻击，但是不能说我们没有缺点。调查不够，摸不清底，多购了七十亿斤，这就是缺点。我们发现了缺点，一九五五年就少购了七十亿斤，又搞了一个"三定"，就是定产定购定销，加上丰收，一少一增，使农民手里多了二百多亿斤粮食。这样，过去有意见的农民也说"共产党真是好"了。这个教训，全党必须记住。

苏联的办法把农民挖得很苦。他们采取所谓义务交售制等项办法，把农民生产的东西拿走太多，给的代价又极低。他们这样来积累资金，使农民的生产积极性受到极大的损害。你要母鸡多生蛋，又不给它米吃，又要马儿跑得好，又要马儿不吃草。世界上哪有这样的道理！

我们对农民的政策不是苏联的那种政策，而是兼顾国家和农民的利益。我们的农业税历来比较轻。工农业品的交换，我们是采取缩小剪刀差，等价交换或者近乎等价交换的政策。我们统购农产品是按照正常的价格，农民并不吃亏，而且收购的价格还逐步有所增长。我们在向农民供应工业品方面，采取薄利多销、稳定物价或适当降价的政策，在向缺粮区农民供应粮食方面，一般略有补贴。但是就是这样，如果粗心大意，也还是会犯这种或那种错误。鉴于苏联在这个问题上犯了严重错误，我们必须更多地注意处理好国家同农民的关系。

合作社同农民的关系也要处理好。在合作社的收入中，国家拿多少，合作社拿多少，农民拿多少，以及怎样拿法，都要规定得适当。合作社所拿的部分，都是直接为农民服务的。生产费不必说，管理费也是必要的，公积金是为了扩大再生产，公益金是为了农民的福利。但是，这几项各占多少，应当同农民研究出一个合理的比例。生产费管理费都要力求节约。公积金公益金也要有个控制，不能希望一年把好事都做完。

除了遇到特大自然灾害以外，我们必须在增加农业生产的基础上，争取百分之九十的社员每年的收入比前一年有所增加，百分之十的社员的收入能够不增不减，如有减少，也要及早想办法加以解决。

总之，国家和工厂，国家和工人，工厂和工人，国家和合作社，国家和农民，合作社和农民，都必须兼顾，不能只顾一头。无论只顾哪一头，都是不利于社会主义，不利于无产阶级专政的。这是一个关系到六亿人民的大问题，必须在全党和全国人民中间反复进行教育。

五、中央和地方的关系

中央和地方的关系也是一个矛盾。解决这个矛盾，目前要注意的是，应当在巩固中央统一领导的前提下，扩大一点地方的权力，给地方更多的独立性，让地方办更多的事情。这对我们建设强大的社会主义国家比较有利。我们的国家这样大，人口这样多，情况这样复杂，有中央和地方两个积极性，比只有一个积极性好得多。我们不能像苏联那样，把什么都集中到中央，把地方卡得死死的，一点机动权也没有。

中央要发展工业，地方也要发展工业。就是中央直属的工业，也还是要靠地方协助。至于农业和商业，更需要依靠地方。总之，要发展社会主义建设，就必须发挥地方的积极性。中央要巩固，就要注意地方的利益。

现在几十只手插到地方，使地方的事情不好办。立了一个部就要革命，要革命就要下命令。各部不好向省委、省人民委员会下命令，就同省、市的厅局联成一线，天天给厅局下命令。这些命令虽然党中央不知道，国务院不知道，但都说是中央来的，给地方压力很大。表报之多，闹得泛滥成灾。这种情况，必须纠正。

我们要提倡同地方商量办事的作风。党中央办事，总是同地方商量，不同地方商量从来不冒下命令。在这方面，希望中央各部好好注意，凡是同地方有关的事情，都要先同地方商量，商量好了再下命令。

中央的部门可以分成两类。有一类，它们的领导可以一直管到企业，它们设在地方的管理机构和企业由地方进行监督；有一类，它们的任务是提出指导方针，制定工作规划，事情要靠地方办，要由地方去处理。

处理好中央和地方的关系，这对于我们这样的大国大党是一个十分重要的问题。这个问题，有些资本主义国家也是很注意的。它们的制度和我们的制度根本不同，但是它们发展的经验，还是值得我们研究。拿我们自己的经验说，我们建国初期实行的那种大区制度，当时有必要，但是也有缺点，后来的高饶反党联盟，就多少利用了这个缺点。以后决定取消大区，各省直属中央，这是正确的。但是由此走到取消地方的必要的独立性，结果也不那么好。我们的宪法规定，立法权集中在中央。但是在不违背中央方针的条件下，按照情况和工作需要，地方可以搞章程、条例、办法，宪法并没有约束。我们要统一，也要特殊。为了建设一个强大的社会主义国家，必须有中央的强有力的统一领导，必须有全国的统一计划和统一纪律，破坏这种必要的统一，是不允许的。同时，又必须充分发挥地方的积极性，各地都要有适合当地情况的特殊。这种特殊不是高岗的那种特殊，而是为了整体利益，为了加强全国统一所必要的特殊。

还有一个地方和地方的关系问题，这里说的主要是地方的上下级关系问题。省市对中央部门有意见，地、县、区、乡对省市就没有意见吗？中央要注意发挥省市的积极性，省市也要注意发挥地、县、区、乡的积极性，都不能够框得太死。当然，也要告诉下面的同志哪些事必须统一，不能乱来。总之，可以和应当统一的，必须统一，不可以和不应当统一的，不能强求统一。正当的独立性，正当的权利，省、市、地、县、区、乡都应当有，都应当争。这种从全国整体利益出发的争权，不是从本位利益出发的争权，不能叫做地方主义，不能叫做闹独立性。

省市和省市之间的关系，也是一种地方和地方的关系，也要处理得好。我们历来的原则，就是提倡顾全大局，互助互让。

在解决中央和地方、地方和地方的关系问题上，我们的经验还不多，还不成熟，希望你们好好研究讨论，并且每过一个时期就要总结经验，发扬成绩，克服缺点。

六、汉族和少数民族的关系

对于汉族和少数民族的关系，我们的政策是比较稳当的，是比较得到少数民族赞成的。我们着重反对大汉族主义。地方民族主义也要反对，但是那一般地不是重点。

我国少数民族人数少，占的地方大。论人口，汉族占百分之九十四，是压倒优势。如果汉人搞大汉族主义，歧视少数民族，那就很不好。而土地谁多呢？土地是少数民族多，占百分之五十到六十。我们说中国地大物博，人口众多，实际上是汉族"人口众多"，少数民族"地大物博"，至少地下资源很可能是少数民族"物博"。

各个少数民族对中国的历史都作过贡献。汉族人口多，也是长时期内许多民族混血形成的。历史上的反动统治者，主要是汉族的反动统治者，曾经在我们各民族中间制造种种隔阂，欺负少数民族。这种情况所造成的影响，就在劳动人民中间也不容易很快消除。所以我们无论对干部和人民群众，都要广泛地持久地进行无产阶级的民族政策教育，并且要对汉族和少数民族的关系经常注意检查。早两年已经作过一次检查，现在应当再来一次。如果关系不正常，就必须认真处理，不要只口里讲。

在少数民族地区，经济管理体制和财政体制，究竟怎样才适合，要好好研究一下。

我们要诚心诚意地积极帮助少数民族发展经济建设和文化建设。在苏联，俄罗斯民族同少数民族的关系很不正常，我们应当接受这个教训。天上的空气，地上的森林地下的宝藏，都是建设社会主义所需要的重要因素，而一切物质因素只有通过人的因素，才能加以开发利用。我们必须搞好汉族和少数民族的关系，巩固各民族的团结，来共同努力于建设伟大的社会主义祖国。

七、党和非党的关系

究竟是一个党好，还是几个党好？现在看来，恐怕是几个党好。不但过去如此，而且将来也可以如此，就是长期共存，互相监督。

在我们国内，在抗日反蒋斗争中形成的以民族资产阶级及其知识分子为主的许多民主党派，现在还继续存在。在这一点上，我们和苏联不同。我们有意识地留下民主党派，让他们有发表意见的机会，对他们采取又团结又斗争的方针。一切善意地向我们提意见的民主人士，我们都要团结。像卫立煌、翁文灏这样的有爱国心的国民党军政人员，我们应当继续调动他们的积极性。就是那些骂我们的，像龙云、梁漱溟、彭一湖之类，我们也要养起来，让他们骂，骂得无理，我们反驳，骂得有理，我们接受。这对党，对人民，对社会主义比较有利。

中国现在既然还有阶级和阶级斗争，就不会没有各种形式的反对派。所有民主党派和无党派民主人士虽然都表示接受中国共产党的领导，但是他们中的许多人，实际上就是程度不同的反对派。在"把革命进行到底"、抗美援朝、土地改革等等问题上，他们都是又反对又不反对。对于镇压反革命，他们一直到现在还有意见。他们说《共同纲领》好得不得了，不想搞社会主义类型的宪法，但是宪法起草出来了，他们又全都举手赞成。事物常常走到自己的反面，民主党派对许多问题的态度也是这样。他们是反对派，又不是反对派，常常由反对走到不反对。

共产党和民主党派都是历史上发生的。凡是历史上发生的东西，都要在历史上消灭。因此，共产党总有一天要消灭，民主党派也总有一天要消灭。消灭就是那么不舒服？我看很舒服。共产党，无产阶级专政，哪一天不要了，我看实在好。我们的任务就是要促使它们消灭得早一点。这个道理，过去我们已经说过多次了。

但是，无产阶级政党和无产阶级专政，现在非有不可，而且非继续加强不可。否则，不能镇压反革命，不能抵抗帝国主义，不能建设社会主义，建设起来也不能巩固。列宁关于无产阶级政党和无产阶级专政的理论，决没有像有些人说的那样"已经过时"。无产阶级专政不能没有很大的强制性。但是，必须反对官僚主义，反对机构庞大。在一不死人二不废事的条件下，我建议党政机构进行大精简，砍掉它三分之二。

话说回来，党政机构要精简，不是说不要民主党派。希望你们抓一下统一战线工作，使他们和我们的关系得到改善，尽可能把他们的积极性调动起来为社会主义服务。

八、革命和反革命的关系

反革命是什么因素？是消极因素，破坏因素，是积极因素的反对力量。反革命可不可以转变？当然，有些死心塌地的反革命不会转变。但是，在我国的条件下，他们中间的大多数将来会有不同程度的转变。由于我们采取了正确的政策，现在就有不少反革命被改造成不反革命了，有些人还做了一些有益的事。

有几点应当肯定：

第一点，应当肯定，一九五一年和一九五二年那一次镇压反革命是必须的。有这么一种意见，认为那一次镇压反革命也可以不搞。这种意见是错误的。

对待反革命分子的办法是：杀、关、管、放。杀，大家都知道是什么一回事。关，就是关起来劳动改造。管，就是放在社会上由群众监督改造。放，就是可捉可不捉的一般不捉，或者捉起来以后表现好的，把他放掉。按照不同情况，给反革命分子不同的处理，是必要的。

现在只说杀。那一次镇压反革命杀了一批人，那是些什么人呢？是老百姓非常仇恨的、血债累累的反革命分子。六亿人民的大革命，不杀掉那些"东霸天""西霸天"，人民是不能起来的。如果没有那次镇压，今天我们采取宽大政策，老百姓就不可能赞成。现在有人听到说斯大林杀错了一些人，就说我们杀的那批反革命也杀错了，这是不对的。肯定过去根本上杀得对，在目前有实际意义。

第二点，应当肯定，还有反革命，但是已经大为减少。在胡风问题出来以后，清查反革命是必要的。有些没有清查出来的，还要继续清查。要肯定现在还有少数反革命分子，他们还在进行各种反革命破坏活动，比如把牛弄死，把粮食烧掉，破坏工厂，盗窃情报，贴反动标语，等等。所以，说反革命已经肃清了，可以高枕无忧了，是不对的。只要中国和世界上还有阶级斗争，就永远不可以放松警惕。但是，说现在还有很多反革命，也是不对的。

第三点，今后社会上的镇反，要少捉少杀。社会上的反革命因为是老百姓的直接冤头，老百姓恨透了，所以少数人还是要杀。他们中的多数，要交给农业合作社去管制生产，劳动改造。但是，我们还不能宣布一个不杀，不能废除死刑。

第四点，机关、学校、部队里面清查反革命，要坚持在延安开始的一条，就是一个不杀，大部不捉。真凭实据的反革命，由机关清查，但是公安局不捉，检察机关不起诉，法院也不审判。一百个反革命里面，九十几个这样处理。这就是所谓大部不捉。至于杀呢，就是一个不杀。

什么样的人不杀呢？胡风、潘汉年、饶漱石这样的人不杀，连被俘的战犯宣统皇帝、康泽这样的人也不杀。不杀他们，不是没有可杀之罪，而是杀了不利。这样的人杀了一个，第二个第三个就要来比，许多人头就要落地。这是第一条。第二条，可以杀错人。一颗脑袋落地，历史证明是接不起来的，也不像韭菜那样，割了一次还可以长起来，割错了，想改正错误也没有办法。第三条，消灭证据。镇压反革命要有证据。这个反革命常常就是那个反革命的活证据，有官司可以请教他。你把他消灭了，可能就再找不到证据了。这就只有利于反革命，而不利于革命。第四条，杀了他们，一不能增加生产，二不能提高科学水平，三不能帮助除四害，四不能强大国防，五不能收复台湾。杀了他们，你得一个杀俘虏的名声，杀俘虏历来是名声不好的。还有一条，机关里的反革命跟社会上的反革命不同。社会上的反革命爬在人民的头上，而机关里的反革命跟人民隔得远些，他们有普遍的冤头，但是直接的冤头不多。这些人一个不杀有什么害处呢？能劳动改造的去劳动改造，不能劳动改造的就养一批。反革命是废物，是害虫，可是抓到手以后，却可以让他们给人民办点事情。

但是，要不要立条法律，讲机关里的反革命一个不杀呢？这是我们的内部政策，不用宣布，实际上尽量做到就是了。假使有人丢个炸弹，把这个屋子里的人都炸死了，或者一半，或者三分之一，你说杀不杀？那就一定要杀。

机关肃反实行一个不杀的方针，不妨碍我们对反革命分子采取严肃态度。但是，可以保证不犯无法挽回的错误，犯了错误也有改正的机会，可以稳定很多人，可以避免党内同志之间互不信任。不杀头，就要给饭吃。对一切反革命分子，都应当给以生活出路，使他们有自新的机会。这样做，对人民事业，对国际影响，都有好处。

镇压反革命还要作艰苦的工作，大家不能松懈。今后，除社会上的反革命还要继续镇压以外，必须把混在机关、学校、部队中的一切反革命分子继续清查出来。一定要分清敌我。如果让敌人混进我们的队伍，甚至混进我们的领导机关，那会对社会主义事业和无产阶级专政造成多么严重的危险，这是大家都清楚的。

九、是非关系

党内党外都要分清是非。如何对待犯了错误的人，这是一个重要的问题。正确的态度应当是，对于犯错误的同志，采取"惩前毖后，治病救人"的方针，帮助他们改正错误，允许他们继续革命。过去，在以王明为首的教条主义者当权的时候，我们党在这个问题上犯了错误，学了斯大林作风中不好的一面。他们在社会上不要中间势力，在党内不允许人家改正错误，不准革命。

《阿Q正传》是一篇好小说，我劝看过的同志再看一遍，没看过的同志好好地看看。鲁迅在这篇小说里面，主要是写一个落后的不觉悟的农民。他专门写了"不准革命"一章，说假洋鬼子不准阿Q革命。其实，阿Q当时的所谓革命，不过是想跟别人一样拿点东西而已。可是，这样的革命假洋鬼子也还是不准。我看在这点上，有些人很有点像假洋鬼子。他们不准犯错误的人革命，不分犯错误和反革命的界限，甚至把一些犯错误的人杀掉了。我们要记住这个教训。无论在社会上不准人家革命，还是在党内不准犯错误的同志改正错误，都是不好的。

对于犯了错误的同志，有人说要看他们改不改。我说单是看还不行，还要帮助他们改。这就是说，一要看，二要帮。人是要帮助的，没有犯错误的人要帮助，犯了错误的人更要帮助。人大概是没有不犯错误的，多多少少要犯错误，犯了错误就要帮助。只看，是消极的，要设立各种条件帮助他改。是非一定要搞清楚，因为党内的原则争论，是社会上阶级斗争在党内的反映，是不允许含糊的。按照情况，对于犯错误的同志采取恰如其分的合乎实际的批评，甚至必要的斗争，这是正常的，是为了帮助他们改正错误。对犯错误的同志不给帮助，反而幸灾乐祸，这就是宗派主义。

对于革命来说，总是多一点人好。犯错误的人，除了极少数坚持错误、屡教不改的以外，大多数是可以改正的。正如得过伤寒病的可以免疫一样，犯过错误的人，只要善于从错误中取得教训，也可以少犯错误。倒是没有犯过错误的人容易犯错误，因为他容易把尾巴翘得高。我们要注意，对犯错误的人整得过分，常常整到自己身上。高岗本来是想搬石头打人的，结果却打倒了自己。好意对待犯错误的人，可以得人心，可以团结人。对待犯错误的同志，究竟是采取帮助态度还是采取敌视态度，这是区别一个人是好心还是坏心的一个标准。

"惩前毖后，治病救人"的方针，是团结全党的方针，我们必须坚持这个方针。

十、中国和外国的关系

我们提出向外国学习的口号，我想是提得对的。现在有些国家的领导人就不愿意提，甚至不敢提这个口号。这是要有一点勇气的，就是要把戏台上的那个架子放下来。

应当承认，每个民族都有它的长处，不然它为什么能存在？为什么能发展？同时，每个民族也都有它的短处。有人以为社会主义就了不起，一点缺点也没有了。哪有这个事？应当承认，总是有优点和缺点这两点。我们党的支部书记，部队的连排长，都晓得在小本本上写着，今天总结经验有两点，一是优点，一是缺点。他们都晓得有两点，为什么我们只提一点？一万年都有两点。将来有将来的两点，现在有现在的两点，各人有各人的两点。总之，是两点而不是一点。说只有一点，叫知其一不知其二。

我们的方针是，一切民族、一切国家的长处都要学，政治、经济、科学、技术、文学、艺术的一切真正好的东西都要学。但是，必须有分析有批判地学，不能盲目地学，不能一切照抄，机械搬用。他们的短处、缺点，当然不要学。

对于苏联和其他社会主义国家的经验，也应当采取这样的态度。过去我们一些人不清楚，人家的短处也去学。当着学到以为了不起的时候，人家那里已经不要了，结果栽了个斤斗，像孙悟空一样，翻过来了。比如，过去有人因为苏联是设电影部、文化局，我们是设文化部、电影局，就说我们犯了原则错误。他们没有料到，苏联不久也改设文化部，和我们一样。有些人对任何事物都不加分析，完全以"风"为准。今天刮北风，他是北风派，明天刮西风，他是西风派，后来又刮北风，他又是北风派。自己毫无主见，往往由一个极端走到另一个极端。苏联过去把斯大林捧得一万丈高的人，现在一下子把他贬到地下九千丈。我们国内也有人跟着转。中央认为斯大林是三分错误，七分成绩，总起来还是一个伟大的马克思主义者，按照这个分寸，写了《关于无产阶级专政的历史经验》。三七开的评价比较合适。斯大林对中国作了一些错事。第二次国内革命战争后期的王明"左"倾冒险主义，抗日战争初期的王明右倾机会主义，都是从斯大林那里来的。解放战争时期，先是不准革命，说是如果打内战，中华民族有毁灭的危险。仗打起来，对我们半信半疑。仗打胜了，又怀疑我们是铁托式的胜利，一九四九、一九五〇两年对我们的压力很大。可是，我们还认为他是三分错误，七分成绩。这是公正的。

社会科学，马克思列宁主义，斯大林讲得对的那些方面，我们一定要继续努力学习。我们要学的是属于普遍真理的东西，并且学习一定要与中国实际相结合。如果每句话，包括马克思的话，都要照搬，那就不得了。我们的理论，是马克思列宁主义的普遍真理同中国革命的具体实践相结合。党内一些人有一个时期搞过教条主义，那时我们批评了这个东西。但是现在也还是有。学术界也好，经济界也好，都还有教条主义。

自然科学方面，我们比较落后，特别要努力向外国学习。但是也要有批判地学，不可盲目地学。在技术方面，我看大部分先要照办，因为那些我们现在还没有，还不懂，学了比较有利。但是，已经清楚的那一部分，就不要事事照办了。

外国资产阶级的一切腐败制度和思想作风，我们要坚决抵制和批判。但是，这并不妨碍我们去学习资本主义国家的先进的科学技术和企业管理方法中合乎科学的方面。工业发达国家的企业，用人少，效率高，会做生意，这些都应当有原则地好好学过来，以利于改进我们的工作。现在，学英文的也不研究英文了，学术论文也不译成英文、法文、德文、日文同人家交换了。这也是一种迷信。对外国的科学、技术和文化，不加分析地一概排斥，和前面所说的对外国东西不加分析地一概照搬，都不是马克思主义的态度，都对我们的事业不利。

我认为，中国有两条缺点，同时又是两条优点。

第一，我国过去是殖民地、半殖民地，不是帝国主义，历来受人欺负。工农业不发达，科学技术水平低，除了地大物博，人口众多，历史悠久，以及在文学上有部《红楼梦》等等以外，很多地方不如人家，骄傲不起来。但是，有些人做奴隶做久了，感觉事事不如人，在外国人面前伸不直腰，像《法门寺》里的贾桂一样，人家让他坐，他说站惯了，不想坐。在这方面要鼓点劲，要把民族自信心提高起来，把抗美援朝中提倡的"藐视美帝国主义"的精神发展起来。

第二，我们的革命是后进的。虽然辛亥革命打倒皇帝比俄国早，但是那时没有共产党，那次革命也失败了。人民革命的胜利是在一九四九年，比苏联的十月革命晚了三十几年。在这点上，也轮不到我们来骄傲。苏联和我们不同，一、沙皇俄国是帝国主义，二、后来又有了一个十月革命。所以许多苏联人很骄傲，尾巴翘得很高。

我们这两条缺点，也是优点。我曾经说过，我们一为"穷"，二为"白"。"穷"，就是没有多少工业，农业也不发达。"白"，就是一张白纸，文化水平、科学水平都不高。从发展的观点看，这并不坏。穷就要革命，富的革命就困难。科学技术水平高的国家，就骄傲得很。我们是一张白纸，正好写字。

因此，这两条对我们都有好处。将来我们国家富强了，我们一定还要坚持革命立场，还要谦虚谨慎，还要向人家学习，不要把尾巴翘起来。不但在第一个五年计划期间要向人家学习，就是在几十个五年计划之后，还应当向人家学习。一万年都要学习嘛！这有什么不好呢？

一共讲了十点。这十种关系，都是矛盾。世界是由矛盾组成的。没有矛盾就没有世界。我们的任务，是要正确处理这些矛盾。这些矛盾在实践中是否能完全处理好，也要准备两种可能性，而且在处理这些矛盾的过程中，一定还会遇到新的矛盾，新的问题。但是，像我们常说的那样，道路总是曲折的，前途总是光明的。我们一定要努力把党内党外、国内国外的一切积极的因素，直接的、间接的积极因素，全部调动起来，把我国建设成为一个强大的社会主义国家。

<h1 style="text-align:center">关于正确处理人民内部矛盾的问题（节选）①</h1>

毛泽东

关于正确处理人民内部矛盾的问题，这是一个总题目。为了叙述的方便，分为十二个小题目。在这里，也要说到敌我矛盾的问题，但是重点是讨论人民内部的矛盾问题。

……

（五）知识分子问题

我国人民内部的矛盾，在知识分子中间也表现出来了。过去为旧社会服务的几百万知识分子，现在转到为新社会服务，这里就存在着他们如何适应新社会需要和我们如何帮助他们适应新社会需要的问题。这也是人民内部的一个矛盾。

我国知识分子的大多数，在过去七年中已经有了显著的进步。他们表示赞成社会主义制度。他们中间有许多人正在用功学习马克思主义，有一部分人已经成为共产主义者。这部分人目前虽然还是少数，但是正在逐渐增多。当然，知识分子中间有一些人现在仍然怀疑或者不同意社会主义，这部分人只占少数。

我国的艰巨的社会主义建设事业，需要尽可能多的知识分子为它服务。凡是真正愿意为社会主义事业服务的知识分子，我们都应当给予信任，从根本上改善同他们的关系，帮助他们解决各种必须解决的问题，使他们得以积极地发挥他们的才能。我们有许多同志不善于团结知识分子，用生硬的态度对待他们，不尊重他们的劳动，在科学文化工作中不适当地干预那些不应当干预的事务。所有这些缺点必须加以克服。

广大的知识分子虽然已经有了进步，但是不应当因此自满。为了充分适应新社会的需要，为了同工人农民团结一致，知识分子必须继续改造自己，逐步地抛弃资产阶级的世界观而树立无产阶级的、共产主义的世界观。世界观的转变是一个根本的转变，现在多数知识分子还不能说已经完成了这个转变。我们

---

① 《人民日报》1957年6月19日，第1、2、3版。（这是毛泽东同志在最高国务会议第十一次（扩大）会议上的讲话。后来毛泽东根据原始记录加以整理，作了若干补充，一九五七年六月十九日在《人民日报》发表。）

希望我国的知识分子继续前进，在自己的工作和学习的过程中，逐步地树立共产主义的世界观，逐步地学好马克思列宁主义，逐步地同工人农民打成一片，而不要中途停顿，更不要向后倒退，倒退是没有出路的。由于我国的社会制度已经起了变化，资产阶级思想的经济基础已经基本上消灭了，这就使大量知识分子的世界观不但有了改变的必要，而且有了改变的可能。但是世界观的彻底改变需要一个很长的时间，我们应当耐心地做工作，不能急躁。事实上必定会有一些人在思想上始终不愿意接受马克思列宁主义，不愿意接受共产主义，对于这一部分人不要苛求；只要他们服从国家的要求，从事正常的劳动，我们就应当给他们以适当工作的机会。

在知识分子和青年学生中间，最近一个时期，思想政治工作减弱了，出现了一些偏向。在一些人的眼中，好像什么政治，什么祖国的前途、人类的理想，都没有关心的必要。好像马克思主义行时了一阵，现在就不那么行时了。针对着这种情况，现在需要加强思想政治工作。不论是知识分子，还是青年学生，都应该努力学习。除了学习专业之外，在思想上要有所进步，政治上也要有所进步，这就需要学习马克思主义，学习时事政治。没有正确的政治观点，就等于没有灵魂。过去的思想改造是必要的，收到了积极的效果。但是在做法上有些粗糙，伤了一些人，这是不好的。这个缺点，今后必须避免。思想政治工作，各个部门都要负责任。共产党应该管，青年团应该管，政府主管部门应该管，学校的校长教师更应该管。我们的教育方针，应该使受教育者在德育、智育、体育几方面都得到发展，成为有社会主义觉悟的有文化的劳动者。要提倡勤俭建国。要使全体青年们懂得，我们的国家现在还是一个很穷的国家，并且不可能在短时间内根本改变这种状态，全靠青年和全体人民在几十年时间内，团结奋斗，用自己的双手创造出一个富强的国家。社会主义制度的建立给我们开辟了一条到达理想境界的道路，而理想境界的实现还要靠我们的辛勤劳动。有些青年人以为到了社会主义社会就应当什么都好了，就可以不费气力享受现成的幸福生活了，这是一种不实际的想法。

（六）少数民族问题

我国少数民族有三千多万人，虽然只占全国总人口的百分之六，但是居住地区广大，约占全国总面积的百分之五十至六十。所以汉族和少数民族的关系一定要搞好。这个问题的关键是克服大汉族主义。在存在有地方民族主义的少数民族中间，则应当同时克服地方民族主义。无论是大汉族主义或者地方民族主义，都不利于各族人民的团结，这是应当克服的一种人民内部的矛盾。在这一方面，我们已经做了一些工作，在大多数少数民族地区民族关系比较从前大有改进，但是仍然存在着一些尚待解决的问题。在一部分地区，大汉族主义和地方民族主义都还严重地存在，必须给以足够的注意。经过各族人民几年来的努力，我国少数民族地区绝大部分都已经基本上完成了民主改革和社会主义改造。西藏由于条件还不成熟，还没有进行民主改革。按照中央和西藏地方政府的十七条协议，社会制度的改革必须实行，但是何时实行，要待西藏大多数人民群众和领袖人物认为可行的时候，才能作出决定，不能性急。现在已决定在第二个五年计划期间不进行改革。在第三个五年计划期内是否进行改革，要到那时看情况才能决定。

（七）统筹兼顾、适当安排

这里所说的统筹兼顾，是指对于六亿人口的统筹兼顾。我们作计划、办事、想问题，都要从我国有六亿人口这一点出发，千万不要忘记这一点。为什么要提出这样一个问题，难道还有人不知道我国有六亿人口吗？知道是知道的，不过办起事来有些人就忘记了，似乎人越少越好，圈子紧缩得越小越好。抱有这种小圈子主义的人们，对于这样一种思想是抵触的：调动一切积极因素，团结一切可能团结的人，并且尽可能地将消极因素转变为积极因素，为建设社会主义社会这个伟大的事业服务。我希望这些人扩大眼界，真正承认我国有六亿人口，承认这是一个客观存在，这是我们的本钱。我国人多，是好事，当然也有困难。我们各方面的建设事业都在蓬勃地发展着，成绩很大，但是，在目前社会大变动的过渡时期，困难问题还是很多的。又发展又困难，这就是矛盾。任何矛盾不但应当解决，也是完全可以解决的。我们的方针是统筹兼顾、适当安排。无论粮食问题，灾荒问题，就业问题，教育问题，知识分子问题，各种爱国力量的统一战线问题，少数民族问题，以及其他各项问题，都要从对全体人民的统筹兼顾这个观点出发，就当时当地的实际可能条件，同各方面的人协商，作出各种适当的安排。决不可以嫌人多，嫌人落后，嫌事情麻烦难办，推出门外了事。我这样说，是不是要把一切人一切事都由政府包下来呢？当然不是。许多人，许多事，可以由社会团体想办法，可以由群众直接想办法，他们是能够想出很多好的办法来的。而这也就包括在统筹兼顾、适当安排的方针之内，我们应当指导社会团体和各地群众这样做。

（八）关于百花齐放、百家争鸣、长期共存、互相监督

百花齐放，百家争鸣，长期共存，互相监督，这几个口号是怎样提出来的呢？它是根据中国的具体情况提出来的，是在承认社会主义社会仍然存在着各种矛盾的基础上提出来的，是在国家需要迅速发展经济和文化的迫切要求上提出来的。百花齐放、百家争鸣的方针，是促进艺术发展和科学进步的方针，是

促进我国的社会主义文化繁荣的方针。艺术上不同的形式和风格可以自由发展，科学上不同的学派可以自由争论。利用行政力量，强制推行一种风格，一种学派，禁止另一种风格，另一种学派，我们认为会有害于艺术和科学的发展。艺术和科学中的是非问题，应当通过艺术界科学界的自由讨论去解决，通过艺术和科学的实践去解决，而不应当采取简单的方法去解决。为了判断正确的东西和错误的东西，常常需要有考验的时间。历史上新的正确的东西，在开始的时候常常得不到多数人承认，只能在斗争中曲折地发展。正确的东西，好的东西，人们一开始常常不承认它们是香花，反而把它们看作毒草。哥白尼关于太阳系的学说，达尔文的进化论，都曾经被看作是错误的东西，都曾经经历艰苦的斗争。我国历史上也有许多这样的事例。同旧社会比较起来，在社会主义社会中，新生事物的成长条件，和过去根本不同了，好得多了。但是压抑新生力量，压抑合理的意见，仍然是常有的事。不是由于有意压抑，只是由于鉴别不清，也会妨碍新生事物的成长。因此，对于科学上、艺术上的是非，应当保持慎重的态度，提倡自由讨论，不要轻率地作结论。我们认为，采取这种态度可以帮助科学和艺术得到比较顺利的发展。

　　……

　　百花齐放、百家争鸣这两个口号，就字面看，是没有阶级性的，无产阶级可以利用它们，资产阶级也可以利用它们，其他的人们也可以利用它们。所谓香花和毒草，各个阶级、阶层和社会集团也有各自的看法。那末，从广大人民群众的观点看来，究竟什么是我们今天辨别香花和毒草的标准呢？在我国人民的政治生活中，应当怎样来判断我们的言论和行动的是非呢？我们以为，根据我国的宪法的原则，根据我国最大多数人民的意志和我国各党派历次宣布的共同的政治主张，这种标准可以大致规定如下：（一）有利于团结全国各族人民，而不是分裂人民；（二）有利于社会主义改造和社会主义建设，而不是不利于社会主义改造和社会主义建设；（三）有利于巩固人民民主专政，而不是破坏或者削弱这个专政；（四）有利于巩固民主集中制，而不是破坏或者削弱这个制度；（五）有利于巩固共产党的领导，而不是摆脱或者削弱这种领导；（六）有利于社会主义的国际团结和全世界爱好和平人民的国际团结，而不是有损于这些团结。这六条标准中，最重要的是社会主义道路和党的领导两条。提出这些标准，是为了帮助人民发展对于各种问题的自由讨论，而不是为了妨碍这种讨论。不赞成这些标准的人们仍然可以提出自己的意见来辩论。但是大多数人有了明确的标准，就可以使批评和自我批评沿着正确的轨道前进，就可以用这些标准去鉴别人们的言论行动是否正确，究竟是香花还是毒草。这是一些政治标准。为了鉴别科学论点的正确或者错误，艺术作品的艺术水准如何，当然还需要一些各自的标准。但是这六条政治标准对于任何科学艺术的活动也都是适用的。在我国这样的社会主义国家里，难道有什么有益的科学艺术活动会违反这几条政治标准的吗？

以上所说的观点，都是从我国的具体的历史条件出发的。各个社会主义国家和各国共产党的情况各不相同。因此，我们并不认为，它们必须或者应当采取中国的做法。

"长期共存、互相监督"这个口号，也是我国具体的历史条件的产物。这个口号并不是突然提出来的，它已经经过了好几年的酝酿。长期共存的思想已经存在很久了。到去年，社会主义制度已基本建立，这些口号就明确地提出来了。为什么要让资产阶级和小资产阶级的民主党派同工人阶级政党长期共存呢？这是因为凡属一切确实致力于团结人民从事社会主义事业的、得到人民信任的党派，我们没有理由不对它们采取长期共存的方针。我在一九五〇年六月第二次政治协商会议上，就已经这样说过："只要谁肯真正为人民效力，在人民还有困难的时期内确实帮了忙，做了好事，并且是一贯地做下去，并不半途而废，那末，人民和人民的政府是没有理由不要他的，是没有理由不给他以生活的机会和效力的机会的。"这里所说的，也就是各党派可以长期共存的政治基础。共产党同各民主党派长期共存，这是我们的愿望，也是我们的方针。至于各民主党派是否能够长期存在下去，不是单由共产党一方面的愿望作决定，还要看各民主党派自己的表现，要看它们是否取得人民的信任。各党派互相监督的事实，也早已存在，就是各党派互相提意见，作批评。所谓互相监督，当然不是单方面的，共产党可以监督民主党派，民主党派也可以监督共产党。为什么要让民主党派监督共产党呢？这是因为一个党同一个人一样，耳边很需要听到不同的声音。大家知道，主要监督共产党的是劳动人民和党员群众。但是有了民主党派，对我们更为有益。当然，各民主党派和共产党相互之间所提的意见，所作的批评，也只有在合乎我们在前面所说的六条政治标准的情况下，才能够发挥互相监督的积极作用。因此，我们希望各民主党派都能注意思想改造，争取和共产党一道长期共存，互相监督，以适应新社会的需要。

……

（十二）中国工业化的道路

这里所讲的工业化道路的问题，主要是指重工业、轻工业和农业的发展关系问题。我国的经济建设是以重工业为中心，这一点必须肯定。但是同时必须充分注意发展农业和轻工业。

我国是一个大农业国，农村人口占全国人口的百分之八十以上，发展工业必须和发展农业同时并举，工业才有原料和市场，才有可能为建立强大的重工业积累较多的资金。大家知道，轻工业和农业有极密切的关系。没有农业，就没有轻工业。重工业要以农业为重要市场这一点，目前还没有使人们看得很清楚。但是随着农业的技术改革逐步发展，农业的日益现代化，为农业服务的机械、肥料、水利建设、电力建设、运输建设、民用燃料、民用建筑材料等等将日益增多，重工业以农业为重要市场的情况，将会易于为人们所理解。在第二个五年计划和第三个五年计划期间，如果我们的农业能够有更大的发展，使轻工业相应地有更多的发展，这对于整个国民经济会有好处。农业和轻工业发展了，重工业有了市场，有了资金，它就会更快地发展。这样，看起来工业化的速度似乎慢一些，但是实际上不会慢，或者反而可能快一些。经过三个五年计划，或者再多一些时间，我国的钢产量仍然可能由新中国成立前最高年产量，即一九四三年的九十多万吨，发展到二千万吨，或者更多一点。这样，城乡人民都会感到高兴。

关于经济问题今天不准备多讲。经济建设我们还缺乏经验，因为才进行七年，还需要积累经验。对于革命我们开始也没有经验，翻过斤斗，取得了经验，然后才有全国的胜利。我们要求在取得经济建设方面的经验，比较取得革命经验的时间要缩短一些，同时不要花费那么高的代价。代价总是需要的，就是希望不要有革命时期所付的代价那么高。必须懂得，在这个问题上是存在着矛盾的，即社会主义社会经济发展的客观规律和我们主观认识之间的矛盾，这需要在实践中去解决。这个矛盾，也将表现为人同人之间的矛盾，即比较正确地反映客观规律的一些人同比较不正确地反映客观规律的一些人之间的矛盾，因此也是人民内部的矛盾。一切矛盾都是客观存在的，我们的任务在于尽可能正确地反映它和解决它。

为了使我国变为工业国，我们必须认真学习苏联的先进经验。苏联建设社会主义已经有四十年了，它的经验对于我们是十分宝贵的。大家看吧，谁给我们设计和装备了这么多的重要工厂呢？美国给我们没有？英国给我们没有？他们都不给。只有苏联肯这样做，因为它是社会主义国家，是我们的同盟国家。除了苏联以外，东欧一些兄弟国家也给了我们一些帮助。完全不错，一切国家的好经验我们都要学，不管是社会主义国家的，还是资本主义国家的，这一点是肯定的。但是主要的还是要学苏联。学习有两种态度。一种是教条主义的态度，不管我国情况，适用的和不适用的，一起搬来。这种态度不好。另一种态度，学习的时候用脑筋想一下，学那些和我国情况相适合的东西，即吸取对我们有益的经验，我们需要的是这样一种态度。

四、广西历史文化资源

1. 冬泳亭

位于南宁市邕江大桥北岸西侧平台，是广西人民为纪念毛主席于 1958 年 1 月 7 日和 11 日两次冒着严寒畅游邕江而在毛主席冬泳下水的地方兴建的。1958 年 1 月 6 日至 23 日，中共中央政治局在南宁召开。会议期间，65 岁高龄的毛泽东主席于 7 日、11 日两次冒着六七摄氏度的严寒，畅泳邕江，给南宁人民留下了深刻的记忆。为了纪念此次毛泽东主席畅游邕江的活动，1974 年 9 月南宁市革命委员会在毛泽东主席当年下水之地建亭立碑，并由当时中共中央政治局常委、全国人民代表大会副委员长董必武同志书题"冬泳亭"三字悬于亭中。在亭侧的走廊中设立一块董必武同志题笔的纪念诗刻："盛会南宁主席临，邕江冬泳纪碑亭。工农奋发思跃进，大势如高屋建瓴。"

亭为仿古重檐六角亭，钢筋混凝土结构，盖金黄色琉璃筒瓦；亭内檐柱六根，在亭南北两面设垂带台阶三级；其余柱间以石凳相连，柱间横梁上各饰一朵木棉花，亭柱、石凳、地台均以水磨石饰面；亭高 8.7 米，占地面积 22 平方米。冬泳亭于 2001 年被公布为南宁市文物保护单位。

冬泳亭（陈峥摄）

董必武题《冬泳亭》诗刻（陈峥摄）

2. 柳州董必武题词亭

位于今柳州市沙塘镇政府内。1959 年 2 月 21 日，时任中共中央政治局委员、国家副主席董必武在贺龙、聂荣臻、罗荣桓等同志的陪同下，到柳州市郊区超美人民公社（今柳州市沙塘镇）视察并题词，内容为："指标前进，鼓足干劲，措施保证计划跃进，今年生产翻一番，社员觉悟更兴奋。说超美，定超美，生产关系社会制度，我们超过美国已久矣。努力机械化，努力电气化，提高生产力，繁重劳动寡，文化渐提高，跨上科学马。比生产，比生活，比知识，我们达到的水平，美国将不在话下。一九五九年二月二十一日参观柳州市郊区超美人民公社 董必武题。"后来，人们把这一题词刻成碑文设在沙塘镇政府院内，并建凉亭供人参观。此碑亭被定为柳州市级文物保护单位。1998 年，沙塘镇政府对董必武碑亭进行维修，恢复原貌。

3. 毛主席接见广西各族人民纪念馆

位于南宁市人民公园。1958 年 1 月 11 日至 22 日，毛泽东在南宁主持召开部分中央领导人和九省二市第一书记参加的中央工作会议，史称"南宁会议"。会议最后一天，毛泽东在人民公园接见五千多名广西机关干部、解放军官兵、工人、农民、市民和学生等各界代表，沿着公园古炮台、公园山顶、纪念碑广场逐个地点接见群众。在南宁期间，他还两次畅游邕江，并到邕江边散步，到军区礼堂观看桂剧演出。

纪念馆展览面积约 500 平方米，通过"走进南宁群众""南宁会议""关怀壮乡建设"三个单元的内容，主要对 1958 年毛主席在南宁主持召开"南宁会议"这段历史进行再现，运用多媒体投放、实物和文物复制等展示方式，生动展现毛泽东同志等中央领导人对广西发展的关怀和支持。

毛主席接见广西各族人民纪念馆（陈峥摄）

4. 柳州工业博物馆

柳州工业博物馆坐落于柳州市鱼峰区文昌大桥东侧南面，为国家 AAAA 级景区，也是免费向公众开放的博物馆。于 2012 年 5 月 1 日建成对外开放，填补了广西工业类博物馆的空白，成为广西乃至全国第一所城市综合性工业博物馆。总用地面积将近 11 万平方米，总建筑面积超过 6 万平方米，设有工业历史馆、生态宜居馆等主题展馆，截至目前已征集到各类大小工业遗存实物 6000 多件，各种文献资料、图片 11 000 多件。

该博物馆主要由"柳州工业历史馆""柳州企业风采馆""柳州生态宜居馆" 3 个主题展馆及室外展区组成。柳州工业历史馆，展现了柳州工业 100 多年来，从无到有，从弱到强的发展历程，体现出艰苦奋斗、自主创新的"柳州精神"。柳州企业风采馆作为柳州工业历史馆的重要补充，展示了今日柳州工业实力和柳州骨干企业时代风采。柳州生态宜居馆于 2014 年开放，是柳州工业博物馆的第三个主题展馆，是全面展示柳州近 30 年以来，在工业快速发展，环境遭到严重破坏的情况下，推行综合治理，重建生态环境和探索新型工业化道路，城市生态和人居环境得到极大改善的一个主题展馆。

园区分为室外展区、景观区和服务区，集中突出了观赏、旅游、休闲、购物的功能。以仿柳州钢铁厂 20 世纪 60 年代 1 号高炉建筑为室外景观区视觉中心，配以室外老式蒸汽机车、内燃机车、大型装载机、3000 吨汽车纵梁油压机，以及化工、纺织、车床等大型展品，营造出了浓郁的工业氛围，突出了工业旅游观光的特点。

柳州工业博物馆所藏的工业文物具有广西、全国"第一"和"唯一"的特性，从不同侧面记录了广西及中华民族复兴的历史，也是柳州艰苦创业、敢为人先、自强不息、实业兴邦精神的真实写照。作为中国工业重镇，柳州的工业遗产见证了广西乃至中国地区工业化和城市化的进程，柳州将通过建设工业历史博物馆进一步丰富柳州历史文化名城内涵，促进柳州文化旅游业的发展。

柳州工业博物馆（陈峥摄）

4. 柳州军事博物园

柳州军事博物园是西南地区最大的军事博物馆，是广西唯一一所具有军事题材的博物馆，成为广西国防教育基地、广西青少年爱国主义教育基地、国家级国防教育基地。2011年初在柳州东堤路18号动工建设，3月，被国家国防教育办公室确定为全国八个"国家国防教育主题公园"试点单位之一，5月31日竣工并举行揭牌仪式，6月1日正式免费对外开放。柳州军事博物园征集到的海陆空退役军事装备丰富：江上停放着北海舰队赠送的退役"清远号"猎潜艇；

柳州军事博物园（陈峥摄）

岸上陈列有广州军区赠送的加农炮、高射炮、中型坦克、装甲输送车等重武器装备，以及教练机、轰炸机等退役军用飞机。柳州军事博物园室内展馆则分海军、空军、陆军和二炮部队等多个展区，以图文、影像及模型等多种形式，立体展现中国人民解放军发展的峥嵘岁月和威武风采。

2016 年 10 月正式闭馆搬迁，新馆位于航五路柳州动物园附近的旧机场，2017 年搬迁完毕并开放。

五、社会主义建设时期广西史事钩沉

毛泽东社会主义革命和建设思想在广西的实践①

新中国成立后，毛泽东在领导全国人民进行社会主义革命和建设的事业中，对广西民族地区的工作高度重视，他对广西巩固新生革命政权，推进民主改革，推动广西各项建设，建立民族区域自治，加强民族团结和民族地区开发等工作给予了巨大的关怀和支持，他不仅作出了大量关于广西民族地区社会主义建设的指示，而且亲自来广西指导工作。在毛泽东社会主义革命和建设思想的指导下，广西各族人民在社会主义革命和建设上取得伟大成就，对民族地区经济建设和社会发展起到了巨大的推动作用。

一、毛泽东经济建设思想与广西经济发展

新中国成立初期，中国仍然是一个农业国，从这种国情出发，毛泽东十分重视农业生产，对农业问题十分关注，他的关于农业建设的思想对广西民族地区农业生产力解放和农业发展起到很大作用。

（一）毛泽东农业思想与广西农业发展

土地改革前，广西的土地占有制极不合理，占农村人口 50% 的贫苦农民只占全部耕地面积的 13%，而仅占农村人口 5% 的地主却占有全部耕地的 40%。新中国成立后，在毛泽东土地改革思想指导和中央部署下，从 1950 年冬至 1952 年秋，广西分批完成了汉、壮族地区的土地改革，侗、瑶、苗等少数民族地区土改工作于 1954 年 5 月结束。土地改革使无地少地的农民获得了土地，解放了农村生产力，极大地激发了广大农民的生产积极性。

---

① 吕宁、陈峥：《试论毛泽东社会主义革命和建设思想在广西民族地区的实践》，《湖南第一师范学院学报》2013 年第 4 期。题目为编者所改。

土地改革后，毛泽东进一步提出了农业互助合作运动。在毛泽东的领导和指示下，广西积极贯彻社会主义改造方针。1955 年，毛泽东作了《关于农业合作化问题》的重要报告，中共广西省委召开全省区委书记以上的干部会议，学习了党中央关于农业合作化问题的决议和毛泽东的报告，作出了实现农业合作化的全面规划和部署，掀起了农业社会主义改造的高潮。1956 年底，广西农业社会主义改造基本完成。全省 73 000 多个初级农业合作社转为 10 000 多个高级农业合作社，入社农户占全省农户的 98.6%。

20 世纪 50 年代至 70 年代，广西农业社会主义建设取得较大成就，建立了区、市、县、乡四级推广体系和科学研究机构，农业教育发展迅速，兴修了大量农田水利工程，农作物品种得到改良，粮食产量迅速提高，农业机械化在一定地域得到推广，乡镇（社队）企业、畜牧业、渔业也有很大发展。以农田水利建设为例，毛泽东对农田水利建设十分重视，早在 1934 年就指出："水利是农业的命脉，我们也应予以极大的注意。"新中国成立后毛泽东更是多次强调农田水利建设的重要性。在毛泽东水利建设思想的指导下，广西掀起了水利建设的高潮。据统计，1965 年 9 月全区电站装机容量比 1949 年增加 21 倍，有 51 个县、市使用了电力抽水灌溉，电力排灌面积达 150 万亩。

农业是人们最基本的生活资料的主要来源，是国民经济的基础，新中国成立后广西农业的逐步发展，为工业建设和其他建设奠定了基础。这是与毛泽东的指导与关怀分不开的。

（二）毛泽东工业化思想与广西现代工业的建立及发展

历经多年的战乱，广西的工业基础十分薄弱。新中国成立初期，毛泽东和中央提出恢复工业生产任务和实行"一五"计划建设，在这一时期，广西通过没收官僚资本主义工业，扶持私营工业，发展公私合营工业，解放了生产力，调动了职工群众的生产积极性，生产迅速恢复和发展。"一五"计划期间，广西完成工业投资 1.5 亿元，新建扩建了一批小型企业，工业发展速度很快。据统计，1953 年至 1957 年，广西工农业总产值、工业总产值平均每年增长速度分别为 10.5%、18.6%。

毛泽东对广西工业建设十分重视和关心。1958 年南宁会议期间，广西省委书记处书记兼省长韦国清向毛泽东请示工作，韦国清说："我们广西工业基础太薄弱了，打算在这个五年计划内，搞三大项目建设：西津水电站、柳州钢铁厂、柳州化肥厂。"毛泽东指出："电力、钢铁、化肥，这些都是工农业生产发展的基础，要抓紧上马。"毛泽东对此给予大力支持和关怀，交代李富春副总理（兼国家计委主任）全力协助广西具体落实三个项目的建设规划。在毛泽东、周恩来的直接关怀下，西津水电站、柳州钢铁厂、柳州化肥厂这三大项目很快建成，为广西工业发展打下了基础。

20世纪60年代，面对日益严峻的国际形势，毛泽东作出了"三线"建设的重大战略决策。广西作为祖国的南大门，战略地位极其重要，"三线"建设时期，桂西北被划为"大三线"建设地区。中央在广西投入巨资和大量人才，促进了广西工业水平的提高。以全民所有制工业企业固定资产总额为例，1965年末为86 033万元，1975年末增加到303 420万元，增加252.79%，其中重工业从1965年末的64 308万元增加到1975年末的243 220万元，增加278%；而且广西产业结构也出现了变化，1975年工业总产值为503 223万元，占53.11%，比1965年增加276.68%。在工业总产值中，轻重工业比例1965年分别为68%、32%，1975年分别为54%、46%。

(三) 毛泽东发展交通业的思想与广西交通业的发展

旧中国时期，广西的公路建设十分缓慢，航运、铁路、航空也极为落后。为了尽快解决广西交通落后的状况，毛泽东作了大量关于发展交通的重要指示，中央对广西十分关心并在政策、资金、技术、人才等各方面进行援助。

新中国成立初期，在毛泽东和中央的关心下，经过各族人民的努力，广西大部分铁路、公路很快得到恢复，一些新的交通线路修通。1951年3月5日，湘桂铁路来宾至南宁段通车；3月10日，梧州至香港水上航线复航；11月7日，湘桂铁路来宾至镇南关段全线通车。"一五"计划期间，广西共新建公路1928千米，改建568千米，一些边缘县乡有了公路；航运方面，"一五"期间共整治河道24条计3800千米；1958—1960年，全区新建公路9363千米，年均新建3121千米，所有的县市都通了汽车。特别是随着"三线"建设全面展开，广西交通业更是因此而得到了飞速发展，铁路方面扩建、新建了枝柳铁路广西段，公路、航运、航空等也得到很大的发展。

在此必须指出的是，在历史上广西是一个内陆省份，没有出海口。新中国成立后，在党中央和毛泽东的同意下，1951年5月，经中央人民政府政务院批准，将原属广东省钦廉专区的钦县（今钦州市）、合浦、灵山、防城4县和北海市委托广西省领导，1952年3月正式划归广西省，使广西由内陆地区变成沿海地区，海洋交通运输业从无到有并发展迅速。在今天，广西提出发展北部湾经济和推进泛北部湾地区经济合作，该地区经济发展很快，这是与当时毛泽东和党中央的高瞻远瞩离不开的。

二、毛泽东发展社会事业思想在广西的实践

社会事业主要指教育、科技、文化、卫生、体育等直接为社会服务的公益性事业，与群众的生活息息相关。大力发展社会事业，解决群众最关心、最直接、最现实的问题，对促进经济社会发展极其重要。

（一）毛泽东教育思想及实践与广西教育发展

毛泽东十分重视民族地区的教育，尤其是重视少数民族干部的培养。新中国成立后，1950年，中央人民政府政务院通过了《培养少数民族干部的方案》，决定在中央和少数民族成分较多的区、省成立民族学院。在这种背景下，广西民族地区的教育事业发展很快。1952年中央民族学院广西分院在南宁成立，次年2月，改称广西民族学院，为广西培养更多的少数民族干部提供了新平台。1958年1月，毛主席在南宁人民公园接见了广西民族学院各族师生，接受了壮族学员和侗族学员敬献的鲜花，给广西民族学院以巨大的鼓舞。正是在毛主席同志接见的推动下，广西民族学院开始设置大学本科、专科教育，实现了历史性的突破。1952年4月，应杨东莼校长的请求，毛泽东亲笔为广西大学题写了校名，从此，毛泽东题写的广西大学校名一直使用至今。毛泽东对广西教育的关心，给广西教育事业的发展带来巨大动力。据有关资料，1952年末与1950年7月相比，广西的小学增加1.5倍，小学生增加5倍；中学生增加1.3倍；中等技术学校增加2倍，学生增加3.9倍。1953年，根据中央关于高校院系调整的指示，广西的高校进行调整，普通中学、全省私立中学全部由国家接办，部分专区、县师范学校规模过小的调整合并。与此同时，一大批民族师范院校、中专、中学、小学也先后建立起来，为广西民族地区人才的培养提供了条件。据统计，到1957年全省已培养出壮族工程师、医师、农艺师和技术员等各种技术干部3200多名。

（二）毛泽东科技思想与广西科技发展

新中国成立前，广西的科技十分落后，新中国成立初期人民政府只接收了两个农业方面的科研机构，全部工作人员仅276人。毛泽东对科技问题十分重视，多次提出发展科技的指示，"三线"建设时期，毛泽东号召"好人好马上三线"，一部分科研、教学单位和企业内迁广西，带来了大批科技人员和较为先进的科研设备，大大增强了广西的科技实力，为广西今日的发展奠定了人才优势。据统计，到1978年底，仅桂林市属单位的科技人员就达4849人，加上国家部属和自治区属的大专院校、科研院所和其他企事业单位的各类专业技术人员有3786人，全部共有各类专业技术人才8635人。

（三）毛泽东体育医疗卫生思想与广西体育医疗卫生事业发展

毛泽东对体育医疗卫生事业十分重视，他认为体育工作关系青年的成长，因而大力提倡群众性体育运动。1952年，中华全国体育总会在北京成立，毛泽东为该会题词"发展体育运动,增强人民体质"。1953年,毛泽东指出,体育是关系六亿人民健康的大事,要积极开展群众体育运动,使体育活动普及和经常化。

广西的体育运动起点很低,极其落后。新中国成立以来,党和政府十分重视和发展体育事业。1952年广西成立了体育运动协会的办事机构。1954年成立广西体育运动委员会,1958年各地相继建立了体育工作的领导机构。在各地开展广泛的群众性体育运动的基础上,广西建立了区一级的专项运动队。各族人民热烈响应毛泽东关于"发展体育运动,增强人民体质"的号召,积极参加体育活动。在此值得一提的是,1958年1月7日和10日,时年65岁的毛泽东两次冬泳邕江,为邕江冬泳注入了强大的生命力,产生了深远的历史影响。此后,"冬泳"一词开始流传于华夏大地,推动了南宁乃至全国各地冬泳健身运动的蓬勃发展,南宁也成为公认的南方冬泳的发源地,这对推动广西民族体育运动的发展起到了巨大作用。据1976年统计,全区参加游泳活动的人数达到1600万,占当时全区人口的1/4。同时,在毛泽东的关怀下,广西各少数民族的传统体育运动继续得到发展。

新中国建立后,为了保护广大人民群众的生命健康,毛泽东高度重视医疗卫生工作,提出了关于发展卫生事业的一系列重要方针、政策和主张,并卓有成效地领导了新中国的医疗卫生实践。据统计,1952年末,广西全省普遍实行公费医疗制度,享受公费医疗有18.3万多人,次年,乡干部、大专院校学生开始享受公费医疗。随后,在毛泽东的关注下,卫生部制定了"面向工农兵、预防为主、团结中西医"的卫生方针,重视疾病的预防工作,建立健全卫生防疫机构体系,建立卫生保健制度,开展群众性的卫生运动。在20世纪50年代,广西就成功地控制、消灭了鼠疫、天花传染性疾病,提高了人民的健康水平。到1958年,广西全民所有制的医疗卫生机构已有1872个,病床15 585张,卫生技术人员12899人,与1947年相比较分别增长9.1、7.1、10.7倍。1965年,毛主席发觉当时我国的医疗工作"重城市"和"轻农村",便严厉批评卫生部是"城市卫生部""城市老爷卫生部",提出要"把医疗卫生工作的重点放到农村去",即"6·26"指示。在"6·26指示"的号召下,广西城镇医务人员掀起了分批分期下农村的热潮;与此同时,广西各地大办合作医疗,大力培训赤脚医生,以最低的成本获得了满足农民基本医疗需求的最高效益。尽管一些医疗机构的条件简陋,设备落后,但广西基本上实现了全民医疗,这在当时是个了不起的成就。

三、毛泽东民族和宗教思想与广西的民族、宗教问题的解决

广西是一个多民族地区，由于历史原因，新中国成立前广西少数民族不能享受民主权利，同汉族间还存在"事实上的不平等"。毛泽东对民族工作十分重视，他强调要批判大汉族主义和反对地方民族主义，要正确处理有关民族问题的人民内部矛盾，指出"要反对大汉族主义。不要以为只是汉族帮助了少数民族，而少数民族也很大地帮助了汉族"。在毛泽东的领导下，广西的民族团结和民族发展取得了较大的成绩。

（一）毛泽东民族平等思想与广西少数民族名称和地位确立

新中国成立初期，毛泽东主持制定的《中国人民政治协商会议共同纲领》规定："中华人民共和国境内各民族一律平等……禁止民族间的歧视、压迫和分裂各民族团结的行为。"1951 年中央人民政府又发布了《关于处理带有歧视或侮辱少数民族性质的称谓、地名、碑碣、匾联的指示》，废除了带有侮辱性的称谓、地名等。有的少数民族称谓虽然没有侮辱性的含义，也根据少数民族自己的意愿进行了更改，将僮族的"僮"改为"壮"。1954 年，毛泽东主持制定的《中华人民共和国宪法》总纲规定："各民族一律平等。禁止对任何民族的歧视和压迫。"从法律上取消了民族压迫制度。1956 年，毛泽东指出："如果汉人搞大汉族主义，歧视少数民族，那就很不好。……各少数民族对中国的历史都作过贡献。"1956 年，全国人大民族委员会和国务院民族事务委员会，秉承毛泽东的指示，对广西民族地区的社会历史情况进行了大规模的调查，并开展了民族识别工作，使一大批本来还处于奴隶制、封建制甚至原始社会的族群被确认为民族，广西各少数民族也在这时被正式确定为社会主义大家庭的一员，他们的民主权利在社会生活和政府行为中得到有效落实和充分保障，形成了各民族平等相待、团结和睦、友好互助的良好社会环境。

（二）毛泽东解决民族问题思想与广西民族区域自治

新中国成立后，如何保持国家的集中统一，同时又充分保障各少数民族平等的自治权利，是摆在中国共产党面前的重要课题。以毛泽东为代表的中国共产党人把马克思主义民族理论与中国民族的实际问题相结合，创造性地提出了民族区域自治制度，确立了解决民族问题的基本政策和重要制度。

早在 1945 年，毛泽东就明确宣布"允许各少数民族有民族自治的权利"。1951 年，党中央和国务院派出中央访问团到广西慰问少数民族，并赠送毛泽东主席亲自题词的"中华人民共和国各民族团结起来"锦旗。中央访问团在此基础上帮助少数民族聚居的地方建立民族乡，开展民族区域自治工作，当年 8 月建立了广西第一个民族自治地方——龙胜各族联合自治区（1955 年 9 月改为龙

胜各族自治县）。1952 年，在广西中部和西部建立了桂西僮族自治区，1956 年改为桂西僮族自治州。1957 年 7 月 15 日，第一届全国人民代表大会第四次会议决定，撤销广西省，设立广西僮族自治区。1958 年 3 月 5 日，广西僮族自治区第一届人民代表大会第一次会议召开，宣告广西僮族自治区成立。1965 年 10 月 12 日，国务院批准广西僮族自治区更名广西壮族自治区。广西还根据各少数民族集居的具体情况，从 1951 年到 1958 年，设立了瑶族、侗族、毛南族等 8 个自治县，在其他杂散居的瑶、苗、侗等族聚居的地方建立了 230 多个民族自治乡。

（三）毛泽东文化思想与广西少数民族文化发展

广西各民族的文化艺术丰富多彩，有着自己民族的文化传统。广西 12 个世居民族中，汉族、回族使用汉语，其他民族有自己的民族语言，到新中国成立初期，除隆林的彝族有文字外，其余的少数民族没有自己的单独的文字。而新中国成立前壮族根据汉字创制的方块壮字在历史上没有得到合法使用，也没有得到统一规范。1955 年，在毛泽东的关心下，党和政府根据广大壮族人民的要求，创制了统一的拼音文字的壮文，于 1957 年正式推行，受到壮族的普遍欢迎。1957 年 7 月，《壮文报》在南宁出版发行；11 月 11 日，中央人民广播电台壮语节目开始播音。1958 年 1 月 20 日，省人民委员会发出《关于公布壮文方案的决定》，要求在壮族地区逐步推行，29 日又发出《关于组织机关干部学习壮文的通知》，要求各级干部首先是壮族干部要学习壮文。到 1965 年，全区已有 290 多万群众参加壮文学习，出版壮文图书 350 多种，发行 1000 多万册，壮文报刊也发了 35 多期。无论在司法、行政、教育等领域，还是在政治和社会生活中，壮族的语言文字都在广西得到广泛使用。少数民族的文化艺术、民族建筑、民族传统医药等也得到发展。

对广西少数民族历史上的英雄人物，毛泽东也十分尊重。1974 年，毛泽东为壮族女儿岑云端（原名岑荣瑞）亲笔写下"大藤峡"三个字，并热烈讨论明代大藤峡瑶族起义。后自治区领导组织专家深入桂平大藤峡调查，经过 3 年多时间的广泛收集、整理和编写，于 1977 年完成了《大藤峡起义》一书的初稿，其中对该地区少数民族的历史文化进行了很好的发掘和整理，并抢救了一批具有较高学术研究价值的文化艺术资料。

（四）毛泽东宗教思想与广西少数民族宗教信仰自由

我国少数民族宗教信仰问题的特点决定了其对我国的民族团结、社会稳定和国家统一等具有重要的意义。1952 年，毛泽东指出："共产党对宗教采取保护政策，信教的和不信教的，信这种教和信别种教的，一律加以保护，尊重其宗教信仰，今天对宗教采取保护政策，将来也仍然采取保护政策。"1949 年的

《中国人民政治协商会议共同纲领》和 1954 年《中华人民共和国宪法》都规定了公民有宗教信仰的自由权利。1957 年，毛泽东指出："企图用行政命令的方法，用强制的方法解决思想问题、是非问题，不但没有效，而且非常有害的。我们不能用行政命令去消灭宗教，不能强制人们不信教，不能强制人们放弃唯心主义，也不能强制人们相信马克思主义。"

宗教在广西有悠久历史，分布面广。广西的少数民族，除回族大多信仰伊斯兰教外，都没有形成固定的宗教，信仰天主教、基督教、佛教等宗教的人数不多。大多数民族主要是崇拜祖先与信奉多神，并保留自然宗教信仰。在新中国成立后到"文革"前，在毛泽东宗教思想的指导下，宗教信仰自由政策在广西得到很好的贯彻执行。各民族群众正常的宗教活动都受到法律的保护，正常的宗教活动和宗教活动场所得到保护。在少数民族散居的地区，他们宗教信仰自由的权利也受到了充分的尊重和保护。

毛泽东是中华人民共和国主要缔造者之一，在他执政的 28 年中，他间接或直接指导关怀了广西的社会主义革命和建设工作，积极探索建设广西民族地区社会经济发展的理论与实践，在当时极大地鼓舞了广西人民的革命斗志和建设热情，取得了巨大的成绩，为我们今天广西民族地区经济社会发展奠定了坚实的基础和提供了实践经验。

备战备荒为人民：三线建设在广西①

1964 年至 1980 年的三线建设，是中华人民共和国历史上一场规模空前，具有重要战略意义的经济建设。三线建设时期是广西经济建设十分重要的发展阶段，对以后广西经济社会发展产生重大的影响。

一、广西三线建设的组织机构

1964 年 7 月 4 日，自治区党委根据中央的统一部署，召开三级干部会议，首次讨论和安排了三线建设；7 月 29 日，自治区党委发出《关于加强民兵工作的指示》，强调加强战争观念，抓好武装工作。1964 年 10 月，为了适应地方军工建设需求，自治区国防工业领导小组成立，自治区党委书记处书记、自治区副主席覃应机担任组长。领导小组办公室设在自治区经济委员会，具体管理由自治区机械厅负责。广西军区政治部下设国防工业工作处，自治区有关厅局也都成立国防工业领导小组，负责支援国防工业有关工作。

---

① 摘自《传承》2008 年第 4 期，作者蒙爱群、覃坚谨，原文标题为《广西三线建设的概况》，本文标题为编者所改。

1965 年 4 月 12 日，中共中央发出了《关于加强备战工作的指示》，明确指出，美帝国主义在越南采取扩大侵略的步骤，直接侵犯越南，严重地威胁着我国的安全，全党、全军和全国人民在思想上和工作上准备应付最严重的局势，发扬爱国主义和国际主义精神，尽一切可能支援越南人民的抗美救国斗争；要加强备战，要抢时间、争速度，赶在战争爆发前尽快建设"三线"战略大后方。1965 年 5 月，自治区党委发出《关于加强备战工作的通知》，要求贯彻执行中央《关于加强备战工作的指示》精神，充分认识备战的重大意义，做好动员教育，建立领导机构，加强民兵工作、防空工作。随后成立了由自治区党委书记处书记、自治区副主席覃应机等人组成的广西壮族自治区备战领导小组。11 月，自治区党委召开二届四次全体会议，讨论"三五"计划，部署三线建设。同月，自治区党委发出《关于成立广西壮族自治区小三线建设指挥部的通知》，决定覃应机任指挥长，下设办公室，从自治区计委抽调人员，负责援越抗美等战备工作的协调和管理。1967—1973 年，广西的三线建设和地方军工生产实行军队地方双重领导，以广西军区为主。1967 年 2 月，在广西军区成立抓革命促生产生产指挥部工交组三线办公室，负责小三线和广西地方军工生产。1968 年 8 月，根据周恩来关于"国防工业大小三线军队都管起来"的指示精神，广西军区筹建广西国防工业办公室；1969 年 4 月，成立自治区革委会、广西军区国防工业领导小组，下设办公室，负责广西大小三线军工厂管理。根据中央军委、国务院的指示精神，"国防工业办"划归自治区革委会领导，广西军区不再参与领导，1973 年 10 月，成立自治区革委会国防工业办公室。此外，三线建设重点地区、县、工程项目也要设立领导小组、专门办公室、指挥部。

二、广西三线建设的动员组织

由于广西处于抗美援越的第一线，深受战争的直接威胁，备战氛围特别紧张。1965 年下半年，自治区党委和政府号召全区军民，立即行动起来，本着少花钱多办事的原则，充分利用天然有利条件，清理山洞，构筑防空掩体，以防美国飞机的袭击。在抓紧进行战备动员教育的同时，强调按战时要求组织指挥机关，疏散城市人口、物资，加紧修建地下防空工事，狠抓民兵工作三落实，实现全民皆兵，全民野营拉练，修筑战备公路、桥梁，制造轻武器，储存战略物资，建立战时生产领导体制，建立健全战时后勤供应、物资运输、消防、防化、治安纠察等各种专业小分队等。

1969 年 8 月，根据毛泽东关于要准备粮食和布匹，要挖防空洞，要修工事的指示精神，全国广泛地开展了"两打三防"（打飞机、打坦克，防空袭、防化学战、防原子弹）战备教育和挖防空洞、防空壕的群众性活动。1972 年 12 月，中共中央在转发国务院 11 月 24 日《关于粮食问题的报告》时，传达了毛泽东"深挖洞、广积粮、不称霸"的指示，进一步把我国原有的战备热潮推向了高潮。

三、广西三线建设的规划

三线建设的规划，主要体现在广西的"三五"和"四五"两个计划。

1966 年初，自治区党委确定以"进一步改变广西面貌，准备一个好战场"作为广西第三个五年计划的基本任务。计划指出，农业要在三线地区建成一批稳产高产农田，形成可以供养数十万军队和后方机关人员的能力；工业交通发展立足于战争，在建设布局上，主要建设小三线，在建设规模上贯彻中小为主，适当分散，隐蔽靠山，对原有企业要考虑一分为二，迁一部分到后方地区；交通重点改善和加强中越边境和小三线的交通建设；经过"三五"的建设，把广西建立成为以桂西、桂西北为重点，各方可以相互支持和照应的巩固的后方基地。

1970 年，为了贯彻毛泽东和中央的精神，广西提出要把对付国内外敌人的袭击和大规模入侵当作压倒一切的中心任务，要求"四五"期间把广西建成在外敌入侵、分割作战的情况下，能够独立作战，并取而胜之的战略基地。广西"四五"计划的方针任务是：进一步落实中共中央"备战、备荒、为人民"的战略思想，以两个阶级、两条道路、两条路线斗争为纲，全面执行"鼓足干劲，力争上游，多快好省地建设社会主义的总路线"和"以农业为基础、工业为主导"以及一整套两条腿走路的方针，发扬自力更生、艰苦奋斗的革命精神，加强桂西北三线建设；大力发展农业，加强农业机械化进程，建立巩固的农业基础；狠抓钢、铁、煤、电等基础工业，提高机械制造能力和配套水平，积极发展轻纺工业和交通运输业，建立"小而全"的工业体系，打下工业省（区）的基础。

四、广西三线建设的实施

三线建设在 1964 年提出、讨论和作出决策，1965 年开始实施，到 1980 年基本结束，时间跨度为三个五年计划，历时十七年。整个三线建设大致可分为三个阶段。

第一阶段是 1964 年至 1968 年，为开始实施阶段，重点是国防工业、中越边境和三线战略后方的交通建设。1965 年至 1966 年是三线建设的第一个高潮，取得了显著的成绩。第二阶段是 1969 年至 1973 年，为全面建设阶段。1969 年 3 月，苏联边防军侵入我国珍宝岛，中苏边境爆发大规模武装冲突。我国面临南线抗美援越、北线抵御百万强敌的两线作战态势。面对战争的威胁，党中央决定加快三线建设的步伐。1970年，国务院要求顾全大局为重，以三线建设为重，全力以赴保证三线建设，掀起了三线建设的第二次高潮。1970年4月，广西召开计划会议，要求狠抓钢铁、煤炭，为建设独立的工业体系打下基础，重点建设柳州钢铁厂和宜山中薄板厂。同时，确定从桂南搬一些工厂到三线地区。为此，广西提出"以阶级斗争为纲，抓战备，促进国民经济新飞跃"的口号，组织煤炭、钢铁、化肥、农机、电能生产大会战，掀起了三线建设的第二次高潮。

第三阶段是1973年至1980年，为填平补齐配套收尾阶段。1971年后，国际政治形势趋于缓和。1972年，中美、中日建交。1973年3月，美国从南越撤出最后一批军队，从而结束了对越南将近10年之久的侵略战争。在国内，1971年林彪反革命集团覆灭后，林彪提出的"用战争的观点审查一切"的观点随之遭到批判。由于财力有限，国家开始调整建设步伐，控制基本建设规模。同时，由于三线建设地区的经济基础落后，再加上其他原因，许多部门和企业的负责人受到批判，不能正常领导和组织生产，交通运输、电力、设备、原材料供应全面紧张，许多三线企业经济效益较差，产品成本增高，亏损增加，设备失修，事故增多，质量下降。

1973年7月，国家对"四五"计划做了修改，降低了一些高指标，强调发展农业和轻工业，三线建设规模要收缩，把三线建设的主要精力转向企业的配套和生产组织上来，以求尽快发挥效益。1975年邓小平主持中央工作期间，国防科委曾根据三线建设中存在的问题，提出要进行调整。国务院对三线企事业提出了调整改造发挥作用的方针。随后，在成都成立了国务院三线建设调整改造办公室。主要是对一些钻山太深、布局过散、厂址存在严重问题，或无产品方向生产无法维持下去的企业，分别采取三种办法进行调整：一是就地改善条件，就地调整产品方向。二是地处偏僻、交通不便、信息不灵的科研院、所，到中心城市建立技术开发部。三是在原址无法生存的企业，采取迁并或迁建的办法，依托中心城市。但由于"四人帮"的阻扰，这些整顿并没能真正进行到底。直到1978年12月党的十一届三中全会以后，工业继续贯彻以调整为中心的八字方针，调整轻重工业的比例关系，发展轻纺工业和各种消费品生产，基本建设缩短战线，广西的三线建设基本结束，此后进入调整、改革的时期。

五、广西三线建设的主要建设项目

（一）国防工业建设

兵器工业方面。1964年七、八月间，毛泽东提出，各省都要搞兵工厂，先修理，后制造；要自己制造枪支、子弹、手榴弹和炸药。根据毛泽东的指示精神，广西在百色、河池、融水、桂林等地建立了广西建华机械厂、广西大华化工厂、广西人民机械厂、广西龙江机械厂、广西南宁模具中心、广西峻岭机器厂、柳州第二化工厂、广西星火机械厂等8个兵器工业企业。至1969年，广西国防工业企业已达11个，能成批生产团以下轻武器装备。1970年，广西先后在南宁、柳州、桂林、梧州组建七条军工动员生产线。

船舶工业。广西的船舶工业是随着加强海军建设，保卫海防和援越抗美而发展起来的。1966年，为了运输支援越南抗美物资，中央批准在广西柳州兴建西江造船厂，在梧州兴建桂江造船厂、华南船舶机械厂及四个配套厂梧州船用机械厂、梧州船用开关厂、梧州船用锻铸件厂、梧州锚链厂，能生产鱼雷快艇、导弹快艇、护卫舰和登陆舰以及交通艇、侦察艇、巡逻艇、测量艇等舰艇，构建了广西舰船工业制造体系。

航天航空工业。1965年，在第七机械工业部的领导下，桂林电机厂开始生产航天继电器和接插件，成为中国航天工业第一家继电器和接插件专业厂。1970年，广州军区在桂林筹建桂林长虹机械厂，负责军用飞机的维修和飞机零配件的生产。1974年，化学工业部筹建桂林曙光橡胶工业研究所，生产航空轮胎。1976年，第八机械工业部在柳州兴建柳州长虹机械厂，生产导弹。1979年，航天工业部在桂林筹建桂林航天工业高等专科学校，培养航天工业管理人才。

（二）交通运输建设

铁路建设。为适应战备需要，1965年，经铁道部批准，柳州铁路局对黔桂铁路的线路、机务、电务、给水、电力、房建进行配套和扩建，至1975年完工。为加强三线战略后方的建设，1970年8月，国务院和中央军委批准修建枝柳（枝城至柳州）铁路。9月，成立枝柳铁路广西会战指挥部，先后组织40万民兵，组成民兵团（独立营）、连、排开展铁路大会战。1970年至1976年，柳州铁路局共新建改建铁路541.2千米。为了开发广西煤炭、金属矿产资源，1969年至1976年，广西先后投资新建桂林至海洋、三岔至罗城、金城江至上朝、普洛至更班4条地方铁路，改建来宾至合山铁路。到1976年，加上1959年建成的渠黎至东罗线，广西已建成地方铁路6条，总投资2.02亿元。

公路建设。为抗美援越，保卫边疆，建设后方，1964年起，广西开展了大规模的战备公路建设。既有中越两国协定接线的项目，又有国家和中央军委的项目；既有干线公路，又有支线公路。修建凭祥、龙州、靖西、大新等县的沿边公路。首先，修建一批战备干线公路方面，新建全长900多千米的龙邦至桂林公路；修建改建崇左至水口、崇左至宁明、台马至防城港、南友公路的宁明至友谊关路段等一批国防公路，新建与越南接线的宁明北江至板烂公路。其次，修建凭祥至平而关、凭祥至鹰阳关、那坡百合至弄合、宁明至爱店公路。最后，改建南宁通往周边县的公路。为适应战备需要，开展"灭渡建桥"，修建了跨越左江支流的宁明大桥、跨越右江的田阳县那坡大桥、跨越红水河的东兰县安篓大桥等永久性大桥。1966 年至 1976 年，共完成战备公路和独立大桥工程 46 项。

整治右江和红水河航道。右江和红水河流域是广西三线建设的主要区域。为改善航运条件，保证战时航运需要，1965 年，中央根据援越抗美的需要，下达了右江南宁至百色的航道整治工程。1965 年至 1967 年，共抽调 6000 名员工投入 550 万元对 100 多个险滩进行爆破疏通。为保证战时航运需要，自治区革委会把整治红水河作为战备的重要项目，计划在恶滩以上，修建恶滩、龙滩、百龙三座航运梯级；恶滩以下 172 千米河段，采取疏炸的方法整治。1970 年，恶滩梯级建设工程动工；1972 年大坝建成，1976 年修复完工。1970 年，恶滩以下航道疏炸整治工程开工，1972 年基本完成。

港口建设。1968 年 3 月，为了保证铁路运输受阻的情况下，援越抗美的物资不中断，中央决定投资 3000 万元，把防城港作为隐蔽航道战备项目，由广西组织实施。1970 年，防城港第一阶段工程完工。1972 年 8 月，由于美军对越南发动新攻势，轰炸北越的铁路、公路、桥梁，致使陆路运输中断，中越开辟海上隐蔽运输航线，大批援越物资由防城港运往越南。1973 年 10 月，防城港第二阶段工程动工，建设两个万吨级深水泊位，将防城港建成"平战结合"的对外贸易港口。1975 年，第一个万吨码头建成，从此结束了广西没有深水码头的历史。

（三）组织钢铁、煤炭、化肥、农机、电能生产大会战

钢铁会战。根据毛泽东关于各省都要搞点钢和制造武器以及中央关于各省都要能生产一定数量的钢，建立"大小结合、星罗棋布"的钢铁工业布局的要求，1970 年 4 月，广西召开计划会议，要求狠抓钢铁、煤炭，为建设独立的工业体系打下基础，重点建设柳州钢铁厂和宜山中薄板厂。自治区革委会发出"高速建设柳钢"的号召，组织了区内 31 个工厂和 5000 多名工人参加柳钢二期工程大会战。同时，恢复"大跃进"中兴建而在调整中停建的贵县钢铁厂、桂林钢铁厂、南宁钢铁厂、中渡钢铁厂、横县钢铁厂、雅脉钢铁厂、桂北锰加工厂（灵川铁合金厂）、东风冶炼厂（河池钢铁厂）。到 1973 年，全区年产钢 17.43 万吨，铁 32.72 万吨。

煤炭会战，重点建设红山、罗城、合山煤矿。根据中央关于加速江南各省的煤炭开采，扭转北煤南运的局面的要求，从 1969 年起，先后调集 50 多台钻机、600 多名工程技术人员在广西境内找煤。组织 18 万民工和大批解放军官兵

开展红茂煤炭大会战。同时，发展小煤窑，扩建了合山、罗城、东罗、南宁等煤矿，架设了150千米的11万伏的高压输电线路，组织区内50多家机械厂为会战提供煤炭生产专用设备120多万台（套）。原煤产量由1970年383万吨增至1975年606万吨。经过煤炭大会战，煤炭企业初具规模，有效保障了三线建设的煤炭需求。

电能会战。贯彻"水主火辅，大中小并举，多搞中小"的方针，重点在桂西北三线地区。水电方面，为了解决河池地区三线建设的用电需求，以开发龙江级水电站为重点，从1966年至1972年，六甲、拉浪、拔贡、洛东等水电站先后建成发电，总装机容量10.73万千瓦；在右江上游扩建澄碧河水电站。火电方面，扩建广西第一座火电发电站———合山火电厂，新建桂林、田东、钦州等地火电厂。发电量从1970年的3.5亿度增至1975年的15.5亿度，从而解决了三线建设的用电问题。

化肥会战。"二五"计划之前，广西没有化肥厂；"二五"计划期间，广西建立了柳州化肥厂，但在调整中被迫停建；到"二五"计划期末，广西的化肥生产仍是空白。三线建设中，自治区党委将建设化肥厂纳入战备工程的总体规划，平时生产化肥，是建设高产稳产农田的需要；战时改产炸药，为制造手榴弹、地雷等武器提供原料。广西"三五"计划提出，有条件的县都要搞化肥厂。1965年，恢复"大跃进"中兴建而在调整中停建的柳州化肥厂。1970年2月，全国计划会议要求，各省要建立起自己的小煤矿、小钢铁厂、小化肥厂、小电站、小水泥厂和机械厂。1970年自治区革委会成立后，从备战、支农出发，提出每县建一个小氮肥厂的要求。1970年，兴建18家小化肥厂。1973年，组织54家机械厂协作生产15套年产3000吨合成氨成套设备，全部和部分建成的有融水、藤县、平果、靖西、环江、浦北等县的3000吨氮肥厂12个。"文革"期间，全区投入5.6亿元，先后建成河池氮肥厂、宜山氮肥厂、田东氮肥厂、柳城磷肥厂等大小化肥厂74家。

开展农机会战。三线建设中，广西把发展机械工业作为最迫切发展的基础产业之一，要求各地把机械厂搞起来，要"平战结合"，平时为农业服务，战时为军工服务，提高各行业的自我武装能力。但未能付诸实施。1969年，毛泽东发出了"每个县都要有农机修理厂"的号召。自治区革委会再次将农机作为加强战备的一项重要任务来抓，强调"农业出路在于机械化"，提出"四五"末期要求机械化程度达50%，每个县建立农机修配厂，每个公社建立农机修理站。1973年，为了贯彻中央和国务院提出的到1980年实现农业机械化的目标，自治区革委会召开拖拉机生产会战会议，先后组织7个行业77家企业，制造专用设备 2000 多台，建成拖拉机厂 3 个、插秧机厂 2 个、发动机厂 4 个，配件和配套加工厂 34 个，使中型拖拉机、手扶拖拉机、农用汽车、柴油机等产品初具规模。"五五"期间，扩建柳州拖拉机厂、玉林柴油机厂、英山柴油机厂、南宁冶金矿山机械厂、宜山轴承厂。

六、实践建议

（一）读书报告

1. 胡绳：《中国共产党的七十年》，中共党史出版社 1991 年版。

2. 《当代中国》丛书编辑部：《当代中国的广西》（上），当代中国出版社 1992 年版。

（二）调查访谈

组织学生对参加社会主义建设的亲历者进行采访，既可以在实践中提高学生的能力，激发起学习兴趣，又能达到让学生了解这一段历史的目的。访谈结束后，撰写访谈报告，作为小作业。

（三）观看与本章内容有关的影视剧

（四）其他实践方式

1. 参观能体现社会主义建设时期广西工业成就的纪念场馆或有关企业，如柳州工业博物馆和有关企业。

2. 参观能体现社会主义建设时期广西农田水利建设的成果，如桂林的青狮潭水库灌区及支渠。

3. 在保证人身安全和身体允许的前提下，报名参加南宁冬泳邕江活动。

第十章

中国特色社会主义的开创与发展

一、知识要点

（一）历史性的伟大转折和改革开放的起步

1. 历史性的伟大转折

（1）在徘徊中前进和关于真理标准问题的讨论

（2）中共十一届三中全会的伟大转折

2. 改革开放的起步

（1）拨乱反正的推进和国民经济的调整

（2）农村改革的突破性进展

（3）对外政策的调整

3. 拨乱反正任务的胜利完成

（1）阐明必须坚持四项基本原则

（2）全面总结新中国的历史，科学评价毛泽东和毛泽东思想

（二）改革开放和现代化建设新局面的展开

1. 改革开放的全面展开

（1）社会主义现代化建设宏伟纲领的制定

（2）改革重点从农村转向城市

（3）整党和社会主义精神文明建设

2. 改革开放和现代化建设的深入推进

（1）社会主义初级阶段理论和党的基本路线的提出

（2）"三步走"发展战略的制定和实施

（3）政治体制改革基本思路的提出

3. 中国特色社会主义事业的继续推进

（1）1989 年春夏政治风波的发生与平息

（2）继续开展国民经济的治理整顿工作

（3）对外工作在打破对华"制裁"中全方位推进

（三）中国特色社会主义事业的跨世纪发展

1. 改革开放新的历史性突破

（1）邓小平南方谈话

（2）确立社会主义市场经济体制的改革目标

2. 进一步推进改革开放和现代化建设

（1）经济体制改革的深入推进

（2）正确处理改革、发展、稳定的关系

（3）精神文明建设与民主法制建设不断加强

3. 改革开放和现代化建设的跨世纪发展

（1）高举邓小平理论伟大旗帜，提出跨世纪发展战略

（2）改革开放和现代化建设在经受风险考验中前进

（3）祖国统一大业的推进

（4）推进党的建设新的伟大工程

（5）"三个代表"重要思想的提出

（四）在新的历史起点上推进中国特色社会主义

1. 全面建设小康社会战略目标的确定

（1）21 世纪前 20 年奋斗目标的确立

（2）中央领导集体的平稳交接

2. 不断推动经济社会的科学发展

（1）树立和落实科学发展观

（2）提出构建社会主义和谐社会战略任务

（3）推动经济又好又快发展和促进社会全面进步

（4）走和平发展的道路

（5）加强党的执政能力建设和先进性建设

3. 奋力把中国特色社会主义推进到新的发展阶段

（1）夺取全面建设小康社会新胜利

（2）党和国家各项事业的向前推进

4. 改革开放和现代化建设的巨大进展

（1）国民经济保持持续快速健康发展，人民生活总体上达到小康水平，现

代化建设事业稳步推进，综合国力和国际竞争力显著提高

（2）社会主义市场经济体制初步建立并不断完善，各项改革事业取得重大进展

（3）全方位对外开放取得新突破，形成全方位、多层次、宽领域的对外开放格局

（4）社会主义民主政治建设取得重要进展

（5）社会主义精神文明建设成效显著

（6）民族政策和宗教政策得到全面贯彻

（7）推进国防和军队建设

（8）祖国统一大业取得重大进展

（9）积极开展全方位外交

（10）全面推进党的建设新的伟大工程

二、历史脉络

"文化大革命"结束后，中国共产党在拨乱反正、认真纠正指导思想上"左"倾错误的同时，开始了对中国社会主义建设道路的新探索。1978年12月，党的十一届三中全会否定了"以阶级斗争为纲"的指导思想，作出了把工作重点转移到社会主义现代化建设上来和实行改革开放的战略决策。以这次全会为标志，中国进入了改革开放和社会主义现代化建设的历史新时期。

1982年9月，邓小平在党的十二大上提出："把马克思主义的普遍真理同我国的具体实际结合起来，走自己的道路，建设有中国特色的社会主义。"这是总结党的长期历史经验得出的基本结论，成为新时期指引全党和全国人民前进的基本口号。以此为标志，我国的改革开放进入了全面展开阶段。

1987年10月，党的十三大比较系统地阐述了关于社会主义初级阶段的理论，完整概括了党在社会主义初级阶段"一个中心，两个基本点"的基本路线，正式确定了分"三步走"实现现代化的战略部署。1992年初，邓小平发表的南方谈话指出：计划经济不等于社会主义，资本主义也有计划；市场经济不等于资本主义，社会主义也有市场。计划和市场都是经济手段，不是社会主义和资本主义的区别。同年召开的党的十四大，明确提出了"我国经济体制改革的目标是建立社会主义市场经济体制"。1997年9月，党的十五大正式提出"邓小平理论"这一科学概念，指出邓小平理论是当代中国的马克思主义，是马克思主

义发展的新阶段，把邓小平理论同马克思列宁主义、毛泽东思想一起确定为党在一切工作中的指导思想。

2002 年 11 月，党的十六大把"三个代表"重要思想写入党章，实现了党的指导思想又一次与时俱进。会议明确了全面建设小康社会的奋斗目标，提出要在 21 世纪的头 20 年，紧紧抓住这一重要战略机遇，集中力量，全面建设惠及十几亿人口的更高水平的小康社会。2007 年，党的十七大高举中国特色社会主义伟大旗帜，号召全党同志保持清醒头脑，坚持把以经济建设为中心同以四项基本原则、改革开放这两个基本点统一于发展中国特色社会主义的伟大实践。

2012 年 11 月，党的十八大召开，标志着中国进入全面建成小康社会的决定性阶段。会议的主题是坚持和发展中国特色社会主义。党的十八大以来，以习近平同志为核心的党中央提出了全面建成小康社会、全面深化改革、全面依法治国、全面从严治党的战略布局。全面建成小康社会，是今后一个时期的战略目标；全面深化改革、全面依法治国、全面从严治党是三大战略举措。"四个全面"战略布局是党坚持和发展中国特色社会主义的新实践、新成果，是对党治国理政经验的科学总结和丰富发展，集中体现了时代发展对党和国家工作的新要求，是实现中华民族伟大复兴的中国梦，续写中国特色社会主义新篇章的行动纲领。

三、原著选读

解放思想，实事求是，团结一致向前看（节选）①

（一九七八年十二月十三日）

邓小平

解放思想，开动脑筋，实事求是，团结一致向前看，首先是解放思想。只有思想解放了，我们才能正确地以马列主义、毛泽东思想为指导，解决过去遗留的问题，解决新出现的一系列问题，正确地改革同生产力迅速发展不相适应的生产关系和上层建筑，根据我国的实际情况，确定实现四个现代化的具体道路、方针、方法和措施。

在我们的干部特别是领导干部中间，解放思想这个问题并没有完全解决。

---

① 邓小平：《邓小平文选》（第二卷），人民出版社 1983 年版，第 141～144 页。

不少同志的思想还很不解放，脑筋还没有开动起来，也可以说，还处在僵化或半僵化的状态。这并不是因为他们不是好同志。这种状态是在一定历史条件下形成的。

一是因为十多年来，林彪、"四人帮"大搞禁区、禁令，制造迷信，把人们的思想封闭在他们假马克思主义的禁锢圈内，不准越雷池一步。否则，就要追查，就要扣帽子、打棍子。在这种情况下，一些人就只好不去开动脑筋，不去想问题了。

二是因为民主集中制受到破坏，党内确实存在权力过分集中的官僚主义。这种官僚主义常常以"党的领导""党的指示""党的利益""党的纪律"的面貌出现，这是真正的管、卡、压。许多重大问题往往是一两个人说了算，别人只能奉命行事。这样，大家就什么问题都用不着思考了。

三是因为是非功过不清，赏罚不明，干和不干一个样，甚至干得好的反而受打击，什么事不干的，四平八稳的，却成了"不倒翁"。在这种不成文法底下，人们就不愿意去动脑筋了。

四是因为小生产的习惯势力还在影响着人们。这种习惯势力的一个显著特点，就是因循守旧，安于现状，不求发展，不求进步，不愿接受新事物。

思想不解放，思想僵化，很多的怪现象就产生了。

思想一僵化，条条、框框就多起来了。比如说，加强党的领导，变成了党去包办一切、干预一切；实行一元化领导，变成了党政不分、以党代政；坚持中央的统一领导，变成了"一切统一口径"。违反中央政策根本原则的"土政策"要反对，但是也有的"土政策"确是从实际出发的，是得到群众拥护的。这些正确政策现在往往也受到指责，因为它"不合统一口径"。

思想一僵化，随风倒的现象就多起来了。不讲党性，不讲原则，说话做事看来头、看风向，满以为这样不会犯错误。其实随风倒本身就是一个违反共产党员党性的大错误。独立思考，敢想、敢说、敢做，固然也难免犯错误，但那是错在明处，容易纠正。

思想一僵化，不从实际出发的本本主义也就严重起来了。书上没有的，文件上没有的，领导人没有讲过的，就不敢多说一句话，多做一件事，一切照抄照搬照转。把对上级负责和对人民负责对立起来。

不打破思想僵化，不大大解放干部和群众的思想，四个现代化就没有希望。

目前进行的关于实践是检验真理的唯一标准问题的讨论，实际上也是要不要解放思想的争论。大家认为进行这个争论很有必要，意义很大。从争论的情况来看，越看越重要。一个党，一个国家，一个民族，如果一切从本本出发，思想僵化，迷信盛行，那它就不能前进，它的生机就停止了，就要亡党亡国。这是毛泽东同志在整风运动中反复讲过的。只有解放思想，坚持实事求是，一切从实际出发，理论联系实际，我们的社会主义现代化建设才能顺利进行，我们党的马列主义、毛泽东思想的理论也才能顺利发展。从这个意义上说，关于真理标准问题的争论，的确是个思想路线问题，是个政治问题，是个关系到党和国家的前途和命运的问题。

实事求是，是无产阶级世界观的基础，是马克思主义的思想基础。过去我们搞革命所取得的一切胜利，是靠实事求是；现在我们要实现四个现代化，同样要靠实事求是。不但中央、省委、地委、县委、公社党委，就是一个工厂、一个机关、一个学校、一个商店、一个生产队，也都要实事求是，都要解放思想，开动脑筋想问题、办事情。

在党内和人民群众中，肯动脑筋、肯想问题的人愈多，对我们的事业就愈有利。干革命、搞建设，都要有一批勇于思考、勇于探索、勇于创新的闯将。没有这样一大批闯将，我们就无法摆脱贫穷落后的状况，就无法赶上更谈不到超过国际先进水平。我们希望各级党委和每个党支部，都来鼓励、支持党员和群众勇于思考、勇于探索、勇于创新，都来做促进群众解放思想、开动脑筋的工作。

在第十二届全国人民代表大会第一次会议上的讲话（节选）[①]

（2013 年 3 月 17 日）

习近平

中华人民共和国走过了光辉的历程。在以毛泽东同志为核心的党的第一代中央领导集体、以邓小平同志为核心的党的第二代中央领导集体、以江泽民同志为核心的党的第三代中央领导集体、以胡锦涛同志为总书记的党中央领导下，全国各族人民戮力同心、接力奋斗，战胜前进道路上的各种艰难险阻，取得了举世瞩目的辉煌成就。

今天，我们的人民共和国正以昂扬的姿态屹立在世界东方。

……

中华民族具有 5000 多年连绵不断的文明历史，创造了博大精深的中华文化，为人类文明进步作出了不可磨灭的贡献。经过几千年的沧桑岁月，把我国

---

① 《人民日报》2013 年 3 月 18 日，第 1 版。

56 个民族、13 亿多人紧紧凝聚在一起的，是我们共同经历的非凡奋斗，是我们共同创造的美好家园，是我们共同培育的民族精神，而贯穿其中的、更重要的是我们共同坚守的理想信念。

实现全面建成小康社会、建成富强民主文明和谐的社会主义现代化国家的奋斗目标，实现中华民族伟大复兴的中国梦，就是要实现国家富强、民族振兴、人民幸福，既深深体现了今天中国人的理想，也深深反映了我们先人们不懈追求进步的光荣传统。

面对浩浩荡荡的时代潮流，面对人民群众过上更好生活的殷切期待，我们不能有丝毫自满，不能有丝毫懈怠，必须再接再厉、一往无前，继续把中国特色社会主义事业推向前进，继续为实现中华民族伟大复兴的中国梦而努力奋斗。

——实现中国梦必须走中国道路。这就是中国特色社会主义道路。这条道路来之不易，它是在改革开放 30 多年的伟大实践中走出来的，是在中华人民共和国成立 60 多年的持续探索中走出来的，是在对近代以来 170 多年中华民族发展历程的深刻总结中走出来的，是在对中华民族 5000 多年悠久文明的传承中走出来的，具有深厚的历史渊源和广泛的现实基础。中华民族是具有非凡创造力的民族，我们创造了伟大的中华文明，我们也能够继续拓展和走好适合中国国情的发展道路。全国各族人民一定要增强对中国特色社会主义的理论自信、道路自信、制度自信，坚定不移沿着正确的中国道路奋勇前进。

——实现中国梦必须弘扬中国精神。这就是以爱国主义为核心的民族精神，以改革创新为核心的时代精神。这种精神是凝心聚力的兴国之魂、强国之魂。爱国主义始终是把中华民族坚强团结在一起的精神力量，改革创新始终是鞭策我们在改革开放中与时俱进的精神力量。全国各族人民一定要弘扬伟大的民族精神和时代精神，不断增强团结一心的精神纽带、自强不息的精神动力，永远朝气蓬勃迈向未来。

——实现中国梦必须凝聚中国力量。这就是中国各族人民大团结的力量。中国梦是民族的梦，也是每个中国人的梦。只要我们紧密团结，万众一心，为实现共同梦想而奋斗，实现梦想的力量就无比强大，我们每个人为实现自己梦想的努力就拥有广阔的空间。生活在我们伟大祖国和伟大时代的中国人民，共同享有人生出彩的机会，共同享有梦想成真的机会，共同享有同祖国和时代一起成长与进步的机会。有梦想，有机会，有奋斗，一切美好的东西都能够创造出来。全国各族人民一定要牢记使命，心往一处想，劲往一处使，用 13 亿人的智慧和力量汇集起不可战胜的磅礴力量。

中国梦归根到底是人民的梦，必须紧紧依靠人民来实现，必须不断为人民造福。

我们要坚持党的领导、人民当家作主、依法治国有机统一，坚持人民主体地位，扩大人民民主，推进依法治国，坚持和完善人民代表大会制度的根本政治制度，中国共产党领导的多党合作和政治协商制度、民族区域自治制度以及基层群众自治制度等基本政治制度，建设服务政府、责任政府、法治政府、廉洁政府，充分调动人民积极性。

我们要坚持发展是硬道理的战略思想，坚持以经济建设为中心，全面推进社会主义经济建设、政治建设、文化建设、社会建设、生态文明建设，深化改革开放，推动科学发展，不断夯实实现中国梦的物质文化基础。

我们要随时随刻倾听人民呼声、回应人民期待，保证人民平等参与、平等发展权利，维护社会公平正义，在学有所教、劳有所得、病有所医、老有所养、住有所居上持续取得新进展，不断实现好、维护好、发展好最广大人民根本利益，使发展成果更多更公平惠及全体人民，在经济社会不断发展的基础上，朝着共同富裕方向稳步前进。

四、有关历史文化资源

1. 中国村民委员会发源地——宜州市合寨村

位于宜州、柳江、忻城3县（区）的交界处，70%为山地，全村有12个自然屯1052户，人口4398人，其中壮族占95.3%。合寨村是中国"村民自治"的发源地，中国第一个村民自治组织当年就产生于原合寨生产大队的一个自然村——果作屯，合寨因而被称为"中国村民自治第一村"。

2. 南宁国际会展中心

位于广西南宁市青秀区，是中国—东盟博览会永久会址，占地面积560亩，总建筑面积约48万平方米，包含了18个大小不同的展览大厅，标准展位5500个。在会议中心首层，分布着5个大型会议厅。会议中心的第二层是大穹顶下的多功能厅，多功能厅的屋顶，就是洁白无瑕的"大穹顶"，它是整个中心的标志，被称为南宁国际会展中心的"灵魂"。大穹顶直径约60米，以朱槿花为造型，12片白色的"花瓣"象征着壮、汉、瑶、苗、侗、仫佬、毛南、回、京、彝、水、仡佬12个少数民族。

五、改革开放时期的广西

广西走过自治五十年：周总理为壮族改名传佳话①

十二月十一日，中国人口最多的少数民族自治区——广西壮族自治区将迎来自治区成立五十周年庆典。自治五十年，在中国共产党和中央政府的关怀下，广西发生了翻天覆地的变化，经济、政治、社会、文化发展步入快车道，各民族和睦相处共同发展，改革开放更加深入，广西已由贫穷落后的边陲转变为海内外商贾纷至沓来的中国—东盟合作的枢纽和桥梁。

位于中国南疆的广西，历史上因为居江湖之远和少数民族聚集，曾长期被称作南蛮之地。新中国成立后，根据中国共产党和中国政府的民族区域自治政策，一九五二年，广西在壮族聚居区建立了桂西壮族自治区；一九五六年，桂西壮族自治区改称桂西壮族自治州。为尊重壮族的意愿和考虑到壮族的长远发展，中共中央倡议并经第一届全国人民代表大会第四次会议决议，一九五八年三月正式建立以原广西省行政区域为基础的广西壮族自治区。

新中国第一代领导人十分关心广西的发展。一九五八年初，在广西壮族自治区成立一个月前，中共中央在南宁举行"南宁会议"，毛泽东、刘少奇、周恩来等领导人冒雨接见了广西四万名各族民众。期间，毛泽东在听取广西汇报后还指出："电力、钢铁、化肥，这些都是工农业生产发展的基础，要抓紧上马。"此后，在毛、周的直接关怀下，西津水电站、柳州钢铁厂、柳州化肥厂三大项目建设成功，为广西经济的发展打下了基础。如今，柳州钢铁厂已经成为广西最大的工业企业。

至今，广西还流传着一段周恩来总理关心壮族"一字之改"的佳话。壮族旧为"僮族"，"僮"其中一种字义指封建时代被使役的未成年"书僮"。一九六五年，周恩来曾提议并经国务院批准，将"僮"改作"壮"。一字之易，意蕴全新，表达了中共第一代领导集体希望壮族成为强壮、健壮民族的殷切期望。

八桂大地的每一步发展，都凝聚着中央的关怀。

中国改革开放的总设计师、中共第二代领导核心邓小平，对广西怀有特殊

---

① 作者：中新社记者刘万强。中国新闻网，http：//www. chinanews. com/gn/news/2008/12–03/1471195. shtml.

的感情。一九二九年十二月十一日，年仅二十五岁的邓小平在广西发动和领导了著名的百色起义。此后他一直关心、关注广西的发展。

一九七三年，时任国务院副总理的邓小平来到桂林，看见沿岸几家工厂的污水排入漓江，他语重心长地告诫当地官员，桂林山水世界驰名，如果为了发展工业而破坏了环境，功不抵过啊！十多年后，八十二岁高龄的邓小平再次来到桂林，当他登上游船，看到清澈的江水时由衷地感慨："漓江的水变清了！"

"平果铝要搞！"在邓小平关心下，一九九一年五月，一个国家重点建设项目、总投资四十多亿元人民币的平果铝一期工程在百色革命老区破土动工。这个当时中国投资最多、规模最大、技术水平最高的有色金属项目成为带动老区经济发展的龙头，百色也因此成为中国乃至亚洲最大的铝工业基地。

进入二十世纪九十年代，第三代中共领导集体对这片南疆热土更是时时牵挂。一九九〇年和一九九六年，江泽民两度到广西考察，看到广西经济发展、民族和睦、社会安定，十分高兴。他反复强调，搞经济建设必须有安定团结的政治局面。"稳定是压倒一切的，要维护稳定，就必须增强各族人民的团结。"

作为革命老区、民族地区、边疆地区、边远山区，如何让广西各族民众尽快脱贫致富，始终是中共中央关心的大事。

进入新世纪，胡锦涛等中央领导人对广西更加倾心。几年来，中央领导多次到广西贫困地区考察。在中央的支持下，由中国和东盟十国共同主办的国际性经贸盛会——中国—东盟博览会落户广西首府南宁，这一"广西历史上千载难逢的机遇"掀起了广西对外开放的新高潮，如今已经成功举办五届博览会，中国—东盟多个合作机制落户广西，广西由此从边陲跃升为中国—东盟合作的枢纽和桥梁。

二〇〇八年是广西壮族自治区成立五十周年，胡锦涛、吴邦国、温家宝等中共高层先后到广西考察，对这个人口最多的少数民族自治区关怀备至。今年初，中央政府批准了《广西北部湾经济区发展规划》，使广西北部湾的开放开发上升为国家战略，随之而来的钦州千万吨石油项目、防城港千万吨钢铁项目等一大批促进广西经济腾飞的大工程上马。

五十年来，在中共领导人关怀下，广西各项事业都取得了长足的发展。二〇〇七年，广西全区生产总值近六千亿元，按可比价格计，比一九五八年翻了五点四番；人均生产总值一万两千五百五十五元，比一九五八年翻了四点二番。农村贫困人口从一九七八年的两千一百万人减少到二〇〇七年的不到六十九万人，边境地区、革命老区、大石山区生产生活条件明显改善。

在广西这块红土地上，现在生活着五十四个民族，其中包括壮、汉、瑶、苗、侗、仫佬、毛南、回、京、彝、水、仡佬等十二个世居民族。截至二○○七年底，广西有五千万人口，其中少数民族占百分之三十八点四，壮族约占三分之一。五十年来，广西除了建立壮族自治区以外，还先后建立了十二个自治县和五十八个民族乡。长期以来，各民族和睦相处，共同发展。广西壮族自治区主席马飚自豪地说，中国的民族区域自治政策在广西的实践非常成功，建立壮族自治区五十年来，没有发生过民族纠纷事件。毫无疑问，广西成为中国民族区域自治的典范。

中共广西壮族自治区委员会书记郭声琨说，广西的巨变，充分证明了中国共产党民族政策的无比正确，今后，广西将坚持科学发展，把广西建设成为国际区域经济合作新高地，中国沿海经济发展新一极。

奏响"一带一路"主旋律的广西音符①

这是共商共建共享的人类文明盛举，是造福各国人民的全球化盛宴，是和而不同、和谐共生的时代主旋律。

自 2013 年习近平总书记提出"共建丝绸之路经济带和 21 世纪海上丝绸之路"倡议以来，"一带一路"建设得到国际社会广泛关注和积极响应，从无到有，由点及面，取得了超出预期的进度和成果。

面对千年未有之大战略、大布局、大机遇，作为"一带一路"有机衔接的重要门户，广西肩负起总书记赋予的"三大定位"新使命，克难攻坚，锐意进取，着力营造"三大生态"、实现"两个建成"，在国家对外开放大格局中的地位更加凸显，奏响了"一带一路"主旋律的广西音符。

定准坐标——大任何以降广西

2000 多年前，张骞出使西域，打通陆上丝绸之路。当时的广西合浦，就已经开辟通往印度、斯里兰卡的航线，成为走向东南亚、南亚的古代海上丝绸之路的重要始发港。

沧海桑田，几经沉浮。如今，渐被历史长河淹没的丝绸之路，在中华民族伟大复兴的征程中重新复苏，凤凰涅槃。

2015 年 3 月，习近平总书记参加十二届全国人大三次会议广西代表团审议时指出，"一带一路"倡议规划对广西的定位，是发挥广西与东盟国家陆海相连的独特优势，加快北部湾经济区和珠江－西江经济带开放开发，构建面向东盟

---

① 魏恒、董文锋、陈贻泽、周珂、蓝锋：《奏响"一带一路"主旋律的广西音符》，《广西日报》2017 年 4 月 19 日，第 1、3 版。

的国际大通道，打造西南中南地区开放发展新的战略支点，形成21世纪海上丝绸之路和丝绸之路经济带有机衔接的重要门户。如果能够形成这样的一个格局，广西发展这盘棋就走活了。

国际通道、战略支点、重要门户——"三大定位"的提出，不仅为广西融入"一带一路"倡议、加快开放发展指明了前进方向、提供了基本遵循，也为推动广西腾飞崛起注入了强大动力。

全局上谋势，关键处落子。广西沿海沿江沿边，处在西南经济圈、华南经济圈和东盟经济圈的结合部，连接着中国与东盟两个广阔市场，既是我国西南地区最便捷的出海大通道，也是东盟国家进入中国市场的重要海陆通道。作为中国–东盟博览会的永久举办地，广西经过多年努力，对外经贸和人文交流更加密切，渠道更加畅通，形式更加丰富，区位优势、联通优势、平台优势、人文优势日益凸显，成为中国面向东盟开放的前沿窗口。

涛声越千年，风起再扬帆。在担当新的历史使命中，广西有能力也有责任在服务与融入"一带一路"中扮演好自身独特的角色。

互联互通——为大鹏展翅疏经通络

习近平总书记在2014年北京APEC会议上曾形象地指出，如果将"一带一路"比喻为亚洲腾飞的两只翅膀，那么互联互通就是两只翅膀的血脉经络。

高速县县通、高铁市市通、民航片片通、内河条条通——按照"十三五"规划确定的这一目标，广西加快出海出边出省大通道建设，努力形成上联滇黔湘、下通粤港澳、衔接"水铁公"、对接东盟的高效便捷运输网络。

从"路网末梢"到"区域枢纽"，广西铁路实现了华丽转身。近3年来，广西高速铁路从无到有，里程已达1737千米，位居全国前列，并形成了"东进、西联、北通、南达"高铁路网，不仅与四个邻省实现高铁直通，还与国内15个省会城市实现动车当日到达。"广西高铁网络的进一步完善，不仅方便了国内民众，对中国与东盟旅游合作也起到巨大推动作用。"南宁铁路局客运处处长麻寒松表示，越南等东盟国家的游客从广西入境后，可乘坐动车到广西周边任一省份旅游。

目前，广西毗邻东盟的主要边境城市均已通达高速公路，南宁、桂林机场已开通与东盟9个国家的23条航班航线。广西北部湾港与7个东盟国家的47个港口建立海上运输往来，定期集装箱外贸班轮航线达29条，年货物吞吐能力超过2亿吨。来自澳大利亚的巴拿马籍"康馨海"号装载着11万吨煤炭顺利靠泊铁山港，再次刷新了北海靠泊吨位船舶纪录。

为更好发挥有机衔接"一带一路"的重要门户作用，广西坚持"两条腿"

走路：一条是海路，着力建设北部湾区域性国际航运中心、区域性国际商贸物流金融合作中心、港口城市合作网络，畅通与海上丝绸之路沿线国家贸易往来；一条是陆路，力争向北打通经贵阳至重庆、成都、西安、兰州、乌鲁木齐的高速铁路，向南建设联通中南半岛的陆路大通道，为构建中国—中南半岛经济合作走廊提供交通支撑。

如今，从重庆出发，经广西北部湾港，贯穿中南半岛连接新加坡的"渝桂新南向通道"，正在全力推进。

"目前，新加坡国际港务集团已参股北部湾港口建设。"广西北部湾国际港务集团董事长周小溪告诉记者，作为中国和新加坡的第三个政府间合作项目——"渝桂新"国际多式联运大通道一旦打通，将极大增强中国西部大开发中物流成本和时效两个核心竞争力，实现战略通道意义。

"把'南向通道'打造成为中国'一带一路'的示范项目，不单是看重庆和西南省份借道北部湾港出口到海外的货量，反过来的北向贸易同样值得期待。"新加坡太平船务集团董事总经理张松声举例，马来西亚的咖啡从新加坡出海到钦州港，可一路北上分拨到云南、重庆、四川，再通过重庆的"渝新欧"班列，经新疆阿拉山口出境到哈萨克斯坦等中亚地区，"这将改变东南亚货物目前经由伊朗中转的旧有方式"。

打造国际大通道，不仅东南西北各个方向要"通起来"，海陆边江空各类交通网络也要"联起来"。当前，广西正积极推进江海、铁海、陆航间的立体交通运输体系建设，打通"毛细血管"，实现无缝衔接。同时，大力发展北斗导航、大数据、电子商务、互联网金融、智慧城市等新一代信息技术重点产业，高水平推进中国–东盟信息港建设。

开放合作——构建四维四沿新格局

广西的差距在开放，希望也在开放。顺应"一带一路"建设新要求，必须以扩大开放激活力、谋出路。

自治区第十一次党代会提出：坚定不移推动开放发展，构建四维支撑、四沿联动新格局——强化四维支撑，向南开放，拓展同以东盟为重点的"一带一路"沿线国家合作；向东开放，提升对粤港澳台及长三角等沿海发达地区开放合作水平；向西向北开放，增强服务西南中南地区开放发展功能；向发达经济体开放，主动对接先进生产力。

自治区党委、政府专门召开全区开放发展大会，实施更加积极主动的开放带动战略。

围绕构建四维支撑、四沿联动新格局，广西多措并举，对外开放合作取得丰硕成果：

一方面，继续深化以东盟为重点的国际合作。连续成功举办 13 届中国—东盟博览会和商务与投资峰会，各国企业申请展览面积、实际安排参展企业总数、参展专业客商人数、举办论坛和活动数逐年增长，普遍反映展位供不应求。数据显示，1991 年中国与东盟建立对话关系时，双方贸易额只有 79.6 亿美元。2004 年首届东博会举办后，双方贸易额实现 1000 亿美元；2015 年更是达 4720 亿美元，是 1991 年的 59 倍。东博会服务范围已从中国—东盟"10＋1"拓展到区域全面经济伙伴关系（RCEP）"10＋6"乃至更大区域，成为增强政治互信、推动经贸合作和文化交流的有效公共平台。

与此同时，广西积极打造投资合作平台，参与泛北部湾、大湄公河次区域、澜沧江—湄公河等多区域合作，加快推进中马"两国双园"、中国·印尼经贸合作区、中越跨境经济合作区、中国·文莱玉林健康产业园、中泰崇左产业园等园区建设，一大批项目已签约入园。"十二五"期间，广西外贸进出口保持快速增长，特别是 2015 年外贸进出口逆势上扬，增速居全国前列，其中边境小额贸易额在全国边境省区中排第一位。

另一方面，全面拓展国内区域合作。位于肇庆和梧州交界的粤桂合作特别试验区，是我国目前唯一横跨东西部的省际合作试验区，截至今年 1 月，试验区招商引资入区企业达到 242 家，完成工业总产值近 200 亿元，成为新的"投资洼地"。此外，广西还积极推动建立贵广、南广、云桂高铁经济带和粤桂黔高铁经济带合作试验区，以及跨省扶贫合作产业园区、滇桂黔民族文化旅游区等。目前，湖南永州与广西桂林已开启湘桂城市圈全域旅游合作新路径。

先行先试——从改革创新中找动力

今年 4 月，记者在广西钦州保税港区采访时看到，在这个离东盟最近的中国保税港区，已建成 11 个码头泊位，开通 15 条国际集装箱航线，吸引 300 多家中外企业落户。谁能想到，几年前这里还是一片汪洋大海。沧海桑田的变化，折射的是广西人"跳出广西看广西"的视野，和从改革中找动力、从创新中寻活力的思路。

先行先试绘新图。2006 年 3 月，一个后来被称为"湾办"的机构即广西北部湾经济区规划建设委员会办公室挂牌成立，在全国创造了跨区域进行统筹协调的新模式。与此同时，广西北部湾经济区还组建了广西北部湾银行、北部湾投资集团、北部湾国际港务集团三大融资机构，创新投融资平台，率先探索建立石化、冶金产业发展负面清单机制……

同时，原先分属北海、钦州、防城港三市管理的港口，2007 年 2 月也有了一个共同的名字：广西北部湾港。广西开创了全国沿海港口跨行政区域整合的先河，三港统一规划、打包建管、一致对外。2016年，在航运业持续低迷、全国规模以上港口增速趋缓的背景下，北部湾港吞吐量稳步增长，累计完成吞吐量1.396亿吨，同比增长9.02%。

为让西南腹地的物资快速出海，广西还协调开通了昆明到北部湾港的海铁联运专列，源源不断的货物通过专列直接登上海轮，运送到青岛、大连甚至东南亚、欧洲等地。"现在整箱操作不用装拆，省去很多中间环节。"广西北港物流有限公司副总经理王晓说："专列开通后，港口国际运输的效率提高50%，成本降低12%。"

改革贵在担当，重在实干。

作为中越边境最大的陆路口岸，东兴市是2012年国务院批准设立的三个国家级重点开放开发试验区之一。以前，当地边民互市贸易不能用人民币直接结算，而且正规渠道手续烦琐，"地摊银行"一度盛行。为此，东兴市充分利用滇桂沿边金融综合改革试验区先行先试政策，创新边贸结算模式，对越南自然人发放"跨国经营证"，并集中在互市贸易区统一经营和结算。如今，东兴市创造了第一个人民币与越南盾特许兑换业务试点、第一个东盟货币服务平台、第一家跨境保险服务中心等三项"全国第一"。得益于此，去年东兴市外贸进出口总额和互市贸易进出口总额分别增长10.8%和102.9%，实现逆势上扬。

在广西另一个国家重点开发开放试验区凭祥市，全国第一个国检试验区于去年9月正式投入使用。"该试验区实行不同于一般贸易的检验检疫监管方式，在确保疫病疫情和质量安全风险可控的前提下，促进边境贸易'快验快放'和'优进优出'。"自治区检验检疫局局长孙世和认为，这一创新举措打破了检验检疫几十年来对边境贸易监管的常规惯用做法。

带动效应——企业"走出去"蹄疾步稳

在"一带一路"倡议的引领下，越来越多的中国企业将目光投向东盟市场，广西"走出去"步伐明显加快。

随着去年中老铁路的开工建设，广西柳工集团生产的装载机和挖掘机受到项目各分包商的青睐。"柳工集团可以根据不同施工单位的差异性，为整个铁路项目设计有针对性的市场保障方案，彻底解决客户的后顾之忧。"柳工集团董事长曾光安告诉记者，集团借助这一模式将业务拓展到了巴基斯坦、孟加拉等国家，预计今年柳工设备在"一带一路"国家中销量将会有大幅提高。

"柳工集团目前已在135个国家拥有400多家海外经销商，10个海外子公司，7个海外配件中心，两家海外制造工厂。"曾光安介绍，经过10多年的国际化战略布局与运营，柳工集团在海外的知名度、品牌效益得到各国客户的高度认可，也聚积了大量的渠道资源和人脉资源，尤其在"一带一路"沿线国家，柳工集团早已建立起强大而又成熟的销售服务网络，成为国内外工程施工客户的首选品牌。

柳工集团"走出去"的生动实践，是一批广西企业在供给侧结构性改革大浪潮下，深入开展国际产能合作的成功典型。

据了解，"走出去"的广西国有大型骨干企业，合作方式已从原来单纯进出口贸易，发展到投资、合资、跨国并购、对外承包工程、组成战略联盟等多种形式，投资领域拓展到实业、矿产资源开发利用、基础设施建设等各个方面，投资区域也从以香港地区和东盟国家为主，不断向欧洲、非洲拓展。

广西北部湾港务集团参股 40% 的关丹港建设运营一年多，即实现吞吐量和营业收入两个指标翻番；广西水电工程局下属的广西电力工业勘察设计研究院，与广东水电二局股份有限公司联合承包的越南首座绿色水电站占化水电站，年发电量达 2 亿千瓦时；玉柴集团在奥地利、德国和美国设立了研发基地；柳州上汽通用五菱公司在印度、埃及的生产基地已投产运营，在印尼的汽车整车制造项目也在建设当中……

"十二五"期间，广西对外投资中方协议投资额累计达 53 亿美元，是"十一五"时期的 7 倍。截至 2015 年底，广西境外投资企业达 635 家，投资目的地主要包括马来西亚、越南、柬埔寨、毛里塔尼亚、安哥拉、印度、波兰、澳大利亚以及香港等 70 个国家和地区。对外工程承包也取得新进展，累计完成营业额 40 亿美元，项目涉及房建、道路建设、电力安装、工业制造通信等多个行业。

广西北部湾发展研究院院长吕余生认为，随着"一带一路"建设的持续推进，国际产能合作不断加强，广西优势产业和装备制造业"走出去"，极大提升了自身和东盟国家的产业工业化水平。

挽海弄潮联四方，八桂腾跃起风云。站在中国对外开放合作前沿的广西，正以更加自信的气度、更加开放的胸襟走向世界。

六、实践建议

（一）读书报告类

1. 江泽民：《在庆祝中国共产党成立八十周年大会上的讲话》（2001 年 7 月

1 日）

2. 胡锦涛：《高举中国特色社会主义伟大旗帜 为夺取全面建设小康社会新胜利而奋斗——在中国共产党第十七次全国代表大会上的报告》（2007 年 10 月 15 日）

3. 胡锦涛：《在纪念党的十一届三中全会召开三十周年大会上的讲话》（2008 年 12 月 18 日）

4. 习近平：《在第十二届全国人民代表大会第一次会议上的讲话》（2013 年 3 月 17 日）

5.《当代中国》丛书编辑部：《当代中国的广西》（下），当代中国出版社 1992 年版。

（二）实践调研类

在本章节理论课学习的基础上，教师指导学生利用课余时间和节假日参与社会实践调查研究，了解当前社会的热点与焦点问题，培养学生调查、思考、分析和解决问题的能力。建议以 5~8 人为小组进行调研，要求学生撰写调查报告，拍摄图片和视频，并在实践课堂通过 PPT 展示成果。参考题目建议如下：

1. 改革开放三十多年来家乡的巨变。

2. 农村儿童的生存情况。

3. 现代化进程中家乡的环境问题。

4. 城市化进程中的农民工问题。

5. 家乡的美丽乡村建设。

6. 家乡的扶贫攻坚。

第十一章

中国特色社会主义进入新时代

一、知识要点

（一）开拓中国特色社会主义更为广阔的发展前景

1. 全面建成小康社会目标的确定

2. 实现民族复兴中国梦的提出

3. 统筹推进"五位一体"总体布局

（1）主动适应和引领经济发展新常态

（2）发展社会主义民主政治

（3）发展中国特色社会主义文化

（4）在发展中保障和改善民生

（5）建设美丽中国

4. 协调推进"四个全面"战略布局

（1）推进全面深化改革

（2）推进全面依法治国

（3）推进全面建成小康社会

（4）推进全面从严治党

（二）党和国家事业的历史性成就和历史性变革

1. 极不平凡的五年

（1）经济建设取得重大成就

（2）全面深化改革取得重大突破

（3）思想文化建设取得重大进展

（4）人民生活不断改善

（5）生态文明建设成效显著

（6）强军兴军开创新局面

（7）港澳台工作取得新进展

（8）全方位外交布局深入展开

（9）全面从严治党成效卓著

2. 新时代中国与世界关系的历史性变化

（三）夺取新时代中国特色社会主义伟大胜利

1. 在新时代坚持和发展中国特色社会主义

（1）中共十九大的举行

（2）确立习近平新时代中国特色社会主义思想的历史地位

（3）作出中国特色社会主义进入新时代、我国社会主要矛盾发生新变化的重大政治论断

（4）确定决胜全面建成小康社会、开启全面建设社会主义现代化国家新征程的目标

（5）对新时代推进中国特色社会主义伟大事业和党的建设伟大工程作出全面部署

（6）选举产生新的中央领导集体

2. 更好发挥宪法在新时代坚持和发展中国特色社会主义中的重大作用

3. 推进国家治理体系和治理能力现代化

4. 齐心协力走向中华民族伟大复兴的光明前景

二、历史脉络

2012年11月8日至14日，中国共产党第十八次全国代表大会在北京举行。大会系统指出科学发展观同马克思列宁主义、毛泽东思想、邓小平理论、"三个代表"重要思想是党必须长期坚持的指导思想。大会阐明中国特色社会主义的总依据是社会主义初级阶段，总布局是经济、政治、文化、社会、生态文明建设五位一体，总任务是实现社会主义现代化和中华民族伟大复兴；阐明中国特色社会主义道路、理论体系、制度的科学内涵及其相互关系；明确提出夺取中国特色社会主义新胜利必须牢牢把握的八项基本要求，要求全党坚定道路自信、理论自信、制度自信。大会提出要在党的十六大、十七大确立的全面建设小康社会目标的基础上努力实现新的要求，即经济持续健康发展，人民民主不断扩大，文化软实力显著增强，人民生活水平全面提高，资源节约型、环境友好型

社会建设取得重大进展，确保到 2020 年实现全面建成小康社会的目标。中共十八大精神归结到一点，就是坚持和发展中国特色社会主义。中共十八大的召开，标志着中国已经进入全面建成小康社会的决定性阶段，开启了中国特色社会主义新时代。

中共十八大结束不久，习近平提出实现全面建成小康社会目标是实现中华民族伟大复兴中国梦的关键一步。2013 年 3 月 17 日，习近平在十二届全国人大第一次会议上进一步强调，实现全面建成小康社会、建成富强民主文明和谐的社会主义现代化国家的奋斗目标，实现中华民族伟大复兴的中国梦，就是要实现国家富强、民族振兴、人民幸福。实现中国梦必须走中国道路，弘扬中国精神，凝聚中国力量。

中共十八大以来，中共中央统筹推进"五位一体"总体布局，提出主动适应和引领经济发展新常态、推进供给侧结构性改革、发展社会主义民主政治、在发展中保障和改善民生、建设美丽中国等新理念新思想新战略，引领中国特色社会主义各项事业蓬勃发展。中共中央从坚持和发展中国特色社会主义全局出发，提出并形成了全面建成小康社会、全面深化改革、全面依法治国、全面从严治党的战略布局。这个战略布局既有战略目标，也有战略举措，每一个"全面"都具有重大战略意义，是实现中华民族伟大复兴中国梦的重要保障。

中共十八大以来的五年，是党和国家发展进程中极不平凡的五年，中共中央坚持稳中求进工作总基调，迎难而上，开拓进取，取得了改革开放和社会主义现代化建设的历史性成就，经济建设取得重大成就、全面深化改革取得重大突破、民主法治建设迈出重大步伐、思想文化建设取得重大进展、人民生活不断改善、生态文明建设成效显著、强军兴军开创新局面、港澳台工作取得新进展、全方位外交布局深入展开、全面从严治党成效卓著。

中国特色社会主义进入新时代，中国的国际地位发生了历史性的变化，正日益走近世界舞台中央。五年来，中国发挥负责任大国作用，积极推动构建人类命运共同体，做世界和平的建设者、全球发展的贡献者、国际秩序的维护者，不断为人类作出更大贡献。

2017 年 10 月 18 日至 24 日，中共十九大在北京举行。大会的主题是：不忘初心，牢记使命，高举中国特色社会主义伟大旗帜，决胜全面建成小康社会，夺取新时代中国特色社会主义伟大胜利，为实现中华民族伟大复兴的中国梦不懈奋斗。大会通过的十八届中央委员会的报告，描绘了决胜全面建成小康社会、夺取新时代中国特色社会主义伟大胜利的宏伟蓝图，进一步指明了党和国家事业的前进方向，是中国共产党团结带领全国各族人民在新时代坚持和发展中国特色社会主义的政治宣言和行动纲领，是马克思主义的纲领性文献。

大会确立习近平新时代中国特色社会主义思想的历史地位。坚持和发展中国特色社会主义，是习近平新时代中国特色社会主义思想的核心要义。新时代中国特色社会主义思想，明确坚持和发展中国特色社会主义，总任务是实现社会主义现代化和中华民族伟大复兴，在全面建成小康社会的基础上，分两步走，在21世纪中叶建成富强民主文明和谐美丽的社会主义现代化强国；明确新时代我国社会主要矛盾是人民日益增长的美好生活需要和不平衡不充分的发展之间的矛盾，必须坚持以人民为中心的发展思想，不断促进人的全面发展、全体人民共同富裕；明确中国特色社会主义事业总体布局是"五位一体"、战略布局是"四个全面"，强调坚定道路自信、理论自信、制度自信、文化自信；明确全面深化改革总目标是完善和发展中国特色社会主义制度、推进国家治理体系和治理能力现代化；明确全面推进依法治国总目标是建设中国特色社会主义法治体系、建设社会主义法治国家；明确党在新时代的强军目标是建设一支听党指挥、能打胜仗、作风优良的人民军队，把人民军队建设成为世界一流军队；明确中国特色大国外交要推动构建新型国际关系，推动构建人类命运共同体；明确中国特色社会主义最本质的特征是中国共产党领导，中国特色社会主义制度的最大优势是中国共产党领导，党是最高政治领导力量，提出新时代党的建设总要求，突出政治建设在党的建设中的重要地位。这"八个明确"，构成了系统完备、逻辑严密、内在统一的科学体系，是习近平新时代中国特色社会主义思想最重要、最核心的内容。

大会提出了新时代坚持和发展中国特色社会主义的基本方略，即坚持党对一切工作的领导、坚持以人民为中心、坚持全面深化改革、坚持新发展理念、坚持人民当家作主、坚持全面依法治国、坚持社会主义核心价值体系、坚持在发展中保障和改善民生、坚持人与自然和谐共生、坚持总体国家安全观、坚持党对人民军队的绝对领导、坚持"一国两制"和推进祖国统一、坚持推动构建人类命运共同体、坚持全面从严治党。这"十四个坚持"，是对党的治国理政重大方针、原则的最新概括，体现了理论与实践相统一、战略与战术相结合，是实现"两个一百年"奋斗目标、实现中华民族伟大复兴中国梦的"路线图"和"方法论"。这"十四个坚持"，既是习近平新时代中国特色社会主义思想的重要组成部分，也是落实习近平新时代中国特色社会主义思想的实践要求。

习近平新时代中国特色社会主义思想，是对马克思列宁主义、毛泽东思想、邓小平理论、"三个代表"重要思想、科学发展观的继承和发展，是马克思主义中国化最新成果，是党和人民实践经验和集体智慧的结晶，是中国特色社会主义理论体系的重要组成部分，是全党全国人民为实现中华民族伟大复兴而奋斗的行动指南，必须长期坚持并不断发展。

大会指出，综合分析国际国内形势和我国发展条件，从 2020 年到 21 世纪中叶可以分两个阶段来安排。第一个阶段，从 2020 年到 2035 年，在全面建成小康社会的基础上，奋斗 15 年，基本实现社会主义现代化。第二个阶段，从 2035 年到 21 世纪中叶，在基本实现现代化的基础上，再奋斗 15 年，把我国建成富强民主文明和谐美丽的社会主义现代化强国。从全面建成小康社会到基本实现现代化，再到全面建成社会主义现代化强国，是新时代中国特色社会主义发展的战略安排。

大会对推进新时代中国特色社会主义伟大事业作出具体部署。在经济建设上，要贯彻新发展理念，建设现代化经济体系。在政治建设上，要坚持党的领导、人民当家作主、依法治国有机统一，健全人民当家作主制度体系，发展社会主义民主政治，推进社会主义民主政治制度化、规范化、程序化。在文化建设上，要坚定文化自信，推动社会主义文化繁荣兴盛，牢牢掌握意识形态工作领导权，培育和践行社会主义核心价值观，加强思想道德建设，繁荣发展社会主义文艺，推动文化事业和文化产业发展。在社会建设上，要提高保障和改善民生水平，加强和创新社会治理，不断满足人民日益增长的美好生活需要，在幼有所育、学有所教、劳有所得、病有所医、老有所养、住有所居、弱有所扶上不断取得新进展，深入开展脱贫攻坚，保证全体人民在共建共享发展中有更多获得感，不断促进人的全面发展、全体人民共同富裕。在生态文明建设上，要践行绿水青山就是金山银山的理念，加快生态文明体制改革，形成节约资源和保护环境的空间格局、产业结构、生产方式、生活方式，建设美丽中国。在国防和军队建设上，必须坚持走中国特色强军之路，全面贯彻习近平强军思想，贯彻新形势下军事战略方针，把人民军队建设成为世界一流军队。在台港澳工作上，要保持香港、澳门长期繁荣稳定，全面准确贯彻"一国两制""港人治港""澳人治澳"、高度自治的方针，严格依照宪法和基本法办事；必须继续坚持"和平统一、一国两制"方针，推动两岸关系和平发展，推进祖国和平统一进程，绝不允许任何人、任何组织、任何政党、在任何时候、以任何形式、把任何一块中国领土从中国分裂出去。在外交工作上，坚持和平发展道路，坚定不移在和平共处五项原则基础上发展同各国的友好合作，积极促进"一带一路"国际合作，继续积极参与全球治理体系改革和建设，推动建设相互尊重、公平正义、合作共赢的新型国际关系，推动构建人类命运共同体，同世界各国人民一道建设持久和平、普遍安全、共同繁荣、开放包容、清洁美丽的世界。

2018 年 1 月，中共十九届二中全会审议通过了《中共中央关于修改宪法部分内容的建议》。2018 年 3 月，十三届全国人大一次会议审议通过了《中华人民共和国宪法修正案》，确定科学发展观、习近平新时代中国特色社会主义思想同马克思列宁主义、毛泽东思想、邓小平理论、"三个代表"重要思想在国家政治和社会生活中的指导地位；调整充实中国特色社会主义事业总体布局和第二个百年奋斗目标的内容，明确推动物质文明、政治文明、精神文明、社会文明、生态文明协调发展，把我国建设成为富强民主文明和谐美丽的社会主义现代化强国，实现中华民族伟大复兴；完善依法治国和宪法实施举措，明确健全社会主义法治，实行宪法宣誓制度；充实完善我国革命和建设发展历程的内容；充实完善爱国统一战线和社会主义民族关系的内容；充实和平外交政策方面的内容，明确坚持和平发展道路，坚持互利共赢开放战略，推动构建人类命运共同体；明确中国共产党领导是中国特色社会主义最本质的特征；增加倡导社会主义核心价值观的内容；修改宪法中国家主席任职方面的有关规定；增加设区的市制定地方性法规的规定；增加有关监察委员会的各项规定；修改全国人大专门委员会的有关规定。

2018 年 2 月，中共十九届三中全会审议通过《中共中央关于深化党和国家机构改革的决定》和《深化党和国家机构改革方案》，同意把《深化党和国家机构改革方案》的部分内容按照法定程序提交十三届全国人大一次会议审议。主要内容包括：深化党和国家机构改革是推进国家治理体系和治理能力现代化的一场深刻变革；深化党和国家机构改革的指导思想、目标、原则；完善坚持党的全面领导的制度；优化政府机构设置和职能配置；统筹党政军群机构改革；合理设置地方机构；推进机构编制法定化；加强党对深化党和国家机构改革的领导等。全会通过的《深化党和国家机构改革方案》在深化党中央机构改革、全国人大机构改革、国务院机构改革、全国政协机构改革、行政执法体制改革、跨军地改革、群团组织改革、地方机构改革等方面作出明确部署。全会强调，完善坚持党的全面领导的制度，加强党对各领域各方面工作领导，确保党的领导全覆盖，确保党的领导更加坚强有力，是深化党和国家机构改革的首要任务；转变政府职能，优化政府机构设置和职能配置，是深化党和国家机构改革的重要任务；统筹党政军群机构改革，是加强党的集中统一领导、实现机构职能优化协同高效的必然要求等。

三、原著选读

在中国共产党第十八次全国代表大会上的报告（节选）①
坚定不移沿着中国特色社会主义道路前进
为全面建成小康社会而奋斗

（2012 年 11 月 8 日）

胡锦涛

回首近代以来中国波澜壮阔的历史，展望中华民族充满希望的未来，我们得出一个坚定的结论：全面建成小康社会，加快推进社会主义现代化，实现中华民族伟大复兴，必须坚定不移走中国特色社会主义道路。

道路关乎党的命脉，关乎国家前途、民族命运、人民幸福。在中国这样一个经济文化十分落后的国家探索民族复兴道路，是极为艰巨的任务。九十多年来，我们党紧紧依靠人民，把马克思主义基本原理同中国实际和时代特征结合起来，独立自主走自己的路，历经千辛万苦，付出各种代价，取得革命建设改革伟大胜利，开创和发展了中国特色社会主义，从根本上改变了中国人民和中华民族的前途命运。

以毛泽东同志为核心的党的第一代中央领导集体带领全党全国各族人民完成了新民主主义革命，进行了社会主义改造，确立了社会主义基本制度，成功实现了中国历史上最深刻最伟大的社会变革，为当代中国一切发展进步奠定了根本政治前提和制度基础。在探索过程中，虽然经历了严重曲折，但党在社会主义建设中取得的独创性理论成果和巨大成就，为新的历史时期开创中国特色社会主义提供了宝贵经验、理论准备、物质基础。

以邓小平同志为核心的党的第二代中央领导集体带领全党全国各族人民深刻总结我国社会主义建设正反两方面经验，借鉴世界社会主义历史经验，作出把党和国家工作中心转移到经济建设上来、实行改革开放的历史性决策，深刻揭示社会主义本质，确立社会主义初级阶段基本路线，明确提出走自己的路、建设中国特色社会主义，科学回答了建设中国特色社会主义的一系列基本问题，

---

① 中共中央文献研究室：《十八大以来重要文献选编》（上），中央文献出版社 2014 年版，第 8~10 页。

成功开创了中国特色社会主义。

以江泽民同志为核心的党的第三代中央领导集体带领全党全国各族人民坚持党的基本理论、基本路线，在国内外形势十分复杂、世界社会主义出现严重曲折的严峻考验面前捍卫了中国特色社会主义，依据新的实践确立了党的基本纲领、基本经验，确立了社会主义市场经济体制的改革目标和基本框架，确立了社会主义初级阶段的基本经济制度和分配制度，开创全面改革开放新局面，推进党的建设新的伟大工程，成功把中国特色社会主义推向二十一世纪。

新世纪新阶段，党中央抓住重要战略机遇期，在全面建设小康社会进程中推进实践创新、理论创新、制度创新，强调坚持以人为本、全面协调可持续发展，提出构建社会主义和谐社会、加快生态文明建设，形成中国特色社会主义事业总体布局，着力保障和改善民生，促进社会公平正义，推动建设和谐世界，推进党的执政能力建设和先进性建设，成功在新的历史起点上坚持和发展了中国特色社会主义。

在改革开放三十多年一以贯之的接力探索中，我们坚定不移高举中国特色社会主义伟大旗帜，既不走封闭僵化的老路、也不走改旗易帜的邪路。中国特色社会主义道路，中国特色社会主义理论体系，中国特色社会主义制度，是党和人民九十多年奋斗、创造、积累的根本成就，必须倍加珍惜、始终坚持、不断发展。

中国特色社会主义道路，就是在中国共产党领导下，立足基本国情，以经济建设为中心，坚持四项基本原则，坚持改革开放，解放和发展社会生产力，建设社会主义市场经济、社会主义民主政治、社会主义先进文化、社会主义和谐社会、社会主义生态文明，促进人的全面发展，逐步实现全体人民共同富裕，建设富强民主文明和谐的社会主义现代化国家。中国特色社会主义理论体系，就是包括邓小平理论、"三个代表"重要思想、科学发展观在内的科学理论体系，是对马克思列宁主义、毛泽东思想的坚持和发展。中国特色社会主义制度，就是人民代表大会制度的根本政治制度，中国共产党领导的多党合作和政治协商制度、民族区域自治制度以及基层群众自治制度等基本政治制度，中国特色社会主义法律体系，公有制为主体、多种所有制经济共同发展的基本经济制度，以及建立在这些制度基础上的经济体制、政治体制、文化体制、社会体制等各项具体制度。中国特色社会主义道路是实现途径，中国特色社会主义理论体系是行动指南，中国特色社会主义制度是根本保障，三者统一于中国特色社会主义伟大实践，这是党领导人民在建设社会主义长期实践中形成的最鲜明特色。

夺取新时代中国特色社会主义伟大胜利

——在中国共产党第十九次全国代表大会上的报告（节选）①

（2017 年 10 月 18 日）

习近平

经过长期努力，中国特色社会主义进入了新时代，这是我国发展新的历史方位。

中国特色社会主义进入新时代，意味着近代以来久经磨难的中华民族迎来了从站起来、富起来到强起来的伟大飞跃，迎来了实现中华民族伟大复兴的光明前景；意味着科学社会主义在二十一世纪的中国焕发出强大生机活力，在世界上高高举起了中国特色社会主义伟大旗帜；意味着中国特色社会主义道路、理论、制度、文化不断发展，拓展了发展中国家走向现代化的途径，给世界上那些既希望加快发展又希望保持自身独立性的国家和民族提供了全新选择，为解决人类问题贡献了中国智慧和中国方案。

这个新时代，是承前启后、继往开来、在新的历史条件下继续夺取中国特色社会主义伟大胜利的时代，是决胜全面建成小康社会、进而全面建设社会主义现代化强国的时代，是全国各族人民团结奋斗、不断创造美好生活、逐步实现全体人民共同富裕的时代，是全体中华儿女勠力同心、奋力实现中华民族伟大复兴中国梦的时代，是我国日益走近世界舞台中央、不断为人类作出更大贡献的时代。

中国特色社会主义进入新时代，我国社会主要矛盾已经转化为人民日益增长的美好生活需要和不平衡不充分的发展之间的矛盾。我国稳定解决了十几亿人的温饱问题，总体上实现小康，不久将全面建成小康社会，人民美好生活需要日益广泛，不仅对物质文化生活提出了更高要求，而且在民主、法治、公平、正义、安全、环境等方面的要求日益增长。同时，我国社会生产力水平总体上显著提高，社会生产能力在很多方面进入世界前列，更加突出的问题是发展不平衡不充分，这已经成为满足人民日益增长的美好生活需要的主要制约因素。

必须认识到，我国社会主要矛盾的变化是关系全局的历史性变化，对党和国家工作提出了许多新要求。我们要在继续推动发展的基础上，着力解决好发展不平衡不充分问题，大力提升发展质量和效益，更好满足人民在经济、政治、

---

① 《人民日报》2017 年 10 月 19 日，第 1 版。

文化、社会、生态等方面日益增长的需要，更好推动人的全面发展、社会全面进步。

必须认识到，我国社会主要矛盾的变化，没有改变我们对我国社会主义所处历史阶段的判断，我国仍处于并将长期处于社会主义初级阶段的基本国情没有变，我国是世界最大发展中国家的国际地位没有变。全党要牢牢把握社会主义初级阶段这个基本国情，牢牢立足社会主义初级阶段这个最大实际，牢牢坚持党的基本路线这个党和国家的生命线、人民的幸福线，领导和团结全国各族人民，以经济建设为中心，坚持四项基本原则，坚持改革开放，自力更生，艰苦创业，为把我国建设成为富强民主文明和谐美丽的社会主义现代化强国而奋斗。

……

新时代中国共产党的历史使命

一百年前，十月革命一声炮响，给中国送来了马克思列宁主义。中国先进分子从马克思列宁主义的科学真理中看到了解决中国问题的出路。在近代以后中国社会的剧烈运动中，在中国人民反抗封建统治和外来侵略的激烈斗争中，在马克思列宁主义同中国工人运动的结合过程中，一九二一年中国共产党应运而生。从此，中国人民谋求民族独立、人民解放和国家富强、人民幸福的斗争就有了主心骨，中国人民就从精神上由被动转为主动。

中华民族有五千多年的文明历史，创造了灿烂的中华文明，为人类作出了卓越贡献，成为世界上伟大的民族。鸦片战争后，中国陷入内忧外患的黑暗境地，中国人民经历了战乱频仍、山河破碎、民不聊生的深重苦难。为了民族复兴，无数仁人志士不屈不挠、前仆后继，进行了可歌可泣的斗争，进行了各式各样的尝试，但终究未能改变旧中国的社会性质和中国人民的悲惨命运。

实现中华民族伟大复兴是近代以来中华民族最伟大的梦想。中国共产党一经成立，就把实现共产主义作为党的最高理想和最终目标，义无反顾肩负起实现中华民族伟大复兴的历史使命，团结带领人民进行了艰苦卓绝的斗争，谱写了气吞山河的壮丽史诗。

我们党深刻认识到，实现中华民族伟大复兴，必须推翻压在中国人民头上的帝国主义、封建主义、官僚资本主义三座大山，实现民族独立、人民解放、国家统一、社会稳定。我们党团结带领人民找到了一条以农村包围城市、武装夺取政权的正确革命道路，进行了二十八年浴血奋战，完成了新民主主义革命，一九四九年建立了中华人民共和国，实现了中国从几千年封建专制政治向人民民主的伟大飞跃。

我们党深刻认识到，实现中华民族伟大复兴，必须建立符合我国实际的先进社会制度。我们党团结带领人民完成社会主义革命，确立社会主义基本制度，推进社会主义建设，完成了中华民族有史以来最为广泛而深刻的社会变革，为当代中国一切发展进步奠定了根本政治前提和制度基础，实现了中华民族由近代不断衰落到根本扭转命运、持续走向繁荣富强的伟大飞跃。

我们党深刻认识到，实现中华民族伟大复兴，必须合乎时代潮流、顺应人民意愿，勇于改革开放，让党和人民事业始终充满奋勇前进的强大动力。我们党团结带领人民进行改革开放新的伟大革命，破除阻碍国家和民族发展的一切思想和体制障碍，开辟了中国特色社会主义道路，使中国大踏步赶上时代。

四、广西人民在党中央的领导下走向新时代

八桂大地起春潮

——以习近平同志为核心的党中央关心广西发展纪实①

从甲天下的秀美山水，到醉游人的民族风情；从汉代海上丝绸之路的重要始发港，到有机衔接"一带一路"的重要门户；从"世界古代水利建筑明珠"灵渠，到"流金淌银"的珠江—西江"黄金水道"……历史与现实、自然与人文，交织出丰富多彩、开放奋发的八桂大地。

在南国冬季如春的胜景中，广西壮族自治区迎来成立60周年大庆。

一甲子如歌岁月，六十载春华秋实。广西，始终是党中央心之所牵、情之所系。特别是党的十八大以来，在以习近平同志为核心的党中央坚强领导下，广西各项事业蓬勃发展，5600多万各族人民携手奋进，一个繁荣、富裕、开放、进步的新广西正在崛起。

啃下脱贫攻坚硬骨头　为民生福祉、边疆稳定、民族团结奠定坚实基础

祖国南疆，红色热土，镌刻下历史的荣光——

1929年12月11日，邓小平、张云逸、韦拔群等老一辈无产阶级革命家领导百色起义，宣告红七军诞生；

1949年12月11日，中国人民解放军将红旗插上镇南关，广西全境解放；

---

① 新华社北京12月8日电，记者王念、史竞男、向志强。《人民日报》2018年12月9日，第1版。

60 年前，广西壮族自治区成立，翻开了广西历史发展新篇章，为我国民族区域自治制度再添生动实践。

"老区和老区人民为我们党领导的中国革命作出了重大牺牲和贡献。要加快老区建设和发展，让老区和老区人民尽快摆脱贫困，过上幸福日子。"习近平总书记对老区人民一直挂念在心。

2010 年，时任国家副主席的习近平同志来到百色，专程瞻仰了中国工农红军第七军军部旧址，参观了百色起义纪念馆，向百色起义纪念碑敬献了花篮。他还实地考察了进一步抓好农村扶贫开发、切实加强革命老区建设的情况。

广西集"老、少、边、山、库"于一身，但对发展"等不起、慢不得、坐不住"。加快贫困地区脱贫致富奔小康，是广西全面建成小康社会必须啃下的硬骨头。

2015 年 3 月 8 日，习近平总书记在参加十二届全国人大三次会议广西代表团审议时提出明确要求，要把扶贫攻坚抓紧抓准抓到位，坚持精准扶贫，倒排工期，算好明细账，决不让一个少数民族、一个地区掉队。

遵循习近平总书记重要指示精神，广西把脱贫攻坚作为最大政治责任和第一民生工程，举全自治区之力、用非常之举，全面打响脱贫攻坚战，捷报频传——

2016 年，广西脱贫攻坚首战告捷，111 万贫困人口摆脱贫困，脱贫人口数位列全国第一，减贫速度排全国第二位；

2017 年，广西在全国率先出台扶贫对象动态管理办法，落实 52.3 万名干部结对帮扶贫困户，投入中央和自治区财政专项扶贫资金 19.67 亿元发展扶贫产业，帮助贫困人口增收；

2016—2018 年，广西仅用三年时间，实施易地扶贫搬迁 68 万人；

2012 年以来，广西累计减少贫困人口 709 万人，年均减贫 118 万人，实现 1999 个贫困村、11 个贫困县脱贫摘帽……

老百姓把变化看进眼里，把党恩记在心头。

回忆起 8 年前的春天，习近平同志踏着一路泥泞走进村里，到老乡家中看真贫、扶真贫，百色市田阳县那满镇新立村党总支书记罗朝阳感动不已。

"那时候我们穷啊，人均年收入才 2000 多块，是桂西南的穷代表。旱地缺乏灌溉设施，有些屯没有通公路，大石山区饮水困难等，村民们反映了很多困难。临上车的时候，总书记握着我的手说，我也给你一句承诺，新立会有大变化！"

3 年前，作为全国人大代表的罗朝阳在全国两会上再次见到习近平总书记，兴奋地汇报起村里的变化：通过流转土地种植西红柿等作物，村民收入提高到8500多元，村子也更漂亮了，成为县里的"最美村屯"。

"总书记听了很高兴，他说，希望下一个5年，你们村和整个百色地区能够同全国一起实现全面小康。"

如今，习近平总书记的殷切期望正在成为现实——

在党委和政府帮扶下，新立村修建了26条道路，整理了节水灌溉工程，连片种植的香蕉、火龙果等经济作物蔚为壮观，山区片的村民们也都搬到了河谷地带的易地扶贫搬迁安置点。迈上富裕路的新立村又开始发展旅游业，打造"梦里壮乡"景区。

新立立新姿！罗朝阳倍感振奋："去年，全村农民人均纯收入跃升至近万元，乡亲们的日子是越过越好了！"

相隔一百千米，崇左市天等县，地处滇桂黔石漠化片区，是国家扶贫开发工作重点县。

落后的自然条件，让这里的农民苦不堪言，常年有13万人在外务工。

久困于穷，冀以小康。如何拔掉穷根、摆脱贫困？

习近平总书记的话语一针见血，掷地有声——

"用绣花的功夫实施精准扶贫"；

"对贫中之贫、困中之困，要采取超常规措施"；

"要加快推进产业扶贫，为贫困地区和贫困户培育持久增收致富的产业发展长效机制"；

"脱贫攻坚，'输血'重要，'造血'更重要"……

"天等不等天！"天等县委书记吴强说，遵照习近平总书记重要指示精神，近年来，天等通过培育特色产业、推广就业扶贫车间，走出了一条贫困群众在家门口就业脱贫的新路子。

大石山区深处，村头屯尾建起大量就业扶贫车间，如星火燎原，点燃了当地干部群众脱贫攻坚的昂扬斗志和必胜信念。

久旱逢甘霖。老区崛起，正当其时。

2015年，《左右江革命老区振兴规划》上升为国家战略。3年来，包括中国—东盟（百色）农产品交易中心在内的一批重大项目相继竣工投产，培育国家级和自治区级农业产业化龙头企业29家，老区振兴加快推进。

2017年，习近平总书记再次到广西考察工作，强调"广西是革命老区，是贫困地区，也是边境地区、民族地区。脱贫攻坚工作做好了，边疆稳定、民族团结就有了坚实基础；边境建设搞好了，民族事业发展了，对打赢脱贫攻坚战也是极大促进"。

广西少数民族人口2000多万，其中壮族人口1800多万，是全国少数民族人口最多的省区。保障和改善民生，让各族人民过上幸福美满的好日子，是自治区党委和政府全部工作的出发点和落脚点。

——自治区成立60年来，广西各族群众生活实现了由贫困到温饱再向全面小康迈进的历史性跨越。

——改革开放40年来，广西农村贫困人口从2100万人减少到2017年底的267万人；城镇和农村居民人均可支配收入分别突破3万元和1万元，是1978年的105倍和94倍。

——党的十八大以来，广西经济社会各领域发生了翻天覆地的变化，大阔步迈向繁荣、富裕、开放、进步。

民生福祉显著增进，让各族人民共圆小康梦，收获了幸福感。

在我国唯一的仫佬族自治县——罗城仫佬族自治县，通过易地扶贫搬迁、产业发展、助农增收等举措，最近5年实现7万多人脱贫；

在我国唯一的毛南族自治县——环江毛南族自治县，贫困发生率已下降至13%；

在我国唯一的"土瑶"聚居区，通往各个村的道路全部硬化，茅草房已不见踪影，越来越多的群众住进了新房……

油茶飘香，龙胜各族自治县泗水乡八滩村传来侯光祖一家的欢声笑语。这个多民族家庭，11口人分属壮、汉、苗、瑶、侗五个民族。四世同堂共谱民族和谐曲，这样的故事在广西比比皆是。

大地飞歌，春潮涌动。

南宁国际会展中心，这朵洁白的"朱槿花"，再披盛装。

12片"花瓣"紧簇，象征着壮、汉、瑶、苗、侗、仫佬、毛南、回、京、彝、水、仡佬12个世居民族和44个其他民族亲如一家。各族人民你中有我、我中有你，各美其美、美美与共。

"像爱护自己的眼睛一样爱护民族团结，使各民族心连心、手拉手的好传统代代相传。"

在习近平新时代中国特色社会主义思想指引下，广西正认真贯彻落实党的民族政策，让民族一家亲的似锦繁花在八桂大地常开长盛。

擦亮"金字招牌"　创新驱动、绿色发展引领壮乡腾跃

"苍苍森八桂，兹地在湘南。江作青罗带，山如碧玉簪……"

一千多年前，唐朝诗人韩愈写尽桂林山水之美。千百年来，山清水秀生态美，成为让广西名扬四海的"金字招牌"。

习近平总书记曾谈起他的"漓江情结"：少年时代，他曾来到"山水甲天下"的桂林，还和几个同学在漓江游泳，如诗如画的自然风光给他留下了深刻印象。

然而，漓江的生态保护也历经曲折。

在几十年发展中，漓江生态遭遇了工业废水及生活污水排放、季节性枯水、砂石盗采等种种影响。

"要全力保护好桂林山水，继续做好当地生态环境修复治理工作，特别是要抓好漓江流域生态环境保护，让这一人间美景永续保存下去。"习近平总书记语重心长。

近年来，尤其是党的十八大以来，桂林严守生态底线，以前所未有的力度截污治河。

55 岁的船长黄才满每天开游轮穿过漓江。人行明镜中，鸟度屏风里。"漓江的风景看多少遍都不腻。"黄才满笑着说。

环保监测数据显示，漓江桂林市区河段水质已连续 3 年达到国家地表水二类水质标准，水质持续好转。

广西素有"八山一水一分田"之称，环境承载力十分有限。这里既是维系珠江下游特别是粤港澳地区生态安全的重要屏障，又是全国岩溶分布面积最广和石漠化最严重的地区之一。特殊的地理位置和国土空间格局，决定了广西加快推进工业化、城镇化任务繁重，也面临越来越大的资源环境压力。

环境和发展"双重压力"下，广西何去何从？

"广西生态优势金不换，要坚持把节约优先、保护优先、自然恢复作为基本方针，把人与自然和谐相处作为基本目标，使八桂大地青山常在、清水长流、空气常新，让良好生态环境成为人民生活质量的增长点、成为展现美丽形象的发力点。"

以习近平同志为核心的党中央高度重视广西生态保护工作，为广西指明了一条绿色发展之路。

在南宁，一条河因"脱胎换骨"，吸引了全国各地的"取经者"。

万米桂花溪谷，千棵朱槿水岸，令人流连忘返。可谁能想到，几年前，它还是南宁的一条臭水沟？

2017 年 4 月，在考察那考河生态综合整治项目时，习近平总书记实地查看南宁海绵城市建设成效，了解当地居民的切身感受。

环境变化大不大？住在这里感觉怎么样？听到大家给予肯定的回答，习近平总书记说，到这里就是要看看生态综合治理的实际效果。

"生态环境的修复治理与人民群众生活息息相关，习近平总书记非常关切。"回忆起当时同总书记交流的情景，南宁北排水环境发展有限公司总经理高怀波记忆犹新——

习近平总书记一路上详细询问了那考河生态综合整治的情况，强调付出生态代价的发展没有意义。顺应自然、追求天人合一，是中华民族自古以来的理念，也是今天现代化建设的重要遵循。

2015 年，总投资约 11.9 亿元的那考河海绵城市建设项目启动。经过治理，这个项目成为全国城市内河流域黑臭水体综合治理及海绵城市建设标杆，获得2017 年中国人居环境范例奖。

在北海，金海湾红树林生态保护区内，3000 亩红树林宛如一片"绿海"，白鹭翩飞，虾蟹成群。2017 年 4 月 19 日，晚霞满天中，习近平总书记来到这里。

"面对宽阔的红树林和一望无际的大海，总书记驻足凝望，叮嘱我们继续做好红树林的研究和保护，把海洋生物多样性湿地生态区域建设好。"时任北海市海洋局副局长的彭在清说，近年来，广西红树林面积不断增加，近海红树林生态系统呈健康状态。

坚持新发展理念，激活改革创新动力，一手抓环保治理，一手抓经济发展，广西在擦亮"金字招牌"的同时，推动产业"向新而生"。

这是一日千里的精彩跨越——

打理成千上万亩农场要多少人？答案是：一人。

80 后小伙温标堂用他的"种田神器"，实现了这个农业神话。

广西大学农学院毕业后，进入以色列公司学习先进的现代农业技术，再结合我国实际、带领团队创建本土高新技术企业"捷佳润"，致力于智能水肥一体化灌溉……短短数年，这位年轻的创业者就走出广西，走进东盟，打造了一个又一个"开心农场"。

"去年 4 月，总书记考察南宁·中关村创新示范基地时强调，抓创新就是抓发展，谋创新就是谋未来。"温标堂说。

从"面朝黄土背朝天"到"万亩农场，一键管理"，技术革命一日千里，创新步伐坚实有力。

"总书记考察一年多来，基地新增行业重点企业 34 家、总数达 57 家，新增入孵创新团队 65 个、总数达 90 个。"南宁高新区管委会主任李耕如数家珍，"高新区围绕资本、技术、人才等创新要素，加快培育适宜创新企业成长的土壤，让适宜的种子在适宜的环境中开花结果。"

这是鸟枪换炮的华丽蜕变——

南南铝，这家于1958年建厂的老国企与自治区同龄。

2010年、2017年，习近平同志先后两次来到南南铝。"总书记第一次来，看到的还是建材类的传统产品；第二次来，看的是高铁、新能源汽车、航空航天类的新产品、高端产品。他对我们勇于创新创造给予肯定，还幽默地说我们是'鸟枪换炮'了！"广西南南铝加工有限公司总经理郑玉林回忆道。

实施创新驱动发展战略结出硕果。南南铝的大推力火箭用超大规格铝合金锻环整体技术达到国际先进水平，中国的"太空梦"留下了"广西造"的烙印……

南南铝，是广西创新驱动发展的缩影。加快新旧动能转换、促进产业结构优化升级，激发了广西智造的澎湃动力。

这是壮士断腕的涅槃重生——

工业城市柳州，曾是"酸雨之都"。污染严重时，冶炼厂后是"白头山"，蟠龙山下是"黑瀑布"。

痛定思痛，柳州打响环境保卫战，全面调整工业布局，加快产业转型升级，最终实现"绿色蝶变"。

"发展不仅是为了经济数字好看，而是要创造好的生活环境，让生活在这座城市的人感到幸福，这才是我们发展的目的。"柳州市委书记郑俊康说。

森林覆盖率达62.31%，居全国前列；环境空气优良天数比率为91.2%……生态环境的改善，培育和壮大了广西的生态经济，以南宁"美丽南方"、玉林"五彩田园"等为代表的生态产业园区千姿百态，催生了有机农业、乡村旅游等新业态。

一条扁担两头挑，一头挑着金山银山，一头挑着绿水青山。产业强、百姓富、生态美、人民群众幸福感高的绿色发展之路在广西越走越宽。

打造全方位开放新格局　走活广西发展这盘棋

一湾相挽十一国，良性互动东中西。

广西区位独特，沿海、沿江、沿边。开放包容的向海情怀，与生俱来。

两千多年前的汉朝，满载内陆丰富货物的商船从合浦港扬帆出海，抵达东南亚、南亚，直至地中海地区。

今天，这里已被现代化的港口所替代——北海铁山港，橘黄色门机高耸，码头一派繁忙。

"向海之路是一个国家发展的重要途径"。2017年4月，习近平总书记考察广西，指出"广西发展的潜力在开放，后劲也在开放，有条件在'一带一路'建设中发挥更大作用"。

背靠大西南，毗邻粤港澳，面向东南亚，如何才能把区位优势转化为发展优势？

党中央赋予广西"三大定位"新使命，从战略层面指明方向——构建面向东盟的国际大通道，打造西南中南地区开放发展新的战略支点，形成"一带一路"有机衔接的重要门户。

"形成这个格局，广西发展这盘棋就走活了。"习近平总书记对广西寄予厚望。

从 1984 年批准北海成为全国首批沿海开放城市，到中国—东盟博览会永久落户南宁；从《广西北部湾经济区发展规划》批准实施，到关于进一步促进广西经济社会发展的若干意见制定出台……党中央为广西开放发展描绘出美好蓝图。

特别是党的十八大以来，随着"一带一路"建设加快推进，地处祖国西南边陲的广西，站在了中国对外开放的前沿，积蓄起腾飞的力量。

敞开大门迎进来，迈开大步走出去——

东兴口岸，商旅不绝。

今年 11 月 6 日，来自江西的一位游客在通过出境边防检查时，收到了来自广西防城港市和越南芒街市的鲜花。她成为今年过关的第 1000 万人，东兴口岸出入境游客首次突破千万大关。

"本以为办理出境手续要排队很久，没想到几分钟就办好了。我很期待此次的越南之行。"这位游客感到惊喜。

边城凭祥，瓜果飘香。

一个集水果贸易、加工、休闲旅游为一体的"东盟水果小镇"，正拔地而起。

而 30 年前，这里还被戏称"一条路，两排树，来到凭祥没吃住"。

"打开门就是越南，走两步就进东盟。凭祥正成为中国沟通东盟十国最重要的口岸。"凭祥市委书记王方红说，2017 年，凭祥进出口贸易总额 824 亿元，在中国陆地边境城市排在首位；东盟热带水果进出口总量达 235 万吨，约占全国一半。

大开放打开了壮乡儿女的胸襟和眼界。目前，广西已同世界 194 个国家和地区进行贸易往来，建立 97 对国际友好城市关系，世界 500 强企业纷纷进驻……在引进来的同时，广西柳工集团、广西建工集团等企业也纷纷走出去，在国际舞台上大显身手。

内聚外合、纵横联动，构建国际大通道——

北部湾，千帆竞发。一分钟，450吨货物在北部湾港吞吐；一分钟，对东盟进出口额34.4万元……

钦州港，笛声阵阵。42条内外贸航线上，"海上巴士"穿梭不绝。四通八达的"海上高速"让这里跨入亿吨大港行列。

依托北部湾经济区开放开发，广西开启了港口运营管理改革的大幕，对内北海、钦州、防城港三港合一，对外加快国际化步伐，参与建设运营马来西亚关丹港和文莱摩拉港，与新加坡国际港务集团合作建设码头。

短短几年，向海发展，气象万千。

如今，北部湾港同100多个国家和地区的200多个港口通航，形成了内陆腹地走向东南亚、印度洋、太平洋、地中海等地的海上大通道。

"一带一路"建设给广西带来新的历史机遇。如何发挥大通道作用、"支点"效应，衔接"一带"与"一路"？

2017年9月，一条纵贯中国西部的"新动脉"吸引了世界的目光，这就是中新互联互通国际陆海贸易新通道。经此通道，货物由重庆向南经贵州等省区市，通过广西沿海沿边口岸通达东盟，向北可通过中欧班列连接中亚、欧洲地区，从而形成"一带一路"的完整环线。

如果说这条通道是有形枢纽，那么"南宁渠道"则是无形枢纽。中国—东盟博览会秘书处秘书长王雷介绍，自2004年永久落户南宁以来，中国—东盟博览会共吸引了79位中外领导人、3100多位部长级嘉宾出席，74.6万中外客商参展参会，推动形成了中国—东盟合作的"南宁渠道"。

"开发开放是广西经济崛起的'助推器'，而东博会就是助推器中的引擎。"王雷用数字作出有力证明——15年来，广西对东盟贸易额从52.1亿元增长到1893.8亿元，年均增长27.1%。

遵循习近平总书记重要指示精神，释放"海"的潜力，激发"江"的活力，做足"边"的文章。广西实施更加积极主动的开放带动战略，加快构建"南向、北联、东融、西合"全方位开放发展新格局，逐渐形成以大开放引领大发展的全新态势。

千年潮未落，风起再扬帆。

风生水起，形成穿越时空的激昂合奏。站在改革开放40周年和自治区成立60周年的崭新起点上，以习近平新时代中国特色社会主义思想为指引，广西各族干部群众携手逐梦，向着更加高远辽阔的远方，向着更加美好灿烂的未来，前行!

壮美新广西 奋进新时代——广西壮族自治区成立 60 年发展纪实①

近年来，广西交通基础设施建设实现大发展、大跨越，"高速县县通、高铁市市通、民航片片通、内河条条通"目标越来越近。

苍苍森八桂，兹地在湘南。

12 个世居民族，5600 多万人民，生活在这片 23.76 万平方千米的红土地。

从"海上胡志明小道"，到国际陆海贸易新通道；从"世代苦守望天田"的贫瘠，到"生态优势金不换"的绿色接力……

60 年，岁月一甲子，广西正青春。

今日的广西，不再是贫穷落后的代名词。

今日的广西，经济健康发展，社会和谐稳定，民族团结和睦，边疆巩固安宁，人民安居乐业，干群精神振奋。

今日的广西，全面奔小康气势如虹。

60 年发展，党中央情系广西。特别是党的十八大以来，在以习近平同志为核心的党中央坚强领导下，全区各族人民同呼吸、共命运、心连心，团结奋斗、繁荣发展，谱写了一曲富民兴桂的壮丽凯歌。

从低收入阶段向总体中等收入阶段迈进，从全国交通末梢向区域性交通枢纽转变，从边陲地区走向开放前沿，从温饱不足到全面奔小康，壮乡广西"四大历史性转变"，充分说明了坚持中国共产党的领导是一切事业发展的根本保证，充分体现了习近平新时代中国特色社会主义思想的实践伟力，充分展示了党的民族政策和民族区域自治制度的优越性，充分证明了民族团结是广西各族人民的生命线、幸福线。

12 月的八桂大地，花如海、歌如潮，一派万众欢腾的喜悦景象。

在全区各族人民满怀豪情、喜气洋洋地庆祝自治区成立 60 周年之时，习近平总书记为自治区成立 60 周年欣然题词"建设壮美广西 共圆复兴梦想"，深情寄托了党中央对广西站在新起点、创造新辉煌的殷切期望。

中央关怀：情深意切暖壮乡

辉煌 60 年，壮乡起宏图。广西的每一点发展、每一个进步，都凝聚着党中

① 董文锋、魏恒执笔，陈贻泽、王春楠、蓝锋、周珂、龚文颖采访。《广西日报》2018 年 12 月 10 日，第 6、7 版。

央的亲切关怀。在不同时期，毛泽东、邓小平、江泽民、胡锦涛、习近平等党和国家领导人都曾在这片土地上留下光辉的足迹，为广西发展倾注大量的心血。

从自治区成立，到改革开放，再到步入新时代，广西坚定不移跟党走，始终以党的旗帜为旗帜、以党的方向为方向、以党的意志为意志，始终与全党全国同频共振。广西的沧桑巨变，是中华民族从站起来、富起来到强起来的伟大飞跃的生动注脚。

广西人民不会忘记——

1958年初，春雨霏霏的时节，中央召开"南宁会议"，毛泽东主席在南宁人民公园向群众挥手致意。

一个多月后，广西壮族自治区正式成立。壮族，强壮的民族！健壮的民族！寄托了党中央对这新生儿多么殷切的期盼。

广西人民感念在心——

改革开放总设计师邓小平同志，不管在战争年代，还是在和平建设时期，对广西一直关心、关注。

"平果铝要搞！"掷地有声，壮乡欢腾，一个国家重点建设项目，在百色革命老区破土动工。这个当时中国投资最多、规模最大、技术水平最高的有色金属项目，成为带动老区经济发展的龙头，泽被千万壮乡人民。1992年，小平同志又以"一个老共产党员"的名义，为希望工程捐款5000元，并按他的意愿转到了当年战斗过的百色。

广西人民永远铭记——

2010年3月10日，习近平同志来到人民大会堂广西厅，参加十一届全国人大三次会议广西代表团全体会议，和广西代表共商国是。两个月后，"对广西心向往之"的习近平深入百色、南宁考察调研，走村入户、访贫问苦。

2015年3月8日，习近平总书记再次来到人民大会堂广西厅，与广西代表共谋发展。会上，习近平总书记明确赋予广西发展"三大定位"，为广西加快形成面向国内国际开放合作新格局指明了方向。

2017年4月19日至21日，习近平总书记又到北海、南宁等地，视察广西参与"一带一路"建设、打造战略性新兴产业基地等情况，了解基层干部群众对党的十九大的建议和期待，对广西提出"五个扎实"新要求。

谆谆教诲，关怀备至，激励着广西广大干部群众奋进新时代，再创新辉煌。

发展为要：经济建设"加速度"

在中国，哪里摩天大楼多？你可能想不到，去年南宁建成7座摩天大楼，仅次于深圳，位居世界第二。

回望历史，广西底子薄。1958 年"南宁会议"，毛主席指着远处的两根烟囱问当时的省长韦国清：那是什么地方？韦国清回答：一个砖厂。毛主席说：广西工业发展慢了，要加快！

在那个激情燃烧的岁月，来自上海等地的工程技术人员汇集柳州，倾力建设十大工业项目，广西逐步形成以汽车、冶金、机械为支柱，以化工、制糖、造纸、制药、建材、日化等为主要产业的现代工业体系。

由于历史原因，时至 1990 年，广西的贫困人口占全国的 1/10，人均国内生产总值居全国之末。"老、少、边、山、穷"成了广西的代名词。

壮乡人民人穷志不短——

乘着国家西部大开发东风，广西人民开展了东巴凤基础设施建设等一系列大会战，千里壮乡发生了翻天覆地的变化。

一位老知青回忆，过去从防城港那良镇到桂林，辗转三四天才到，现在不过几个小时的路程。

数据记录着广西发展的"加速度"——

1958 年自治区成立时，地区生产总值仅 24.5 亿元，到 1978 年增长为 75.8 亿元。随着改革开放的春风吹拂，广西张开双臂拥抱世界，地区生产总值在 1998 年达到 1911 亿元。

进入新世纪，广西发展驶入快车道，地区生产总值 2011 年首次突破 1 万亿元，仅过 5 年，2017 年又翻了一番，突破 2 万亿元，是 60 年前的 800 多倍。全区主营业务收入超千亿元的工业产业增加至 10 个。

数据彰显成绩，也提出了转型发展新课题——

产业结构总体偏重，能耗偏高，质量偏低。从"有没有"到"好不好"，广西怎么办？

在转型发展的关键节点，习近平同志 7 年间两次视察广西，两次走进南南铝。2017 年 4 月 20 日第二次来到南南铝时，他对南南铝董事长郑玉林说："上一次是看传统产品，今天看了新产品、高端产品，鸟枪换炮了。"

"在一个多小时的调研中，总书记反复提及创新和人才这两个词。"郑玉林清晰地记得，在研发中心大楼前，总书记与企业职工亲切握手，对大家说，一个国家一定要有正确的战略选择，我国是个大国，必须发展实体经济，不断推进工业现代化、提高制造业水平，不能脱实向虚。

习近平总书记的话，为广西经济高质量发展指明了方向。

今年以来，自治区党委、政府聚焦促进产业高质量发展，连续召开全区工业高质量发展大会、数字广西建设大会、全区创新支撑产业高质量发展推进大会，出台一系列政策措施，着力强龙头、补链条、聚集群，做大做强工业规模和总量，着力抓创新、创品牌、拓市场，提升工业质量效益和竞争力，推动经济高质量发展。

深化改革：闯关夺隘再出发

刻着"中国村民委员会发源地"大字的石碑，矗立在宜州合寨村村委会前的大樟树下。

38年前，合寨村村民建立中国第一个村民委员会，石破天惊开启了中国农村村民自治先河。

此后，合寨人直选产生的村民委员会，星火燎原，上升为国家意志：1982年村民委员会组织形式被载入宪法，1997年写进党的十五大报告，成为1998年正式实施的《中华人民共和国村民委员会组织法》的具体规定。

"村民自治"从广西走向全国，与安徽小岗村"包产到户"齐名，并称中国农民的两个伟大创举。今年11月，被誉为"中国民选村官第一人"的韦焕能，入选党中央拟表彰的百名改革开放杰出人物榜。

广西从来不缺乏改革"基因"。

上世纪90年代初，广西迎来改革发展黄金期——从农村改革到城市改革，从局部改革到全面改革，从发展商品经济到建立完善社会主义市场经济体制，不甘人后的广西人民，奋起直追，逐步探索出一条适合广西区情的改革发展道路。

进入新时代，全面深化改革大潮奔涌，广西争当中流击楫的改革先锋。

11月的北部湾畔，海阔天宽，千帆竞发。临海而建的钦州港火车东站繁忙有序，一批批来自海上的集装箱被吊上火车，发往重庆、四川、甘肃等地，有的还将转乘中欧班列进入欧洲。

依托北部湾经济区开放开发，2006年起广西开启港口运营管理改革的大幕，率先开创了全国跨行政区域的港口资产整合先河：将北海、钦州、防城港三港合一，成立北部湾港。

如今的北部湾港，年吞吐能力突破2.5亿吨，与100多个国家和地区的200多个港口通航，形成了内陆腹地走向东南亚、印度洋、太平洋、地中海等地的海上大通道。

今年9月，北部湾国际港务集团与西江集团战略性重组，"沿海"与"沿江"开放的两大龙头"双剑合璧"，强化江海联运所释放的更大开放红利，令人遐想无限。

"一个山头一个山头地攻，一个难关一个难关地破。"广西将习近平总书记的指示要求转化为具体行动，全面深化改革的步伐从未停歇。

从率先推行"多证合一、一照一码"商事登记模式，到打造24小时"不打烊"网上政府，广西近年来持续在优化营商环境上发力，累计取消、下放和调整行政审批事项2064项。"要吸引更多资源促进发展，必须在比服务、比效率、比环境上练好内功。"自治区领导在多个场合强调，"营商环境没有最好，只有更好！"

近5年来，自治区党委全面深化改革领导小组召开22次会议，审定重大改革方案和改革文件126个，全区部署改革任务达1240项。

近5年来，广西多点突破、纵深推进，机构改革、北部湾同城化改革、农村集体产权制度改革等一批标志性、关键性、引领性的重大改革落地开花结果。农村金融改革"田东模式"获得习近平总书记肯定，成为全国先进典型。

今年10月，中国东兴－越南芒街人民币越南盾现钞双币跨境调运业务正式启动，广西跨境人民币结算量在西部12省区市、全国8个边境省区中排名前列，并创造了第一个人民币与越南盾特许兑换业务试点、第一个东盟货币服务平台、第一家跨境保险服务中心等三项"全国第一"。

"改革只有进行时、没有完成时。"站在新的历史起点，广西正以"逢山开路、遇水架桥"的干劲将全面深化改革推向深入。

开放带动："三大定位"路宽广

不到广西，很难明白，一声"开放开发"的号角，能够在八桂大地唤起多少激情、凝聚多大能量。

打造向海经济、开放带动发展的基因，一直搏动在壮乡儿女的血脉深处。

上世纪80年代，曾是古代海上丝绸之路始发港的北海市，成为全国14个沿海开放城市之一。广西人再一次把眼光放远，却迟迟无法穿越重重迷雾。

一湾相挽十一国，良性互动东中西。背靠大西南、毗邻粤港澳、通衢东南亚，奋力追赶的征程上，广西如何才能将独特的区位优势"变现"为发展优势？

这是时代之问，更是发展之问。

"构建面向东盟的国际大通道，打造西南中南地区开放发展新的战略支点，形成21世纪海上丝绸之路和丝绸之路经济带有机衔接的重要门户"——3年前的春天，习近平总书记高瞻远瞩、审时度势，赋予广西"三大定位"新使命。

"广西发展的潜力在开放，后劲也在开放，有条件在'一带一路'建设中发挥更大作用。"去年4月，习近平总书记视察广西时进一步提出：立足独特区位，释放"海"的潜力，激发"江"的活力，做足"边"的文章，全力实施开放带动战略。

初冬时节，北部湾畔。中国与马来西亚合作建设的中马钦州产业园内厂房林立，中外企业在此投资的项目超过 90 个，涉及传统制造业、新能源汽车、生物医药等行业。

隔海相望的马来西亚关丹，同样由两国合作建设的马中关丹产业园内，中国企业投资设立的联合钢铁厂仅用一年多时间就实现了试产，具备年产 350 万吨钢铁的能力。

两国双园，以合作实现优势互补，共同开拓国际市场，正是广西坚定不移走开放合作之路、主动服务和融入"一带一路"建设的生动写照。

涛声越千年，风起再扬帆。历史机遇叠加，广西深入实施开放带动战略，在国家对外开放大格局中的地位更为凸显。

沿江而下，东流入海；自北向南，联通全球。国际陆海贸易新通道，让世界变得不再遥远。

这条新通道目前已开通运行北部湾港至重庆、贵州、四川、云南、甘肃等5省市的海铁联运班列，实现北部湾港至新加坡、中国香港的集装箱班轮常态化运行。

以大开放引领大发展的广西，不仅改写了中国西部国际贸易的传统格局，更加速了区域内产业聚合。

开放赋予了广西人更宽的视野，也给了壮乡儿女更高的眼界。

15 年前，中国－东盟博览会永久落户南宁，广西一跃成为对东盟开放最前沿。东博会永久会址——南宁国际会展中心这朵绽放的"朱槿花"，承载了 15 届东博会的繁华，见证了"南宁渠道"升级带来的万千气象：15 年来，广西对东盟贸易额从 52.1 亿元增加到 1 893.8 亿元，年均增长 27.1%。

15 年来，始终不变的，是对东博会平台效应的认可，而一直在变的，是"南宁渠道"的越走越宽——从 2014 年起，东博会特邀斯里兰卡、哈萨克斯坦、坦桑尼亚等国担任"特邀合作伙伴"，将经贸合作的触角伸向更多"一带一路"沿线国家。

"没有改革开放就没有广西的快速发展，也没有广西在国家发展格局中战略地位的提升。"自治区党委书记鹿心社表示，新时代广西开放发展，要内聚外合、纵横联动，在南向、北联、东融、西合上下更大功夫、见更大实效，努力走出具有广西特色的新时代改革开放之路。

从昔日西南边陲发展到我国面向东盟开放合作的前沿和枢纽，壮美广西在新一轮开放发展中渐入佳境。

绿色接力：生态优势金不换

1973年，小平同志来到桂林。看到沿岸几家工厂的污水排入漓江，他语重心长地告诫当地负责人，桂林山水世界驰名，如果为了发展工业而破坏了环境，功不抵过啊！

13年后，82岁高龄的小平同志又一次来到桂林。当他登上游船，看到清澈江水里美丽的山峦倒影，感慨道："漓江的水变清了！"

"江作青罗带，山如碧玉簪。"集山、水、林、海于一体的广西，森林覆盖率达62.31%，环境质量总体优良并位居全国前列。

广西牢固树立生态文明理念，坚守生态底线，绿色发展的"接力棒"代代相传，"生态广西""美丽广西""宜居广西"等名片越擦越亮。

不是没有走过弯路。工业重镇柳州，曾饱受酸雨之痛。为此，爆发了一场要经济还是要环境的大讨论，最终达成共识："企业不消灭污染，污染就要消灭企业。"

淘汰"沸腾炉"，严控劣质煤，启动史上最严排污准入，柳州痛下决心，奋力治污。

今日柳州，青山绿水环抱，四季鲜花怡人。"中国人居环境范例奖""国家园林城市"等生态招牌接踵而至，工业发展亮点频闪，去年工业总产值突破5000亿元。"产业发展最终要靠人。吸引人的是什么，是宜居。"这是当地党委、政府的发展观。

柳州只是广西60年来绿色发展之路的缩影。近年来，广西利用生态优势，大力推进生态经济十大重点工程，引进一大批生态环保企业和产业项目，把生态优势转变为发展优势。

为了使"山清水秀生态美"的金色招牌更闪亮，广西统筹山水林田湖草系统治理，实施"绿满八桂"造林绿化工程，健全完善"绿色GDP"综合考评体系等措施，努力走出一条具有特色的产业优、百姓富、生态美、人民群众幸福感高的绿色发展之路。

"付出生态代价的发展没有意义。"这是习近平总书记的反复叮咛，也是全区干部群众的一致共识。南宁在产业选择时把环境考量摆在前列，桂林选在远离老城和漓江的区域发展高新技术产业，北海银滩岸线300米内坚决不建永久性建筑，钦州划出临港大工业与白海豚栖息地的分界线……

如今，以桂林山水、北部湾滨海风光、巴马养生等为品牌的旅游业不断做大做强，乡村旅游蓬勃发展，第三产业对GDP增长的贡献率达49.8%。

"广西生态优势金不换。"习近平总书记在广西视察时强调，要坚持把节约优先、保护优先、自然恢复作为基本方针，把人与自然和谐相处作为基本目标，使八桂大地青山常在、清水长流、空气常新，让良好生态环境成为人民生活质量的增长点、成为展现美丽形象的发力点。

在打好污染防治攻坚战上，广西严格落实"党政同责""一岗双责"，聚焦突出环境问题，稳扎稳打、挂图作战，三年算总账，年年算细账，同时大力发展生态经济，让"绿水青山就是金山银山"的理念深入人心。

"清洁"起跑，"生态"接力，跃上"宜居"，冲刺"幸福"……两年一大步，八载梦可圆。2013年自治区党委、政府作出开展美丽广西乡村建设活动的重大决策部署。特别是今年以来，全区把开展乡村风貌提升三年行动作为乡村振兴战略的重要行动。一场深刻的"美丽变革"，悄悄重构着广西乡村。

碧海绿洲，鸟飞鱼跃。这些年来，广西植被生态质量和植被生态改善程度居全国首位，设区市环境空气质量年优良天数和主要河流水质达标率保持全国前列。

据统计，广西有25个县被授予"中国长寿之乡"称号，占全国的1/3，是中国"长寿之乡"最多的省区。30万人口的巴马瑶族自治县，每10万人口中百岁老人达32人，百岁以上老人占人口比例之高位居世界寿乡之首，被国际自然医学会评为"世界长寿之乡"，每年都有来自天南地北的"候鸟人"到此休闲养生。

改善民生：圆梦小康顺民心

11月28日，历时4年修建的河百高速公路正式通车，连接起河池、百色两个脱贫攻坚主阵地，成为"东巴凤"三县（自治县）人民群众盼望已久的发展路、致富路、幸福路。

一条路，连通了民心民愿。

"再也不用担心种植的番茄没人来收购了，今后村里还要发展油茶产业和红色旅游。"东兰县武篆镇巴学村的村民们喜不自禁。

河百高速只是广西日益完善路网中的一段。这些年，广西交通基础设施大发展、大跨越，"高速县县通、高铁市市通、民航片片通、内河条条通"目标越来越近——

高铁从无到有，建成运营1771千米，通达区内12个设区市和周边所有省份；

高速公路总里程突破5000千米，近九成的县份通高速公路；

建成7个民航机场，飞行航线近300条，可通航110个城市和地区，东盟航线实现全覆盖，旅客年吞吐量超过2400万人次；

全区实现村村通公路、通电、通水、通广播电视、通网络信号……

作为全国脱贫攻坚主战场之一，广西早在1984年就成立了领导扶贫工作的专门机构，早期主要以解决温饱为主，此后着力点重在补基础设施、产业发展短板。

2015年3月，在参加十二届全国人大三次会议广西代表团审议时，习近平总书记强调："要把扶贫攻坚抓紧抓准抓到位，坚持精准扶贫，倒排工期，算好明细账，决不让一个少数民族、一个地区掉队。"

这些年来，广西坚持把脱贫攻坚作为最大政治责任和第一民生工程，用"绣花功夫"落实精准扶贫精准脱贫方略，全面打响"攻坚五年、圆梦小康"脱贫攻坚战——

全区安排8000个单位、5000名第一书记、3.5万名工作队员包村，46.9万名帮扶干部包户，实现贫困村、贫困户帮扶全覆盖。根据贫困对象致贫原因、贫困类型、帮扶需求，精准实施扶持生产发展一批、移民搬迁安置一批等"八个一批"，大力推进特色产业富民、金融扶贫等脱贫攻坚"十大行动"。

自治区主席陈武说："脱贫攻坚越到最后，遇到的越是难啃的硬骨头，必须拿出'敢教日月换新天'的气概，鼓足'不破楼兰终不还'的劲头。"

经过持续不懈的努力，广西贫困人口从1978年的2100万人减少到2017年底的267万人，贫困发生率由70%下降至5.7%。特别是2012年至2017年，全区累计减少贫困人口709万人，年均减贫118万人，实现1999个贫困村、11个贫困县（含享受待遇县）摘帽，脱贫攻坚取得决定性进展。

在2016年、2017年省级党委和政府扶贫开发工作成效考核中，广西连续两年被评为全国8个综合评价好的省区之一。在国家2017年东西部扶贫协作成效考核中，粤桂扶贫协作进入"好"的第一档次。

"人民对美好生活的向往就是我们的奋斗目标。"习近平总书记关于坚持以人民为中心的发展思想的谆谆教诲，振聋发聩、振奋人心。

越是拉长时间轴往回看，越能清晰看到广西发展变化之巨；越是站在全局观察，越能感到广西民生领域破茧成蝶之美。

60年来，广西坚持在发展中保障和改善民生，从群众最期盼的地方抓起，从最困难的地方入手，实现人民生活由温饱不足向全面小康迈进的历史性转变——

2017年全区城镇和农村居民人均可支配收入分别突破3万元和1万元，达到30 502元、11 325元，分别是1978年的105倍和94倍；

全面推进的健康广西建设，让群众期盼的城乡居民医疗卫生服务全覆盖，城镇基本医疗保险异地就医直接结算、城乡居民大病保险全覆盖全部实现；

公共财政教育经费占公共财政支出比例排全国第三位，基础教育从普及走向均衡；农村义务教育营养改善计划，上百万农村孩子告别"黄豆蒸饭"，吃上免费营养餐；

保障性安居工程建设扎实推进，解决了 500 多万城乡群众住房难问题和 1 779.6 万农村人口饮水安全问题；

广西人均预期寿命，由 1949 年的 47 岁提高到 2017 年的 77.03 岁……

进入新时代，全区各族人民的获得感更多、幸福感更强，各种民生新期待在一项项工程中化为现实。

民族团结：相亲相爱一家人

罗城仫佬族自治县有个金鸡屯，小小村屯有 75 户人家，住着壮、汉、仫佬、苗等 6 个不同民族的群众，有林、彭、周、郑等 10 个姓氏。多民族相聚，如何相处？仫佬族同胞郑有才说："住在一个屯，就是一家人。"

在广西，由少数民族与汉族组成的家庭有 113.52 万个，由两个少数民族以上组成的家庭达 14.3 万个。南宁市中华中路社区素有"民族之家"美誉，聚居着壮、维吾尔、回、苗、瑶、满等 15 个少数民族居民 3800 多人。社区及时主动跟进服务，教育引导各族群众相互尊重、相互理解、相互交流。多年来，社区坚持组织各民族群众一起过节，无论是元宵节、壮族三月三、端午节还是古尔邦节，大家都凑在一块，热闹一番。

广西是全国少数民族人口最多的省区，少数民族超过 2000 万，壮、汉、瑶、苗、侗、仫佬、毛南、回、京、彝、水、仡佬 12 个世居民族和其他 44 个民族在八桂大地上和平相处、守望相助。历届自治区党委、政府全面贯彻落实党的民族政策，始终把维护民族团结作为重大政治责任来坚守，坚持和完善民族区域自治制度，持续建设民族团结进步模范区。

"祖国南疆始终巩固安宁，为全国改革发展稳定大局作出了新贡献。"2010年 3 月 10 日，习近平同志与十一届全国人大三次会议广西代表团代表一起讨论时表示，希望广西继续巩固发展平等团结、互助和谐的社会主义新型民族关系，始终保持民族团结和睦、经济兴旺繁荣、社会和谐稳定的良好局面。

"少数民族不富裕，不是真正的富裕；民族地区不实现小康，不是全面的小康。"这是全区各级党委、政府形成的共识。

广西财政向少数民族聚居区倾斜，接连"大手笔"，连续"大会战"，少数民族贫困地区告别了"出行靠走路、照明靠点灯、喝水靠肩挑、通信靠吆喝"的历史，迈向全面小康的步伐正在加速。

"像爱护自己的眼睛一样爱护民族团结、像珍视自己的生命一样珍视民族团结","幸福的日子越过越美,欢乐的歌儿越唱越甜。"共居、共学、共事、共乐,我区各民族群众在共同繁荣发展的大道上,一路携手同行。

多彩文化:高原迈步向高峰

1961 年,一部糅合了中国最美丽山水和最动听山歌的故事片《刘三姐》风靡全国乃至海外。

而在此之前,是与自治区成立同时诞生的彩调剧《刘三姐》。

不老的"刘三姐",总是常演常新,永葆青春。

今年 9 月 28 日,舞剧《刘三姐》在南宁首次公演,从"善歌"到"善舞","刘三姐"新形象令人耳目一新。

"文艺是时代前进的号角,最能代表一个时代的风貌,最能引领一个时代的风气。"广西文艺工作者牢记领袖嘱托,脚踏坚实大地,用心用情用功抒写伟大时代,讲好"广西故事",宣传"美丽广西"。

辛勤耕耘,成果丰硕。《赤子丹心》《花山》《桂花雨》《冯子材》等一批"桂风壮韵"作品相继登上全国舞台;电影《夜莺》获第 16 届中国电影华表奖提名作品;《母亲的岛》获全国少数民族文学骏马奖,《我爱大自然》获第四届中国出版政府奖,"文学桂军""漓江画派""八桂书风"等文艺品牌的影响力和美誉度持续增强……广西文化事业从"高原"迈向"高峰"。

这些鲜活的作品,以生动的艺术语言、鲜明的舞台形象,记录了广西 60 年来经济社会发展辉煌成就,展示了广西的美好前景和各族人民团结奋进、砥砺前行的精神风貌,并促进文化与科技、旅游、农业、制造业等跨界融合发展,走出一条具有民族特色的文化强区新路。

"一花一世界,壮美在人间。"今年 10 月底,广西大型原创民族舞剧《花界人间》在北京盛大呈现。如诗如画的壮乡风情、丰沛浓郁的民族文化,博得首都观众好评,称赞这是广西地域特色与中原地区传统的融合,体现着中华民族源远流长的精神文化的丰富性和同一性。

文以载道,文以传情,文以植德。广西坚持社会主义先进文化前进方向,自觉承担起举旗帜、聚民心、育新人、兴文化、展形象的使命任务,回应时代呼唤、人民期盼,向着民族文化强区建设的宏伟目标迈进。

为让群众乐享"文化食粮",广西在全国率先建成五级贯通的广播电视有线网络,全面推进以互联网为载体的"公共文化 +"建设;建成 115 个公共图书馆、124 个文化馆、251 个博物馆,并全部免费开放。

在农村,1 万多个村综合文化服务中心,1.5 万多个农家书屋实现全区行政村全覆盖，让人民群众享受更多优质公共文化服务。

城市舞台流光溢彩，乡村演出同样热闹非凡。各级文艺团体每年持续开展送文艺精品下基层活动，农村、社区、企业、校园、军营，歌声飞扬、笑声荡漾，中国好声音、广西好声音传遍千家万户。

一项项文化惠民政策、一座座文化阵地、一场场文化盛宴，让全区人民感受中华优秀传统文化的魅力和风采，进一步增强了文化自信心、民族自豪感。

今年东博会期间，来自中国与东盟10国的26个优秀院团、67个艺术单位带来53场精彩活动，为首府市民献上多元文化的盛宴。

"讲好故事，事半功倍。"广西积极配合国家外交工作大局，充分发挥独特的区位优势和特色文化资源优势，主动融入"一带一路"建设、中国－东盟命运共同体建设，在"请进来"的同时，还积极推行原创艺术作品"走出去"。

近年来，广西在东盟及"一带一路"沿线国家和地区建立起更多站点，实现境外"本土化"传播和合作传播，展示当代中国的发展进步、当代中国人的精彩生活，彰显中华文化生机勃勃、气象万千的繁荣景象。

60年沧桑巨变，八桂大地用开放与包容见证了一段段波澜壮阔的创业历程、发展历程、繁荣历程。

60年波澜壮阔，壮乡儿女用勤劳与勇敢谱写出一首首振奋人心的团结之歌、奋斗之歌、胜利之歌。

回望历史，我们真切地看到，这是广西经济社会快速发展的60年，也是党的建设伟大工程不断夯实的60年。党的组织历经风雨洗礼不断发展壮大，以实际行动和历史成就赢得人民群众信赖和拥护。特别是党的十八大以来，广西各级党组织和广大党员继承发扬革命老区精神，与时俱进地加强党的政治建设、思想建设、组织建设、作风建设、制度建设和反腐倡廉建设，在八桂大地上描绘了一幅具有鲜明地方特色和民族特点的红色画卷。

走过60年辉煌，今天的广西站在了新的历史起点上。我们坚信，在习近平新时代中国特色社会主义思想指引下，全区各族干部群众牢记嘱托、不负厚望，把党中央的关心关怀转化为贯彻落实"三大定位"新使命和"五个扎实"新要求的实际行动，着力盘活开放发展这一盘棋，打好精准脱贫这一硬仗，落实协调发展这一要求，激活改革创新这一动力，发挥好生态环境这一优势，抓好党的建设这一根本保障，加快推动开放发展、创新发展、绿色发展、高质量发展，定能谱写出新时代富民兴桂的壮美华章。

"中国村民委员会发源地"
宜州合寨村接续奋进踏上改革新征程①

那块刻有"中国村民委员会发源地"的石碑，就矗立在宜州合寨村村委会前的大樟树下。

今年是改革开放40周年和广西壮族自治区成立60周年，金秋时节，前来合寨参观的考察团一拨接着一拨。

如果仅从行政区划来看，合寨村只是一个在中国县级地图才能找到的普通乡村，如果不是38年前吹响村民自治的"集结号"，它或许永远默默无闻，更不可能影响中国农村体制的变革。

如今，"村民自治"与安徽小岗村"包产到户"齐名，并称中国农民的两个伟大创举。合寨村在中国基层民主政治建设进程中的标杆意义，在改革开放40周年这个特殊年份里，显得更加突出。

"作为中国第一个村委会诞生的见证人和中国村民自治的经历者，我感到无比自豪。"回忆起30多年前的情形，被誉为"中国民选村官第一人"的韦焕能，仍有说不完的话。

上世纪70年代末，开始分田到户、包产到户的合寨大队生产力得到飞速发展。但土地分户经营，使得生产队一级对村民的约束力降低，原本"队为基础"的生产合作制度趋于瓦解，基层治理接近空白。

偷盗赌博、滥伐山林、打架斗殴等不良风气盛行，4000多人的村子，参赌竟有上千人，各种丑恶现象层出不穷。

"歪风邪气刹不住，村民难有安宁日。"今年已经70岁的韦焕能，仍然思路清晰。

1980年1月的一个晚上，合寨小学教师蒙光新家中，果地屯籍的几位生产队干部围坐在火堆旁，讨论着分田到户后发生的种种乱象，得出的结论是：村里没有一个执法管事的权力机构，要有一个自己的组织才行。可是要成立什么组织呢？

"城市人叫居民，有居民委员会；我们是村民，就叫村民委员会。"今年66岁的蒙光新回忆，他的提议得到了响应。

"村民委员会"一词横空出世。随后，大家决定第二天就召开村民大会，选举村民委员会成员。

---

① 作者董文锋、周珂，原载于《广西日报》2018年10月29日第1版。

1980 年 1 月 8 日，选举大会当天，800 多人的果地屯来了 500 多人，不少村民扶老携幼全家出动，不识字的人也找信得过的代填。选票是卷烟纸，计票的笔则是木炭，直接在地上画"正"字。蒙光新当选果地屯村民委员会主任。以往上级指派的生产队干部，被民主选举的村委会委员取代。

28 天后，1980 年 2 月 5 日，合寨大队另一个自然村果作屯召开村民大会，投票直选成立村民委员会。韦焕能当选村委会主任。

选举当天，果作屯制定了《村规民约》，村民签名、盖章、按手印。这份原件得以保存至今，成为村民自治的重要证物。

村民自治，极大地改变了原来破败、涣散的村容村貌。而最早当选自然村村委会主任的蒙光新、韦焕能等人，和当年安徽小岗村按红手印分田到户的 18 个农民一样，都成为了历史的见证者。

这一年，合寨大队 12 个屯，个个成立了村民委员会。

这一天，成为中国农村基层民主政治建设具有里程碑意义的日了。

合寨人没有想到，他们直选产生的村民委员会，星火燎原，成为国家意志。

合寨首创的村民委员会组织形式，1982 年被载入宪法，1997 年写进党的十五大报告，成为 1998 年正式实施的《中华人民共和国村民委员会组织法》的具体规定。"村民自治"从此走向全国。

党和国家领导人高度评价：包产到户、乡镇企业和村民自治，这是在中国共产党领导下亿万农民的伟大创造。

高潮过后，这些年，合寨村似乎回归平淡。

实际上，就像其他村庄一样，无论居于高点还是伏于沉寂时，合寨都在不断摸索着往前走。

近年来，合寨村发展桑园面积 1500 多亩，建立起桑枝食用菌生产基地，仅此一项年产值便超 200 多万元，去年合寨村农民人均纯收入达 8000 多元。

记者采访了解到，除发展桑蚕产业外，眼下的合寨村，正着力打造乡村旅游品牌，让"美丽合寨"给村民带来更加幸福的生活。

站在新的历史起点上接力探索、接续奋进的合寨村，梦想与改革，始终相伴而行。

村委会的墙壁上，挂着合寨村旅游发展总体规划，一个现代田园式的新农村正在紧锣密鼓布局。

"这些年，合寨村不断拓展村民自治文化效应，举办乡村文化旅游节、枫叶节等旅游节庆，知名度有了很大提升，相继荣获'全国文明村''广西特色文化名村'称号。"现任合寨村村主任兰锋介绍。

"立足山水田园的生态基底，充分挖掘壮乡村寨文化内涵，以'中国第一个村民委员会'为优势，以农业休闲为特色，打造全国知名文化休闲旅游特色村。"兰锋勾勒出新时代合寨村发展的详细计划：目前计划流转600多亩土地，下一步将成立经济合作社，以流转、租赁等方式集约土地，借助外来投资开发乡村旅游，让村民通过参与项目分红获得收入。

"谋划好乡村振兴蓝图，带领乡亲们实现共同致富奔小康，就是我们致敬改革开放40周年的最好方式。"站在那棵曾经见证历史的大樟树下，兰锋思索着，一字一顿说道。

青春之花，绽放在扶贫路上

——缅怀广西乐业县百坭村第一书记黄文秀①

"一个人，燃尽了青春，把爱与希望种在无数人心中……你赋予的力量，再艰难的道路，我们继续着征程……"最近，在广西百色市，许多人都在动情地传唱着这首名为《力量》的歌。它是百色市一位村民为哀悼因公殉职的黄文秀所作。

黄文秀是百色田阳县人，生前是广西壮族自治区百色市委宣传部理论科副科长、乐业县新化镇百坭村第一书记。2019年6月16日，她回家陪护刚做完肝癌手术不久的父亲后，因惦记百坭村的防汛抗洪工作，冒着暴雨连夜返回工作岗位，途中遭遇山洪不幸牺牲，年仅30岁。

"我想回去建设家乡，把希望带给更多父老乡亲"

废旧轮胎搭上木板当作"沙发"，只有一铺床、一张蚊帐，这便是黄文秀的卧室。

"已经比原来好多了，我们家兄妹三个，一直以来都是贫困户。前两年通过易地扶贫搬迁，我们从贫困山区搬出来，再加上小妹研究生毕业有了稳定收入，家里才脱了贫。"黄文秀的姐姐黄爱娟说。

在家人眼里，黄文秀从小喜欢读书。黄爱娟说，家里条件困难，小妹读高中时，就得到教育扶贫资助，读研究生时也得到国家的帮扶，"小妹常说，她是靠政府资助走出大山、上完大学的，她将来要回来建设家乡"。

2008年，黄文秀考入山西长治学院思政专业，该校原政法系党总支书记程过富曾问黄文秀："你的成绩还不错，为什么来长治？"

---

① 作者刘华新、庞革平、李纵，原载于《人民日报》2019年6月30日第5版。

黄文秀回答："我们百色是革命老区，长治也是革命老区，都是邓小平同志战斗过的地方，我想到这个地方来。"

2011年6月11日，在鲜艳的党旗下，黄文秀宣誓加入中国共产党。

2013年，黄文秀考取北京师范大学哲学学院硕士研究生。2016年硕士毕业后，她毅然选择回到家乡，当一名定向选调生，扎根基层。

"我跟她说，以你的能力，留在北京没问题。"北京师范大学哲学学院副教授、黄文秀的导师郝海燕曾给她建议。

可黄文秀仍坚持内心想法，"我是从广西的贫困山区出来的，我想回去建设家乡，把希望带给更多父老乡亲。"

"让扶过贫的人像战争年代打过仗的人那样自豪"

黄文秀牺牲后，同事们在她的房间里看到，一本讲述长征故事的书籍《西行漫记》格外醒目。驻村一年多来，她经常用长征精神来勉励自己。

回顾2018年3月刚上任时的情景，黄文秀在一篇文章中写道："百坭村建档立卡贫困户，分散居住在几个不同的山头，对于我这个不熟悉地形的'新手'来说，要在最短时间内掌握全村贫困户的详细情况，是非常困难的。但我没有失去信心，想起了那句话——'让扶过贫的人像战争年代打过仗的人那样自豪'，长征的战士死都不怕，这点困难怎么能限制我继续前行。"

她走村串户了解情况，但是一开始并不受欢迎。

"你这个小年轻，我们跟你聊了也没用。""跟你说了你能帮我们解决问题吗？一个女娃娃能行？"

黄文秀觉得心里憋屈，搞不懂为什么自己辛辛苦苦地翻山越岭、走村串户，群众却还质疑。她找到村里的老支书梁建念请教，老支书语重心长："黄书记，你刚来，老百姓对你还不熟悉，他们不愿与你深聊，你也要理解他们。农村其实就是个熟人社会，老百姓们跟你熟了，自然就接纳你了。"

有一次入户，村里的贫困户老黄要求纳入低保。村党支部书记周昌战告诉他没达到纳入低保的条件。老黄却反问："那我要'贫困户'干什么？"谈不拢，扶贫手册填不了，工作没法开展。

"文秀书记说让她来试试，结果老黄连门都不开。"周昌战说，黄文秀吃了闭门羹，但并没放弃。一次不行就两次、三次。好不容易敲开了门，老黄还是黑着脸，"我为什么不能享受低保？为什么不给我发小额信贷、产业奖补资金？你不给我，我就不在手册上签字。"

黄文秀笑着说："我也姓黄，我叫你哥。哥你这么聪明、勤快，一定能奔小康。"几通好话，老黄脸上有了笑容。黄文秀趁热打铁："政策有的，我一定给你。你把果园经营好，我帮你申请产业奖补。"

此后，黄文秀和老黄以兄妹相称，她向老黄解释扶贫政策，时常到他家果园查看，叮嘱要做好果园护理。不久，老黄一家脱贫。

百坭村村民种了很多砂糖橘，但还是穷。"我们种植技术不行，又没销路，挣不到钱。"村民们说，文秀书记来了后，联系到百色一家公司，帮村民建起标准化果园，村民以土地入股，公司负责传授技术。

可是果怎么卖出去，又让村民伤脑筋。村屯路不好，来收果的都是本地小摊小贩，一天也拉不走几车。黄文秀争取资金修好道路，联系云南、贵州等外省大果商来收购。她还帮着建立电商服务站，为30多户贫困户销果创收。

如今，百坭村摸索到了适合本村发展的产业——种植杉木、砂糖橘、八角等，全村种植杉木从原来的8000余亩发展到2万余亩，砂糖橘从1000余亩发展到2000余亩，八角从600余亩发展到1800余亩，另外种植优质枇杷500余亩，种植产业成为群众脱贫致富的支柱产业。

周昌战说，扶贫工作非常辛苦，但从没人听黄文秀叫过"苦"。她陆续帮村里解决了4个屯的道路硬化，修建蓄水池4座，完成两个屯路灯的亮化工程。2018年3月，百坭村的贫困发生率为22.88%，经过努力，2018年百坭村103户贫困户顺利脱贫88户，贫困发生率降至2.71%，实现了贫困户户户有产业，村集体经济项目增收翻倍。

"要用自己的力量为他人、为国家、为民族、为社会作出贡献"

作为驻村第一书记，黄文秀特别注重在脱贫攻坚中发挥党支部的战斗堡垒作用。

她从走访中了解到，群众原来不大配合村里工作，一个重要原因就是村"两委"干部为群众办事不够主动，有时群众办事找不见人，意见比较大。黄文秀从抓实抓严村干部的坐班值班制度开始，白天落实专人负责在村里接待群众，晚上与村干部一起开展遍访贫困户工作，征求意见、宣传政策，群众满意度大幅提升。

黄文秀走访了百坭村38名党员，征求党员对全村发展的意见建议，并将他们划分为3个党小组开展各类活动。同时，她还积极将"三会一课"等组织生活融入扶贫工作中，扎实推进抓党建促脱贫工作。

作为一名党员，黄文秀始终牢记初心和使命。村民黄仕京家因学致贫，黄文秀了解情况后及时为他家申请"雨露计划"，一次性落实了5000元补助，解了燃眉之急。黄仕京非常感动，执意留黄文秀吃晚饭。饭间，黄仕京突然问她，"你是在北京读的研究生，怎么会来我们这么边远的农村工作？"

黄文秀说："百色，是一个集革命老区、少数民族地区、边境地区、大石山区、贫困地区、水库移民区于一体的特殊地区，是全国脱贫攻坚的主战场之一，也是我的家乡。面对如此情况，怎么还有理由不回来？共产党是切实为群众谋发展、谋福利的党，怎么能不响应党的号召，到艰苦偏远地方工作？"黄仕京听后，当场端起酒碗向她敬酒，表示也要让家里孩子争取早日入党，毕业后回来建设家乡。

"听到他的话，我心里非常感动，自己的工作能够让群众真切感受到共产党的好，对我是非常大的鼓舞"。黄文秀在扶贫心得中写道。

近年来，黄文秀的父亲身患肝癌，做了两次大手术，让家庭再次陷入困境。但是，黄文秀不仅没向组织提出要求，还经常拿出自己的工资，慰问资助村里的孤寡老人和留守儿童。

"她父母亲的身体状况越来越不好，尤其是她父亲，她没有告诉我们，没有一个同事知道。"百色市委宣传部干部科科长何小燕回忆起来，泪流满面。

"6月14日，也就是黄文秀牺牲前的最后一个工作日，她还在与我们开会讨论村里的项目。"周昌战回忆说，当天，村里一个灌溉200多亩农田的渠道被山洪冲断裂了，黄文秀听到消息，第一时间带领村干部到现场查看灾情，当晚组织大家汇总受灾情况，商量如何抓紧维修、申请项目、解决群众急需的问题，还列出了维修任务清单。

翻开黄文秀的入党申请书，其中写道："一个人要活得有意义，生存得有价值，就不能光为自己而活，要用自己的力量为他人、为国家、为民族、为社会作出贡献。"

这份庄严承诺，黄文秀始终践行，直至生命最后一刻。

黄文秀牺牲后，人们思索着她生前的点点滴滴。这位优秀壮族女干部身上，那份不变的初心从哪里来？答案并不难寻。

她饮水思源，不改本色。是党的扶贫政策让黄文秀一家摆脱贫困，让她坚定了铭记党恩、跟党走的决心。

她敬重先烈，不忘历史。她的家乡百色是革命老区，红色基因深深融入她的内心，孕育了坚定的信仰。

她勤于学习，细悟笃行。"习近平总书记关于'六个精准'的重要论述，一直是我开展扶贫工作的方法论"，这是她的扶贫心得。

内化于心，才能外化于行；不忘初心，才能践行使命。不忘初心，黄文秀用奋斗锻造开拓创新、真抓实干的作风，用真情践行心系群众、公而忘私的奉献精神，用毕生书写坚决打赢脱贫攻坚战的使命担当。

五、实践建议

（一）读书报告类

1. 胡锦涛：《坚定不移沿着中国特色社会主义道路前进　为全面建成小康社会而奋斗——在中国共产党第十八次全国代表大会上的报告》（2012 年 11 月 8 日）。

2. 习近平：《决胜全面建成小康社会　时代中国特色社会主义伟大胜利——在中国共产党第十九次全国代表大会上的报告》（2017 年 10 月 18 日）。

3.《中国共产党章程》（2017 年 10 月）。

4.《中华人民共和国宪法修正案》（2018 年 3 月）。

（二）实践调研类

组织学生到"中国村民委员会发源地"宜州市合寨村调查，了解我国基层民主政治的发展历史。

后 记

本书的出版是集体劳动的成果。

2019 年初，桂林电子科技大学马克思主义学院启动了本书的编写工作，并决定由陈峥、张季、苏国辉、陈元明等老师与三位研究生负责本书的编写。经过近一年时间的共同努力，本书得以完成并出版。

全书最后由陈峥统稿。参与编写的人员有：陈峥（负责第一、二章）、张季（负责第五、六、七章）、苏国辉（负责第三、四章）、南宁师范大学研究生蔡乾涛（负责第八章）、陈元明（负责第九章）、桂林电子科技大学研究生檀理（负责第十章）、桂林电子科技大学研究生左露琼（负责第十一章）。编写组老师还调研了多个地区，收集了大量原始资料。书中的图片大部分是教师外出调研所拍，有部分是教师在带领学生进行社会实践时拍摄。

本书得以面世，首先要感谢桂林电子科技大学马克思主义学院领导的关心与支持，并为本书提供了出版资金。其次要感谢编写组老师与三位研究生的配合，使得本书得以顺利完成。中国近现代史纲要教研室的贺金林教授也为本书的编写提供了积极的帮助，在此表示感谢。

本书编写组
2020 年 1 月